ZHAOJUECOUNTY YEARBOOK 2018

# 昭觉县年鉴

## (2018)

昭觉县史志办公室 编

方志出版社
Publishing House of Local Records

图书在版编目（CIP）数据

昭觉县年鉴. 2018 / 昭觉县史志办公室编 . -- 北京：方志出版社，2019.12

ISBN 978-7-5144-3930-4

Ⅰ. ①昭… Ⅱ. ①昭… Ⅲ. ①昭觉县—2018—年鉴 Ⅳ. ① Z527.14

中国版本图书馆 CIP 数据核字（2019）第 238873 号

昭觉县年鉴（2018）

编　　者：昭觉县史志办公室
责任编辑：何明忠

出 版 者：方志出版社
　　　　　地址　北京市朝阳区潘家园东里 9 号（国家方志馆 4 层）
　　　　　邮编　100021
　　　　　网址　http://www.fzph.org
发　　行：方志出版社图书经销中心
　　　　　电话　（010）67110500
经　　销：各地新华书店
排　　版：北京中文天地文化艺术有限公司
印　　刷：北京中科印刷有限公司

开　　本：889 × 1194　　1/16
印　　张：14.25
字　　数：399 千字
版　　次：2019 年 12 月第 1 版　2019 年 12 月第 1 次印刷

ISBN 978-7-5144-3930-4　　定价：180.00 元

# 序

贫困问题一直是困扰人类社会发展的重大问题。中国作为世界上最大的发展中国家，为解决贫困问题进行了长期不懈的努力。改革开放以来，特别是党的十八大以来，以习近平同志为核心的党中央把脱贫攻坚作为全面建成小康社会的底线任务和标志性指标，纳入“五位一体”总体布局和“四个全面”战略布局，以前所未有的力度推进精准扶贫、精准脱贫，扶贫开发成就举世瞩目，显著改善了贫困地区和贫困群众生产生活条件，具有重大的现实意义和深远的历史意义。身处中华民族几千年发展历史上将首次整体消除绝对贫困现象的伟大时代，如何更好地发挥地方志的存史、育人、资政的作用，是新时代全国地方志系统必须深入研究和着力解决的重大课题。

党的十八大以来，在党中央国务院的正确领导下，全国地方志系统深入学习贯彻习近平新时代中国特色社会主义思想，紧紧围绕党和国家事业发展需要，深入推进地方志改革创新发展，凝心聚力，稳扎稳打，勇于担当，主动作为，全国地方志形势和地方志工作者的精神面貌发生了深刻变化，取得了优异成绩。其中，为贯彻落实《全国地方志事业发展规划纲要（2015—2020 年）》，经中国地方志指导小组领导批准，中国地方志指导小组办公室于 2015 年、2017 年先后启动民族地区与贫困地区志书、年鉴出版资助工程（以下简称“志鉴出版资助工程”），对国家级贫困县（区、旗、县级市），中西部地区、少数民族边疆地区面临出版经费困难的志书和综合年鉴给予出版资助。实施志鉴出版资助工程是紧扣时代脉搏、坚持创新发展、传承弘扬中华优秀传统文化的一项创举，不仅有力推动了“两全目标”的实现，而且数十部资助出版的志书、年鉴及时记述了民族地区与贫困地区在全面建成小康社会伟大征程中取得的新成绩和新经验、出现的新情况和新问题、涌现的优秀人物和典型事迹，留住地方文化的“根”和“魂”，为这些地区的经济社会发展、地域文化传播、爱国主义教育、精神文明建设等提供了历史借鉴和智力支持，对全面提升民族地区与贫困地区文化建设水平、确保民族地区与贫困地区和全国其他地区同步全面建成小康社会具有重要意义。

尤为可喜的是，志鉴出版资助工程促成了一批扶贫志书的编纂出版，在文化脱贫攻坚中发挥了独特的作用。例如，《贵州省减贫志》全面系统客观记述了从 1978

年至2015年贵州省扶贫、减贫工作的历程及取得的经验，为贵州省实施大扶贫战略提供了有力的资政辅治参考，集中体现了地方志工作因时而动、顺势而为的新作为。前不久，由福建省地方志编委会和人民网共同编纂的《闽宁扶贫协作图志》，是全国首部扶贫协作图志，图文并茂、直观立体、全方位地展现闽宁扶贫协作波澜壮阔的历程，弘扬“闽宁一家亲”“携手奔小康”的深厚情谊和滴水穿石、久久为功的精神，是贯彻落实习近平总书记扶贫工作重要论述精神，服务国家精准扶贫、精准脱贫战略的有力举措。希望各地以此为鉴，编纂出版更多、更好的扶贫志书、年鉴，助力国家精准扶贫、精准脱贫战略的实施，充分展现地方志的独特价值和作用。

当前，我国脱贫攻坚已进入全面决战决胜的关键时期，尚未脱贫的贫困地区集中分布在中西部深山区、极端干旱山区、高寒阴湿地区等，文化建设还比较薄弱，文化产品还不够丰富，文化精品更是少之甚少。同时，这些地区往往是民族文化、历史文化、红色文化、生态文化富集区，具有发展文化旅游、推进文化扶贫的巨大潜在优势，也是繁荣发展地方志事业的巨大文化宝库。要发挥好文化扶贫凝聚人心的优势，善于利用方志文化优势为贫困地区“赋能”，在脱贫攻坚中做出方志人应有的贡献。要发挥好中国名镇志文化工程、中国名村志文化工程的引领作用，大力加强乡镇村志编纂，让百姓记得起乡情、记得住乡愁，凝聚贫困乡镇村庄的强大民心，补齐贫困乡镇村庄的文化短板，以“扶智”的方式“扶志”，践行习近平总书记强调的“扶贫先扶智，扶贫必扶志”的重要理念。

求木之长者，必固其根本；欲流之远者，必浚其泉源。扶贫扶起的是志气骨气，传承的是家国情怀，守护的是绿水青山。扶贫既要富口袋，也要富脑袋。必须坚持文化脱贫和物质脱贫两手抓，筑牢贫困地区文化之基，补足信仰精神之钙，引领脱贫发展之舵。全国地方志系统要围绕中心、服务大局，坚决投入脱贫攻坚这场必须打赢的硬仗，积极参与脱贫攻坚战，发挥优势和特长，深入挖掘文化资源，着力补齐文化短板，努力帮助民族地区与贫困地区的文化建设实现较大的发展提升，在全面建成小康社会、实现中华民族伟大复兴中国梦的征程中贡献方志人的力量。

是为序。

中国社会科学院院长
中国地方志指导小组组长　谢伏瞻

# 民族地区与贫困地区年鉴出版资助工程领导小组

组　　　长：高　翔

常务副组长：冀祥德

副　组　长：高京斋　邱新立

# 民族地区与贫困地区年鉴出版资助工程领导小组办公室

主　　　任：冀祥德

副　主　任：邱新立

成　　　员：于伟平　刘永强　冷晓玲　李　静

# 《昭觉县年鉴》编纂委员会

顾　问：子克拉格（彝族）　赫绍洪（彝族）

主　任：吉色方森（彝族）

副主任：张　杰　沈伟古（彝族）　朱文峰（彝族）

成　员：马泽郎（回族）　汉呷拉一（彝族）　阿比医生（彝族）　张　翼
阿克日布（彝族）　李　军（彝族）　尔古打史（彝族）
何成安（彝族）　布点星格（彝族）　海来功圣（彝族）
俄哈日（彝族）　雪安宁（彝族）　向建华　叶春江
安长清（彝族）

# 《昭觉县年鉴》编辑部

主　编：朱文峰

编　辑：安海斌　付　川
县级各部门和各乡镇撰稿人员

# 编辑说明

一、《昭觉县年鉴（2018）》坚持以马克思列宁主义、毛泽东思想、邓小平理论、“三个代表”重要思想、科学发展观和习近平新时代中国特色社会主义思想为指导，坚持辩证唯物主义和历史唯物主义的立场、观点和方法，按照深入挖掘、系统构建、着意强化的原则，全方位、立体化、多层次地反映2017年昭觉县各条战线、各行各业在“五个文明”建设中的新成就、新经验和遇到的新问题，做到思想性、科学性、文献性和可读性相统一。

二、《昭觉县年鉴》是在中共昭觉县委的领导下，《昭觉县年鉴》编纂委员会办公室（昭觉县史志办公室）承担并组织编纂的一部县级综合性和年度资料性文献，每年出版一卷。2014年出版了第一卷。《昭觉县年鉴（2018）》属于第五卷。其宗旨是翔实、全面、系统、准确地记载2017年度昭觉县政治、经济、文化和社会发展情况，为各级领导和乡镇、部门的科学决策及制订发展规划提供可靠的依据，为招商引资、商贸活动提供权威资讯服务，为国内外人士了解、认识、研究昭觉县提供参考，为实现“六个昭觉”发展战略提供资政服务。

三、《昭觉县年鉴（2018）》主要包括大事记、概况、政治、经济 、教育、文化、社会、环保、乡镇 、附录等方面内容。因2017年没有召开过“两会”，故未设置“特载”部分。

四、《昭觉县年鉴（2018）》采用条目体，分类目、分目、条目三个层级。采用现代语体文记述，力求言简意赅、文风朴实、语言流畅。

五、《昭觉县年鉴（2018）》所用资料、图片、数据均由各供稿单位提供，并经所属单位领导审签后送编。全书由昭觉县年鉴编纂委员会分项审定。向国内外公开出版发行。文中主要经济数据采用统计部门的年报数，并经统计部门审核通过；数量单位与统计口径一致。

六、真诚欢迎各民族、社会各界人士提出宝贵意见，以便帮助我们改进工作，不断提高编纂质量。

# 昭觉县行政区划图

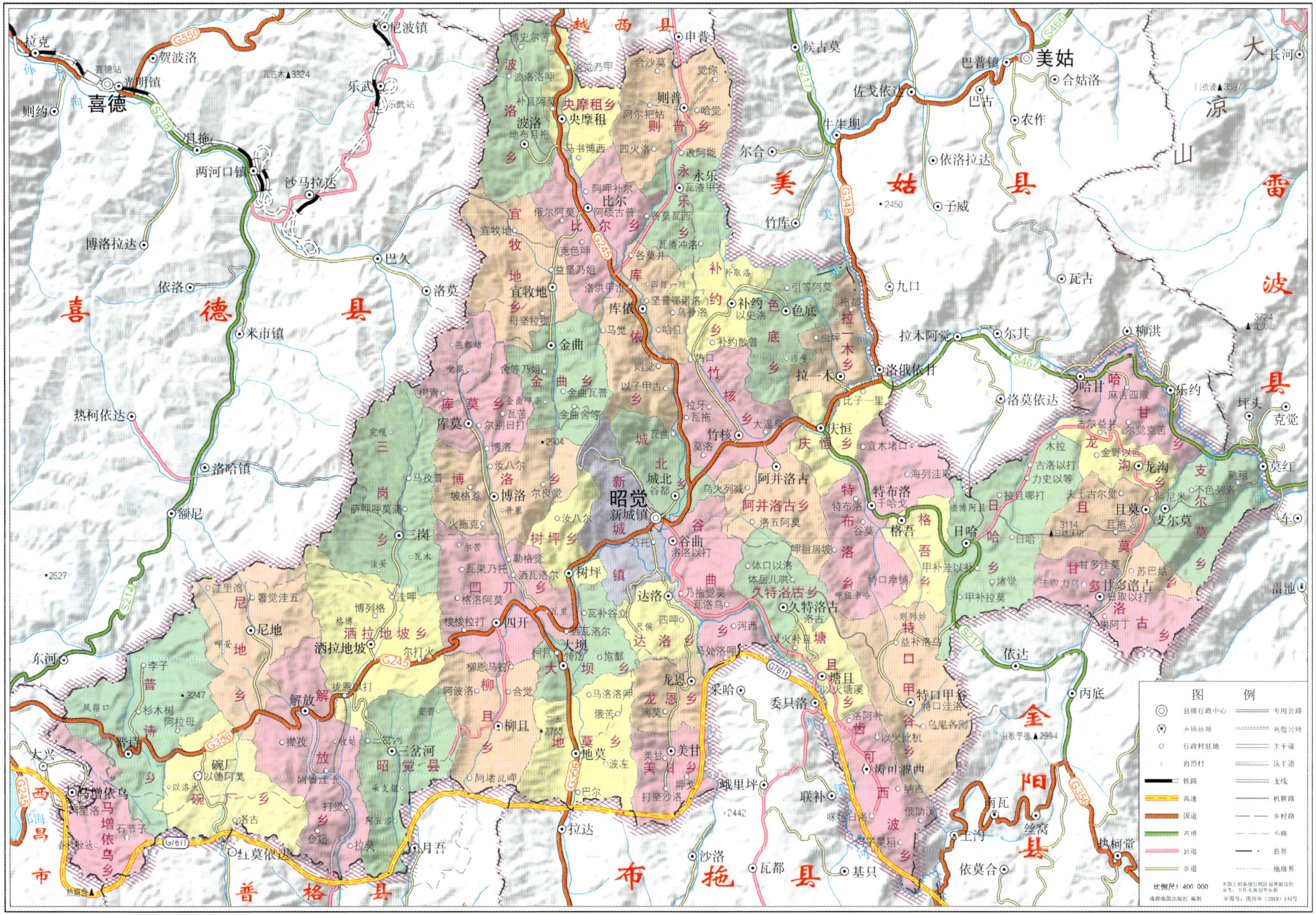


审图号：图川审（2019）144号

# 重要会议

3 月 2 日，中共昭觉县第十二届纪律检查委员会第二次全体会议在县会议中心召开　　县纪委办　供

6 月 30 日，昭觉县庆祝中国共产党成立 96 周年大会在县会议中心召开　　俄底科日　摄

2 月 13 日，省政协主席柯尊平（前排右三）在昭觉县调研脱贫攻坚工作　　俄底科日　摄

8 月 2 日，中央统战部副部长，全国工商联党组书记、常务副主席，中国民间商会副会长徐乐江（左三）在尼地乡署觉洼五村看望村民　　阿克鸠射　摄

7月5日，州委书记林书成（右二）看望贫困群众

4月6日，州人大常委会主任达久木甲（左前二）在普诗乡调研

俄底科日　摄

5月17日，州委副书记、州长苏嘎尔布（中）在支尔莫乡阿土列尔村调研　　阿克鸠射　摄

8 月 26 日，副州长、县委书记子克拉格（中）在特布洛乡调研督查河长制工作　　俄底科日　摄

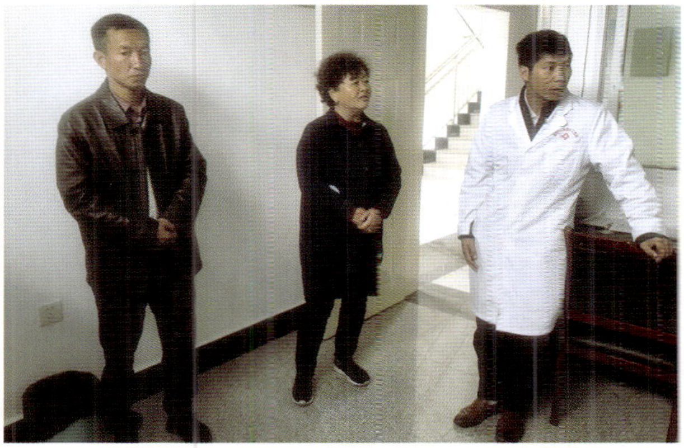

9 月 29 日，县人大常委会主任许世蓉在地莫乡卫生院督查基层公共卫生建设情况和工作开展情况

县人大办　供图

10 月 28 日，县委副书记、县长赫绍洪（右一）在支尔莫乡康复村调研　　祝拉布　摄

4 月 12 日，县政协主席吉觉古史（右三）陪同绵阳市涪城区政协考察团调研

2 月 12 日，第一期入学的贫困优秀学生到达绵阳市实验中学　　县教科局　供图

3 月 17 日，水电开发集团调研组在支尔莫乡阿土列尔村考察项目

3 月 17 日，支尔莫乡阿土列尔村贫困户在嫁接核桃　　县委办　供图

3 月 20 日，正在向支尔莫乡阿土列尔村搬运农行“银讯通”服务点建设材料　　县农行　供图

3 月 30 日，昭觉县人民政府与四川远鉴科技有限公司举行“身份认证大数据库基地”项目签约仪式　　县商务和投资促进局　供图

5 月 19 日，支尔莫乡阿土列尔村正在建设第一家农家乐　　阿克鸠射　摄

6 月 10 日，四开乡洛且博村幼教点在开展音乐教育
阿克鸠射　摄

6 月 16 日，达洛乡洛呷村贫困户得到扶贫物资
县司法局　供图

7 月 3 日，昭觉县在绵阳市涪城区与绵阳市涪城区富诚投资集团有限公司、绵阳市高水农副产品批发有限公司签订凉山州涪昭现代商贸物流园区项目框架协议

7 月 4 日，绵阳市涪城区对口帮扶日哈乡觉呷村工作会议
阿克鸠射　摄

11 月 9 日，在新城镇举行绵阳市涪城区对口帮扶昭觉县“以购代捐”集中采购首发仪式　俄底科日　摄

11 月 12 日，农行昭觉县支行赠送给巨莫乡古尔觉村贫困户的简易衣柜
县农行　供图

12 月 8 日，农行昭觉县支行在且莫乡古尔觉村开展“以购代捐”活动　　　　县农行　供图

12 月 14 日，在支尔莫乡阿土列尔村开展无人机物流配送试飞　　　　县商务和投资促进局　供图

12 月 14 日，在昭觉县“悬崖村”举行无人机物流配送试飞暨京东思源无人机流动诊所启动仪式
县商务和投资促进局　供图

2017 年退出的贫困村——且莫乡古尔觉村村貌
县农行　供图

畜牧专家在龙恩乡日普村验收科技扶贫山羊养殖项目的羊圈　　　　县教科局　供图

移动图书车的书籍　　　　县文广新旅局　供图

表演《彝族之鹰》舞蹈　　　　阿克鸠射　摄

昭觉县 2017 大凉山彝族传统火把节“民族团结杯”达体舞比赛表演

“朵洛荷”展演　　阿克鸠射　摄

2017 大凉山彝族传统火把节活动场地——谷克德景区　　俄底科日　摄

参加火把节的各族群众　阿克鸠射　摄

穿着盛装的彝家小伙伴　阿克鸠射　摄

斗牛比赛　　阿克鸠射　摄

观看演唱会　　阿克鸠射　摄

嘉宾与群众共舞　　阿克鸠射　摄

露天宾馆　　阿克鸠射　摄

磨尔秋表演　　阿克鸠射　摄

赛马　　县文广新旅局　供图

跳达体舞　　阿克鸠射　摄

玩火把　　阿克鸠射　摄

彝族传统选美　　阿克鸠射　摄

彝族式摔跤比赛　　阿克鸠射　摄

州、县领导同时点燃火把　　阿克鸠射　摄

游客居住的帐篷　　阿克鸠射　摄

4 月美景

5 月美景

6 月美景

2月23日，在县会议中心发行《昭觉县年鉴（2017）》　　安海斌　摄

3月22日，在库依乡召开全县“嘎则西”廉情员启动会　　县纪委办　供图

6月9日，昭觉县“文化惠民暖人心”演出队在“悬崖村”表演　　阿克鸠射　摄

6月26日，在县体育文化中心广场举行法制宣传暨警示教育大会及文艺会演　　俄底科日　摄

8月24日下午，在县政府政务服务中心评审《昭觉县年鉴（2017）》

12月8日，解放沟派出所干警在冰雪路上为群众解困

# 目　录

## 大事记



## 概　况



## 中共昭觉县委

## 昭觉县人民政府

### 综　述



### 政务中心



### 史　志



### 防震减灾



### 档　案



### 法制办

## 政协昭觉县委



## 群众团体

### 工　会



### 共青团



### 妇　联



### 残　联



### 科　协

## 经济管理

### 发展改革



### 国土资源



### 审　计



### 统　计



## 农业及农村经济

### 农牧业

**妇幼保健计生服务**



**县中彝医院**



**安　监**



**食品药品和工商质量监管**



**交　通**



**公路管理**



**财政　税务　金融**

**财　政**

## 国 税



## 地 税



## 人 行



## 农 行



## 农商行



## 人 保

## 国有控股企业



## 教　育

# 大事记

## 1月

**1日** 昭觉县第三次全国农业普查入户登记启动仪式在谷曲乡召开。会后544名普查员分赴272个普查区，对农村住户和农业经营单位进行现场登记。

**4日** 在县会议中心召开昭觉县第十届村（社区）"两委"换届工作动员大会。县委书记子克拉格，县委副书记、县长赫绍洪，县委常委、县委组织部部长、县委党校校长马泽郎出席会议并讲话。

**5日** 州委常委、州委组织部部长张伟到昭觉县调研环城路建设工作。县委书记子克拉格，县委副书记、县长赫绍洪，县委副书记刘建波等陪同。

**是日** 县委常委潘云带领县民族中学、县邮政局主要负责人到永乐乡开展"走基层，送温暖"活动。

**6日** 州委政研室副县级纪检员、改革办副主任冷炳才带领州综治维稳及依法治县考核组到昭觉县考核2016年度工作。县委副书记孙子史则，县委常委、副县长卜方舟，县委常委、县委政法委书记蒋勇等陪同。

**是日** 州科学技术和知识产权局副局长刘玉光带领西昌华农禽业公司董事长宋浪等人到龙恩乡、洒拉地坡乡、解放乡指导科技扶贫及"四川科技在线"昭觉科技服务平台运作等工作。县委副书记、县长赫绍洪等陪同。

**7日** 西藏那曲地区申扎县第二完全小学和西昌市城南小学的领导及优秀教师团队到县东方红小学，开展校际交流活动。

**7—8日** 州农普办副调研员阿牛尔且带领巡查组到谷曲乡、达洛乡，督导巡查第三次全国农业普查入户登记工作。

**9日** 在县会议中心召开中国共产党第十二届昭觉县委员会第3次全体会议。会议由县委副书记孙子史则主持。会议研究和表决了昭觉县出席中共十九大、四川省第十一次党代会推荐人选名单。林书成、付开文、邓代新等40人被推选为出席中共十九大代表推荐人选；子克拉格、马剑锋、吉日政府、我木阿呷4人被推选为出席四川省第十一次党代会代表推荐人选。县人大常委会主任许世蓉应邀参加会议。

**10日** 省国税局巡视员周定奎到县国税局慰问全体干部职工。

**11日** 四川省扶贫和移民工作局副局长、国家开发银行四川分行副行长马长有率工作人员到昭觉县调研东五县教育扶贫及生源地助学贷款工作。会上，巴中市、南充市、雷波县、美姑县、布拖县资助中心领导作了助学贷款工作经验交流发言。

**12日** 在县会议中心召开昭觉县工商业商会

第二届一次会议。县委常委、县委统战部部长果基木沙等领导出席会议。

**12—16日** 绵阳市涪城区教育帮扶团队一行17人，到昭觉县开展涪城对口昭觉教育帮扶第三轮工作。

**13日** “悬崖村”（阿土列尔村）文化旅游项目启动仪式在支尔莫乡阿土列尔村举行。该项目由川投集团和四川天友旅游集团公司共同出资6.3亿元，拟打造山地度假旅游目的地、彝区农文旅体验目的地和文旅产业扶贫示范基地。

**是日** 在县会议中心召开昭觉县脱贫攻坚工作会。县委副书记、县长赫绍洪到会并讲话。

**16日** 在库依乡举行昭觉县2017年第一批安全住房建设——易地扶贫搬迁集中安置点开工仪式，标志着全县易地扶贫搬迁安置工程的全面启动。开工仪式由县委副书记刘建波主持。州委副秘书长杨长青，州规建局副局长王华翔，县委书记子克拉格，县委副书记、县长赫绍洪等县四套班子领导出席仪式。赫绍洪致辞。

**18日** 全州县（市）委副书记、县委宣传部部长、县文明办主任、县委农工办主任到城北乡谷都村、四开乡洛且博村观摩学习“四好”创建工作经验。县委书记子克拉格，县委副书记、县长赫绍洪参加活动。

**18—19日** 国家统计局凉山调查队副队长杨西华带领州政府农业普查第十一督查组到庆恒乡、库依乡，随机抽查第三次全国农业普查入户登记工作及数据质量。

**20日** 州监察局局长李东明带领州党风廉政建设考核组到竹核乡、新城镇、县教育局，考核基层党风廉政建设工作。

**23日** 县委书记子克拉格到全县各部门开展新春慰问送温暖活动，并看望慰问贫困老干部和贫困老党员。

**是日** 县委副书记、县长赫绍洪到基层看望慰问贫困老党员。

## 2月

**4日** 州委书记林书成到昭觉县调研，并看望基层干部群众。县委书记子克拉格等陪同。

**5日** 州委书记林书成到昭觉县参加县委常委班子专题民主生活会。

**6日** 州委常委、州委宣传部部长曾令举到四川大凉山谷克德省级湿地公园调研旅游产业开发工作。县委书记子克拉格，县委副书记、县长赫绍洪等陪同。

**7—8日** 公安部刑侦局工作组到昭觉县调研督导“盗抢骗”犯罪专项工作。

**8日** 省公安厅党委委员、副厅长王雄率省州禁毒和刑侦部门到昭觉县调研督导禁毒、外流犯罪暨“盗抢骗”犯罪工作。

**12日** 第一期10名彝族学生到达绵阳市实验中学，标志着昭觉县优秀贫困学生赴涪城就读项目落地。

**13—14日** 省政协主席柯尊平带队到昭觉县调研脱贫攻坚工作。县委副书记、县长赫绍洪等陪同。

**14—18日** 2015年度新一轮退耕还林工作通过省级核查。

**16日** 州国土资源局土地整理中心踏勘组到谷曲乡、解放乡、四开乡开展土地整治项目现场踏勘工作。

**18日** 县委书记子克拉格被选为凉山彝族自治州人民政府副州长（以下简称副州长），并主持中共昭觉县委工作。

**21日** 省教育厅安全处和州教育局安全科组成的督查组，到县东方红小学开展安全工作督查。

**是日** 在会东县召开的凉山州青年创新创业工作推进会暨第四届青年创业大赛颁奖仪式上，昭觉县选送的大凉山“乌金猪”生态养殖及产业化发展项目入围12强并进入决赛。

22日 昭觉县成立河长制办公室。

23日 中央统战部光彩事业指导中心主任余敏安一行到昭觉县调研卫生、脱贫工作。县委副书记、县长赫绍洪等陪同。

24日 成都天友旅游集团及专家组一行到"悬崖村"实地考察旅游开发工作，并就相关事宜与昭觉县进行了对接和交流。

28日 在县会议中心召开昭觉县"对两委会"换届风气督导会议。

**是月** 昭觉县被中共凉山州委、凉山州人民政府评为"2016年度凉山州服务业目标考核先进县市"。

**是月** 昭觉县被凉山州人民政府评为"2016年度商务工作综合目标考核先进县市"。

## 3月

1日 河南省郑州市犯罪侦查局六支队支队长申保成一行到县公安局召开警务协作会。

**是日** 四川省水电投资经营集团有限公司副总经理李勇、四川省水电集团百事吉物业管理有限公司总经理王春红、四川金禾盛投资有限公司总经理助理吴涛一行7人，到支尔莫乡阿土列尔村考察，并洽谈"悬崖村"品牌开发、精准扶贫相关事宜。

**是日** 州纪委副书记黄武到昭觉县作《党风廉政建设社会评价》专题宣讲。副州长、县委书记子克拉格主持宣讲会。

2日 在县会议中心召开全县禁毒工作大会。会议由县委副书记、县长赫绍洪主持。副州长、县委书记子克拉格出席会议并讲话。

**是日** 州政府副调研员阿牛尔且带领农普督查组到城北乡督导入户登记进度及农普数据质量。

**是日** 在会议中心召开中共昭觉县第十二届纪律检查委员会第二次全体会议。

2—3日 州卫计委医疗安全管理和医疗安全风险防范专项监督组到县人民医院、县中彝医院、新城镇中心卫生院、昭觉阳光医院、昭觉协和医院督导检查。

3日 中国人民银行成都分行在特口甲谷乡特口甲谷村举行对口援建该村服务中心开工奠基仪式。中国人民银行成都分行副行长廖凤华，县委副书记罗大强，县委常委、副县长卜方舟（负责县政府常务工作）出席开工奠基仪式。

**是日** 召开昭觉县第十届村（居）委会换届选举工作推进会。

6—7日 省财政厅农业处调研员、省"四项扶贫基金"调研督查组组长李灵英到昭觉县就"四项扶贫基金"的设立、使用及管理开展专项调研督查。

7—8日 州科技局到昭觉县考察调研科技工作和科技项目实施情况。

10日 州民族宗教事务委员会一行10人到昭觉县开展脱贫攻坚专项督查。

13日 州委常委、州委政法委书记陈文到昭觉县调研。副州长、县委书记子克拉格，县委副书记、县长赫绍洪等陪同。

14日 省公安厅禁毒总队政委熊意一行到县公安局就全国"两会"安保期间贯彻落实战时思想政治工作情况开展专题督导检查。

**是日** 州档案局副局长杨宏一行到县档案局调研。

15日 州委副书记、州长苏嘎尔布到昭觉县实地调研督导脱贫攻坚工作，并到四开乡波吉村考察精准扶贫工作及"一村一幼"工作。副州长、县委书记子克拉格，县委副书记、县长赫绍洪等陪同。

16日 州委副书记、州委统战部部长龙伟带队到昭觉县调研经济发展、脱贫攻坚、政法综治维稳、民族团结进步示范县创建、统战、城建和新区开发等工作。县委副书记、县长赫绍洪等陪同。

**是日** 举行“中国好老师”行动计划启动仪式。

**是日** 四川省水电集团总经理熊林率调研组到昭觉县开展调研。拟投资打造昭觉县“悬崖村”品牌，建设农牧产品深加工园区、现代农业示范基地，开发国家森林公园并打造彝族文化产业园区，实现农、林、文、旅、工、学相结合的产业扶贫项目。副州长、县委书记子克拉格等领导陪同。

**17日** 新希望集团副总裁、四川总部总裁张明贵，域上和美集团有限公司董事长、川商总会常务副会长邱伟一行9人，实地考察支尔莫乡阿土列尔村，并洽谈“悬崖村”旅游开发、品牌打造、精准扶贫相关事宜。

**19日** 州委书记林书成一行到“悬崖村”调研，并在阿土列尔村勒尔小学主持召开座谈会，宣讲习近平重要讲话精神。副州长、县委书记子克拉格陪同。

**是日** 州国土资源局、州水务局组成的检查组到昭觉县核查永久基本农田划定情况。

**20日** 州委书记林书成到四开乡波吉村考察精准扶贫工作及“一村一幼”工作。副州长、县委书记子克拉格陪同。

**是日** 昭觉县在库依乡各莫村召开“嘎则西”廉情员启动现场会。

**是日** 州食品药品监督管理局局长代兵一行到特布洛乡走访调研脱贫攻坚工作。

**是日** 省烟草公司调研组到支尔莫乡阿土列尔村实地考察调研旅游开发工作，并就相关事宜与昭觉县进行对接和交流。

**23日** 昭觉县领导干部举行“禁毒防艾二十条”考试。

**24日** 达洛乡达洛村幼教点23名幼儿中有19名陆续出现头晕、恶心和发热等身体不适症状，被送到县医院治疗。是日20:20，1名女生经抢救无效死亡。副州长、县委书记子克拉格闻讯后迅速赶往县医院安排部署学生救治相关工作，并慰问家属，同时要求立即将18名出现身体不适的幼儿和4名暂未出现症状的幼儿送到州第一人民医院治疗。同时，昭觉县组成事故调查处置工作组，并由县纪委牵头全面追查相关责任；由县公安局、县卫计局牵头全面调查事故原因，及时救治患病学生；由县政法委牵头，县群工局、达洛乡党委和政府配合，开展家属安抚和维稳工作。当晚，副州长、县委书记子克拉格，县委副书记、县长赫绍洪又赶到州第一人民医院协调对接达洛乡达洛村幼教点学生住院治疗事宜。

**是日** 副州长、县委书记子克拉格到古里片区调研旅游资源，进一步掌握昭觉县旅游资源现状，打通“悬崖村”旅游产业链。

**27日** 昭觉民族中学举行“仁爱启明书院”揭牌仪式。北京市仁爱慈善基金会部长刘芳宁参加。

**28日** 省疾控中心、州疾控中心、州第一人民医院、县政府办、县应急办、县教科局、县卫计局、县食药和工商质监局、县疾控中心、县人民医院的相关人员，在县卫计局会议室召开昭觉县突发公共卫生事件疫情分析会。

**29日** 教育部职业教育与成人教育司司长王继平一行到昭觉县开展《教育脱贫攻坚“十三五”规划》宣讲调研及慰问活动。县委副书记、县长赫绍洪陪同。

**是日** 在州第一人民医院马道分院治疗的达洛乡达洛村幼教点学生中有10名患者达到治愈标准出院。

**31日** 昭觉县流感疫情防控领导小组工作会召开。副州长、县委书记子克拉格主持会议。

**是月** 谷曲乡垃圾填埋场正式投入使用。

**是月** 启动全县退休、在职人员视同缴费年限的认定工作。

## 4月

**2日** 副州长、县委书记子克拉格到地莫乡、大坝乡、四开乡、竹核乡、庆恒乡、阿并洛古乡、谷曲乡、龙恩乡、新城镇等乡镇，以及乡镇中心卫生院督查流感防控工作。

**6日** 省政协社会法制委员会与昭觉县召开精准扶贫对接会。省政协社会法制委员会主任张渝田，州政协副主席王阿呷，县委副书记、县长赫绍洪，县政协主席吉觉古史出席会议。

**是日** 州人大常委会主任达久木甲率驻州部分全国人大代表、省人大代表和州人大代表到普诗乡玄生坝村觉木社看望慰问当地贫困户，并与当地群众召开座谈会。副州长、县委书记子克拉格等陪同。

**11日** 省人大常委会副主任刘道平一行7人到昭觉县开展《四川省农村扶贫开发条例》执法检查工作。

**是日** 省旅游发展委员会党组书记胡斌一行到昭觉县“悬崖村”调研旅游产业开发工作。副州长、县委书记子克拉格，州旅游发展委员会主任苏正清等领导陪同。

**12日** 州教科所所长刘达贵一行5人到昭觉县开展四川省教育厅资助（重点）课题“彝族聚居区生本教育实践研究”的检测工作，县教科局、城区中小学、各教办主任及部分骨干教师参加活动。

**是日** 共青团四川省委书记刘会英到昭觉县调研县、乡、村三级青年志愿服务开展情况。州委副书记、州直工委书记陈忠义，副州长、县委书记子克拉格，共青团凉山州委书记何健梅等陪同。

**是日** 中国电信独家援建“悬崖村”小学教育信息化项目正式启动。

**12—16日** 州财监局副局长、州财政局财政运行管理工作专项督导组组长陈革到昭觉县专项督导财政运行管理工作。

**13日** 省民政厅党组书记、厅长益西达瓦到昭觉县调研民政工作。州民政局局长曲木克古，县委副书记、县长赫绍洪等陪同。

**是日** 省林科院教授罗成荣经对口帮扶单位绵阳市涪城区林业局邀请，到帮扶村库依乡各莫村开展核桃产业培训。

**是日** 全国政协委员、民革中央妇青委副主任、民革四川省委副主委曾蓉率调研组到昭觉县调研“完善生育相关政策，助推民族地区脱贫奔小康”课题。

**17日** 副州长何绍忠到昭觉县调研安全住房建设工作。县委副书记、县长赫绍洪等陪同。

**18—19日** 州委宣传部常务副部长刘长猛率凉山州全国民族团结进步示范州创建活动第一督查组，到昭觉县督查民族团结进步示范校工作，并到县东方红小学开展督查。

**19日** 绵阳市经信委主任韩跷清率考察团到昭觉县考察交流。

**20—21日** 绵阳市涪城区财政局党组书记、局长陈永康一行14人到昭觉县开展对口帮扶活动。

**20—21日** 中央宣传部部务委员、国务院新闻办副主任郭卫民率调研组到昭觉县调研凉山彝区脱贫攻坚外宣工作，并到四开乡洛且博村考察。副州长、县委书记子克拉格陪同。

**25日** 省公安厅刑侦局副局长汤林率队到昭觉县督导调研外流犯罪工作。

**25—26日** 州人民政府教育督导委员会副主任、州人民政府教育总督学、州委州政府决策咨询委员会副主任马布都一行6人，到昭觉县开展双语教育专项督导检查，并先后到庆恒乡中心校、竹核乡中心校、竹核初级中学及城区各校，详细了解双语教学实施情况、民族语言政策落实情况、教材教辅的使用情况、一类模式高中学籍管理情况、控辍保学工作开展情况以及教育均衡发展工作推进情况。

## 5月

**4日** 州畜牧科学技术研究所专家刘晓波等一行4人到龙恩乡开展四川省科技扶贫“黑山羊优质高效养殖”项目阶段性效果评估检测。

**11日** 州保密局局长伍斌、州机要局局长陈有清一行到县教科局招生办公室，对试卷保密室用房、设备设施及值班巡逻制度、试卷交接制度、报告制度、是否落实责任制和责任追究制等进行全面检查。

**7—8日** 副州长、县委书记子克拉格到浙江杭州，与正泰集团、吉利控股集团、浙江四川商会、浙江富通集团、中南建设集团、浙江丝路产业投资基金、娃哈哈集团等企业考察对接，并就推动优势资源应用产品开发、旅游康养产业提升、特色农业培育及产业链条延伸、制造业物流业、新能源等合作进行了沟通交流。

**9日** 绵阳市涪城区交通运输局纪委书记肖猛一行4人，到昭觉县考察交流对口帮扶工作。

**9—10日** 副州长、县委书记子克拉格到上海考察远成集团、上海均瑶集团、张家港东方宏海新能源科技发展公司、上海汇银集团、中国民生投资公司、上海中路集团、上海致胜实业集团、春秋航空公司、上海胜华电缆集团、上海城市现代农业发展公司、泓宝绿色水产集团、上海名泉企业集团、龙元建设集团、华一联合集团、正宝惠家食品公司、上海闽龙实业公司，并与企业负责人就进一步加强合作进行了沟通。

**11—12日** 公安部禁毒局副局长安国军一行到昭觉县调研指导禁毒工作。

**15日** 州良圆马铃薯种业有限责任公司相关人员，与副县长王凉萍对接合资组建昭觉良圆马铃薯种业有限公司等相关事宜。

**是日** 佛山市政协副主席骆毓林一行到昭觉县调研易地扶贫搬迁项目。

**16—17日** 省政府教育督导委员会到解放沟中心校、四开中学、县民族小学、县民族中学开展双语调研。

**17日** 州委副书记、州长苏嘎尔布到支尔莫乡阿土列尔村看望慰问群众，并召开县、乡、村干部和村民代表座谈会，进一步研究部署阿土列尔村加快脱贫奔小康的措施。

**18日** 天津海河普惠金融服务有限公司总裁魏文杰一行8人，与县委副书记、县长赫绍洪洽谈投资城市基础设施建设、棚户区改造、提供金融信息技术服务等相关事宜。

**18—19日** 州国家税务局、凉山电视台到县国税局拍摄全州国税系统民族团结进步宣传片。

**19日** 国家新闻出版广电总局电视剧司副司长杨铮一行，到昭觉县调研“悬崖村”脱贫攻坚和旅游开发情况以及谷克德旅游开发情况。

**是日** 在会议中心召开昭觉县脱贫攻坚工作推进会，安排部署下一步脱贫攻坚工作。副州长、县委书记子克拉格主持会议并讲话。

**21日** 教育部民族教育司司长毛力提·满苏尔一行5人，到昭觉县调研教育扶贫工作和双语教育工作。县委副书记、县长赫绍洪陪同。

**23日** 省政协社会法制委员会到日哈乡举办帮扶昭觉县项目启动仪式及省总工会“放飞希望、绽放微笑”六一慰问活动。县委副书记、县长赫绍洪，县政协主席吉觉古史等出席启动仪式。

**23—24日** 中国人民银行成都分行副行长李铀一行到昭觉县调研金融精准扶贫工作开展情况，并出席特口甲谷乡特口甲谷村现代化生猪规模养殖项目开工仪式。县委副书记、县长赫绍洪陪同。该项目采用“1+1+1+N”（中国人民银行成都分行和昭觉县政府＋新希望六和股份有限公司＋专业合作社＋特口甲谷村村民）的合作模式，建成后将成为全州最大的现代化生猪规模养殖基地。计划总投资约450万元，年出栏生猪

5000头。

**25日** 县总工会组织全县行政机关、企事业单位工会主席共140人，到县国税局参观学习工会建设经验。县委常委、县总工会主席吉克格美，县人大常委会副主任刘宇刚，县政协副主席何平参加。

**是日** 州政协副主席赵玉聪一行到昭觉县调研脱贫攻坚工作。县政协主席吉觉古史陪同。

**26日** 绵阳中学副校长蒋忠率调研组到昭觉县调研教育工作。县委副书记、县长赫绍洪陪同。

**27日** 昭觉县召开当前重点工作安排部署会。县委副书记、县长赫绍洪主持会议并讲话。

## 6月

**1日** 省政协经济委副主任雷建一行到昭觉县开展扶贫捐赠活动。县政协主席吉觉古史等陪同。

**是日** 省纪委第三纪检监察室副主任罗强到昭觉县纪委检查执纪审查安全工作。州纪委副书记黄武，县委常委、县纪委书记沙马木机陪同。

**是日** 民革凉山州西昌市委员会在城北乡普提村小学开展庆“六一”捐赠活动。副州长、县委书记子克拉格等参加。

**2日** 在县会议中心召开昭觉县创建省级民族团结进步示范县工作推进会。县委副书记孙子史则主持会议，副州长、县委书记子克拉格出席会议并讲话。

**是日** 在县会议中心召开昭觉县环境保护暨环保督查整改工作推进会。县委副书记孙子史则主持会议，副州长、县委书记子克拉格出席会议并讲话。

**是日** 昭觉县举行师生书画展和以“乐享童年　放飞艺梦”为主题的文艺会演活动。副州长、县委书记子克拉格出席活动。

**6日** 东方电气集团党组书记、董事长邹磊一行到昭觉县考察脱贫攻坚工作。副州长、县委书记子克拉格等陪同。

**6—7日** 新加坡联合早报社到昭觉县采访近期脱贫攻坚工作成效。县委副书记、县长赫绍洪等陪同。

**7日** 国家中医药管理局副局长马建中一行13人，到庆恒乡卫生院、新城镇中心卫生院、县中彝医院调研民族医药发展情况。

**是日** 省委副书记邓小刚、省委常委曲木史哈一行到昭觉县调研。

**是日** 省委保密办主任、省国家保密局局长刘永剑到对口帮扶点洒拉地坡乡尔打火村调研脱贫攻坚工作，并宣讲省第十一次党代会精神。

**是日** 省商务厅副厅长杨春轩一行到昭觉县调研电子商务进农村与市场体系建设工作。副州长、县委书记子克拉格参加汇报会。

**8日** 召开违规宴请专项督查启动会，并成立专项督查组。

**13日** 州政协党组成员、州政协秘书长谢宁一行到昭觉县调研旅游工作，并实地考察尼地乡正在修建的游客接待服务中心、谷克德湿地、瓦里洛“彝家新寨”等旅游景区的基础设施建设情况，最后对州旅游发展委员会工作进行了民主评议。

**14—16日** 州农业普查事后质量第十抽查组到波洛乡开展州级“三农”普查事后质量“双随机”抽查。

**14日** 中国人民银行成都分行行长周晓强一行到特口甲谷乡特口甲谷村调研脱贫攻坚工作，并出席人行成都分行爱心捐赠仪式。副州长、县委书记子克拉格等陪同。

**15日** 州农牧局科技扶贫专家服务团一行4人，到昭觉县开展农牧科技巡回讲座培训。

**是日** 省扶贫和移民工作局后扶处处长彭

静耘等 3 人，到昭觉县调研贫困户住房安全保障工作。

**16 日** 州环境保护督察领导小组办公室环保问题整改工作督导组到到昭觉县督导环保问题整改工作。

**19—20 日** 州禁毒委、州外流人员违法犯罪整治工作领导小组，在昭觉县召开全州打击整治外流犯罪暨禁毒工作昭觉现场会议和全州公安禁毒工作会议。副州长、县委书记子克拉格参加会议。

**20 日** 全国“巾帼脱贫行动”专题培训班学员到昭觉县开展现场教学活动。副州长、县委书记子克拉格等陪同。

**21 日** 州委保密办主任、州国家保密局局长伍斌，州委机要局局长陈有清一行到特布洛乡调研扶贫工作。

**20—21 日** 省委常委、省委农工委主任曲木史哈到昭觉县蹲点调研督导脱贫攻坚工作。副州长、县委书记子克拉格，县委副书记、县长赫绍洪等陪同。

**22 日** 州“中国好老师”公益行动计划第四期教学研讨暨第一期校长论坛活动在昭觉县东方红小学举行。

**是日** 副州长、县委书记子克拉格，县委副书记、县长赫绍洪，携副县长王凉萍、林勇，以及县委办、县发改经信局、县财政局、县水务局、县林业局、县商务投促局等单位负责人到绵阳市涪城区，与绵阳市涪城区富诚投资集团有限公司、绵阳市高水农副产品批发有限公司对接洽谈昭觉县农产品现代物流中心项目。项目内容包括冷链仓储、物流配送、电商平台、质量追溯、农残检测、办公配套等，计划总投资额约 1 亿元，需建设占地近 6.67 公顷。会议由县委副书记、县长赫绍洪主持。

**23 日** 州老干部艺术团到昭觉县开展禁毒防艾文艺宣传演出。

**是日** 州委第四巡察组到昭觉中学开展机动式巡察，并召开动员会。

**24 日** 县境内出现大范围强降雨。至 25 日 11 时，共有 14 个乡镇受灾，受灾人口 11202 人，倒塌房屋 56 间，直接经济损失 3590.1 万元；农作物受灾面积 963.4 公顷，直接经济损失 600.9 万元；造成农林牧渔业直接经济损失 2513.8 万元；公路中断 8 条，供电线路中断 3 条，工业交通运输业直接经济损失 540.5 万元；损坏堤防 8 处共 17860 米、灌溉设施 4 处，直接经济损失 535.8 万元。灾情发生后，昭觉县立即启动应急预案，副州长、县委书记子克拉格，县委副书记、县长赫绍洪带领县水务局、县国土局、县民政局等相关部门负责人第一时间到受灾最严重的日哈乡查看灾情，慰问灾民，指挥救灾工作。

**27 日** 昭觉县启动“迎七一，铸党魂”创民族团结进步示范县职工运动会活动。副州长、县委书记子克拉格等领导出席开幕式。

**是日** 以“无毒、生命、家园”为主题的凉山州全面禁毒宣传月禁毒巡演到昭觉县开展禁毒巡演活动。

**28 日** 昭觉县召开全县依法治县工作推进会。县委常委、县委宣传部部长张敏主持会议，副州长、县委书记子克拉格出席会议并讲话。

**29—30 日** 省财政厅基层财政管理处调研员李宗钊一行 2 人，到昭觉县调研高海拔特殊补助政策落实、资金分配管理、对口帮扶彝区县乡财政管理、乡镇政权建设及附属设施建设等情况。

**30 日** 在县会议中心召开昭觉县庆祝建党 96 周年暨“七一”表彰大会。县委副书记、县长赫绍洪主持会议，副州长、县委书记子克拉格出席会议并讲话。

**是月** 著名公益人邓飞，联合教育界、建筑界等志愿者和中国青少年发展基金会发起的“会飞的盒子”项目（为中小学生提供可移动、智能的模块化宿舍）在普诗乡李子小学落地。它是该公益项目实施后的第四个盒子，故称“004号盒子”，同时也是四川省第一座“会飞的盒子”，共有13间房。

## 7月

**3日** 副州长、县委书记子克拉格，县政协主席吉觉古史，县委副书记刘建波，县委常委、副县长卜方舟（负责政府常务工作）到绵阳市涪城区，与绵阳市涪城区富诚投资集团有限公司董事长张军和绵阳市高水农副产品批发有限公司董事长潘荣武，签订了凉山州涪昭现代商贸物流园区项目框架协议。参加签约仪式的还有绵阳市涪城区委书记郑志恒等区委、区政府领导。

**是日** 国电龙源西藏新能源有限公司总经理张晞、国电龙源西藏公司新能源处副主任张思为、四川汇川送变电建设有限公司副总经理罗泉一行5人，到昭觉县，与副州长、县委书记子克拉格，县委副书记、县长赫绍洪洽谈开发昭觉风力资源相关事宜。

**3—8日** 在西南医科大学举办“西南医科大学2017年昭觉县乡镇卫生院管理人员培训班”。

**4日** 绵阳市涪城区人大常委会在对口帮扶的解放乡火普村召开工作座谈会。

**5日** 州交通运输局党组书记、局长周大海率调研组，到昭觉县调研通乡油路建设工作。

**是日** 内江客商何斌一行6人到特布洛乡考察，并就投资建设规模化养殖乌金猪、闫牛基地项目和项目选址进行洽谈。

**5—6日** 州委书记林书成到昭觉县调研，并宣讲习近平在深度贫困地区脱贫攻坚座谈会上的重要讲话精神，实地检查中央和省委、州委脱贫攻坚各项部署要求落实情况。副州长、县委书记子克拉格等陪同。

**7日** 在县会议中心召开昭觉县脱贫攻坚工作推进会。副州长、县委书记子克拉格主持会议并讲话。

**8—9日** 按照省、州统一安排部署，开展2017年“特岗教师”面试。78名考生进入面试资格复审，拟招聘“特岗教师”38人。

**11日** 州委宣讲团到昭觉县宣讲省第十一次党代会精神。

**12日** 国家审计署到昭觉县开展审计工作。

**是日** 县委副书记、县长赫绍洪到县审计局讲党课，内容包括全面从严治党和省第十一次党代会两个主题。

**13日** 县政协召开提案交办会。

**13—14日** 外交部副部长王超一行2人到昭觉县督查工作。

**14日** 州环保督察专项督导小组到昭觉县督导检查中央环保督察迎检工作准备情况。

**是日** 县委副书记、县长赫绍洪召集相关部门负责人召开中央环保督察迎检工作会议，进一步安排部署迎检工作。

**15日** 昭觉县召开创建省级民族团结示范县工作推进会。县委常委、县委统战部部长果基木沙主持会议，副州长、县委书记子克拉格出席会议并讲话。

**是日** 昭觉县举行2017年凉山彝族传统火把节“民族团结杯”达体舞比赛。县级机关的3个总支代表队和7个片区代表队参加比赛。

**17—19日** “2017大凉山彝族传统火把节”在四川大凉山谷克德省级湿地公园（昭觉县七里坝）举行。

**26日** 由省委宣传部、省委统战部、省民族宗教委组成的省检查考核组，到昭觉县检查考核创建民族团结进步示范县工作情况。副州长、县委书记子克拉格陪同。

**27日** 昭觉县第一期新型农民种植、养殖业技能培训和素质提升培训在昭觉县民族中学开班。来自19个乡镇26个行政村的900名贫困户富余劳动力参加培训。副州长、县委书记子克拉格出席会议并讲话。

**是日** 州政府秘书长卢强一行到昭觉县调研精准扶贫工作开展情况。县委副书记、县长赫绍洪陪同。

**是日** 州委常委葛承书一行到且莫乡古尔觉村调研扶贫工作。

**27—28日** 华中师范大学党委书记黄晓玫率调研组到昭觉县调研教育扶贫工作，并召开座谈会。副州长、县委书记子克拉格，县政协主席吉觉古史陪同。

**28日** 州委党校常务副校长卢健到“新型农民素质提升工程”昭觉培训基地检查指导工作，并查看了教室、寝室、食堂。

**是日** 在县会议中心召开昭觉县十三届人民政府第一次全体会议暨廉政工作会议。

**是日** 县委副书记、县长赫绍洪率慰问组到县人武部、县武警中队、县消防大队、驻昭觉雷达部队看望和慰问官兵。

**30日** 省人大代表调研组到昭觉县调研脱贫攻坚工作。副州长、县委书记子克拉格，县委副书记、县长赫绍洪，县人大常委会主任许世蓉等陪同。

**是月** 县社保局为缴纳社保的单位和个人提供了便捷的缴费方式，以完善社保信息。

## 8月

**7月31日至8月2日** 绵阳市涪城区委常委、区委宣传部部长杜正茂带领区安监局、区卫计局、区文广新局、区教体局、区网信办、绵阳市人民医院、区疾控中心、绵阳实验中学等部门负责人，到昭觉县对接落实宣传、教育、文化、卫生等领域和对口联系村援建有关事宜。

**1日** 在县会议中心召开昭觉县2017年河长制工作推进会。

**2日** 验收昭觉县城瓦曲集中式饮用水源地立标保护项目。

**是日** 中央统战部副部长、全国工商联党组书记兼常务副主席、中国光彩事业促进会会长徐乐江，全国工商联副主席、中国光彩事业促进会副会长谢经荣，省政协副主席、省工商联主席陈放，州委书记林书成，省委统战部副部长、省工商联党组书记兼常务副主席钟家霖，州委副书记、统战部部长龙伟，副州长、县委书记子克拉格，州政协副主席宋光明等，率领全国“中国光彩事业凉山行”一行，到尼地乡署觉洼五村、普诗乡杉树村杉树社，调研彝区特色旅游示范村项目和新村新寨建设，并走村入户看望困难群众。

**3日** 省河湖管理局副局长陈庆带领省州检查组到昭觉县检查指导河长制工作落实情况，并检查昭觉县竹核乡河长制工作开展情况和竹核河农村环境综合整治、流域治理等专项整治工作。

**是日** 省委巡视督察工作领导小组副巡视员周学礼一行，到昭觉县新型农民素质提升培训基地检查指导工作。县委副书记、县新型农民素质提升工程领导小组组长刘建波和县委常委、县委组织部部长、县委党校校长马泽郎陪同。

**是日** 在县会议中心召开昭觉县2017年易地扶贫搬迁自查工作推进会。

**4日** 州财政局局长王顺云一行到昭觉县调研指导脱贫攻坚工作。县委副书记、县长赫绍洪陪同。

**是日** 中央统战部光彩事业中心主任俞明安、中央统战部五处处长李良红、中央统战部光彩事业中心宣传部部长贾世光等领导，在西昌一对一资助昭觉县贫困家庭小学生9人，其中博洛乡5人、宝洁希望小学4人。县委党校常务副校长陈东坡带领相关人员到西昌邛海宾馆参加了爱心助学活动。

**6日** 副州长、县委书记子克拉格到饮用水源地保护、垃圾填埋场、污水处理厂等处，现场部署环境问题整改工作。

8日　昭觉县普诗乡和玛增依乌乡委托西昌市管理交接工作启动。

8—14日　在西昌举行的凉山州第五届运动会暨首届少数民族传统体育运动会上，昭觉县选手吉子木阿依荣获女子41公斤级跆拳道金牌，比吉阿梅荣获52公斤级跆拳道铜牌，的日石布荣获男子56公斤级武术散打铜牌，足球团体荣获第二名，篮球团体荣获第八名，彝族式摔跤分别荣获第四名、第六名，国际式摔跤荣获第五名，民族传统体育表演项目荣获一等奖。

9日　县委副书记、县长赫绍洪携副县长王凉萍和县政府办、县商务投促局、县国资公司、农行昭觉县支行、农商行昭觉支行、县自来水公司等单位负责人，到天津中环股份有限公司考察，并与该公司党委书记安艳清，公司支部书记、常务副总经理江云对接建设昭觉光伏扶贫电站事宜。

是日　在县农牧局会议室召开县委第一巡察组专项巡察农牧局工作动员会。

10日　财政部农业司副司长柯凤率国务院扶贫办规划统计处、财政部农业司扶贫处相关领导，到昭觉县调研指导脱贫攻坚工作。副州长、县委书记子克拉格陪同。

是日　县委副书记、县长赫绍洪携县政府办、县商务投促局、县国资公司、农行昭觉县支行、农商行昭觉支行、县自来水公司等单位负责人，到黑龙江省哈尔滨市哈工大中奥生物工程有限公司考察核桃精深加工线项目，并与该公司洽谈了昭觉县未来核桃量产后的出路、如何切实解决农民增收等问题。哈工大产业技术研究院院长路中峰，哈工大大数据产业集团总裁、哈工大智慧农业集团副董事长席瑜泽，哈工大特种生物分离工程研究中心主任、博士生导师王振宇陪同考察。

11日　在县会议中心召开昭觉县迎接中央环保督察工作动员会。会议由副州长、县委书记子克拉格主持。

是日　县委副书记、县长赫绍洪携县政府办、县商务投促局、县国资公司、农行昭觉县支行、农商行昭觉支行等单位负责人，到哈药集团世一堂制药厂考察，并与厂党委书记、厂长赵鲁元洽谈昭觉县种植中药材及其深加工等投资事宜。

是日　省林业厅副调研员郑斌带领省生态扶贫调研组到昭觉县调研，并参观竹核乡豹口核桃示范基地，查阅县林业局生态护林员工作相关资料。

12日　省委组织部组织一处处长周晓云带领督导检查组，到昭觉县督导检查“两学一做”学习教育常态化制度、基层党建工作重点任务、抓党建促脱贫等工作落实情况。副州长、县委书记子克拉格陪同。

13日　省农业厅深度贫困县调研组和州农牧局调研组一行，到日哈乡、城北乡、大坝乡等地调研产业发展、贫困现状和存在的主要问题。

14日　“金融支持昭觉县现代农业、助力脱贫攻坚对接会”在昭觉召开。会议由昭觉县人民政府主办。凉山农商银行行长刘杰、农商行昭觉支行行长张正浩应邀参会，并就凉山农商银行进一步发挥信贷支农支小的杠杆作用，继续做好金融支持现代农业、助推脱贫攻坚工作做了交流发言。

15日　省民宗委副主任甘映平一行到四川大凉山谷克德省级湿地公园，调研旅游产业发展工作。

16日　州政协副主席王阿甲率调研组到昭觉县调研全县禁毒防艾工作。县政协主席吉觉古史等陪同。

16—17日　州第七督导组到昭觉县督查防汛减灾和地质灾害预防工作，并召开座谈会。县委副书记、县长赫绍洪等陪同。

**17—18日** 全州“脱贫路上团旗红，团队携手创四好”现场推进会在昭觉县召开。副州长、县委书记子克拉格致辞。

**18日** 昭觉县护理质量控制中心成立大会在县人民医院住院大楼六楼学术厅召开。州护理学会理事长、州护理质量控制中心主任朱建军，州护理学会秘书长、州护理质量控制中心专家赵光昱出席会议。

**20日** 昭觉县公共体育场田径跑道和足球场项目开工建设。计划新建塑胶跑道400米、环形跑道8条、直跑道8条、标准塑胶足球场1个、标准塑胶篮球场2个。

**21日** 县环保局、县卫计局、县人民医院联合到城北乡普提村为医疗废物临时处置点选址，初步解决了全县医疗废物难以集中规范处置的问题。

**是日** 昭觉县2017年创民族团结进步示范县“拉莫杯”足球赛开赛，共有18支代表队参赛。

**22日** 在县会议中心召开全县脱贫攻坚工作推进会。会议由县委副书记、县长赫绍洪主持。

**24日** 凉山军分区副司令员刘波到县人武部检查指导安全工作，并参加民主生活会。

**25日** 完成全县14个饮用水水源地保护区划分技术招标工作。

**26日** 副州长、县委书记子克拉格到特布洛乡调研督查河长制工作。

**29日** 由中宣部组织的中央媒体采访团到昭觉县开展“中央媒体深度贫困地区采访行”活动，并先后到四开乡洛且博村、解放乡火普村采访。采访团成员有人民日报云南分社、《解放军报》、《光明日报》、《科技日报》、《农民日报》、央广网、光明网等媒体。国务院扶贫办宣教中心处长刘少锋参加了采访活动。

## 9月

**2日** 县委副书记、县长赫绍洪在四川省核工业地质局二八一大队（位于西昌）召开生态红线范围划定审核工作联席会议。副县长罗强、二八一地质大队专业技术人员、县级相关部门负责人参会。

**3日** 副州长、县委书记子克拉格在西昌市朗桑酒店召开生态红线范围划定审核会议。县级生态红线工作分管领导和相关部门负责人参会。

**9日** 州水务局局长杨昌林率调研组到昭觉县调研水利、扶贫工作。副州长、县委书记子克拉格，县人大常委会主任许世蓉，县政协主席吉觉古史等陪同。

**9—10日** 全国政协副主席、致公党中央主席、科技部部长万钢到昭觉县调研指导科技创新和科技扶贫等工作，并前往洒拉地坡乡姐把哪打村、宜牧地乡洼典宜牧地村、县运管中心考察。副州长、县委书记子克拉格陪同。

**11日** 绵阳市涪城区委副书记、区长姚永红一行到昭觉县调研。副州长、县委书记子克拉格，县委副书记、县长赫绍洪陪同。

**是日** 四川昭觉电力有限责任公司和四川中惯科技股份有限公司作为发起人股东，共同出资500万元组建混合所有制企业——凉山中昭新能源科技有限公司。

**13日** 省委常委、省委农工委主任曲木史哈到尼地乡瓦里洛村调研谷克德湿地公园建设情况。副州长、县委书记子克拉格，县委副书记、县长赫绍洪陪同。

**是日** 成都商报电子商务有限公司副总经理、成都现代农业电子商务协会秘书长易光明一行5人到昭觉县，与四川省能源投资集团有限责任公司、县商务投促局、县电力公司对接共同投资打造“悬崖村”品牌事宜。

**是日** 州2017年“金融知识普及月”送“金融知识进悬崖村”集中宣传活动在“悬崖村”举行。该活动由中国人民银行凉山州中心支行组织。中国人民银行凉山州中心支行党委书记、行长李勇和凉山农商银行董事长冯宗连参加。

**13—14 日** 省委常委、省委农工委主任曲木史哈带队到昭觉县督导脱贫攻坚和信访维稳工作，并主持召开昭觉县脱贫攻坚工作汇报会。副州长、县委书记子克拉格，县委副书记、县长赫绍洪陪同。

**15 日** 中国农业发展银行农村金融研究院副院长胡迎春一行到昭觉县调研脱贫攻坚工作。

**17 日** 完成 2.07 万公顷“1+X”生态产业核桃基地建设工作。

**18 日** 四川省梦达科技有限责任公司业务部经理刘伟建一行 3 人，与四川晟天新能源发展有限公司项目部经理邓心雅和县商务投促局洽谈投资合作光伏产品配套设施相关事宜。

**18—22 日** 四川省脱贫攻坚领导小组一行 7 人到昭觉县开展精准识别专项督查。

**20 日** 省军区工作组到县人武部开展武器库安全检查。

**是日** 省委组织部党建办副主任程文茂一行到昭觉县开展抓党建促脱贫攻坚专项督导。副州长、县委书记子克拉格陪同。

**是日** 昭觉县脱贫攻坚工作推进会在县会议中心召开。副州长、县委书记子克拉格出席会议并讲话。

**20—21 日** 州政协调研组到昭觉县调研“生育秩序整治”工作。

**21 日** 21 点 30 分，新城镇拖都村与城北乡瓦尔村交接处发生山体滑坡，导致后山水源地的供水中断，严重影响县城居民的饮用水。

**是日** 州气象局局长吕忠东率州防汛减灾暨地质灾害督查组到昭觉县督导检查防汛减灾暨地质灾害防治工作，并召开座谈会。

**是日** 县政协主席吉觉古史带领 60 名政协委员到县公安局、县卫计局调研禁毒防艾工作。

**22 日** 国家卫生计生委妇幼司司长秦耕到昭觉县调研艾滋病防治和健康扶贫攻坚行动工作，分别到县人民医院抗病毒治疗中心、县疾控中心、县妇幼保健计划生育服务中心、竹核乡调研，并召开座谈会听取艾滋病防治和健康扶贫攻坚工作开展情况汇报。座谈会由凉山州卫生计生委副主任吴海以主持。副州长、县委书记子克拉格陪同调研并参加座谈会。

**是日** 省教育厅、州教育局领导到昭觉县调研民族振兴十年行动计划。

**23—24 日** 交通运输部综合规划司副巡视员汪忠率调研组，到昭觉县调研集中连片特困地区交通扶贫工作情况。副州长、县委书记子克拉格，县委副书记、县长赫绍洪陪同。

**24 日** 交通运输部调研组一行 5 人到昭觉县检查农村公路建设情况。

**25 日** 在县会议中心召开昭觉县民族教育振兴十年规划工作会。

**是日** 副州长、县委书记子克拉格带领副县长王凉萍、地质灾害专家，以及县水务局、县国土局、县应急办等相关单位负责人到新城镇拖都村与城北乡瓦尔村交接处的山体滑坡处检查指导滑坡点救灾工作，并召开紧急会议进行处置。

**26 日** 县残联与跨克苦荞食品有限公司在洒拉地坡乡尔打火村举行残疾人贫困户股权分红首次发放仪式。10 户建档立卡贫困残疾人每户领取了股权分红金 3000 元。

**是日** 县委常委、县纪委书记沙马木机到县公安局指导昭觉县公安局党风廉政宣讲会。

**26—30 日** 开展机关事业单位防治“吃空饷”问题长效机制建立情况专项督查。

**27 日** 本山传媒到昭觉县捐赠人民币 300 万元用于修建学校。

**是日** 省公安厅刑侦局技术处处长张海军率队到昭觉县检查指导 Y-STR DNA 数据库建设工作。

**是日** 绵阳市涪城区委书记郑志恒带领区委办、区委组织部、区卫计局、区教体局等单位和部分企业负责人，到昭觉县调研督导对口帮扶工作。县委副书记、县长赫绍洪陪同。

**是日** 国家开发银行副行长周清玉一行到昭觉县调研。副州长、县委书记子克拉格陪同。

**28日** 中城银信控股集团西南事业部总经理魏庆棠等一行5人到昭觉县，与副州长、县委书记子克拉格洽谈投资建设田园综合体、特色小镇、旅游扶贫等相关事宜。

**是日** 昭觉县举行第三季度重点项目集中开工仪式。开工仪式由副县长马红兵主持。副州长、县委书记子克拉格，县人大常委会主任许世蓉，县政协主席吉觉古史等出席开工仪式。

**是月** 普诗乡李子小学188名学生搬进了“会飞的盒子”。

## 10月

**10日** 凉山军分区司令员潘波到县人武部检查指导工作。

**12日** 州人大常委会教育科学文化卫生委员会主任贾巴尔土带领州人大调研组到昭觉县调研义务教育工作，并到县东晨中学、竹核乡东电希望小学、竹核乡中心校调研，与学生家长座谈。县委副书记、县长赫绍洪等陪同。

**是日** “2017西昌邛海 · 丝绸之路”国际诗歌周在县体育文化中心广场举行。中国作家协会副主席、“西昌邛海 · 丝绸之路”国际诗歌周组委会主任、当代著名少数民族代表诗人吉狄马加，副州长、县委书记子克拉格出席开幕式。县委副书记、县长赫绍洪致辞。本届国际诗歌周主题为“诗人的个体写作与诗歌的社会性存在”。

**16日** 昭觉县农村土地承包经营权确权登记颁证工作动员会在县会议中心召开，标志着农村土地承包经营权确权登记颁证工作全面实施。

**是日** 四川省急救中心主任、主任医师胡卫健带领成都市急救中心、成都大学附属医院专家，到昭觉县调研卫生应急急救工作。

**16—17日** 国家体育总局体育基金管理中心副主任、中华体育基金会副秘书长赵影一行，到昭觉县专题调研体育公益发展现状及群众体育需求。

**17日** 省民族研究所到昭觉县调研彝汉双语教育工作。

**是日** 民革凉山州委到城北乡普提村幼教点、特布洛乡谷莫村幼教点调研“一村一幼”助推民族地区脱贫攻坚课题。

**是日** 省教育厅副厅长汪小帆率督查组到昭觉县督导检查教育重点工作落实情况，并到昭觉中学、县民族小学、“悬崖村”小学调研。县委副书记、县长赫绍洪陪同。

**18日** 全国人大教科文卫委员会副主任委员吴恒一行到昭觉县专题调研民族地区义务教育和学前教育，并到城北乡普提村幼教点、支尔莫乡“悬崖村”小学参观。县委副书记、县长赫绍洪，县人大常委会主任许世蓉陪同。

**18—19日** 副省长杨兴平到昭觉县督查调研艾滋病防治及健康扶贫工作。副州长、县委书记子克拉格陪同。

**20日** 全县贫困村退出验收动员大会在县会议中心召开。

**22日** 昭觉县脱贫攻坚工作推进会在县会议中心召开。副州长、县委书记子克拉格主持会议。

**23日** 在县会议中心举行“励志自强　脱贫奔康”文化扶贫主题演出活动。该活动由省残联、省文化厅、省扶贫移民局联合举办。副州长、县委书记子克拉格，县委副书记、县长赫绍洪等县四套班子领导观看了演出。

**24日** 州人大常委会副主任海来木呷一行到昭觉县调研蔬菜大棚建设情况。副州长、县委书记子克拉格，县人大常委会主任许世蓉陪同。

**24—25日** 中国人民银行行长助理刘国强带队到昭觉县调研金融精准扶贫工作，并召开座谈会。副州长、县委书记子克拉格，县委副书记、县长赫绍洪等陪同调研并出席座谈会。

**26日** 国家禁毒办副主任、公安部禁毒局副局长熊德生一行到昭觉县专题调研毒品问题综合治理。副州长、县委书记子克拉格，县委副书记、县长赫绍洪等陪同。

**26—27日** 中央党校第43期中青一班三支部二组一行8人，到解放乡火普村、四开乡洛且博村、特布洛乡谷莫村、竹核乡、宜牧地乡洼典宜牧地村等地调研。

**27日** 昭觉县不动产登记数据整合建库项目开标。

**是日** 在老广场举行2017年昭觉县文化惠民活动启动仪式。

**28日** 县委副书记、县长赫绍洪带领副县长付开文、王凉萍，以及县交通运输局、县水务局、县林业局、县农牧局等部门负责人到支尔莫乡康复村指导精准扶贫工作。

**是日** 副州长、县委书记子克拉格到古里片区督查调研易地扶贫搬迁推进情况。

**30日** 昭觉拉莫足球队代表四川省参加“我爱足球”中国足球民间争霸赛，并荣获三等奖。

**30—31日** 省就业局农劳处科长胡丽君一行到昭觉县检查指导就业创业和就业扶贫工作。

**31日** 昭觉县2017年贫困村减贫退出验收工作动员暨培训大会在县会议中心召开。

**是日** 经凉山农商银行联系，江苏紫金农商银行党委副书记王留平一行到昭觉县开展捐赠活动。

**是月** 全县退休和在职人员视同缴费年限认定工作全面完成。

## 11月

**10月31日至11月2日** 州委书记林书成到昭觉县调研，并宣讲中共十九大会议精神。其间，专程到支尔莫乡阿土列尔村，看望慰问干部群众，并与乡村干部和村民代表开展面对面座谈。副州长、县委书记子克拉格陪同。

**1日** 国家林业局生态产业助推脱贫攻坚调研组，到支尔莫乡阿土列尔村调研发展木本油料产业助推脱贫攻坚工作。

**1—2日** 四川省国家税务局巡视员饶勇一行4人，到县国税局调研基层建设工作。

**2日** 南京海得电力科技有限公司大区经理、开发中心主任杨墨一行3人，到久铁洛古乡考察区域风力资源。

**是日** 昭觉县控辍保学工作推进会在县会议中心召开。副州长、县委书记子克拉格主持会议。县委副书记、县长赫绍洪，县人大常委会主任许世蓉，县政协主席吉觉古史等县四套班子领导出席会议。

**3日** 县委第一巡察组进入县财政局巡察。

**是日** 州委副书记、州长苏嘎尔布到昭觉县看望慰问基层干部群众，督导脱贫攻坚工作。副州长、县委书记子克拉格，县委副书记、县长赫绍洪陪同。

**5日** 凉山州4个重点县全人群健康体检启动暨培训会在昭觉县召开。县委副书记、县长赫绍洪参加会议。

**7日** 冕宁县委副书记、县长郭鸿一行到昭觉县调研对口帮扶工作。副州长、县委书记子克拉格，县委副书记、县长赫绍洪陪同。

**9日** 三峡集团移民工作局社会责任与政策研究部主任张友斌一行6人，到昭觉县督导检查三峡捐赠资金使用情况和建设情况。

**是日** 在昭觉县国土资源局四楼会议室召开昭觉县国有建设用地使用权挂牌出让现场揭牌会。

**是日** 宜宾市翠屏区对口帮扶昭觉县四项扶贫资金管理使用座谈会在昭觉县召开。

**是日** 绵阳市涪城区对口帮扶昭觉县“以购代捐”集中采购首发仪式在新城镇举行。

**10日** 昭觉县2017年贫困村退出验收动员

暨“暖冬行动”推进大会在县会议中心召开。会议由县委副书记、县长赫绍洪主持。副州长、县委书记子克拉格等县四套班子领导参加会议。

**是日** 在县会议中心召开全人群健康体检签约建档工作启动会。会议由县委副书记、县长赫绍洪主持。副州长、县委书记子克拉格，州卫计委副主任刘敏，州疾控中心主任吉克春农，省疾控中心性病艾滋病预防控制所副所长刘莉，国家疾控中心金聪等参会。

**11日** 以每人每月500元的标准，向全县1531名乡镇农村教师拨付了生活补贴。

**11—12日** 省政府教育督查组在省教育厅民教处处长谢凤山率领下，到昭觉县开展十年行动计划专项督查。

**13—15日** 冕宁县委常委、县总工会主席安图一行到比尔乡俄尔阿莫村和塘且乡以火补且村考察交流对口帮扶工作，并与县、乡、村党政班子召开座谈会议，研究深化对口帮扶工作。

**14日** 省委常委、省委政法委书记、省公安厅厅长邓勇到昭觉县调研禁毒社会化工作。

**是日** 州委常委沙文到昭觉县检查扶贫验收工作开展情况。副州长、县委书记子克拉，县委副书记、县长赫绍洪陪同。

**15日** 教育部“三区”课题组调研工作座谈会在县政务中心601室召开。副州长、县委书记子克拉格主持会议。

**是日** 州交通运输局局长周大海一行7人到昭觉县指导交通建设工作。

**是日** 佛山（禅城）—凉山昭觉县家政服务劳务对接合作座谈会及专场招聘会在县委党校举行。

**是日** 州教育局双语检查组到昭觉县检查双语工作。

**是日** 中节能风力发电四川有限公司区域开发总监杨帅一行4人，到比尔片区考察区域风力资源。

**16日** 中国人民银行成都分行领导一行到特口甲谷乡特口甲谷村开展扶贫捐赠活动，并出席该村易地扶贫搬迁入住仪式。

**是日** 省发改委调研员兰文剑一行到昭觉县开展创新投融资业务培训，并指导昭觉县的创新投融资工作。县委副书记、县长赫绍洪，县人大常委会主任许世蓉等县四套班子领导参加培训会。

**18—19日** 省政府秘书长、党组成员、省政府办公厅党组书记唐利民到昭觉县检查脱贫攻坚工作，并考察了新城镇、四开乡、比尔乡、解放乡、竹核乡的“一村一幼”和中心校的教育教学工作。

**19日** 省委调研组到宜牧地乡依吉村督查支部活动室安全房建设。

**21日** 州委书记林书成到昭觉县看望慰问基层干部群众，并与大家共庆彝历新年。县委副书记、县长赫绍洪等陪同。

**23日** 县委副书记、县长赫绍洪到普诗乡阿拉米村驻点宣讲中共十九大精神。

**25日** 昭觉县脱贫攻坚工作会在县会议中心召开。

**是日** 大渡河造林局到昭觉县验收碳汇项目成效。

**26日** 武警四川总队政治委员宗永祥一行到四开乡梭梭拉达村走访慰问贫困农户，并对接定点扶贫工作。副州长、县委书记子克拉格陪同。

**28日** 在县老广场举行涪城—昭觉精准帮扶劳务协作专场招聘会。绵阳市涪城区组织27家企业提供了2171个适合昭觉县贫困群众的工作岗位。

**是日** 省委常委、省委农工委主任曲木史哈到昭觉县宣讲中共十九大精神。副州长、县委书记子克拉格，县委副书记、县长赫绍洪，县人大常委会主任许世蓉，县政协主席吉觉古史等县四套班子领导，县级各单位主要负责人，以及47个乡镇负责人参会。

**30日** 四川省残疾人联合会党组成员、副理事长黄卫德一行到地莫乡入户调研残疾人状况。

**是月** 签订西溪河、黑水河、东河、马和日呷河、勒布觉沟、孙水河、祝联河、底罗史补沟、吉恩拉达河、俄助溪的一河一策管理保护方案编制合同。

## 12月

**6日** 州人大常委会副主任袁文林率调研组到昭觉县专题调研违法建筑情况。副州长、县委书记子克拉格，县人大常委会主任许世蓉陪同。

**7日** 国家卫生计生委宣传司在昭觉县组织开展“健康中国，健康成长”主题活动凉山行——2017健康知识宣传文艺下基层活动。副州长、县委书记子克拉格出席活动并讲话。

**11日** 昭觉县脱贫攻坚工作会在县会议中心召开。县委副书记、县长赫绍洪，县人大常委会主任许世蓉，县政协主席吉觉古史等出席会议。

**11—12日** 国务院扶贫开发领导小组成员、中国残联副理事长程凯带领调研组，到四开乡、达洛乡调研残疾人扶贫开发工作。

**12日** 昭觉县举行2017年第四季度重点项目集中开工仪式。县委副书记、县长赫绍洪等县四套班子领导出席开工仪式。

**是日** 中央组织部干部一局副局长何新红一行，到洒拉地坡乡姐把哪打村、特口甲谷乡特口甲谷村、城北乡石里新寨，调研脱贫攻坚开展情况。副州长、县委书记子克拉格陪同。

**13日** 京东集团—思源工程昭觉县扶贫项目推进会在昭觉县召开。省政府口岸与物流办副主任邱添，京东集团副总裁孙志祥，中华思源工程扶贫基金会常务副秘书长陶鸣，县委副书记、县长赫绍洪等出席会议。

**14日** 在支尔莫乡“悬崖村”举行无人机物流配送试飞暨京东思源无人机物流诊所启动仪式。京东医药的一架无人机载着药品降落该村，并向村医务室捐赠价值近4万元的常备药品。

**16—19日** 省扶贫和移民工作局副局长骆西宁一行15人，到昭觉县调研精准统计台账、产业扶贫成效、进村入户等工作。

**18—19日** 绵阳市委副书记、市长刘超率绵阳党政考察团到昭觉县考察对口帮扶工作，并慰问了帮扶干部和当地贫困农户。副州长、县委书记子克拉格陪同。

**19—20日** 国家禁毒委委员、国务院扶贫办党组成员夏更生率队到昭觉县督导检查禁毒防艾工作开展情况。副州长、县委书记子克拉格陪同。

**25—26日** 副州长、县委书记子克拉格带领县委副书记刘建波，县委常委、县纪委书记沙马木机，县委常委、县委宣传部部长张敏，以及县委办、县文广新局、县农牧局等单位负责人，到冕宁县考察现代农业产业园区建设。冕宁县委副书记、县长郭均，冕宁县委常委、县总工会主席安图陪同考察。

**28日** 总投资1800万元的“悬崖村”电网建设改造升级工程竣工。四川能投集团党委书记、董事长郭勇，州委常委、州国资委党委书记陈文出席竣工仪式并讲话。

**30日** 州委书记林书成到普诗乡李子村、碗厂乡团结村驻村督导脱贫攻坚工作。

**是日** 昭觉县普诗乡和玛增依乌乡委托西昌市管理交接工作全面完成。

**31日** 州委书记林书成到尼地乡宜坡署觉村、署觉洼五村、瓦里洛村，三岗乡马孜音村，洒拉地坡乡瓦呷村驻村督导。

# 概　况

**【基本情况】** 昭觉县是全国最大的彝族聚居县，位于四川省西南部、四川省凉山彝族自治州东部、大凉山腹心地带，世居着彝族“什扎”“阿都”“所地”“依诺”4种方言的彝族群众，享有“彝族文化走廊”“中国彝族服饰之乡”“骏马之乡”等美称。已建成全国半细毛羊商品羊生产基地、全国苦荞麦生产基地、全国绿色食品原料马铃薯生产基地、国家商品用材林基地、无公害肉牛和肉羊生产基地、有机乌金猪养殖基地，羊肉被确认为全国无公害农产品。水电、风电、太阳能发电等再生能源的开发齐头并进。东与美姑县、雷波县接壤，南与金阳县、布拖县、普格县连接，西与西昌市、喜德县相邻，北与越西县相连。2017年，昭觉县总面积2702平方千米，辖47个乡镇、271个行政村、3个社区、849个农牧服务社、20个居民小组，年末总人口33.23万人（普诗乡和玛增依乌乡于8月委托西昌市管理，但相关数据还统计在其中），由彝族、汉族、回族、藏族、蒙古族、苗族、纳西族、布依族、傈僳族、白族、满族、傣族、土家族、侗族、黎族、羌族、朝鲜族、瑶族、维吾尔族、仡族、摩梭人构成，其中彝族人口占98.37%。

昭觉是彝语的音译，1950年4月7日解放（比中华人民共和国成立晚一些），至今为昭觉县人民政府驻地。1952年4月30日至1955年9月30日为西康省凉山彝族自治区人民政府驻地，1955年10月1日至1978年10月4日为四川省凉山彝族自治州人民政府驻地。昭觉是凉山彝族4种方言文化汇聚之地，故有“不到昭觉就相当于不到凉山”之说。

**【建　置】** 西汉元光六年（前129年），司马相如通西夷邛、笮设邛都县后，昭觉地属邛都县。元鼎六年（前111年），昭觉地区西部地属邛都县、东部地属卑水县，东汉、蜀汉、两晋、刘宋朝属之。北周天和三年（568年），昭觉属越嶲县，隋唐属之。至唐咸通四年（863年）南诏置建昌府后，昭觉属建昌府。五代、前后蜀、宋，昭觉属大理国建昌府。元至元二十二年（1285年），昭觉东部地属中州（县）、北社县，隶罗罗斯宣慰司建昌路。明洪武十五年（1382年），昭觉属碧舍县，隶建昌府。清雍正六年（1728年），昭觉属西昌县，隶宁远府。

清宣统二年（1910年），西昌县分置昭觉县，县治昭觉干海子。民国2年（1913年）废宁远府后，昭觉县属四川省建昌道。民国20年（1931年），昭觉县属四川省第十八行政督察区。民国27年（1938年）9月1日，昭觉县划归西康省，为第三行政督察区属县，不久即改为宁区属县。1950年7月，在西昌组建中国共产党昭觉县委员会，隶属中国共产党西昌地方委员会。同年10月12日，中国共产党昭觉县委员会进驻昭觉。1951年4月22日，成立昭觉县彝族自治区人民政府，隶属西康省西昌专区，驻地在昭觉。1952年4月30日，昭觉县从西康省西昌专区划归西康省凉山彝族自治区。1952年10月，昭觉县彝族自治区人民政府改称昭觉县人民政府。1955年10月1日，撤销西康省，昭觉县随凉山彝族自治区并入四川省。1955年11月，凉山彝族自治区改称凉山彝族自治州，隶属关系不变。

**【地 质】** 昭觉县地处川滇南北地质构造带。县境西部为米市向斜东部边缘，包括若干较小向斜和背斜组成的次级褶皱。褶皱较宽阔，断裂不甚发育，出露地层主要为较新的白垩系和侏罗系紫色岩，在烂坝向斜盆地和小烂坝向斜河谷等地有第四系沉积物。县境中部褶皱多而紧凑，断层特别发育，并形成了4个较大的断层（普雄河断裂、碧鸡山—木佛山断层、火足门—热口断层和竹核断层），出露地层主要为二叠系玄武岩和灰岩、侏罗系紫色岩、三叠系灰岩和紫色岩以及白果湾组岩层。北部比尔——央摩租一带处于碧鸡村向斜南段的昂扬端，出露地层多为侏罗系紫色岩，同时有第四沉积物。县境东部褶皱较宽阔，断裂不甚发育，出露地层主要为二叠系玄武岩、三叠系石灰岩和紫色岩。

**【地 貌】** 县境大地构造属于康滇台背斜东冀，受金沙江水系强烈切割剥蚀，东部侵蚀基准面降低，形成了西高东低的地貌类型。全县地形按地表形态分为低山、低中山、中山、山原、山间盆地、阶地和河漫滩地、洪积扇、坡积裙等类。其中，海拔1000米以下为低山，占辖区面积的0.30%；海拔1000—2500米为低中山，占辖区面积的36.26%；海拔2500—3878米为中山，占辖区面积的43.17%；山原分布于低山、低中山和中山顶部低，占辖区面积的1.40%。境内海拔最高3878米，最低520米。

**【旅游资源】** 境内共有5处历史遗址、1个全国重点文物保护单位——博什瓦黑岩画，已发现6种古墓、东汉石刻、清河东长官司石碑，建有昭觉革命烈士陵园、革命烈士纪念塔、昭觉革命烈士纪念馆。中国西南地区规模最大（四川首家）的汽车自驾游营地——大坪坝汽车自驾游营地、谷克德省级湿地公园、“悬崖村”—古里大峡谷的景区正加快建设。

**【交通条件】** 昭觉县是金阳县、布拖县、美姑县、雷波县的公路交通节点和重要的物资集散地，G245、G348、G356公路在境内交会并横贯全境。正在建设的西乐高速公路，即将建设的西昭高速公路，以及正在开展前期工作的昭普铁路和西宜铁路，均设计在境内交会并横贯全境。

**【气 候】** 2017年，昭觉县平均气温为12.4摄氏度，比历年平均值11.1摄氏度偏高1.3摄氏度；年总降水量1024.8毫米，比历年平均总降水量1032.9毫米偏少8.1毫米；年总日照时数1740.4小时，比历年平均值1885.1小时偏少144.7小时。年极端最高气温32.1摄氏度，比历年极端最高气温33.1摄氏度偏低1.0摄氏度；年极端最低气温–4.5摄氏度，比与历年极端最低气温–17.0摄氏度偏高12.5摄氏度。年气温偏高，日照、降水均属正常。

**【灾害天气】** 2017年，昭觉县共出现6次寒潮天气过程，其中2月6—8日降温最大，达12.5摄氏度；共出现6次较强降水过程（5月6日降雨量29.2毫米，6月15日降雨量25.4毫米，6月24日降雨量69.1毫米，7月6日降雨量23.8毫米，9月10日降雨量37.8毫米，9月20日降雨量29.8毫米），其中6月24日降了暴雨。

# 中共昭觉县委

## 综 述

**【脱贫攻坚】** 以实现“两不愁、三保障”和“四个好”为目标，以精准实施“七个一批”为抓手，集中解决贫困突出问题，着力提高贫困村、贫困户的发展能力，强力促成社会帮扶合力；大力开展外流贩毒整治专项行动，全面开展禁毒防艾全民健康体检，进一步深化“支部＋协会＋家族”禁毒防艾模式，继续落实禁毒防艾20条措施，有效控制全县毒品和艾滋病传播蔓延势头。2017年，全县共整合涉农资金3.29亿元用于脱贫攻坚重点项目建设，在86个贫困村共实施安全住房建设3817户。其中，易地扶贫搬迁建房1427户，“彝家新寨”建房1050户，整合资金项目建房1340户。通乡油路（公路）、退出贫困村通村硬化路和通村通畅（公路）工程全部完工；拨付7420.72万元产业扶持资金让贫困户发展种植和养殖业；提供3000吨“青薯9号”良种；向贫困户发放扶贫小额信贷（风险补偿金）1.97亿元，在全州率先开展“以购代捐”扶贫活动并实现收入280.91万元；共筹集到教育扶贫救助金370万元，并依照规定标准向建档立卡贫困户子女和其他贫困学生实施救助；向建档立卡贫困户的低保兜底户提供农村医疗救助16.9万人次，使其住院自费部分的救助比例达70%以上；与对口帮扶的广东省佛山市、绵阳市涪城区、三峡集团和东电集团商定帮扶项目41个，争取到帮扶资金9295.2万元；“光彩事业凉山行”签约金额达43.4亿元；脱贫攻坚工作顺利通过州级考核验收。通过一年的脱贫攻坚，全县年内退出贫困村26个，实现脱贫4400人。截至12月31日，在86个贫困村实施的易地扶贫搬迁、“彝家新寨”、利用整合资金项目建设的安全住房已全部入住，全县通村通达率达93.7%，贫困村均实现了集体经济和卫生室、文化室、广播电视信号、通信网络全覆盖，完成了生活用电、安全饮水工程建设，贫困户子女义务教育入学率、农村贫困群众城乡居民基本医疗保险（以下简称医疗保险）的参保率达100%，昭觉籍外流贩毒人员同比下降24.5%，贫困人口健康体检率达95.9%，住院分娩率达90.4%。

**【经济发展】** 2017年，全县第一产业实现增加值10.67亿元，增速3.5%，较2013年增长27.4%；第二产业实现增加值5.86亿元，增速－17.9%，较2013年减少1%；第三产业实现增加值11.18亿元，增速5.3%，较2013年增长56.28%；规模以上工业增加值增速－1.34%；三次产业结构比调整为38.5∶21.1∶40.4。社会固定资产投资完成35.18亿元，增速16.0%，较2013年增长125%；地方公共财政收入1.28亿元；社会消费品零售总额8.17亿元，城镇居民人均可支配收入23566元，农村居民人均可支配收入8197元，新增就业人数485人，城镇登记失业率控制在 3.66% 以内。

**【富民产业】** 2017 年，坚持因地制宜发展特色产业，加快推进春薯、秋菜、肉牛、肉羊、凉山黑猪 5 条产业示范带建设，建立贫困户利益联结机制。全县粮食生产总量达 10.69 万吨，增速 0.87%；猪、牛、羊出栏 53.22 万头（只），增速 0.42%；肉类总产量达 2.22 万吨，增速 -0.71%；农牧渔业产值 17.33 亿元，增速 3.83%；年末猪、牛、羊存栏 78.42 万头（只），增速 1.36%。种植马铃薯 1.58 万公顷，补植玫瑰苗近 266.67 公顷，启动蔬菜大棚项目 166.67 公顷，发展高山错季蔬菜 2066.67 公顷，实施草原生态补奖 12.6 万公顷，发放农业三项补贴 2231.49 万元和农机补贴 400 万元，申报 1 万亩苦荞麦和马铃薯有机基地认证。建成标准化畜禽养殖小区 7 个，全州最大的生猪养殖基地落户县境，“昭觉乌金猪”“昭觉玫瑰鸡”“昭觉玫瑰”“昭觉苦荞麦”等地理标志证明商标已在申请。投资 1.05 亿元的良圆马铃薯种业公司，采取“公司 + 基地 + 专业合作社 + 农户”种植模式实施脱毒种薯产业扩能项目，并建成了 1.14 万公顷现代农业马铃薯示范基地。4.24 万公顷农村土地承包经营权确权颁证工作全面铺开。兑现了集体公益林生态效益补偿金 609.89 万元。地莫乡、柳且乡、三岗乡 3 个土地增减挂钩项目已完成立项工作，重新规划了 23 个土地增减挂钩项目，可获得节余流转指标 476.4 公顷；申报的 6 个土地整治项目已获得立项批复 3 个；划定了永久性基本农田 3.23 万公顷。

**【工业经济】** 2017 年，加强投资担保和融资平台建设，强化银企对接，保障要素推进各项目建设。与天津中环半导体公司签约光伏扶贫一期项目，计划总投资 2.4 亿元；与哈工大达成了核桃精深加工项目合作意向。继续开展总投资 1 亿元的凉山州涪昭现代商贸物流园区项目建设；继续实施集仓储、冷链、运输为一体的现代物流项目——扩建昭觉晓川牧业，加快实施投资 343.38 万元的全冷链配送式农产品中央厨房项目。投资 20 亿元的 3 个华能风电项目已全部核准，下达 1794 万元的农网项目已全面完成建设任务。

**【服务产业】** 2017 年，在世界互联网大会上，与京东集团签订了电商协议。成功举办首届凉山谷克德传统彝族火把节，并接待游客 11.52 万人次，实现旅游收入 3134.4 万元。投资 3.5 亿元的谷克德景区开发项目一期工程已完成游客接待中心、牧云山庄酒店和汽车自驾游营地主体工程及滑雪场场地建设。投资 4000 万元的瓦里洛民俗旅游新村和投资 6000 万元的谷克德旅游环线公路建设工程完工。投资 6.3 亿元的“悬崖村”景区开发项目全面启动。

**【城乡建设】** 2017 年，乐西高速公路正式开工；县城主干道棚户区立面整治及路面升级改造工程投资近 4000 万元。选定了城市饮用水常规水源点 3 个和应急备用水源点 1 个，其中投资 3 亿元的斯穆补约水库已开展前期工作，建成后将解决城乡近 12 万人的用水问题。四开乡农贸市场建设全面完工，共投资 360 万元；600 户（套）三期棚户区改造项目开始实施，计划投资 1.04 亿元；96 套公租房建设项目竣工验收，投资 1122 万元。城市生活污水处理工程的主体工程已于 10 月竣工，其厂外的截污管道已铺设 60%；城市卫生垃圾填埋场的厂区建设全面完工；申报了辐射布拖县和金阳县的昭觉医疗废弃物处理中心项目。

**【民生保障】** 2017 年，及时拨付学校教育经费，采购农村义务教育薄弱学校改造计划的教学设备，制定了全县消除义务教育阶段“大班额”计划。向非义务教育阶段寄宿制学生下达生活补助，为 965 名学生办理了生源地助学贷款。改扩建 47 所中小学和幼儿园的硬件设施。万达爱心学校一期工程开始建设，温州商会爱心学校投入使用。选送 103 名优秀贫困学生到绵阳市对口帮扶学校就读，推送 830 名学生到“9+3”职业教育学校就读。五大保险（养老、医疗、失业、工伤、生育）有序推进，城市低保标准从每月每人420元提高到460元，农村低保标准实现“两线合一”，提高到国家扶贫线（每年每人3300元）。开展县儿童福利院和四开敬老院建设，新建县级就业和社保服务中心、4个乡级就业和社保服务站，投资625万元的公共体育场及相关项目全面启动。彝族土布制作技艺、彝族古建筑技艺、彝族羊骨卜的州级非物质文化遗产申报工作全面启动。全年归集住房公积金近6.95亿元，同比增长19.27%；发放低保金10743.7万元，其中城市低保金1455万元、农村低保金9288.7万元；80岁以上老人高龄津贴112.8万元；特殊困难儿童基本生活补助金1295.6万元。截至12月31日，全县共建有学校201所、“一村一幼”幼教点282个，共有中小学教师2245人，在校学生76768人，小学阶段入学率99.28%，初中阶段入学率95.29%，入学率比2016年略有上升，高考时专科及以上上线率达92.27%。

**【生态文明建设】** 2017年，按照“1+X”生态产业发展规划建成核桃基地2.2万公顷、花椒基地1333.33公顷，低效改造（嫁接）核桃2666.67公顷，华山松造林3400公顷，栽植雪松6.5万株，补植补造落叶松、桤木、华山松百日苗203.5万株，兑现了近4年的退耕还林农户补助资金5370.7万元。对省环保督查组反馈的6大类29项环境问题进行了整改，其中26项已整改完毕。推进“河长制”工作，开展非法采砂、工矿区污染、城乡生活垃圾和污水、畜禽养殖污染、农业化肥和农药零增长等9项专项整治行动，修复了昭觉河（城北段）、竹核河、三湾河、尔古河及日哈洪涝灾害的水毁堤防，投资2434万元开展乌坡河尼日村段防洪工程建设。通过农田水利基本建设，全年共新增灌溉面积180公顷，恢复灌溉面积213.33公顷，改善灌溉面积100公顷，节水灌溉面积100公顷，受益人口达1.2万人。特布洛、龙恩等小流域水土保持综合治理项目全面完工，总投资650.74万元。

**【社会稳定】** 2017年，紧扣“三年三步走”工作目标，严厉打击高空盗窃、坑蒙拐骗等违法行为，推进“天网”二期工程，巩固实战指挥体系建设。县看守所建设项目和县武警中队营房建设项目均交付使用，县拘留所建设项目正式开工建设。全年共破获刑事案件240起，打击、处理毒品违法犯罪人员177人，查处交通违法行为2.23万起，排查调解矛盾纠纷838件（调解率98%）。

**【干部队伍建设】** 2017年，出台《昭觉县关于加强专业技术人才队伍建设实施意见》，积极组织赴外招才引智活动，考核聘用教师12人，引进专业技术人才40人，通过定向签约引进人才14人。整合培训资源，加大对彝绣、焊接、劳务品牌、“一村一幼”辅导员、国家基本公共卫生服务规范培训班、乡镇卫生院管理人员、艾滋病防治综合能力、健康扶贫工作人员等培训；积极与省内职业技术院校对接，举办“四川省建筑学院昭觉农村实用人才培训班”。注重优秀年轻干部、一线干部的培养，建立脱贫攻坚一线干部管理选拔台账，加大提拔重用表彰（表扬）对象和脱贫攻坚一线优秀干部力度。全年共提拔干部27人，其中从受表彰（表扬）的一线干部中提拔21人；交流50人。加强各级干部教育培训工作，组织学习中共十九大会议精神等专题培训班4期共1891人次，举办“昭觉县领导干部读书班暨县委中心学习组学习会”1期，分两个批次培训全县副科级以上领导干部450人。全年组织选派县处级以下干部参加各类培训127人次，其中各级党校或行政学院或干部院校主体班培训96人次、各类专题培训31人次；组织选派县处级领导干部参加各类培训18人次。认真贯彻落实“两项法规”，强化干部监督，做好35名县处级领导干部报告个人有关事项工作，全年共谈心谈话干部79人。

**【反腐倡廉】** 2017年，坚定落实管党治党政治责任，持续深化正风肃纪，切实推动从严治党向基层延伸，巩固发展良好的政治生态。全县党风廉政建设社会评价指数实现止滑升位，执纪审查工作再创历史新高，信访举报总量实现近三年稳中下降。一是落实“两个责任”进一步严实。细化落实责任清单、签字背书、述责述廉等制度，6名乡镇和县级部门党组织主要负责人向县纪委全会述责述廉，接受民主测评。对从严治党主体责任落实不力的8名领导干部进行了“一案双查”；对扶贫资金监管、安全住房建设、地质灾害防治、控辍保学等领域违纪违规人员进行了追责问责；严把选人用人党风廉政意见回复关，建立县管干部廉政档案；对违反“村两委”换届纪律案件进行立案，对相关人员进行了处分。二是深化正风肃纪进一步有力。强化日常提醒和重点督查，严密防范“四风”新老问题，深化三项整改“回头看”，对违反中央八项规定精神问题和涉及“三保一补”等“微腐败”案件应立案的则立案、应通报曝光的则通报曝光，对相关责任人也依法依规进行了相应处理。对712个单位开展廉政教育大宣讲58场次、正风肃纪大督查48批次、财政专项扶贫资金大检查11场次；共立扶贫领域不正之风和腐败问题案件21件，处分30人，并对8起典型案件进行了通报曝光；建立健全“嘎则西”廉情员工作制度，组建“嘎则西”廉情员2710人，共收集问题线索34条。举办“阳光问廉”节目1期，督促有关部门解决或整改问题2个。统筹整改巡视反馈问题9个，牵头整改社会评价群众反映问题11件次，约谈函询23人（次）。三是惩腐高压态势进一步稳固。全面落实以审理为中心的案件质量把关机制，开展扶贫领域“3+3”突出问题专项整治两轮，运用监督执纪“四种形态”处理127人（次）。健全容错纠错机制，为8名党员干部澄清了是非。分批集中回访教育受处分党员干部88人。四是巡察利剑作用进一步彰显。成立县委巡察工作领导小组，组建县委巡察办和2个巡察组，选好配强巡察队伍，建立健全巡察与纪检、组织、政法等部门的协调机制，牵头制定实施县委巡察五年工作规划。县委第一、第二巡察组从5月起分3次进驻县扶贫和移民工作局、县民政局、县交通运输局、县农牧局、县财政局5个县级部门，开展首轮常规巡察，并发现问题线索132件。五是预防腐败机制进一步严密。加强行权公开运行平台建设，完善廉政风险防控机制，切实推动网上行权、实时监督。专项抽查审计一级廉政风险岗位，并发现问题11个，提出整改意见14条。深入落实“纪律审查和预防腐败承接联动机制”，围绕“阳光凉山·清廉彝州”主题，开展看片、观展、讲授等廉洁警示教育，坚持传家风、立家规、树新风，开展“家是守望·廉是基石”主题警示教育，推进纯正家风与优良党风良性互动。在中央、省、州主流媒体的刊物上刊登廉洁宣传稿件120篇，在凉山电视台的“廉政纵横”栏目上播放廉政工作4次，发送廉政短信9次20.18万条，发放廉政宣传资料2万余份。六是纪检监察队伍进一步过硬。全面履行监察体制改革专责，按图施工、挂图作战，细致做好职能调整、编制划转、人员转隶、机构设置等工作，按时顺利完成县监察委员会组建，实现对7000余名行使公权力的公职人员监察全覆盖。

（供稿：县委办公室）

## 纪检监察

**【概　况】** 始终围绕中心、服务大局，坚持稳中求进、厚植优势、补齐短板，着力严肃党内政治生活、强化党内监督、狠抓正风肃纪、加大执纪问责、推进巡察监督、狠抓权力运行制约和监督，拓展源头治理、积极推进国家监察体制改革、提升纪检监察治理能力，始终保持惩治腐败高压态势，推动全面从严治党向基层延伸，为建设美丽幸福文明和谐新昭觉提供坚强的纪律保障。

**【监督责任】** 建立健全党风廉政建设社会评价工作责任体系，实行县委常委包片包部门工作责任制，不断推动全社会形成重视社会评价、参与社会评价、提升社会评价工作机制体制；制定县委、县政府班子成员主体责任清单，实行定期通报制度、定期报告制度、县委常委会和县政府常务会会前学纪制度等，以上率下督促各级党委（党组）把主体责任扛在肩上、抓在手上；紧紧抓住责任追究这个关键环节，严格执行党风廉政建设责任追究有关规定，坚持“一案双查”，落实倒逼责任，严肃查处违反党风廉政建设责任制规定者。2017 年，县纪委对社会评价测评排名靠后的 23 个单位党组织主要负责人进行约谈，而县纪委书记开展领导干部任前廉政谈话 75 人次、函询 15 人次、诫勉谈话 10 人次；县监察局对 28 个行政权力部门负责人进行集体约谈；对落实“两个责任”不力的 8 名领导干部进行了问责；签订主体责任书和监督责任书共 190 份。

**【县十二届纪委二次全会】** 3 月 2 日，在县会议中心召开县十二届纪委二次全会。会议传达州纪委八届二次全会精神、部署 2017 年全县党风廉政建设和反腐败工作。副州长、县委书记子克拉格出席会议并讲话。参加会议的人员共有 240 人。

**【宣传教育】** 围绕“阳光凉山 · 清廉彝州”主题，积极配合州纪委完成重大主体宣传活动，充分运用地方媒体、政府网站等，创新宣传形式，提升舆论引导效力，扩大正面声音，营造风清气正的思想舆论氛围；培育廉政文化特色品牌，着力营造风清气正的廉政文化氛围；开展“廉政教育大讲堂”，扎实推进 2013—2017 年惩防体系建设，完善廉政风险防控机制；认真贯彻落实《凉山州行政权力依法规范公开运行电子监督办法》，健全工作机构，督导落实“三重监督”机制，积极采取约谈函询、执纪问责等方式推动网上行权、实时监督，查处典型问题；积极抽查审计一级廉政风险岗位。2017 年，在县电视台开设“阳光问廉”专栏，建立“昭觉县纪检监察微信群”；在昭觉门户网站增加“党风廉政建设和反腐败”专栏，适时通报曝光违规违纪案例；配合州纪委完成“天府好家风”征文比赛及廉政书画比赛等；在中央、省、州主流媒体上共刊载廉洁宣传稿件约 120 篇，纪委主要领导讲授专题党课 5 次，县委中心组安排反腐倡廉专题学习 4 次，组织县处级领导干部配偶 32 人到州法纪教育中心接受警示教育，组织县地税局、县卫生和计划生育局、县交通系统和县电力系统干部职工近 500 人到州法纪教育中心接受警示教育；开展新任领导干部廉政教育 1 次，集中开展警示教育活动 2 次；在重要节点发送廉政短信 9 次 20.18 万条；动态调整廉政风险点 4 个，完善廉政风险点防控措施 10 条，重点抽查审计县财政局、县扶贫移民工作局、县国土资源局、县卫生和计划生育局并发现问题 11 个，提出整改意见 14 条；集体约谈行政权力公开运行低的县级部门负责人 28 人。

**【正风肃纪】** 2017 年，从三个方面开展正风肃纪工作。第一，纠“四风”。认真贯彻落实中央八项规定和省、州十项规定精神，紧盯重要节点、隐形变异，坚决防止“四风”反弹回潮，县纪委牵头组成 5 个督察组，每周定期和不定期对乡镇和部门开展明察暗访，发现并纠正问题 10 个。第二，抵制“四乱”。按照州委统一部署，组织全县党员干部层层签订抵制“四乱”问题公开承诺书，特别是针对“乱作为慢作为”和“乱办酒宴”这两个突出问题开出责任清单，做深做实“4+3”整治（整治“四乱”及在操办红白事宜时讲排场、滥放烟花爆竹、滥用乱用人民币以及盲目攀比）工作，集中排查问题线索。全年共梳理出“四乱”问题线索 15 个，其中立案查处慢作为乱作为案件 2 件 6 人、违规宴请案件 1 件 1 人，通报曝光典型案例 5 件 7 人。第三，行业整治。

3月开始，分二轮开展全县扶贫领域“3+3”突出问题专项整治。其中，第一轮集中整治贪污侵占、截留挪用、骗取套取扶贫资金，扶贫项目分配安排、审核审批、检查验收中以权谋私、徇私舞弊、优亲厚友问题和脱贫攻坚工作中不作为、慢作为、乱作为等问题；第二轮对县农牧局管理的草畜平衡补助、草原禁牧补助、牧民生产资料综合补贴资金和县民政局管理的低保金、县国土资源局管理的地质灾害搬迁补助金进行清理。第一轮集中整治时，共开展监督检查57件（次），立案10件，涉案人员25人，通报单位11个；第二轮整治时，共立案查处11件。第四，其他专项行动。统筹整改省委巡视反馈问题9个，牵头整改社会评价群众反映问题11件（次），约谈函询相关人员23人（次）；按照每个社（社区）设立3名廉情员、每个县级部门设立1名廉情员的标准，全县筛选出了“嘎则西”廉情员2710人，组织召开村民（居民）大会2520次，走访入户约3400次，参与婚丧喜庆等民事活动60场，收集到问题线索34条，县纪委依据问题线索向12个单位发出了整改函（其中对甘多洛古乡党政负责人进行了党纪立案审查）。

**【执纪审查】** 结合“三大一严”专项行动，贯彻落实“系统抓，抓系统”工作思路，专项清查涉农资金，集中力量查办“微腐败”案件；全面推行以审理为中心的案件质量把关机制，认真贯彻落实《问责条例》；加大监督检查力度，注重执纪审查的政治、纪律和社会效果有机统一，压实乡镇纪委办案责任，确保纪律处分决定执行到位。2017年，全县纪检监察机关共受理群众信访举报47件（次），同比减少7.84%；处置问题线索100件，经初步核实或者谈话函询后给予组织处理21人；立案93件，其中乡镇纪委立案50件；审结93件，其中乡镇纪委审结50件；给予党纪政纪处分106人。另外，问责存在2016年安全住房建设滞后、春节期间公车私用行为以及“四乱”问题的党员干部31人，通报曝光34人20个单位；回访教育受处分人员88人，指导10个单位召开专题民主生活会，提醒谈话22人，为8名党员干部澄清了是非。

**【自身建设】** 调整县委反腐败协调小组成员，完善县委反腐败协调小组职能；落实派驻纪检组、乡镇纪委办案工作经费；按照上级统一部署，积极推进县级国家监察体制改革；通过集中培训、选派受训、以案代训、岗位练兵等方式，分层分级全覆盖培训锻炼纪检干部，以提高纪检干部发现问题、执纪审查、运用法规、组织协调等综合能力；大力整饬纪检干部作风，严格执行监督执纪工作规则，规范审查工作程序和业务流程，建立纪检干部工作业绩、信息工作考核制度，完善乡镇纪委、派驻纪检组考核管理办法，着力构建靠制度管人靠监督落实的工作机制，坚持把自我监督同党内监督、民主监督、群众监督、舆论监督结合起来，着力打造“阳光纪检”。2017年，共举办纪检干部培训班3期（其中州纪委到昭觉县办班1期），培训纪检干部252人次；跟班轮训乡镇纪委书记7人，安排到州纪委受训的乡镇纪委书记47人，抽调到州纪委学习锻炼的纪检干部8人；选聘特邀监察员15人，问责纪检干部3人，其中给予党纪处分2人。

（审核：李杜立　撰稿：段　雯）

## 组　织

**【概　况】** 以学习贯彻中共十九大精神，推进“‘两学一做’学习教育常态化、制度化”为主线，围绕党委中心工作服务脱贫攻坚大局，积极推进基层党建、干部、人才等工作，为全县的贫困人口全部脱贫提供组织保障和人才支持。

**【基层组织建设】** 2017年，整建制转出中共普诗乡委员会和中共玛增依乌委员会，合并中共昭觉县公安局机关总支和中共昭觉县公安局派出所总支，成立中共昭觉县电力有限责任公司党委，共新发展中共党员290人。截至12月31日，全县共有党员7424人。其中，女党员1188人，占全县党员的16%；农村党员4299人，占全县党员的57.91%；35岁以下党员1887人，占全县党员的25.42%；大专及以上学历党员2748人，占全县党员的37.02%。

**【干部队伍建设】** 严格执行《党政领导干部选拔任用工作条例》，以建设高素质专业化干部队伍为目标，坚持党管干部、德才兼备、群众公认、注重实绩等原则，坚持在脱贫攻坚一线培养、识别和选拔干部，切实把能力强、作风正、工作实的干部充实到脱贫攻坚第一线；分批选派优秀年轻后备干部到省保密局、省人行成都分行和成都市锦江区挂职锻炼。2017年，共动议领导干部77人（提拔26人，交流重用51人）；晋升干部职级38人，其中晋升正县级1人、副县级3人、正科级7人；培训年轻后备干部150人次，选派17名优秀年轻干部到17个计划生育和禁毒防艾重点乡镇挂任专职副书记，选拔推荐5名优秀干部成为凉山州优秀年轻干部人才递进培养对象，分批选派40名优秀年轻后备干部到省保密局、省人行成都分行和成都市锦江区挂职锻炼。

**【载体建设】** 2017年，结合“两学一做”常态化制度化学习教育，召开党建组织工作会议，并在全县534个党组织中结合实际制定并严格对照执行“两要点一清单”（昭觉县乡镇2018年度中心工作要点、昭觉县乡镇2018年度党建工作要点；昭觉县2018年度各乡镇党委书记抓党建责任清单）；县委常委会结合全面从严治党向基层延伸召开专题讨论会，共列出问题清单（共性）6项、任务清单7项、责任清单8项，并严格对照整改；结合“软弱涣散党组织分类提升”“城乡党建结对共建”“讲党课、当先锋、聚民心”活动，组织25名县级党员领导干部和400名科级党员干部进村入户调研3907人次，帮助解决问题413件，并在彝族年、火把节、春节等重要节庆走访慰问贫困群众和贫困老党员14643人；对191名贫困村驻村农技员、191名贫困驻村第一书记、47名乡镇党委书记、118名县级机关党组织书记、10名“两新”工委书记、47名党委副书记、271名村党组织书记进行专题培训；下发《关于进一步加强农民夜校规范化建设的通知》，并组建“农民夜校”教师队伍1500人，制发彝汉双语教材近2万册、音像教材5部，开展各类培训5255场次，培训农民近11万人次；建立乡镇党校47个，负责培训本乡镇党员干部、入党积极分子、村“两委”干部等，全年共培训党员近8000人次；深入推进新型农民素质提升培训工程，年培训建档立卡贫困户1479人。

**【干部监督】** 2017年，共谈心谈话干部79人，其中提醒、函询、诫勉干部65人；收到领导干部婚丧嫁娶重大事项报告表38份，对35名县级领导干部实施个人有关事项报告；委托县审计局对17名党政领导干部进行经济责任审计；会同县编办全面摸底研究全县156个单位的职数情况和超配情况；召回因手续不齐全或上挂时间已期满的上挂干部10人，由组织部管理的1288本干部档案全部实行数字化。另外，全面清理整治干部在编不在岗现象，召开“两项法规”学习暨领导干部个人事项报告填写培训会。

**【人才工作】** 2017年，引进农牧、教师、医务人员等各类专业技术人员290人；举办社会工作人才培训班2期，培训学员110人次；举办彝绣培训班3期，培训人员300人次；举办劳务经纪人培训班1期，培训人员150人次；举办四川省建筑学院昭觉农村实用人才培训班，培训农村实用人才55人；培训教师3016人次、医务人员735人次。

**【老干部工作】** 2017年，成立“昭觉县驻西昌第一干休所老年艺术体操健身队”，组织开展“喜迎十九大，永远跟党走”诗歌朗诵活动和“为党和人民事业增添正能量”活动；利用春节、重阳节走访慰问副县级以上离退休老干部272人次；每月组织老干部集中学习国际国内形势和省、州、县出台的各种文件和重要会议精神。在驻西昌第一和第二干休所、办事处分别建立老干部亲情联络处。

**【关心下一代工作】** 2017年，组织“五老+德古”志愿者开展社会爱心人士进社区、进学校、进乡镇、进村组，举办法制教育课、技能培训、健康文明新生活、献爱心送温暖等专题教育活动30场次，接受教育的青少年近2万人次；看望因特殊原因滞留在戒毒所内的儿童，并送去价值近万元的慰问品；县级机关（单位）、社会爱心团体（人士）在“六一”儿童节、“暖冬行动”等活动中，共为县内各学校的少年儿童赠送了价值近73万元的各类慰问品；协调凉山州关心下一代基金会为昭觉县350名未享受国家和社会帮扶的特困儿童每人一次性发放350元的生活补贴，联系上海“同一苍穹下”基金会为昭觉县268名特殊困难儿童解决每人每年1200元的救助金；协调省关心下一代基金会和省新闻出版局为昭觉县捐赠了价值20万元的图书；协调四川省经济法律研究会向县民族中学捐赠了价值5万元的社科类课外读物。截至12月31日，全县参与关心下一代工作人数达2890人，实现了机构、人员“两个全覆盖”。

**【“两新”工作】** 2017年，调查摸底和核实全县“两新”组织，积极开展四川省“两新”组织党建信息化平台录入工作，选派“两新”组织党建指导员8人；引导“两新”组织的业主加大投入力度，探索建立地方财政保障机制，进一步理顺“两新”工委与县发改局、县民政局、县工商联等之间的关系，确保“两新”组织有效运转。

**【党员教育】** 2017年，共举办基层党组织第一书记、组织员、机关支部书记、入党积极分子等培训班16期。

**【干部教育培训】** 2017年，举办主体培训班4期，参训人员覆盖村（社区）党组织书记、脱贫骨干、党外人士、优秀青年干部；举办中共十八届六中全会、中共十九大、省委十届九次全会、中共四川省第十一次党代会、中共凉山州第八次党代会等专题培训班，共培训干部1891人次；举办“昭觉县领导干部读书班暨县委中心学习组学习会”1期，培训副科级以上领导干部450人；选派各类干部参加上级党校、行政学院和干部院校的主体培训班96人次，各类专题培训班31人次，县处级领导干部参训班18人次。

**【脱贫攻坚】** 2017年，在全县脱贫攻坚工作中，实现了191个贫困村的“五个一”和80个非贫困村的“三个一”帮扶力量全覆盖。第一，“五个一”全覆盖。组织33名县级及以上领导干部挂点帮扶48个贫困村；选派191名优秀干部到村任第一书记；4个省级帮扶单位、18个州级帮扶单位、75个县级帮扶单位全覆盖地结对帮扶全县191个贫困村；抽调干部309人组成191个驻村帮扶工作队进驻贫困村开展帮扶工作；选派农技人员191人到191个贫困村指导农业生产。第二，“三个一”全覆盖。从乡镇和县级统筹择优选派80名干部到非贫困村任第一书记；为80个非贫困村的5571户贫困户落实了结对帮扶责任人；建立7个农业技术巡回服务小组巡回指导7个片区的农业生产。

**【暖冬行动】** 2017年，成立昭觉县“暖冬行动”协调指导办公室，协调指导基层学习宣讲中共十九大精神，并组建蹲点帮扶工作组202个（其中州级蹲点帮扶组32个），参与蹲点帮扶810人，共开展理论政策宣讲948场次，走访慰问建档立卡贫困户7286户13762人次，开展入户调研3907人次，收集到社情民意580件，解决群众的实际困难413件；捐赠款物总价值超过800万元，慰问特殊群体811人，其中老党员166人、贫困党员122人、孤寡老人179人、残疾人203人、其他人员141人。参与蹲点帮扶干部中，县处级以上领导干部35人、科级干部179人。理论政策宣讲中，宣讲中共十九大精神622场次。

（审核：田野　供稿：县委组织部办公室）

## 宣　传

**【概　况】** 紧紧围绕县委、县政府中心工作，服务大局，突出重点，务实创新，为推动全县经济社会事业发展提供强有力的思想保证、舆论支持、精神动力和文化条件。5月1日，县委宣传部副部长、县委外宣办主任阿克日布被四川省民族文化影像艺术协会藏羌彝走廊委员会聘请为专家委员。6月28日，县委宣传部副部长、县委外宣办主任阿克日布被中国作家协会吸收为会员。9月1日，县委外宣办和县新闻宣传与网络舆情中心记者采写的36篇新闻稿件分别被评为"全国民族地区好新闻奖""四川省好新闻奖""全州好新闻奖一等奖""全州好新闻奖二等奖""全州好新闻奖三等奖"。9月20日，县委宣传部副部长、县委外宣办主任阿克日布被中共凉山州委评为"全州法治宣传先进个人"。10月16日，县委外宣办被州委外宣办、州政府新闻办评为"先进集体"；县新闻宣传与网络舆情中心被州委宣传部、凉山日报社评为"全州优秀记者站一等奖"，被州委、州政府评为"全州法治宣传先进集体"。11月20日，县委宣传部副部长、县委外宣办主任阿克日布被州委宣传部、凉山日报社评为"全州优秀驻站记者一等奖"；记者俄底科日被州委宣传部、凉山日报社评为"全州优秀驻站记者二等奖"；记者吉俄阿西、为色阿呷莫分别被州委宣传部、凉山日报社评为"全州优秀驻站记者三等奖"。

**【理论武装】** 2017年，全县理论学习围绕贯彻落实习近平系列讲话精神和中央、省委、州委《关于进一步加强和改进党委（党组）中心组学习的意见》精神，结合形势政策宣传教育和全县经济、社会发展实际，下发《县委宣传部关于县委中心组2017年度理论学习安排意见》，组织县委中心学习组专题学习习近平系列重要讲话精神10次；按照《2017年度县委中心组理论学习意见》确定的"一条主线、十二项专题"要求，确立领导班子思想政治建设、严明政治纪律、严守政治规矩、党风廉政建设等重点专题，依托"两学一做""三严三实"专题教育平台，组织"三严三实"教育专题研讨会3次、县委中心组集中学习14次、各级中心组开展"三级三讲"学习活动230场次，参加学习的中共党员干部（以下简称党员干部）近3000人；县委宣讲组、县级帮乡单位深入各乡镇和各系统的党总支开展宣讲活动近50场次，受益群众13000人。

**【每月大讲堂】** 2017年，继续举办"每月大讲堂"活动，并结合国内政策形势和县情，邀请省、州知名专家、学者和县处级领导7人作针对性讲座，县四套班子领导、各乡镇党委书记和乡镇长、县级机关副科级（实职）以上干部聆听。

**【对外宣传】** 围绕脱贫攻坚、移风易俗、民族文化、经济社会发展、民生改善、社会和谐稳定等重点工作，将重点项目的采访任务分解落实到人头，努力挖掘新素材，发现新典型，做到广泛宣传报道。2017年，在《人民日报》、新华通讯社、中央电视台、中国新闻社、《民族画报》、凤凰卫视、《台湾时报》、《四川日报》、四川卫视、《华西都市报》、《四川画报》、《成都商报》、《民族杂志》、《凉山日报》等50种国内外报刊、电台、网络上，共发表有关昭觉县发展变化的文字和图片稿件3248篇（幅）；中央电视台综合频道、经济频道、国际频道、纪录频道、新闻频道、农业频道，四川卫视，凉山电视台制作并播出有关昭觉县扶贫、脱贫、文化、旅游、教育、卫生、社会经济发展的专题节目32期；在国家、省、州等领导人到昭觉县考察期间高标准、高质量地设计、制作展板132个；新立和更新大型户外广告牌

125 幅。全年共接待到昭觉县采访的新加坡联合早报、英国 BBC、人民日报社、新华社、中央电视台、民族画报社、四川日报社、四川卫视、华西都市报社、凉山日报社、凉山电视台记者 108 次 1108 人。

**【外宣合作】** 2017 年，与凉山州文联合作在 2017 年《凉山文学》第 5 期上发表报告文学集《“悬崖村”：大凉山精准扶贫的生动样本》，涉及文字 41 千字；与民族画报社合作在《民族画报》上专题报道“2017 凉山彝族传统火把节”，占据彩页 6 页；与《民族》杂志合作在《民族》上发表有关昭觉县发展变迁的文章 12 篇、图片 62 幅；与县政协合作在《昭觉政协》杂志上宣传报道全县“两会”情况，占据 2 期，涉及文字近 500 千字、图片 50 幅；与各报社合作在报刊上刊登专版 15 个。

1 月 1 日，中央电视台综合频道播出了 2016 年 12 月在央视总部演播厅合作录制的《欢聚中国节 · 我们的 2016》吾爱吾乡篇章。1 月 12 日，中央电视台农业频道播出了 2017 年 1 月在中国农业影视制作中心合作录制的《2016 年全国三农先进人物颁奖晚会》。7 月，协调新华社总部和新华社四川分社的 7 名记者到谷克德，以汉语、英语、西班牙语面向全球直播“2017 凉山彝族传统火把节”开幕式，并且第一时间在新华社国内外部采用了 22 张反映谷克德火把节盛况的图片。8 月，拍摄电视连续集《索玛花开》时，组织 204 名演员到谷克德瓦里洛民俗村参演。10 月，成功举办“2017 西昌邛海 · 丝绸之路”国际诗歌周昭觉分会场活动。11 月，组织 92 名演员到西南民族大学开展昭觉县地方特色文化交流活动，并表演了彝语相声、展示了彝族服饰文化等。

**【典型报道】** 2017 年，昭觉记者站记者在《人民日报》、人民网上共发表有关支尔莫乡阿土列尔村发展变迁文章和图片 20 篇（幅）；在《凉山文学》第 6 期上共发表反映昭觉教育变化的文章 11 篇；在《锦绣凉山》上以图文并茂的形式发表《聚焦凉山特辑——悬崖村》，占 142 页。阿克鸠射和为色阿呷莫的新媒体作品《向总书记报告：悬崖村如今大变样》成为《人民日报》“全国党媒携手迈进新时代”十九大融合报道精品 100 展示的地市州媒体作品，属四川省唯一入选作品。阿克鸠射（阿克日布的笔名）的新闻作品《向总书记汇报：您牵挂的“悬崖村”已搭起了通往小康的“钢梯”》（图文并茂）于 3 月 11 日凌晨被新华社用多种语言向全球发布，并刊登在《新华每日电讯》头版头条上。阿克鸠射在《四川画报》2017 年第 11 期上发表特写稿件《“悬崖村”：大凉山精准扶贫的生动样本》（图文并茂）。火把节期间，凉山日报社提供 8 个文化专版由阿克鸠射全面报道“2017 凉山彝族传统火把节”情况。

**【新媒体宣传】** 2017 年，依托移动公司手机“凉山快讯”“凉山党政参考”“看彝乡”“彝语手机报”平台，发布宣传全县经济社会和各项事业发展的短信近 300 条；征订“凉山快讯”用户 3643 户、“四川新闻——凉山党政参考”用户 3643 户、彝语手机报用户 6001 户。

**【精神文明建设】** 2017 年，推荐张书迎、蔡钊等参加“凉山好人榜”评选；组织各系统的党总支推荐“学雷锋先进集体”“学雷锋先进个人”；发动群众参与“中国好人榜”“四川好人”“魅力城市”网络投票评议。以项目为桥梁，以主题活动为载体，通过工会、妇联、团委等群团组织整合社会力量开展“四好创建”“移风易俗—厚养薄葬—遏制高价彩礼”等宣传活动。以文化科技卫生“三下乡”、送欢乐下基层等文化活动为契机，深入挖掘民族民间文艺组建农民业余文化宣传队，广泛开展群众性文体活动。深化爱国主义教育，将培育和践行社会主义核心价值观融入国民教育全过程。新增洒拉地坡乡中心校等 7 个乡村少年宫。

**【文　联】** 2017 年，召开昭觉县彝学会第一次筹备会；组织昭觉文艺工作者到绵阳市涪城区开展为期1周的考察学习；参与“千人达体舞”“2017凉山彝族传统火把节”演出、彝族传统选美大赛、火把狂欢夜、邛海国际诗歌周昭觉站的文艺演出、诗歌朗诵会、谷莫村“非遗”采风、谷克德高原湿地采风等策划筹备工作。10月26—28日，喜德县文艺界到昭觉县交流采风。组织全县美术家协会及美术教师送美术下乡，对13个乡20个贫困村贫困户的新建住房画装饰画，助力脱贫攻坚。8月，组织作者参加四川省第七届中学教师美术作品双年展，丁建华的油画作品《古城小巷》获得优秀奖；组织昭觉美协前往西昌、冕宁、会理参加州美协举办的写生活动。昭觉县作家协会主席吉布鹰升在《儿童文学》《中国校园文学》《湖南文学》《散文诗》《滇池》等刊物上共发表文稿近60千字。县作家协会副主席阿克鸠射在《民族文学》《中国西部》《凉山文学》等刊物上共发表诗歌散文近50篇；木帕古体、木帕古尔在《凉山文学》等刊物上发表了诗歌散文。8月1日，李小华的油画作品《赶集》获得“四川省第二届‘群星璀璨’群文美术书法、摄影作品展优秀奖”。12月20日，县文联被凉山州文联评为“凉山州先进单位”。

**【社科联】** 2017年，派工作人员在全县精准扶贫培训班上讲座，参与凉山古村落调研，负责编辑《昭觉政协》“文苑”栏目，组织撰写社科文章。其中，县社科联专职副主席吉布鹰升在《文艺报》《随笔》《当代中国生态文学读本》《美文》《创作与评论》《小溪流》《散文选刊》《散文海外版》《全国优秀作文选》《民族》《中国西部》等报纸杂志上分别发表了社科文章《春初临》《山林里》《溪畔》《鸟儿睡在哪里》《自然纪事》《高地孤旅》《鹊鸲》《晚牧》《则普洛觉的两棵古树》《暮色下的稻子》等，彝学专家老板萨龙在《民族》上发表了《彝族十月太阳历探析 》，俄比解放在《南方丝绸之路上的民族与文化》上发表了《彝族民俗仪式中的荞麦》。上述发表的文章中，《山林里》入选2017—2018年江苏省南京市玄武区高一统考试卷现代文阅读题（分值占20分）。

（审核：阿克日布　供稿：县委宣传部办公室）

## 统　战

**【概　况】** 围绕县委、县政府中心工作，突出抓好党外人士工作、经济统战工作和自身建设工作。调整县委统战部班子成员。

**【“走基层”活动】** 2017年，从六个方面开展“走基层”活动。第一，7月13日，四川省川联企业商务促进会、成都科甲投资集团有限公司为结对帮扶的新城镇拖都村、地莫乡二五村、四开乡梭梭拉达村捐赠了价值4万元的鸡苗。第二，11月8日，县委常委、县委统战部部长果基木沙参加昭觉县家政服务劳务对接扶贫工作座谈会，以帮助更多的农村剩余劳动力特别是建档立卡贫困人口转移就业，助推精准扶贫。第三，11月14日下午，浙江省和平慈善基金会秘书长夏悯稳、理事叶秀琴，西昌市工商联副会长、凉山州温州商会秘书长杨昌寿一行到地莫乡巴尔村小开展“爱的新衣、温暖凉山”捐赠活动，并赠送了价值13330元的406套内衣和460双袜子。第四，11月25—26日，县委常委、县委统战部部长果基木沙带队到达洛乡洛呷村及乡政府宣讲中共十九大精神，并为贫困户捐赠了大米、清油等生活用品。第五，12月，县委统战部和县工商联干部职工每人出资200元，通过“以购代捐”方式购买达洛乡贫困户马铃薯。第六，昭觉县建筑工程公司、四川平吉建筑工程有限公司分别捐款15万元为结对帮扶的达洛乡四呷村修建入社入户路；昭觉县国泰有限责任公司捐资16万元为结对帮扶的谷曲乡洛洛村修建入社入户路、浴室，以及乡政府的围墙、坝子。

**【党外干部工作】** 2017年，制定《昭觉县党外代表人士培训工作规划》，并将党外代表人士培训工作纳入干部教育培训总体规划。全年培训党外干部2次。其中，6月12—21日，选派县政府党外副县长马红兵参加省委统战部举办的县处级党外干部进修班；8月4—7日，选派县工商联副主席兼秘书长朱正华、昭觉县壹红建筑公司经理俄来吉古和昭觉县晓川牧业经理唐文祥参加州委统战部举办的小微企业经营者培训班。截至12月31日，全县共有副科级以上党外领导干部55人，其中副县级干部5人、正科级干部4人、副科级干部46人；建立完善党外代表人士档案810人，其中登记在册的高级职称以上党外知识分子69人、中级职称党外知识分子540人、党外干部41人、省人大党外人民代表1人、州人大党外代表6人、州政协党外委员8人、县人大党外人民代表52人、县政协党外委员93人。

（审核：韩文革　撰稿：的木阿洗）

## 群众工作

【概　况】强化信访工作责任，以服务人民为中心，以“切实维护群众合法权益，及时反映社情民意，妥善解决人民内部矛盾，促进社会和谐稳定”为重点，规范管理，盘活存量，受理群众来信、接待群众来访，承办上级机关和领导批示交办的信访事项，强化保密档案等工作，并对群众的来信开展联合调处、督查督办等，全力维护社会稳定。

【来信来访案件处理】2017年，共接待来访群众61件（批）次，其中集体访20批次、个人访41批次；当面解释答复群众来信来访61件，转送交办群众来信来访61件；网上信访6件次、来信4件次，并全部交办给相关部门且完成了答复。

【领导接待和包案】2017年，每周二安排县委、县政府1名领导在县群众来访接待中心上班接待来访群众；将排查出来的重点信访16件次，分解给1名县委副书记、2名县委常委、3名副县长和1名县政协副主席包案。

（审核：孙子拉且　撰稿：阿库阿玲）

## 督查督办

【概　况】紧紧围绕县委、县政府重大决策和重要工作部署，按照“实事求是、突出重点、解决难点、抓住关键、规范程序、不断提升督查目标考核工作水平”的工作思路，坚持‘突出重点，注重实效”的原则，不断创新督查方式，丰富督查工作内涵，建立健全工作运行机制，扎实做好各项政务督查工作，充分发挥督查督办职能作用。

【目标考核】2017年，继续按照“以督查促工作、以考核定实绩”的工作思路，规范和完善县、乡两级综合目标考核办法，组织各牵头单位对全县122个目标责任单位的目标完成情况进行全面考核，并及时兑现了奖惩；承担州级目标绩效考核的相关迎检工作。在2016年度综合目标考核工作中，昭觉县位居全州综合扶贫开发县（11个）第六位。

【督查督办】2017年，采取党政联合督查和县督查办单独督查相结合、明察与暗访相结合、定期与不定期相结合的方式，先后组织县脱贫攻坚指挥部、教育、农牧、林业、住建等部门对全县脱贫攻坚、农业产业化发展、林业产业化发展、城乡环境卫生综合整治和会风会纪等领域开展督查。同时，根据上级领导批示件和办理事项开展督查。全年共开展各类督查46次，编发督查专报15期、短信平台通报30件次，办理领导批示4件次。

（审核：吉克拉者　撰稿：杨友珍）

## 机构编制

【概　况】以深化改革为主线，以规范管理、盘活存量，提高机构编制使用效率为重点，开展县编委会议筹备和记录、党政机构改革、政府职能转变、减编控编、机构编制统计、事业单位分类改革、事业单位登记管理、机构编制监督管理、行政权力清单的清理与公布等工作。11月3日，机构编制统计工作被州委编办评为“全州2017年度机构编制统计工作先进单位”。11月6日，事业单位年报公示及公示抽查工作被州委编办评为“全州2017年度事业单位登记管理工作先进单位”。

**【县编委会议筹备与记录】** 2017年，共召开县编委会议3次，审议全县机构编制相关事宜67项。其中，撤销事业单位3个，新成立事业单位4个，向13个事业单位新增编制74个。

**【机构改革】** 2017年，根据省、州政府和州编办关于民族宗教和机关事务工作相关改革部署，结合昭觉县实际，在调研、论证、职能评估等基础上进行了机构改革。一是5月12日出台昭觉县民族宗教事务局的“三定”方案。二是5月27日出台昭觉县机关事务管理局“三定”方案。将昭觉县接待办公室更名为昭觉县机关事务管理局（简称县机关事务管理局），原县接待办公室承担的接待工作职责、县政府办公室承担的机关事务管理工作职责及公共机构节能管理职责和县财政局承担的行政机关及事业单位国有资产产权界定、清查登记、调配处置工作职责一并划入县机关事务管理局。机构改革后，县人民政府共设置工作部门24个、挂牌机构8个。

**【职能转变】** 2017年，按照《昭觉县人民政府职能转变和机构改革实施意见》规定，督促各单位完成了工作规划与任务分工。

**【行政权力清理与公布】** 2017年，按照州政府要求，在不突破省级权力清单的原则下，昭觉县正式启动了全县行政权力清单（2017年本）编制公布工作，并清理规范了28个单位的行政权力。通过清理审核，全县共清理公布行政权力5425条。其中，行政处罚4628条，行政征收50条，行政强制198条，行政确认38条，行政裁决5条，行政给付10条，行政检查230条，行政奖励107条，其他行政权力159条。

**【减编控编】** 2017年，严格按照机构编制规定和程序办理人员编制有关审批审核手续，并在机构编制实名制系统中及时更新了全县各部门各单位人员调整（调动）的上下编信息和调整新成立机构的编制及人员信息；实行编制动态管理，将11个县级部门的行政编制调整到急需编制岗位上，核减原7个中心乡镇直属事业单位的事业编制57个并调整充实到其他乡镇，以解决基层党建、林业、财政等专业技术人员的所需编制。

**【机构编制统计】** 2017年，按照“基本统计＋专项调整”的模式，准确及时地进行了本年度的月报、季报和年报的统计和上报工作。

**【事业单位分类改革】** 2017年，按照省、州关于事业单位分类改革的精神，以及政事分开、事企分开和管办分离的要求，以促进公益事业发展为目的，明确了302个事业单位的类别，占全县313个事业单位的96.48%左右。

**【事业单位登记管理】** 2017年，为269个事业单位换发了新版事业单位法人证书，完成率达100%；网上登记单位269个。

**【机构编制监管】** 6月8日，成立昭觉县机构编制违规违纪问题整改领导小组。6月14日上午，以县委编委名义召集全县行政事业单位召开了昭觉县机构编制违规违纪问题整改启动大会，并印发了《关于建立昭觉县机构编制违规违纪问题整改台账的实施意见》（昭编委〔2017〕22号），要求各单位准确及时清理上报本单位的违规违纪台账，县委编办核对台账与实名制平台数据、实地核查存在违规违纪问题的单位，并将情况汇总编制成总台账上报。

（审核：苏天浩　撰稿：曹　伦）

## 农 办

**【概 况】** 2017年，认真贯彻落实中央1号文件、省委1号文件和州委农村工作会议精神，按照“稳定总量，提升品质，突出特色，打造亮点”的总体要求，以调优结构、粮食高产创建、现代畜牧业发展、农民工转移输出、农业基础设施建设和农业产业化建设为抓手，全力推进现代农业、劳务开发、村级集体经济、扶贫攻坚等工作。

**【农业农村经济】** 2017年，全县实现粮食总产量10.69万吨，增速为0.87%；猪、牛、羊出栏53.22万头（只），增速为0.42%；肉类总产量2.22万吨，增速是-0.71%；农牧渔业产值17.33亿元，增速为3.83%；年末猪、牛、羊存栏78.42万头（只），增速为1.36%。农村居民人均可支配收入8197元，增速10.97%；建成核桃基地2.2万公顷、花椒基地1333.3公顷，低效改造（嫁接）核桃2666.7公顷；实现劳务总收入11.24亿元。

**【劳务开发】** 2017年，开展东西部劳务合作，并向广东省佛山市输出劳务196人，人均劳务人员工资收入3500元；开展劳务培训7000人次，获证3502人，通过劳务品牌培训获得中级职业资格证书34人，其中劳务品牌培训500人、新型农民素质提升培训1198人次、农民工再就业培训1720人、农民工返乡创业培训50人；开展素质提升+技能培训234人；配合县农牧局开展农业实用技术培训2万人；解决劳务纠纷7起，挽回经济损失近36万元。全年共输出劳动力8.65万人，其中建档立卡贫困户转移输出劳动力7500人，实现劳务总收入11.24亿元。

**【农村专合组织】** 2017年，全县农业产业化经营组织总数已达257个。其中，县级农业龙头企业6个，农民专业合作社100个，家庭农牧场151个。从业人数16665人。资产总值9150万元，其中龙头企业固定资产总值5300万元。年销售收入（含交易额）18369.64万元。其中，龙头企业销售收入12588万元，农民专业合作社销售收入3977.64万元，家庭农牧场销售收入1804万元。带动63203户农户从事农业产业化经营。县级农业龙头企业年实现利润4135万元。

**【村级集体经济】** 2017年，全县村级集体经济建设工作全面开展，涉及18个乡26个贫困村，共受益22658人，年经营性总收入达97102元，人均收入4.29元。

**【项目建设】** 2017年，组织或协调相关部门开展了4个项目建设。一是在洒拉地坡乡尔打火村开展农民住房功能提升改造、农业基础设施建设、特色产业发展等，共投入资金300万元。二是在洒拉地坡乡尔打火村开展集配中心建设，并征用农产品冷链物流冻库建设用地0.23公顷。该项目共投入资金120万元，建设冻库房屋400平方米，容量为1800立方米，库空约400吨。三是向贫困农户发放用于农业产业发展的周转金170万元。四是整合1100万元开展“彝家新寨”建设。

**【以购代捐】** 推行“以购代捐”社会扶贫模式（组织引导干部职工、爱心企业和社会各界爱心人士，以适当的价格，直接从帮扶联系的贫困村、贫困户家中购买农副产品，打通农民与市场对接渠道，切实帮助贫困群众脱贫致富）。2017年，全县通过“以购代捐”方式共销售阉鸡110只、苦荞250千克、鸡蛋1000个、马铃薯25300千克、油菜籽150千克、生猪125千克、土鸡32.8千克，共获得销售收入65460元，带动贫困户数162户671人。其中，广东省爱心企业在特布洛乡谷莫村收购阉鸡近100只，获得销售收入近2.1万元（农民增收近2万元、村集体收益近1000元）；广东省佛山市紫南村在特布洛乡谷莫村购买马铃薯5万千克，获得销售收入9.5万元（农民增收8.5万元、村集体收益1万元）；州政府办干部职工在特布洛乡谷莫村认购农特产品价值近 1 万元；广东省爱心人士和企业在特布洛乡谷莫村认购寄养年猪 150 头。

（审核：土比阿依　撰稿：吉尔史博）

## 党　校

**【干部培训】** 2017 年，共举办干部培训班 7 期，其中干部主体培训班 4 期、干部短训班 3 期。干部主体培训班分别为昭觉县（社区）党组织书记主体培训班、昭觉县脱贫骨干主体培训班、昭觉县党委人士主体培训班、昭觉县优秀青年干部人才综合能力提升专题培训班，培训人员达 380 人。短训班分别为上半年和下半年入党积极分子培训班，培训人员达 186 人。

**【教学科研】** 2017 年，县委党校共完成州级科研课题 2 项，分别是陈东坡的“昭觉县乌金猪产业化的发展和调研”、唐勇的“第一书记履职情况的调查与研究”。

**【新型农民素质提升培训】** 2017 年，为深入贯彻习近平关于扶贫开发系列重要讲话精神，认真落实中央、省委、州委打赢脱贫攻坚要求，共实施新型农民素质提升工程 4 期，培训贫困户 3253 人。另外，与江苏洪泉集团合作开创了“技能培训 + 定向就业”新模式（参加培训并自愿外出务工的 18—45 岁青壮年，经考核合格后均可到江苏洪泉集团打工），年输出劳务 73 人。

**【精准扶贫】** 2017 年，在扶贫工作中主要开展了捐助、协调、督查三个方面的工作。一是捐助。县委党校投入资金 2352 元为所帮扶的博洛乡政府安装了电信宽带网，赠送了价值近 5 万元的 60 套办公桌椅和乡、村干部使用的席梦思床垫；为该乡 8 个村共支付了宣传材料费 13500 元，帮助火托村制作了村支部委员会和村委会 2 块牌子、永久性标语 2 幅；为书你子村的 55 户贫困户赠送价值 1.5 万元的大米和清油，结合“暖冬行动”为火托克村的 76 户贫困户赠送了价值近 2 万元的 1 套床上用品和洗漱用品；“一对一”帮扶该乡贫困学生 5 名，儿童节时为博洛乡中心校和火托克村幼教点共发放价值近 3 万元的爱心书包、学习用具和糖果。二是协调。为保障“彝家新寨”建设，协调县交通运输局抢修甲阿史村公路 1 次；与州委党校一同协调州发改局为博洛村修建河堤近 100 米；协调爱心人士捐赠“大红袍”花椒苗 1 万株和青花椒苗 2000 株在火托村试种；联系江苏洪泉集团慈善基金会投入资金 30 万元为火托克村修建了 1 个“一村一幼”教学点；联系企业家达成意向投资协议，拟投入资金 1000 万元在尔良觉村修建乌金猪养殖场 1 个。三是督查。督导检查博洛村、书你子村、金曲地莫村的异地扶贫搬迁工程和火托克村的“彝家新寨”建设。

（供稿：中共昭觉县委党校）

# 昭觉县人大

【概　况】 在中共昭觉县委的坚强领导下，认真学习和全面贯彻中共十八大和十八届三中、四中、五会、六中全会精神，以及十九大精神，贯彻习近平系列重要讲话精神和治国理政新理念、新思想、新战略，紧紧围绕县委中心工作和全县发展大局，以坚持和完善人民代表大会制度为核心，以发展社会主义民主法制为根本，以保增长、惠民生、促和谐为主题，以推进脱贫攻坚为抓手，认真履行宪法和法律赋予的职责，与时俱进、开拓创新，努力开创人大工作新局面。2017年，共召开常委会会议6次、主任会议10次，听取和审议“一府两院”专项工作报告13个，提出审议意见35条，做出决议决定8项，依法任免国家机关工作人员34人次，对3部法律法规进行了执法检查。

【常委会会议】 2月28日，召开昭觉县第十三届人大常委会第一次会议。会议专题学习《中华人民共和国各级人民代表大会常务委员会监督法》《中华人民共和国地方各级人民代表大会和地方各级人民政府组织法》以及县人大常委会制定的工作法规、议事规则、管理办法等；通报昭觉县第十三届人大常委会主任、副主任工作分工情况；审议通过《昭觉县人大常委会2017年工作要点》。4月18日，召开昭觉县第十三届人大常委会第二次会议。会议听取、审议、表决通过县民族宗教和扶贫移民工作局局长俄哈日受县政府委托所做的《关于〈四川省农村扶贫开发条例〉贯彻执行情况的报告》；听取、审查、表决同意县财政局局长何成安受县政府委托所做的《关于昭觉县2017年财政部门预算（草案）的报告》，并做出《关于批准昭觉县2017年财政部门预算的决议》；审议通过《关于批准将〈昭觉县2017年度精准脱贫资金统筹整合使用方案〉项目支出列入县财政预算的决议》《批准将中国农业银行昭觉县支行小额扶贫贷款本息纳入财政预算管理的决议》。6月19日，召开昭觉县第十三届人大常委会第三次会议。会议依法进行人事任免。8月30日，召开昭觉县第十三届人大常委会第四次会议。会议听取、审议、表决同意县发展改革和经济信息化局局长李军受县政府委托所做的《关于2017年上半年国民经济和社会发展计划执行情况的报告》；听取、审议、表决同意县财政局局长何成安受县政府委托所做的《关于2016年财政决算报告》《2017年上半年财政预算执行情况以及2017年地方政府转换资金报告》《新增债券资金安排情况报告》，并做出《关于批准昭觉县2016年财政决算的决议》《关于批准2017年新增债券资金、置换债券资金转贷收入支出进行预算调整的决议》《批准昭觉县2017年度财政预算调整的决议》；听取、审议、表决同意县审计局局长母玉刚受县政府委托所做的《关于2016年财政预算执行及其他财政收支情况的审计工作报告》；听取了县人大常委会教科文卫工作委员会主任李琳所做的《关于〈四川省公共图书馆条例〉执法检查情况的报告》；以书面形式听取县人民法院上半年工作情况汇报；依法进行人事任免。10月31日，召开昭觉县第十三届人大常委会第五次会议，会议通报人大常委会组成人员出席会议情况；开展会前学法；听取和审议县教育和科学技术知识产权局局长安理达受县政府委托所做的《关于〈中华人民共和国义务教育法〉贯彻执行情况的报告》；听取县人大常委会教科文卫工作委员会主任李琳所做的《关于〈中华人民共和国义务教育法〉执法检查情况的报告》；听取县社会保障局局长龙建平受县政府委托所做的《关于全民参保工作情况的汇报》；审议通过《昭觉县人大常委会关于进一步加强法治宣传教育的决议（草案）》；县人大常委会副主任文古拉日通报《昭觉县人大常委会关于常委会组成人员分组联系片区代表活动小组和乡镇人大主席团方案》。12月20日，召开昭觉县第十三届人大常委会第六次会议。会议听取和审议《县人民检察院关于预防职务犯罪和执法监督工作情况的汇报》；听取和审议《县人民政府关于县十三届人大一次会议代表建议批评意见办理情况的报告》《县人民政府关于2017年度财政预算调整和债务限额情况的报告》；通过《关于召开昭觉县第十三届人民代表大会第二次会议的决定（草案）》；依法进行了人事任免。

**【工作监督】** 2017年，依法进行了三个方面的监督。一是预算监督。开展预算编制工作调研，依法定期审查和批准县本级财政决算、预算调整，听取和审议计划、预算的执行情况报告及财政审计工作报告，针对政府计划和预算执行中的突出问题提出审议意见，督促县政府及其相关部门改进工作，保障经济社会协调发展。二是民生监督。对义务教育、社会保障等民生工作开展持续性监督，配合上级人大对生态文明建设和环境保护工作进行了专项询问。具体做法：先组织人大代表视察调研，再进一步听取县政府的专项工作报告，然后提出审议意见，跟踪督促整改落实。三是扶贫工作监督。按照“念兹在兹，为此为大，坚决为打赢脱贫攻坚这场硬仗”要求，对全县脱贫攻坚工作开展督导，以最大限度地助推脱贫攻坚再上新台阶。

**【法律监督】** 以推进民主法制建设为抓手，深入贯彻依法治国基本方略，切实加强法律监督，努力推进依法治县进程，促进全县法治环境不断优化。2017年，结合昭觉实际，对《四川省农村扶贫开发条例》《四川省公共图书馆条例》《中华人民共和国义务教育法》的贯彻实施情况进行执法检查，并做出《昭觉县人大常委会关于进一步加强法治宣传教育的决议》。

**【人事任免】** 2017年，通过人事任免3次，任免国家机关工作人员34人（任命30人、免职4人），接受辞职2人。一是在昭觉县第十三届人大常委会第三次会议上，根据县人大常委会主任会议、县长赫绍洪和县人民检察院检察长苏刚的提请，任命李琳为县人大常委会教科文卫工作委员会主任，李建新为县人大常委会教科文卫工作委员会副主任，罗边伍呷为县人民检察院检察员，欧阳阿丽为县人民检察院检察员。决定任命沈伟古为县政府办公室主任，杨中瑜为县商务和投资促进局局长，安理达为县教育和科学技术知识产权局局长，俄哈日为县扶贫和移民工作局局长，阿车尔布为县民族宗教事务局局长，李杜立为县监察局局长，布点星格为县民政局局长，吉子子哈为县司法局局长，何成安为县财政局局长，阿日阿和为县人力资源和社会保障局局长，八且打达为县环境保护局局长，金生为县城乡规划建设和住房保障局局长，马格日为县交通运输局局长，金文明为县水务局局长，罗俊为县农牧局局长，拉尔比惹为县林业局局长，巴久伍牛莫为县文化广电新闻出版和体育旅游局局长，吉克伟哈为县卫生和计划生育局局长，母玉刚为县审计局局长，熊拉哈为县统计局局长，日火木呷为县食品药品和工商质量监督管理局局长，李军为县发展改革和经济信息化局局长；免去胡胜清县人大常委会人事代表工作委员会主任、州人大代表联络科科长职务，免去毛瓦格县人大常委会教科文卫工作委员会主任职务。会上，组织新任命正科职的24名干部进行了宪法宣誓，并颁发任命书。二是在昭觉县第十三届人大常委会第四次会议上，根据县人大常委会主任会议和县人民法院院长李春林的提请，任命张翼为县人大常委会人事代表工作委员会主任，罗顺馨为县人民法院副院长。三是在昭觉县第十三届人大常委会第六次会议上，根据县人大常委会主任会议的提请和雷莽、某色曲体2人的辞职报告，决定接受雷莽辞去县十三届人民代表大会代表和县十三届人大常委会委员职务，决定接受某色曲体辞去县十三届人民代表大会代表职务。

**【决议、决定】** 2017年，昭觉县第十三届人大常委会共做出了7项决议、2项决定：《昭觉县人大常委会关于批准昭觉县2017年财政部门预算的决议》《昭觉县人大常委会关于批准将中国农业银行昭觉县支行小额扶贫贷款本息纳入财政预算管理的决议》《昭觉县人大常委会关于批准2017年新增债券资金、置换债券资金转贷收入支出进行预算调整的决议》《昭觉县人大常委会关于批准昭觉县2016年财政决算的决议》《昭觉县人大常委会关于进一步加强法治宣传教育的决议》《昭觉县人大常委会关于批准昭觉县2017年度财政预算调整的决议》《昭觉县人大常委会关于批准将〈昭觉县2017年度精准脱贫资金统筹整合使用方案〉项目支出列入县财政预算的决议》《昭觉县人大常委会关于接受雷莽辞去县十三届人民代表大会代表、县十三届人大常委会委员职务的决定》《昭觉县人大常委会关于接受某色曲体辞去县十三届人民代表大会代表职务的决定》。

**【代表工作】** 2017年，各级人大代表开展脱贫攻坚各项调研活动6次。其中，4月6日，驻州的部分全国人大代表和省人大代表、州人大代表到普诗乡玄生坝村觉木社开展送温暖活动，全国人大民族委员会调研组等到解放乡火普村调研；7月4—6日，绵阳市涪城区人大常委会主任高峰一行20人到昭觉县对接对口帮扶解放乡火普村相关工作；7月30日，省十二届人大代表、州十一届人大常委会主任达久木甲率驻州的部分全国人大代表和省人大代表、州人大代表共13人到昭觉县视察调研脱贫攻坚工作。

**【县十三届人大常委会委员】** 土比日合（彝族）、土比阿依（女，彝族）、王建平（彝族）、汉呷拉一（彝族）、田强、吉史尼古（彝族）、许忠永、刘晓萍（女，彝族）、阿七伍甲（女，彝族）、阿比医生（彝族）、阿尔尔坡（彝族）、阿尔伍果（女，彝族）、沙马衣合（彝族）、李木沙且（彝族）、李琳（女，彝族）、张正浩、张翼、邹海英（女，彝族）、罗木日则（彝族）、依比阿吉（彝族）、俄木拉伟（女，彝族）、胡忠华（彝族）、胡建军、贾史阿嘎（女，彝族）、贾莉（女，彝族）、雷莽。

**【脱贫攻坚】** 2017年，深入开展联乡帮扶工作，开展暖冬行动，并向贫困户送去了粮、油等物资。

（审核：张　翼　撰稿：毛　英）

# 昭觉县人民政府

## 综　述

【**县域经济**】2017年，全县整体经济稳中有升，居民收入基本与经济发展持平，三次产业比例趋于优化，第三产业已赶超第一产业。据统计，2017年全县实现第一产业增加值10.67亿元，增速3.5%；第二产业增加值5.86亿元，增速-17.9%；第三产业增加值11.18亿元，增速5.3%；社会固定资产总投资35.18亿元，增速16.0%；社会消费品零售总额8.17亿元，增速10.8%；城镇居民人均可支配收入23566元，增速8.53%；农村居民人均可支配收入8197元，增速10.97%；地方公共财政收入1.28亿元，增速-1.2%；新增就业人数485人，城镇登记失业率控制在3.66%以内。第二产业中，规模以上工业增加值的增速-1.34%。

【**脱贫攻坚**】以实现“两不愁、三保障”和“四个好”为目标，以精准实施“七个一批”为抓手，集中解决贫困突出问题，着力提高贫困村、贫困户的发展能力，强力促成社会帮扶合力；大力开展外流贩毒整治专项行动，全面开展禁毒防艾全民健康体检，进一步深化“支部+协会+家族”禁毒防艾模式，继续落实禁毒防艾20条措施，有效控制全县毒品和艾滋病传播蔓延势头。2017年，全县共整合涉农资金3.29亿元用于脱贫攻坚重点项目建设，在86个贫困村共实施安全住房建设3817户。其中，易地扶贫搬迁建房1427户，“彝家新寨”建房1050户，整合资金项目建房1340户。通乡油路（公路）、退出贫困村通村硬化路和通村通畅（公路）工程全部完工；拨付7420.72万元产业扶持资金让贫困户发展种植和养殖业；提供3000吨“青薯9号”良种；向贫困户发放扶贫小额信贷（风险补偿金）1.97亿元，在全州率先开展“以购代捐”扶贫活动并实现收入280.91万元；共筹集到教育扶贫救助金370万元，并依照规定标准向建档立卡贫困户子女和其他贫困学生实施救助；向建档立卡贫困户的低保兜底户提供农村医疗救助16.9万人次，使其住院自费部分的救助比例达70%以上；与对口帮扶的广东省佛山市、绵阳市涪城区、三峡集团和东电集团商定帮扶项目41个，争取到帮扶资金9295.2万元；“光彩事业凉山行”签约金额达43.4亿元；脱贫攻坚工作顺利通过州级考核验收。通过一年的脱贫攻坚，全县年内退出贫困村26个，实现脱贫4400人。截至12月31日，在86个贫困村实施的易地扶贫搬迁、“彝家新寨”、利用整合资金项目建设的安全住房已全部入住，全县通村通达率达93.7%，贫困村均实现了集体经济和卫生室、文化室、广播电视信号、通信网络全覆盖，完成了生活用电、安全饮水工程建设，贫困户子女义务教育入学率、农村贫困群众医疗保险参保率和自愿婚检率均达100%，昭觉籍外流贩毒人员同比下降 24.5%，贫困人口健康体检率达 95.9%，住院分娩率达 90.4%。

**【供给侧改革】** 2017 年，深化供给侧结构性改革，深挖第一产业潜力，开放增活第二产业，加快发展第三产业，确保发展质效同步提升。全县实现粮食总产量 10.69 万吨，增速 0.87%；猪、牛、羊出栏 53.22 万头（只），增速 0.42%；肉类总产量 2.22 万吨，增速 -0.71%；农牧渔业产值 17.33 亿元，增速 3.83%；年末猪、牛、羊存栏 78.42 万头（只），增速 1.36%。签约光伏扶贫一期项目 1 个，开工建设华能风电项目 3 个，扩建现代物流项目 1 个等；建成县级电子商务服务体验中心 1 个、乡（镇）级电子商务服务站 7 个和村级电子商务服务所 6 个。年输出劳动力 8.65 万人，其中建档立卡贫困户转移输出劳动力 7500 人，实现劳务总收入 11.24 亿元。金融机构年末各项贷款余额约 8.98 亿元，同比增长 22.17%；各项存款余额约 22.32 亿元，同比增长 14.1%。

**【第一产业】** 2017 年，全县种植马铃薯 1.58 万公顷，补植玫瑰苗 266.67 公顷，启动蔬菜大棚项目 166.67 公顷，发展高山错季蔬菜 2066.67 公顷，实施草原生态补奖 12.6 万公顷，发放农业三项补贴 2231.49 万元、农机补贴 400 万元，兑现集体公益林生态效益补偿金 609.89 万元，建成标准化畜禽养殖小区 7 个。农村土地承包经营权确权颁证工作全面铺开，共涉及土地 4.24 万公顷；地莫乡、柳且乡、三岗乡的土地增减挂钩项目均已立项，可节余耕地 69.13 公顷；重新规划了全县土地增减挂钩项目 23 个，可获得节余流转指标 476.4 公顷；申报土地整理项目 6 个，其中获得立项批复 3 个；划定永久性基本农田 3.23 万公顷。申报了苦荞麦和马铃薯的有机基地认证，申请了“昭觉乌金猪”“昭觉玫瑰鸡”“昭觉玫瑰”“昭觉苦荞麦”等地理标志证明商标，全州最大的生猪养殖基地成功落户县境。良圆马铃薯种业公司采取“公司 + 基地 + 专业合作社 + 农户”模式实施脱毒种薯产业扩能项目，并建成了 1.34 万公顷现代农业马铃薯示范基地，总投资 1.05 亿元。

**【第二产业】** 2017 年，与天津中环半导体公司签约光伏扶贫一期项目，计划总投资 2.4 亿元；与哈工大达成了核桃精深加工项目合作意向。继续开展总投资 1 亿元的凉山州涪昭现代商贸物流园区项目建设；继续实施集仓储、冷链、运输为一体的现代物流项目——扩建昭觉晓川牧业，加快实施投资 343.38 万元的全冷链配送式农产品中央厨房项目。投资 20 亿元的 3 个华能风电项目已全部开工，下达 1794 万元的农网项目已全面完成建设任务。达久水电站项目已完成环评并进入核准程序。

**【第三产业】** 2017 年，在世界互联网大会上，与京东集团签订了电商协议。成功举办首届凉山谷克德传统彝族火把节，并接待游客 11.52 万人次，实现旅游收入 3134.4 万元。投资 3.5 亿元的谷克德景区开发项目一期工程已完成游客接待中心、牧云山庄酒店和汽车自驾游营地主体工程及滑雪场场地建设。投资 4000 万元的瓦里洛民俗旅游新村和投资 6000 万元的谷克德旅游环线公路建设工程完工。投资 6.3 亿元的“悬崖村”景区开发项目全面启动。

**【城乡建设】** 2017 年，乐西高速公路正式开工；县城主干道棚户区立面整治及路面升级改造工程投资近 4000 万元。选定了城市饮用水常规水源点 3 个和应急备用水源点 1 个，其中投资 3 亿元的斯穆补约水库已开展前期工作，建成后将解决城乡近 12 万人的用水问题。四开乡农贸市场建设全面完工，共投资 360 万元；600 户（套）三期棚户区改造项目开始实施，计划投资 1.04 亿元；96 套公租房建设项目竣工验收，投资 1122 万元。城市生活污水处理工程的主体工程已于 10 月竣工，其厂外的截污管道已铺设 60%；城市卫生垃圾填埋场的厂区建设全面完工；申报了辐射布拖县和金阳县的昭觉医疗废弃物处理中心项目。

**【教　育】** 2017年，全县共拨付学校公用经费3248.8万元、义务教育阶段学校学生营养改善计划资金4435.86万元，向义务教育阶段寄宿制学生下达生活补助资金4018.63万元，采购了总价1884万元的农村义务教育薄弱学校改造计划的教学设备，制定了全县消除义务教育阶段“大班额”计划；向非义务教育阶段寄宿制学生下达生活补助资金522.2万元，免去高中阶段学生的学费和教科书费共458万元，免去学前教育保教费1184.15万元；办理965名学生的生源地助学贷款751.07万元；改扩建47所中小学和幼儿园的硬件设施，共投资1.7亿元；万达爱心学校一期工程开始建设，温州商会爱心学校投入使用。选送了103名优秀贫困学生到绵阳市对口帮扶学校就读，推送830名学生到“9+3”职业教育学校就读，全县小学阶段学生入学率99.28%，初中阶段学生入学率95.29%，高考时专科以上（包括专科）上线率92.27%。截至12月31日，全县共建有学校201所，“一村一幼”幼教点282个；共有中小学教师2245人，在校学生76768人。

**【卫　生】** 2017年，严格执行药品采购“两票制”，实现国家基本药物由省级统一招标、采购、配送，推进公立医院综合改革，落实“一降一调一补助”机制，破除“以药补医”机制，取消药品加成而让利患者458.21万元；食品药品检测检验中心开工建设，计划总投资1400万元；18个乡（镇）卫生院建设项目正式启动；“十免四补助”政策惠及群众30.1万人次；居民健康档案建档率达100%。截至12月31日，投资275万元的县计生服务指导站建设项目和投资885万元的县妇幼保健院建设项目竣工。

**【生态文明建设】** 2017年，按照“1+X”生态产业发展规划建成核桃基地2.2万公顷、花椒基地1333.33公顷，低效改造（嫁接）核桃2666.67公顷，华山松造林3400公顷，栽植雪松6.5万株，补植补造落叶松、桤木、华山松百日苗203.5万株，兑现了近4年的退耕还林农户补助资金5370.7万元。对省环保督查组反馈的6大类29项环境问题进行了整改，其中26项已整改完毕。推进“河长制”工作，开展非法采砂、工矿区污染、城乡生活垃圾和污水、畜禽养殖污染、农业化肥和农药零增长等9项专项整治行动，修复了昭觉河（城北段）、竹核河、三湾河、尔古河及日哈洪涝灾害的水毁堤防，投资2434万元开展乌坡河尼日村段防洪工程建设。通过农田水利基本建设，全年共新增灌溉面积180公顷，恢复灌溉面积213.33公顷，改善灌溉面积100公顷，节水灌溉面积100公顷，受益人口达1.2万人。特布洛、龙恩等小流域水土保持综合治理项目全面完工，总投资650.74万元。

**【社会治安】** 2017年，紧扣“三年三步走”工作目标，严厉打击高空盗窃、坑蒙拐骗等违法行为，推进“天网”二期工程巩固实战指挥体系建设。全年共破获刑事案件240起，矛盾纠纷排查调解率98%。年内，投资1023万元的县看守所建设项目和投资506万元的县武警中队营房建设项目均交付使用，投资355万元的县拘留所建设项目正式开工建设。

**【其他社会事业】** 2017年，五大保险（养老、医疗、失业、工伤、生育）有序推进，城市低保标准从每人每月420元提高到460元，农村低保标准实现“两线合一”，提高到国家扶贫线（每年3300元）；投资1750万元开展县儿童福利院建设，投资880万元开展四开敬老院建设，投资840万元新建县级就业和社保服务中心、4个乡级就业和社保服务站，投资625万元的公共体育场及相关项目全面启动；彝族土布制作技艺、彝族古建筑技艺、彝族羊骨卜的州级非物质文化遗产申报工作全面启动。全年归集住房公积金近6.95亿元，同比增长19.27%；发放低保金10743.7万元，其中城市低保金1455万元、农村低保金 9288.7 万元；80 岁以上老人高龄津贴 112.8 万元；特殊困难儿童基本生活补助金 1295.6 万元。

（供稿：县政府办公室）

## 政务中心

**【行政审批制度】** 继续实行“一个窗口”受理、“一个窗口”办结的“一条龙”服务模式，杜绝办事群众“多头跑”“来回跑”现象。2017 年，县政府政务服务中心各窗口单位共受理各类行政审批和公共服务事项 655707 件，办结各类审批和公共服务事项 655707 件，涉及资金 50396 万元，按时办结率为 100%。截至 12 月 31 日，进驻县政府政务服务中心的窗口单位共有 23 个，窗口工作人员达近 90 人。

**【标准化建设工作】** 继续以创建一流政务服务中心为目标，采取切实有效的措施推进政务服务中心标准化建设。2017 年，按照国税、地税联合办税的要求，将国税窗口和地税窗口调整到同一个区域，并设立自助服务区，以方便前来纳税的企业和群众，从而缩短办事时限。

**【大厅管理】** 2017 年，督查督办股不定期对服务大厅窗口人员的工作作风、服务态度、环境卫生等情况开展巡查（包括值班巡查、视频抽查），同时解答群众的咨询内容、听取群众的合理建议、解决服务大厅存在的问题，坚决杜绝“门难进、脸难看、事难办”现象。一旦发现问题，适时予以纠正并登记在册，其中在办件服务中被群众投诉并证实者，视情节轻重，取消当年度评优评先资格；经提醒、约谈后仍不能改进完善或改进效果不佳的，向所在部门通报情况，并责令其及时整改。

**【乡镇便民服务】** 2017 年，重点打造大坝乡、竹核乡、阿并洛古乡的便民服务中心，并筹资 9.4 万元统一配备了桌椅、电脑、复印机、打印机等办公设备。柜台统一设置为党政人大办公室服务窗口、文化广播劳动保障服务窗口、人口计生服务窗口等，实行集中办公，以提高办事效率。

**【扶贫帮乡】** 2017 年 5 月，筹资约 2 万元为特布洛乡嗨列洼曲村、宜坂堵口村、吉子纳乌村的 223 名学生购买了校服、鞋袜等。8 月，筹资 2 万元为所帮扶的特布洛乡嗨列洼曲村支部活动室修建厨房、绿化道路。

**【公共资源交易服务】** 2017 年，县公共资源交易服务中心共完成各类招投标 27 宗。招投标总预算资金 1048.35 万元，累计完成招投标金额 974.49 万元，累计节约招投标资金 73.86 万元，节约率 7.05%。

**【会计管理】** 2017 年 10 月，撤销昭觉县会计管理服务中心，其工作人员分流到县级各部门。

**【网格化管理】** 2017 年，共办结社区事件 9696 件。其中，民生服务事项 3466 件，社情民意收集事项 2352 件，参与治安防控事项 1084 件，政策法规宣传事项 315 件，参与特殊人群服务管理事项 45 件，矛盾劝解事项 295 件，重大突发事件报告事项 16 件，其他办结事项 2123 件。

（审核：俄洛伍哈　撰稿：殷　燕）

## 史　志

**【荣　誉】** 1 月 10 日，《凉山州史志办公室关于通报表扬 2016 年度全州史志信息工作先进集体的通知》（凉史发〔2017〕3 号），将昭觉县史志办评为“2016 年度全州史志信息工作先进集体”。昭觉县史志办的信息工作连续 3 年获得了州史志办的表彰。

**【出版《执政实录》】** 3 月 16 日，内部出版《中共昭觉县委执政实录（2014—2015）》；12 月 29 日，内部出版《中共昭觉县委执政实录（2016）》。其中，《中共昭觉县委执政实录（2014—2015）》

（属2014年和2015年的合订本），首次印刷100册，共收录了文字448千字、图片116张，4月10日正式发行，并向省委党史研究室、州史志办、县四套班子（县委、县人大、县政府、县政协）领导、县执政实录编委会成员，以及相关部门共赠送成品书84册；《中共昭觉县委执政实录（2016）》于8月28日编撰完成，12月29日内部出版，首次印刷100册，共收录了文字330千字、图片151张。

**【党史著作】** 2017年，继续采取边搜集资料、边编撰的方式，挤出时间编撰《中国共产党昭觉县历史（第一卷）》。截至12月31日，编撰完成了前七章内容。

**【部门志】** 2017年，内部出版《昭觉县人民医院志（1972—2015）》《昭觉县自来水有限公司志（1965—2015）》《昭觉县人民法院志（1951—2015）》。截至12月31日，县级部门志已出版发行9部，已经县人民政府批复并处于出版阶段5部。

**【综合年鉴】** 2017年，发行《昭觉县年鉴（2016）》，编纂并出版《昭觉县年鉴（2017）》。一是发行。全年共发行《昭觉县年鉴（2016）》278册，并将该年鉴布放到昭觉宾馆等重要场所，以进一步加大对外宣传力度。二是编纂出版。3月20日，下发《昭觉县史志办公室关于报送〈昭觉县年鉴（2017）〉稿件的函》（昭史志函〔2017〕3号），正式启动《昭觉县年鉴（2017）》编纂工作。8月24日，召开昭觉县年鉴编纂委员会组成人员会议专门评审《昭觉县年鉴（2017）》材料，9月20日全面完成编纂任务并交付出版社，12月28日交付《昭觉县年鉴（2017）》成品书。该年鉴由光明日报出版社公开出版，首次印刷600册，共收录了文字490千字、图片230张。

**【编报地情资料】** 2017年，按照州史志办的文件要求，按时、保质、保量地编撰上报了《四川年鉴（2017）》（昭觉县）、《凉山年鉴（2017）》（昭觉县）、《中共昭觉县委工作概况》和《昭觉县—治川史鉴》的资料。

**【今日头条矩阵】** 按照《凉山州史志办公室关于转发〈中共四川省委党史研究室关于建立四川党史头条号矩阵的通知〉的通知》要求，即时申请了四川党史头条号（名称：昭觉县）。

**【资政服务】** 2017年，开展了三方面的资政服务。一是提供历届领导名录。7月12日，昭觉县在筹备凉山州彝族火把节民俗分会场—谷克德分会场之际，为顺利邀请老领导到分会场，县史志办按照县委组织部要求，提供了1950—2016年县委、县人大、县政府、县政协的领导名录。二是提供大事记。按照县委要求，县史志办提供了昭觉县2013—2015年大事记。三是提供资料协助拍摄。10月26日，按照县委宣传部要求，县史志办向中央电视台《还看今朝》摄制组提供了查询扶贫、农业等方面的资料，并协助其在办公室内拍摄纪录片。

**【扶　贫】** 2017年，县史志办会同县政府办继续在特布洛乡开展精准扶贫工作，并投入造血式扶贫资金约7000元。县史志办主任多次赴西昌与州公安局治安支队和司法鉴定所衔接，带所帮扶的特布洛乡谷莫村某村民一家3口到西昌开展用于变更其女儿年龄的亲子鉴定和骨龄鉴定，并为其捐赠了鉴定费用5000元；与县公安局衔接，完善并上传了变更年龄的所有补充材料。经过一年半的努力，变更年龄事项终于得到了州公安局批准。

**【组织保障】** 2017年，调整编委会成员，强化史志工作目标考核。一是调整编委会成员。8月21日，因人事调整，部分编委会成员出现了职位变动，中共昭觉县委办公室、昭觉县人民政府办公室以昭委办函〔2017〕38号文件调整充实了昭觉县年鉴编纂委员会成员。二是强化史志工作目标考核。继续将史志工作纳入全县综合（共同）目标考核内容，所占分值为0.5分。考核细则中明确规定，采取平时考核与年终考评相结合的办法进行，其中部门志或乡镇志占60%、年鉴材料编报情况占40%。

**【信息工作】** 2017年，共编报《昭觉史志信息》19期，其中被州史志办采用7期。

**【其他地情服务】** 2017年，县史志办共接待资料查阅人员328人次，其中向华中师范大学2名硕士研究生、四川师范大学1名冕宁籍研究生提供了用于研究项目的资料；向中央、省、州、县领导，县内各乡镇、村和县级部门，以及本县群众赠送志书和年鉴共296册。

（供稿：县史志办公室）

## 防震减灾

**【宣　传】** 2017年，利用"5·12""7·28""12·4"等时间节点，开展地震灾害预防、应急、自救、互救知识宣传活动；利用"科技之春"科普活动月，到比尔乡、龙恩乡、齿可波西乡、洒拉地坡乡开展防震减灾知识宣传。

**【执　法】** 8月30—31日，副县长马红兵带领县规建局、县教科局、县卫计局执法人员到金曲乡卫生院、永乐乡卫生院、央摩租乡卫生院、库依乡卫生院、竹核乡卫生院、补约乡中心小学、竹核乡热口村小学、县东晨中学开展在建工程抗震设防检查。

**【管　理】** 2017年，继续在县人民政府政务服务中心设立防震减灾窗口，负责办理相关行政审批手续。全年共备案和审查一般工业和民用建设工程抗震设防事项4件。

**【地震监测】** 2017年，继续执行防震减灾信息会商制度，出台《昭觉县强化强震监视跟踪工作方案》，修订《昭觉县地震震情会商和预测预报管理制度》。坚持24小时震情监视，一旦发现异常则及时分析、处理、上报相关部门。

（供稿：县防震减灾局）

## 档　案

**【档案管护】** 2017年，全面清理县综合档案馆和各机关档案室的馆（室）藏档案，并规范编制档号，科学排列案卷。经过清理，全宗卷内容齐全，档案目录（包括机读目录）与实体吻合，数字化信息与实体吻合，形成了档案检索体系；历年接收和档案出入库登记台账清楚，账实相符。截至12月31日，全县共有立档单位125个，馆藏档案资料62271卷（册），其中档案47445卷（件）、资料14826册；文件级著录32万条，案卷级著录2.24万条。

**【档案法制宣传】** 2017年，以《中华人民共和国档案法》和《四川省〈中华人民共和国档案法〉实施办法》为重点，把学习宣传档案法律法规纳入全县的目标管理，并利用"6·9"（国际档案日）、"12·4"（法制宣传日）活动，组织职工上街发放档案法律法规知识读物，在县电视台播放宣传资料内容，悬挂横幅等。

**【重大建设项目档案管理】** 2017年，按照《四川省重大建设项目档案验收办法》开展项目档案工作专题培训，并指导10个县以上重点建设项目实施单位开展档案的收集、整理；验收了昭觉县民族中学综合楼等项目工程档案，并促进项目实施单位将档案移交到机关档案室管理。

**【信息化建设】** 2017年，加强"昭觉县档案信息网"建设，并在网上定期或不定期发布档案信息，让外界了解馆藏概况、档案管理情况、开放利用服务等信息，全年共发布档案信息60条。

**【行政执法】** 2017年，联合县人大法工委、县发展改革和经济信息化局对10个单位开展档案执法检查，对5个重点项目档案开展督查重大建设项目档案执法检查。

**【开发利用】** 2017年共接待档案利用者近400人次，提供利用档案资料近600卷。

**【扶贫帮扶】** 2017年，在"暖冬行动"中，为博洛乡尔良觉村共发放价值3万元的大米、被褥、洗脸盆、毛巾等，向该村幼教点发放衣物和学习用具40套；在帮扶村组织开展创“四好”新生活运动、禁毒防艾、贫困户精准识别、中共十九大精神宣讲等活动；为所帮扶村争取到价值上万元的花椒苗，并监督、指导群众栽种；解决所帮扶村的扶贫资料、广告、宣传等费用近2万元。

（审核：谢　英　撰稿：肖琼容）

## 法制办

**【概　况】** 推进依法行政，认真开展行政权力清理、行政执法监督、文件审核清理备案等工作，为全县经济又好又快发展营造出良好的法制环境。调整了县人民政府法制办公室（挂靠县人民政府办公室）班子。

**【行政权力清单管理】** 2017年上半年，在2016年公布运行的权责清单的基础上，结合县情，依法对全县行政权力事项再次进行全面清理，并出台了《昭觉县人民政府办公室关于公布昭觉县行政权责清单（2017年本）的通知》，清理结果于5月8日在昭觉县人民政府门户网站上进行了公布。经清理，全县共调整保留的行政权力事项5607项，比2016年减少490项。其中，行政许可182项，行政处罚4628项，行政征收50项，行政强制198项，行政确认38项，行政给付10项，行政裁决5项，行政奖励107项，行政检查230项，其他行政权力事项159项。

**【政务服务一体化平台建设】** 2017年下半年，采用统一安排、集中培训、倒排工期、集中审核的方式，开展四川省政务服务一体化平台上行政权力的认领、录入和审核工作（10月起省政府对原“行政权力依法规范公开运行平台”进行全面整合，并升级为“四川省政务服务一体化平台”）。至12月15日，全县共配置了各类行政权力事项5205项。

**【行政执法监督】** 2017年，调整充实昭觉县依法行政工作领导小组成员，狠抓常规监督检查的同时，开展专项监督和个案监督工作。7月，参与县政府组织的对县级各行政执法部门和各乡镇开展有针对性的环保执法专项督查活动。在重点领域的执法中，环保方面共办理行政处罚案件6件、行政强制案件12件，食品安全方面共办理行政处罚案件13件，道路交通安全方面共办理行政处罚案件22301件，行政强制24件。截至12月31日，全县共有行政执法主体76个（均为法定执法机关），拥有执法人员578人。其中，县级行政执法主体29个（执法人员473人），乡镇行政执法主体47个（执法人员105人）；全县持省政府统一式样执法证的执法人员共有377人（均在县级执法机关）。

**【行政规范性文件审核清理备案】** 2017年，对以县政府和县政府办名义下发的规范性文件进行了再次清理，并清理出文件9件。其中，审定为继续有效文件8件（拟修改1件），废止文件1件。

**【行政救济】** 2017年，进一步完善行政纠纷化解机制，把各项行政救济措施落到实处，以维护人民群众的合法权益。全年共参加行政诉讼案件2件（一审均以裁定撤诉结案）。

**【培训和执法管理】** 2017年，共组织开展行政执法人员知识培训考核70人次，完成执法证年检149件次；在参与、协调执法部门研究解决行政执法中出现的法律问题时，共依法提供涉法事务建议和意见50条，为执法部门依法查处案件提供了法律支持。

**【交办事项】** 2017年，及时处理群众来信来访问题；交办、承办各级人大代表建议和政协委员提案，其按时交办率和办结率均达100%，人大代表和政协委员满意率、基本满意率均达100%；办理州长热线75件，按时答复率和办结率均达100%；依法审查论证涉及招商引资、民生工程、市政建设、产业发展和旅游开发等方面的重大决策和合同43件。

（供稿：县人民政府法制办公室）

# 政协昭觉县委

【概　况】在中共昭觉县委的坚强领导下，政协昭觉县第十四届委员会认真学习贯彻中共十九大精神，以习近平新时代中国特色社会主义思想为指导，坚持把助推脱贫攻坚作为第一要务，突出“团结、民主”两大主题，坚持围绕中心、服务大局、关注民生，依靠全体政协委员团结和带领全县各族各界人士，进一步探索新的履职形式，切实发挥政治协商、民主监督、参政议政的职能，不断拓展新的工作领域，增强政协工作实效，提高政协工作整体水平，为全县经济社会各项事业建设做出积极贡献。一是政治协商。中国人民政治协商会议昭觉县委员会（以下简称县政协）围绕全县中心工作，主动谋事、积极干事、努力成事，形成了全体会议整体协商、常委会议专题协商、主席会议重点协商等多层次政治协商格局。二是民主监督。县政协常委会不断完善民主监督形式，努力做到“三个贯穿”（民主监督贯穿于日常监督中、贯穿于调研视察中、贯穿于民主评议过程中），进一步提高民主监督层次，增强民主监督实效。三是参政议政。按照“帮忙不添乱、尽职不越位、切实不表面”的原则，县政协常委会充分发挥政协人才优势，运用提案、视察调研、建言献策、政情通报、社情民意收集、民主测评等方式，组织政协委员积极开展全方位的参政议政，为全县经济社会又好又快发展献计出力。

截至12月31日，昭觉县共有州政协委员10人：吉觉古史（彝族）、果基木沙（彝族）、马红兵（彝族）、胡胜清、舒宗华、王敏、沙马木乌（彝族）、麻卡晓莉（女，彝族）、何春林（女）、傅玉梅（女）。

【政协常委会】2017年，政协昭觉县第十四届委员会分别召开了第一次至第四次常务委员会议。6月16日，政协昭觉县第十四届委员会第一次常委会议在县政协会议室召开，会议研究了2017年工作重点和主席会成员分工；以书面形式学习了《中国人民政治协商会议章程》；讨论修改《昭觉县政协委员管理办法》《昭觉县政协常委管理办法》和《昭觉县政协常委述职办法》；讨论《“我为脱贫攻坚做件事”活动实施方案》；通过了相关人事任免。9月13日，政协昭觉县第十四届委员会第二次常委会议在县政协会议室召开，会议研究了《2017年重点工作实施方案》。9月28日，政协昭觉县第十四届委员会第三次常委会议在县政协会议室召开，会议进行了人事任免；安排了中秋联谊活动相关事项和近期工作。12月28日，政协昭觉县第十四届委员会第四次常委会议在县政协会议室召开，会议学习了中共十九大精神，通报政协昭觉县第十四届委员会第二次全体会议相关筹备情况，安排2018年新年茶话会相关事项、推选2017年度优秀政协委员、近期主要工作，说明政协委员、常委调整的初步想法。

**【提案委员会工作】** 2017年，在政协昭觉县第十四届委员会第一次全体会议期间，共提出提案160件，其中立案154件；督促办理重点提案10个，商办和跟踪办理提案；由52名县政协委员和2名驻昭觉的州政协委员组成红白喜事请客赶礼调研组，分别深入四开乡洛且博村和新城镇乃托村调研，并形成了45篇个人调研报告和1篇调研组集体调研报告。

**【经济法制民族宗教委员会工作】** 2017年，共提出移风易俗建言献策文章119篇，并将委员们撰写的建言献策选编成《昭觉县政协委员2017年建言献策选编专辑》，报送县委、县政府和相关部门做工作参考；37位政协委员组成的禁毒与防艾调研组，先后到地莫乡、县戒毒所、县医院、县疾控中心实地视察调研，形成了31篇个人调研报告和1篇调研组集体调研成果报告；对75个县级工作部门和企事业单位开展脱贫攻坚和行风情况民主测评，全面推行县级部门政协民主监督员派驻制度和年度民主测评制度；以"移风易俗"为主题，举办移风易俗建言献策活动。

**【教科文卫体委员会工作】** 2017年，搜集、整理、编纂《昭觉县年鉴（2017）》县政协部分；开展社情民意收集活动，并收集到反映社情民意事项128条（及时送给县委、县政府和相关部门参考），涉及脱贫攻坚、农民子女入学、食品安全、旧城改造、农村环境卫生、城区基础设施建设、城区环境综合整治、医疗废弃物处理等方面的内容；组织52名政协委员开展县城建设与管理课题专题调研，通过实地查看、现场走访、专题座谈、问卷调查、听取汇报等形式进行，进一步摸清了昭觉县城市建设管理现状、存在的困难和问题，最终形成了43篇个人调研报告和1篇调研组集体调研报告，同时提出了一些针对性的对策建议，为县委、县政府在县城建设管理的科学化、规范化、制度化方面的决策提供参考依据。

**【重点工作】** 2017年，召开县级部门一把手政情通报会，县纪委、县委政法委、县委宣传部、县民综局、县扶贫移民局、县公安局、县环保局、县城乡规划建设和住房保障局、县卫计局、县林业局以书面形式通报了各自的工作开展情况；出版《昭觉政协》杂志3期；举办政协昭觉县第十四届委员会第一次全体会议以来的提案交办、商办、督办会；开展"我为脱贫攻坚做件事"活动；举办2017年政协委员"我运动，我快乐"中秋联谊活动；举办2017年新年茶话会；开展社情民意收集活动；开展红白喜事请客赶礼、禁毒与防艾、县城建设与管理3个专题视察调研活动；开展委员学习与培训活动；昭觉政协与绵阳市涪城区政协结为友好政协；接待到昭觉县学习考察的乐山市峨边县政协、资阳市政协、云南省丽江市政协和州内县市政协的各考察团。

**【精准扶贫】** 2017年，继续在柳且乡开展驻村帮扶、精准脱贫攻坚和禁毒防艾等工作。

（审核：汉呷拉一　撰稿：严兴政）

# 群众团体

## 工 会

**【概 况】** 围绕“工会改革”“脱贫攻坚”“会员普惠性服务”三项工作重点，着力抓好两个普遍、劳模管理、安全生产、帮扶困难职工、深入基层服务群众等工作。截至12月31日，全县共有基层工会组织167个，其中村级工会40个、行政工会51个、事业基层工会34个、国有企业基层工会2个、私营企业基层工会39个、个体协会基层工会1个；全县拥有工会会员8333人（女职工会员2403人、农民工2143人），其中省部级劳模18人、州级劳模16人、县先进工作者20人。

**【基层组织建设】** 依照“扩大工会覆盖面，增强工会凝聚力”指导方针，以办理工会法人资格证书为抓手，坚持“党建带工建”思路，开展“清除空壳工会，打造活力之家”、创建“六好”基层工会、会员评议职工之家等活动，力促村级和私营企业建会建家。2017年，建立了昭觉县总工会建会工作领导小组；共新建基层工会6个，新增会员120人；新建示范工会23个。

**【维权维稳】** 2017年，出台《昭觉县总工会“千名农民工援助行动”实施方案》，以帮助解决农民工就业、创业、培训、维权、生活等方面的突出问题；成立县总工会处置职工群体事件应急领导小组，并印发了《昭觉县总工会处置职工群体性事件应急预案》，要求各级工会组织配备1—2名维稳信息员；县总工会与四川鼎仁律师事务所签订合作协议，并成立法律服务律师团，以便在发生劳资纠纷时提供法律支持。

**【安全生产】** 2017年，县总工会协助有关部门对重点企业开展安全执法大检查，以及时堵塞漏洞，将安全隐患消除于萌芽状态；集中宣传《中华人民共和国安全生产法》9次，悬挂横幅3幅，发放宣传资料近2000份。

**【活 动】** 2017年，开展了为期12天的慰问活动，并慰问机关和企业事业单位30家、困难劳模18人、困难家庭350户（生活救助300户、助学救助20户、医疗救助30户），共发放慰问金69.16万元；开展夏送清凉活动，并向县公路局和县交警大队一线职工送去了草帽、雨伞、水杯、茶叶等价值2万元的夏日清凉慰问品；县总工会会同县民族宗教事务局、县文化广电新闻出版和体育旅游局举办“工会杯”职工篮球和拔河比赛。

**【劳模管理】** 2017年，组织劳模进京休养2人，到山西省参观学习3人；召开劳模座谈会，并发放慰问金4.6万元。

**【扶贫帮乡】** 2017年，认真贯彻落实省、州、县党委和政府关于精准帮扶的指示精神，组建扶贫工作队，并抽调得力干部担任拉一木乡拉一木村驻村第一书记，按照“五个一批”“户三有”“村七有”“两不愁、三保障”“四好创建”等标准，对全村45户贫困户177个贫困人口实行一对一挂联帮扶。全年共为所帮扶村落实各类项目资金3万元，组织开展实用技术培训1期，参加人员达500人次。

**【集体协商工资】** 推进《昭觉县创新企事业单位民主管理制度专项改革方案》，深化厂务公开，特别是公有制企业厂务公开制度，扎实开展工资集体协商集中要约月活动，推动企业和职工形成利益共同体，以提高企业职工的工资性收入。2017年，县总工会与恒泰酒店等30家企业签订了“工资集体合同”“女职工权益专项集体合同”。

**【女工工作】** 10月10日，县总工会开展“关癌”行动，并为南坪国有林场的1名患癌女职工送去了1万元关癌基金。截至12月31日，全县参加大病互助保险的女职工达203人。

**【技能培训】** 2017年，全县开展技能培训104人，其中下岗人员再就业培训20人次、农民工电焊培训34人次（在拉一木乡拉一木村举行）、彝绣技能培训50人次（6月18—20日在县培训中心举行）。

**【金秋助学】** 2017年，共资助171名困难职工家庭（包括困难农民工家庭）的子女上大学，资助金达21.4万元。其中，县总工会自筹资金5万元资助50名学生，州总工会出资4万元资助10名学生，省困难帮扶基金会出资12.4万元资助111名学生。

**【其他工作】** 2017年，加强基层工会法人登记、银行开户和会员普惠性服务工作，使用统一社会信用代码，其中基层工会法人资格登记率达96%，采集并录入7584名工会会员的信息。

（审核：阿比尔吉　撰稿：加斯克的）

## 共青团

**【概　况】** 2017年，在县委组织部的支持下，为45个乡镇配备了兼职团委书记和副书记，完善了45个乡镇团委工作微信群，新设团支部2个，发展团员600人，推优入党53人。调整了班子成员。截至12月31日，全县共设有基层团委57个（包括中学校团委10个），团总支10个，团支部938个，拥有团员10082人。

**【“1+100”制度】** 2017年，继续指导各乡镇团组织充分利用“1+100”（1名团干部联系100名青年）数据库。截至12月31日，团县委在“1+100”数据库中录入的团干部达50人，青年达6418人。

**【团干培训】** 2017年，派团县委书记分别参加杭州阿里巴巴青年电商扶贫训练营和凉山州2017年度优秀青年干部人才递进培养理论武装阶段培训；举办由各乡镇兼职团委书记参加的“一学一做”培训；以会代训方式举办知识培训2次，内容包括团务基础知识、电脑基础知识、办公常用软件、网络文件传输等。

**【爱国主义教育活动】** 开展以“传家风、立家规、树新风”“喜迎十九大、不忘初心跟党走”为主题的征文比赛和“青春自护·平安春节”“激扬的五四”“情暖童心”“小手牵大手”“砥砺奋进的五年”“与信仰对话：青春的楷模，学习的榜样”爱国主义教育活动。2017年，共举办学雷锋主题队日活动230场，主题团日活动120场；开展学雷锋美化昭觉行动4次；开展以“缅怀先烈、激励人生”为主题的爱国主义教育活动6场，主题团队活动320场。

**【“五四”活动】** 2017年，围绕脱贫攻坚和“四好”创建工作，召开“五四”表彰暨“团队共助脱贫攻坚·携手共创四好昭觉”启动会；开展“我青春·我为核心价值观代言”“我是共青团员，我与团旗合个影”“奋斗的青春最美丽分享”活动，并举行了“五四”老团员重温入团誓词暨新团员入团仪式。

**【禁毒防艾宣传活动】** 2017年，结合县情组织

45个禁毒防艾青年志愿者小分队，赴各乡镇开展青春红丝带志愿者服务；结合“青艾社工”项目开展“童伴妈妈”计划，并且5名专项志愿者在竹核乡示范点，整合多方资源，开展关爱留守儿童、倡导治疗、同伴教育、行为干预和关怀救助等；利用“3·5”中国青年志愿者服务日、群众赶集日、中小学生法制宣传日、彝族年、火把节、“6·26”、“12·1”开展“三进”“四结合”系列活动，全年共发放宣传资料3500份、宣传碟500张、宣传笔1000支、避孕套3000支、干预包120个；在全县中小学校中开展“小手牵大手·远离毒品·珍爱生命”活动15次、禁毒防艾主题班会20场。

**【助　学】** 2017年，团县委为全县1400名贫困学生和优秀教师共发放助学金近87.38万元。其中，“千人圆梦”助学金42.3万元，“索玛花儿”助学金42万元，“不谢”助学金1.13万元，“求是”奖教（学）金1.95万元。

**【关爱留守学生】** 2017年，举办了“快乐留守”迎新晚会，参加晚会的留守儿童和孤儿达60人。

**【精准扶贫工作】** 2017年，配合乡党委、乡政府针对所帮扶的拉一木乡洛主村的110户建档立卡贫困户，开展入户调查、政策宣传、物资慰问、移风易俗、村情研判、资料整理等工作，并向他们发放了价值2万元的床上五件套、军大衣；向拉一木中心校捐赠了价值近3万元的棉被、羽绒服、棉袜、手套；为且莫乡哈洛沟村、拉一木乡洛主村各修建了1座吊桥。

**【希望小学建设】** 2017年，签订《深圳市红门智能科技股份有限公司捐助四川省昭觉县柳且乡合光村小学新建项目捐建意向协议书》，意向捐资240万元。

**【志愿服务】** 2017年，结合“脱贫攻坚·青春助力”暖冬行动，向16所乡镇中心校送去了价值近300万元的棉被、棉衣、床上五件套、毛毯；组建志愿服务总队3支（下设青年志愿服务中队52支），并开展为“四好”创建、移风易俗、城乡环境整治、扶贫助学、禁毒防艾等领域提供志愿服务，特别是在“六送一树”主题实践活动中开展志愿服务20场；联系上海公益组织为甘多洛古中心校和支尔莫中心校共捐赠了价值12.5万元的羽绒服；成功举办了全州“四好”创建现场推进会，并打造州级“四好”创建示范点2个（四开乡洛且博村、新城镇城中社区）。截至12月31日，全县共有“西部计划”志愿者42人，其中四川大学和浙江大学志愿者共11人。

**【传递青春正能量】** 2017年，网络文明志愿者在QQ群上共撰写网评约390条，转发宣传稿件近60次；开展“从小争做中国好网民”活动，引导少年儿童培养和树立网络安全意识，提高网络文明素养。

（审核：吉叶吴鹏　撰稿：李　婕）

## 妇　联

**【概　况】** 截至12月31日，共创建“妇女之家”171个、“妇女禁毒之家”171个，并全部进行了挂牌。1月，县东方红小学被四川省妇联、四川省教育厅、四川省文明办、四川省民政厅、四川省卫计委、四川省关工委评为“全省家庭教育先进集体”。2月27日，县医务工作者吉木子石被全国妇联评为全国“三八红旗手”。3月4日，县幼儿园园长王青被省妇联评为全省“三八红旗手”。3月，县妇联被四川省人力资源和社会保障厅、四川省妇联授予“四川省妇联系统先进集体”。12月，县妇联获得“凉山州妇联系统业务目标综合考核一等奖”；县妇联被州妇联分别评为“2017年度凉山州妇联系统禁毒防艾宣传教育工作先进单位”“2017年度凉山州妇联系统巾帼脱贫行动先进单位”“2017年度凉山州妇联系统宣传工作先进单位”。

**【“三八”妇女节活动】** 3月3日，在老广场开展

“三八”妇女维权周系列宣传活动和巾帼志愿者学雷锋活动。3月6日，在老广场举行以“四好创建，人人参与，家家有责”为主题的洁美行为启动仪式，全县47个乡镇妇联主席、县级机关妇委会主任、巾帼志愿者代表、村妇代会主任代表、留守儿童代表、贫困妇女代表等近600人参加仪式。3月8日，在县会议中心表彰了妇女工作成绩突出的24人，其中县“三八”红旗手10人、巾帼优秀工作者10人、巾帼建功标兵4人。

**【法制宣传】** 2017年，县妇联利用“三八”维权周、“6·26”、“12·1”、“12·4”等活动，宣传《中华人民共和国反家庭暴力法》、《中华人民共和国婚姻法》、《中华人民共和国妇女权益保障法》、《中华人民共和国未成年人保护法》、免费婚检、禁毒防艾、反恐、反邪教、母乳喂养等知识，以进一步增强广大妇女群众的法律意识，提高妇女儿童维权能力，引导全社会形成关爱妇女儿童的良好氛围，全年共开展法制宣传5场次，发放宣传材料近1万份。

**【关爱行动】** 1月18日，为县东晨中学患白血病的留守女童铁久伍呷送去爱心捐款2万元。5月25日，县妇联主席陪同州妇联主席马燕灵一行到四开乡村幼和县东方红小学看望慰问师生，并赠送了礼物。5月29日，看望了帮扶的碗厂乡中心校师生，并赠送了价值3000元的糖果和学习用具。

**【禁毒防艾】** 11月，在全县范围内开展妇女“面对面”禁毒防艾教育活动，参加活动的各级妇联干部达247人，接受教育的妇女群众约9.8万人。2017年，依托“妇女之家”共组建“妇女禁毒之家”171个、“妈妈禁毒队”271支，无缝对接了昭觉县“支部＋协会＋家支”禁毒模式，从而开启了彝区禁毒新模式。

**【寻找“最美家庭”】** 2017年，组织开展寻找“最美家庭”活动，收到来自各乡镇、县级单位及群众推荐的“最美家庭”候选户20户。县东方红小学的姜开明、县卫计局的胡顺琼、县教育局的贾巴阿果、塘且乡村民吉布拉洛获得了州级“最美家庭”称号。

**【家庭助廉】** 2017年，组织25名县处级领导干部的配偶到州法纪教育中心参加“家是守望，廉是基石”专题警示教育活动；通过群众自荐、组织推荐等方式，共征集到廉洁家风家训88条，其中上报州妇联24条；与县纪委联合召开妇联系统廉政工作推进会，对“廉内助”“廉洁家庭”评选活动和党风廉政建设社会满意度评价工作做了安排部署，会后全县共推荐评选出“廉内助”30人、“廉洁家庭”65户。

**【基层妇联改革】** 2017年，中共昭觉县委办公室印发了《关于进一步加强妇联基层组织建设的实施意见》（昭委办发〔2017〕41号），并开展了两个方面的工作。一是改建村（社区）妇联组织。将全县271个村的“村妇代会主任”改称“村妇联主席”，同时对全县274个村（社区）妇联组织进行了改建。通过改建，共推选出村（社区）妇女代表5720人，选举产生村（社区）妇联执委2666人、村（社区）妇联主席258人、村（社区）妇联副主席257人。二是改选乡镇妇联。全县共推选出乡镇妇女代表1984人，选举乡镇妇联执委500人、乡镇妇联主席32人、乡镇妇联专职副主席44人、乡镇妇联兼职副主席124人。

**【家庭教育】** 2017年，分2批次组织10名乡镇妇联主席和各中小学教师到省、州参加培训；县内妇联共举办家庭教育知识讲座12场次，参加培训人员达2853人。

**【“四好”创建】** 2017年，根据“四好”创建标准，制定了“四好”创建星级评定制度，并开展“健康文明新生活”培训会6场次，为参加培训的群众赠送了价值近8.9万元的香皂、毛巾、面盆、暖水瓶、糖果、饼干等；利用农民夜校向村民普及“反家暴”“母亲课堂”等知识，让村民知法懂法；结合县情制定了“婚前必谈”“丧事前必谈”“打工前必谈”“孕期妇女必谈”等“四必谈”制度，并召开村民大会进行了解读。

**【运用新媒体】** 2017年，依托“妇联通”平台，开通了昭觉县妇联微信公众号、《妇讯》月刊和H5栏目，以拓宽妇联工作渠道，增强妇联的存在感，树立“新媒体、大妇联”的观念。全年共召开“妇联通”推进会2次，培训乡镇分管领导或妇联主席47人、县机关妇委会（组）负责人38人、村妇联主席271人。

**【精准扶贫】** 1月2日，开展洁美行动，并向碗厂乡贫困户发放了价值4000元的洗漱用品200套，同时向结对帮扶的贫困户赠送了大米、食用油等。4月10日，在碗厂乡中心校开展“五洗”活动，并向全校师生发放了价值2000元的洗漱用品100套。4月25日，向碗厂乡48户贫困户赠送了价值7200元的大米1200千克。2017年，全县共组建妇女互助队171支，以发挥农村妇女在脱贫攻坚中的主心骨作用。

（审核：贾　莉　撰稿：伟色阿呷）

## 残　联

**【助　残】** 2017年，开展“温暖万家行”活动，走访慰问贫困残疾人家庭400户，并发放慰问品和慰问金总值30万元；改造了10户农村贫困残疾人的危房；利用“助残日”（5月21日）组织相关单位和乡镇分别在所在乡镇的街边设宣传点开展助残宣传，全县共发放宣传资料800份、悬挂横幅30幅。

**【残疾人就业】** 继续在全县范围内实施“阳光家园”重度残疾人托养工程，倾力打造“量服”示范村（社区）。2017年，全县共开展残疾人职业培训500人，实现残疾人居家灵活就业1436人，帮助农村残疾人扶贫解困260人；向64名残疾人发放了居家托养补贴；共向重度残疾人发放护理补助2598480元。

**【维权工作】** 2017年，共接待残疾人来信来访5件5人，口头咨询300人次，要求落实农村“低保”的请求3件3人，来信来访回复率100%；临时救助残疾人1件1人，实施农村危房改造1户1人；解决邻里纠纷1件1人。

**【康复工作】** 紧紧围绕残疾人“人人享有康复服务”目标，继续换发第二代残疾人证，筛查脑瘫儿并实施康复训练，向残疾人提供“量体裁衣”式个性化服务（简称“量服”）。2017年，免费发放辅助器具1100件（套），建立康复训练档案1200人；转介3名脑瘫儿童前往州残联康复中心进行康复训练；转介0—6岁残疾儿童到州残联康复中心实施康复救助；送肢体和智力残疾人到社区、家庭实施康复训练，监护精神病人并对贫困精神病人实施医疗救助；完成社区康复协调员培训3人；提供残疾人“量服”8373人、87803项次，人均10.49项次，覆盖率达96.74%；核销第二代残疾人证67本，换发第二代残疾人证416本。截至12月31日，全县持有残疾人证8234本。

**【扶贫工作】** 2017年，继续监督洒拉地坡乡尔打火村10户残疾家庭在凉山州跨克苦荞食品有限公司的股权量化扶贫资金，以确保农村残疾人扶贫资金的安全，并于9月27日实现了首次分红。另外，向全县636名残疾人扶贫对象发放了生活费补贴50.78万元。

（审核：王建平　撰稿：吉春勇）

## 科　协

**【概　况】** 以提升全民科学素质、助力精准扶贫工作为目标，充分发挥科协作为党的群团组织联系广大科技工作者的桥梁和纽带作用，继续深入实施《全民科学素质行动计划纲要》《科普照亮山村行动计划》，积极开展科普“六进”活动、农村实用技术职称评定、青少年科技创新大赛、科普示范创建、“全国科技活动周”、“科普活动日”等日常科学普及工作，以及脱贫攻坚、“四好”创建等工作，确保科学普及和科技推广工作再上新台阶。

【执行全民行动纲要】 2017 年，出台《昭觉县科学技术协会关于建立乡镇科协组织的实施意见》（昭科发〔2017〕4 号），并建立乡镇科协组织；县委组织部任命全县 47 个乡镇的科协主席（兼职）；将《全民科学素质行动计划纲要》（以下简称《纲要》）的落实情况纳入各乡镇年度目标考核内容，并协调《纲要》工作领导小组成员单位，以人民群众喜闻乐见的方式创新开展各类科普活动。全年共召开科协联席会议 2 次。

【科普工作】 2017 年，从三个方面开展了科普工作。一是科技创新大赛。举办昭觉县第六届青少年科技创新大赛，收到各类参赛作品 253 件（其中青少年作品 221 件），推荐参加州第三十三届青少年科技创新大赛优秀作品 16 件。在州第三十三届青少年科技创新大赛中，荣获一等奖 1 个、二等奖 8 个、三等奖 6 个。二是科普进校园活动。组织科普志愿者开展科普进校园活动，向师生讲解反邪教、禁毒防艾等科普知识，发放少儿科普读物近 1.1 万册；开展科普知识小手牵大手活动，鼓励学校的学生回去后向各自的家长宣讲自己了解的各类科学知识；在全县各中小学校配齐科学教师，开设科学教育课程，使全县科学教育课程覆盖率达 100%。三是科学素质行动。围绕脱贫攻坚产业扶贫和“四好”创建、禁毒防艾等工作，选用 28 名热心于科普工作的农村彝族青年（初高中毕业），以彝汉双语形式参与科普进学校、科普进山村、科普进社区、全国科普宣传日、科普宣传周、反邪教专题科普宣传、禁毒防艾专题科普宣传、科学就医专题科普宣传、彝区妇女健康知识专题科普宣传、防震减灾专题科普宣传等科普主题活动；组织《纲要》工作领导小组成员单位，开展农村劳动力转移前就业培训、阳光工程培训、艾滋病防治知识培训等专项实用技术培训 21 场次 2900 人次，共发放技术资料 2.1 万册；依托新城镇 3 个社区的农民夜校，开展“反邪教”“禁毒防艾”主题科普宣传活动 4 场次，受益人口达 3600 人；在城区主要街道人群密集区集中开展科普宣传 4 场次，接受健康咨询群众约 1200 人次，共发放反邪教、禁毒防艾、节约资源、保护生态、改善环境、安全生产等科普资料 2.6 万份；新建科普宣传栏 55 个，定期更换文化广场科普宣传专栏内容，培训彝汉双语科普宣传员 12 人。

【科普示范创建】 2017 年，创建博洛乡坡格惹村养羊专业协会为州级科普示范协会、久铁洛古乡洛古村为州级科普示范村、城北乡谷都村为州级民族科普示范村。

【承接政府转移职能】 按照“注重质量，结合财力，稳步推进”的思路，坚持公平、公正的原则，进一步加大农村实用技术职称评定工作力度。2017 年，共评定出农村实用技术职称 15 人，其中初级 12 人、中级 3 人。

【脱贫攻坚】 以色底乡引等阿莫村为重点，兼顾 2014 年脱贫的乌司洛村和尚未脱贫的马母乃妥村、色底村开展脱贫攻坚工作。2017 年，帮助引等阿莫村建设安全住房 57 户，帮助村两委开展控辍保学、基本医疗保障、资料归档、农民夜校等工作，并依托农民夜校讲授禁毒防艾、环境、个人卫生等科普知识 6 次；依托马母乃妥村农民夜校，结合州、县科协实施的借羊还羊项目，邀请县农牧局畜牧专家开展羊养技能培训 2 期。截至 12 月 31 日，引等阿莫村共有建档立卡贫困户 57 户 290 人。

（供稿：县科学技术协会）

## 工商联

【概　况】 按照“充分尊重、广泛联系、加强团结、热情帮助、积极引导”的工作方针和参政议政、协调服务等职能，充分发挥工商联作为桥梁、纽带和助手作用，积极探索服务工商联会员的新途径，促进非公有制经济健康发展，非公有制经济人士健康成长。非公有制经济人士中，舒宗华为州政协第十二届常委。

**【引导参政议政】** 继续引导非公有制经济人士有序参政议政，充分调动人大代表和政协委员中非公有制经济人士的参政议政积极性，切实把人民群众关注的热点、难点问题反映出来，为县委、县政府提供决策依据。2017年，全县非公有制经济人士共向相关部门提出意见建议11条，内容涉及精准脱贫、市政建设、教育、卫生、水利、交通、环保和劳务输出等领域。

**【光彩事业】** 2017年10月16日，县行业商会会员在全县“扶贫日”捐款活动中共捐款1万元。

**【精准扶贫】** 2017年，继续组织开展“万企帮万村”精准扶贫行动。一是送鸡苗。四川省川联企业商务促进会、成都科甲投资集团有限公司共为结对帮扶村的贫困户赠送了价值4万元的鸡苗5200只，其中赠送给新城镇拖都村1340只、地莫乡二五村2000只、四开乡梭梭拉达村1860只。二是捐建。昭觉县建筑工程公司、四川平言建筑工程有限公司共捐资30万元为结对帮扶的达洛乡四呷村修建入社入户路；昭觉县国泰有限责任公司捐资16万元为结对帮扶的谷曲乡洛洛以打村修建入社入户路、浴室及乡政府的围墙、坝子；昭觉县古里清泉燕荞酒业有限责任公司捐资5万元为结对帮扶的阿并洛古乡瓦一拖村修建入社入户路。

（审核：韩文革　撰稿：朱正华）

# 法　治

## 政法委及综治

【概　况】2017 年 8 月，由县委政法委组织拍摄的微电影《觉醒》，在中央政法委、中央综治委共同主办的“全国第二届平安中国微电影微视频比赛”中荣获“优秀微电影奖”，并于 12 月被中共四川省委政法委、四川省综治办授予“平安中国看四川宣传系列征集活动优秀作品奖”。12 月，县妇联被中共凉山州委政法委评为“州级平安建设先进单位”，树坪乡、地莫乡、央摩租乡、日哈乡被中共凉山州委政法委评为“州级平安建设先进乡镇”。

【禁　毒】认真贯彻州禁毒委《关于建立毒情监测体系的实施意见》，严格执行禁毒工作责任追究制，监测毒品案件侦办、审理等情况，通报毒品案件、强制戒毒人数、外流贩毒人数等重要指标，牵头开展一系列毒品预防和警示教育宣传活动，把“千校万生”和“禁毒一堂课”活动作为校园禁毒宣传的基础性工作，进一步提升群众防毒、拒毒意识。2017 年，在中国禁毒基金会的支持下建成了 3 个校园图书角；利用元旦、春节、彝族年等节假日，以及“6·26”“12·4”等重要活动日，公开宣布对 66 名违法犯罪分子的处理决定，同时播放禁毒防艾专题片和《纸飞机》等电影 60 场次，发放禁毒宣传手册和光碟约 2.4 万份、各类宣传品 3000 套，悬挂宣传横幅 60 条。

【管控平台建设】2017 年，投入 53 万元搭建了外流高危人员一期定位科技管控平台，并购置管理平台工作站设备 3 个、服务平台 1 套、康复手环 200 个；在地莫乡、竹核乡、新城镇开展“索玛花工程”试运行，在地莫乡开展康复手环终端系统试运行，由县戒毒办与新城镇共同开展“早珏社区”试运行，实现了对外流违法犯罪（高危）人员轨迹实时监控。

【综　治】主动作为，深入开展各类专项治理，将大量治安隐患消除在萌芽状态；推进“德古调解”模式，多层次、宽领域、全覆盖地开展人民调解；推进“三电”保护工作和精神障碍患者管控工作。2017 年，全县各级调解组织的人民调解员共排查调解矛盾纠纷 838 件，调解成功率达 98%；组织开展业务培训 400 人次，参训人员包括网格员、人民调解员、“红袖标、胶警棍”群防群治队伍；为“红袖标、胶警棍”群防群治队伍配备红袖标、胶警棍等物品 282 件；按“三个 100%”要求，落实到百世快递等 8 家快递企业的营业点。截至 12 月 31 日，全县共建立调委会 388 个，其中规范化调委会 83 个，选配人民调解员 2223 人，行业性、专业性人民调解员数量增长 10%；建成以“德古”名字命名的调解室 3 个，建成专业性调委会 3 个（昭觉县医患纠纷调解委员会、昭觉县婚姻纠纷调解委员会、昭觉县交通事故纠纷调解委员会）。

【“雪亮工程”建设】 2017年，在城北乡普提村、竹核乡大温泉村、庆恒乡庆恒村、地莫乡巴尔村、洒拉地坡乡尔打火村和姐把哪打村实施的“雪亮工程”第一批建设项目全面完成，将新城镇拖且村和南坪村、四开乡衣里木村纳入“雪亮工程”建设。

（供稿：县委政法委办公室）

## 公 安

【概 况】 认真贯彻落实省、州政法工作会议和公安工作会议精神，围绕凉山州公安局“三年三步走”（一年抓基础、二年见成效、三年争一流）总体目标和“两个四句话”要求，通过“七个强化”着力抓好各项工作，努力实现第一步走的目标。

【刑事侦查】 2017年，共破获非涉毒刑事案件97起，Y库建设绘制家系图1721张；办理了外流人员涉嫌犯罪回原籍地打击处理的移送起诉工作；抓获一些网上在逃人员。

【禁毒缉毒】 2017年，深入昭觉籍外流贩毒高危人员主要流入地开展警务协作，打击整治外流贩毒案件；侦破毒品刑事案件，并对涉嫌毒品违法犯罪人员进行了打击处理。

【治安管理】 2017年，继续推进“三打击一整治”“缉枪治爆”工作，并收缴了枪支、管制刀具、炸药、导火索违法收藏品，对涉及人员进行了相应的处理。

【反恐维稳】 2017年，搜集影响社会维稳的信息，并对相关事件进行了相应的处理。

【安保警卫】 2017年，完成中央和省级领导到昭觉县调研时的三级警卫任务2次、中共十九大等不同级别的安保任务20次。特别是执行“2017凉山彝族传统火把节（昭觉·谷克德）”活动的安全保卫工作时，连续用时4天，保证了近10万名游客和近2.5万辆车的安全。

【交通安全】 2017年，全县共发生交通事故573起，查处各类交通违法行为22301起。

【武警工作】 2017年，武警昭觉县中队紧紧围绕执勤和处置突发事件两项中心任务，认真贯彻执行条令、条例和规章制度，从思想、组织、战备、执勤、训练、行政管理、后勤建设、安全防事故等方面开展部队建设。

【消防工作】 2017年，全年开展扑救火灾28次、抢险救援26次。

【队伍建设】 2017年，结合“四对照四提升，做忠诚卫士”主题活动，补充完善队伍管理机制13项，严肃处理违规违纪民（辅）警22人，并投入55万元为辅警购买养老保险和人身意外伤害保险；走访慰问因公受伤（生病）住院、困难民警，并发放慰问金近6万元；逐步兑现执勤岗位津贴和加班补贴；联系县东方红小学解决了12名辅警的子女入学问题；启动战时表彰奖励机制，对在禁毒执法、安保维稳、服务群众等工作中表现突出的民（辅）警实施表彰奖励100人次。

【设施建设】 2017年，投入资金近800万元开展县看守所、县戒毒所二期安全防范工程建设；投入资金近200万元改造维修早珏社区、指挥大厅、办公楼卫生间；投入资金近60万元维修或改建新城派出所、城北派出所、解放派出所等6个派出所的房屋；投入资金400万元用于新建武警昭觉县中队工程和县看守所的整体搬迁费用；投入资金近40万元购置局机关和各派出所的办公设备。另外，分期投入资金近1000万元，升级改造县城区监控系统（县城区高清点位增至95个）和6个派出所执法功能区，并对17个派出所的设备进行了升级改造。

【扶贫攻坚】 2017年，继续派遣驻村第一书记4人，派遣驻村工作队12人，落实帮扶责任人166人，帮扶新建房屋58户、改造房屋19户、风貌改造31户、新建通村公路1条、改造村支部活动室6个。

（审核：陆建荣　撰稿：呷觉木呷）

## 检　察

**【概　况】** 紧紧围绕依法治县工作大局，强化法律监督和自身监督，忠实履行宪法和法律赋予的职责，为维护社会稳定、促进经济发展提供有力的法制保障；落实监察体制改革政策。6月，县反贪污贿赂局副局长沙马子拉被中共昭觉县委评为“优秀驻村第一书记”。

**【检察自侦】** 加强与纪委和有关部门的沟通协调，着重解决发生在群众身边损害群众切身利益的腐败问题；进一步强化办案措施，提高办案质量，加大查办职务犯罪力度。2017年，县反贪局共受理案件线索4件，立案4件；在县国税局、县卫生和计划生育局等部门开展预防职务犯罪专题讲座5次。

**【刑事检察】** 坚持“实体和程序并重，打击犯罪与保障人权并重”原则，深化“两抢一盗一诈骗”和“突出治安问题整治”专项行动，一旦发现侦查机关的漏罪、漏犯问题及时向公安机关发出纠正违法通知书，以促进审判权的依法正确行使。2017年，批捕296人，移交管辖17人，起诉298人。起诉的刑事案件中，建议法院适用简易程序审理255人，向法院提出量刑建议252份；建议法院从宽判处69人。

**【法律监督】** 强化诉讼监督、刑法执行和监管活动违法监督，畅通执法、司法信息传输渠道，维护刑事司法公正，确保不枉不纵、不错不漏；强化民事行政检察，一旦发现行政机关不作为、乱作为情况及时提出检察建议，督促行政机关依法履职；完善《检察官约见工作制度》，加强对监管场所被监管人死亡的检察，听取在押人员的反映，畅通被监管人及其近亲属的诉求渠道，化解矛盾，维护监管场所的安全与稳定，维护被监管人的合法权益。2017年，共向县公安局提出书面纠正违法通知书10件12人，发出检察建议3件7人，协同技术部门出席监管场所人员死亡现场3次；受理被监管人及其近亲属的来信、来访15件，督促县司法局退还28名社区矫正人员的保证金90200元。

**【监察体制改革】** 11月，按照最高人民检察院《关于深入贯彻落实全国推开国家监察体制改革试点工作动员部署电视电话会议精神扎实有序做好检察环节改革试点工作的通知》要求和县监察改革工作小组要求，县反贪局、县反渎职局从县人民检察院划出，与县监察局合并成立昭觉县监察委员会，并且转隶优秀年轻检察人员5人，同时将反贪和反渎职的案件线索及新接的犯罪举报线索一并打包封存移送县监察委员会，反贪和反渎职侦查设备和1辆警车也移交县监察委员会。

**【检务公开】** 全面开通互联网门户网站、微博、微信，并入驻“今日头条”新闻客户端，强化对检察新媒体的实践运用。2017年，共编发检察简报50期，原创微博信息35件（微博转发信息58次），推送微信54条，新媒体刊用外宣稿件5篇；检察新媒体浏览网站的总访问量28766人次，拥有微博粉丝88人，订阅微信86人。

**【检察队伍建设】** 2017年，先后派8名检察干警到西南政法大学培训；派检察干警参加全省检察机关业务轮训10人（次），参加其他培训3人（次）；按照法定程序提请县人大常委会任命检察员2人，退休1人，抽调到州中级人民法院纪协助办理专案干警2人。

**【扶贫攻坚】** 2017年，继续帮扶竹核乡脱贫。在助推精准扶贫工作中，发挥驻村第一书记的作用，不仅掌握贫困人员的基本信息数据，积极探索带领贫困村社脱贫致富路子，因地制宜发展特色产业；狠抓党建、禁毒防艾、农民夜校、“四好创建”等工作；组织干警以“以购代捐”的方式从贫困户手中购买农产品；开展“暖冬行动”。全年出资4.5万元购买鸡苗分发给贫困户发展养殖业，向退出的贫困村村委会捐赠了价值近5000元的办公座椅，结合“暖冬行动”向贫困户赠送价值8000元的棉被；每名检察干警出资300元从贫困户手中以“以购代捐”方式购买农产品；协调广元市人民检察院捐赠价值8万元的衣物分发给贫困户。

（审核：苏 刚 撰稿：沙马子拉）

## 法 院

**【概 况】** 深入贯彻中共十八大和十九大精神，坚持习近平新时代中国特色社会主义思想，依法履行宪法、法律赋予的工作职责，以严格规范管理为抓手，以狠抓案件质效为突破口，以推进司法公开为重点，以“努力让人民群众在每一个司法案件中都感受到公平正义”为总目标，勇争一流，推进昭觉县审判工作再上新台阶，实现新突破。2017年，共受理各类案件572件，审结561件，结案率98.1%。12月，立案庭被省高级人民法院、省人力资源保障厅评为“四川省法院系统先进集体”。2月，县人民法院被州中级人民法院评为“全州法院信息化工作先进集体”。是年，县人民法院被中共昭觉县委、昭觉县人民政府评为“2016年昭觉县目标考核管理一等奖”。

**【司法改革】** 2017年，按照司法改革要求，全面实施法官、辅助人员、行政人员分类管理，严格配置员额法官岗位，并在充分考量审判经历、专业特长、案件类型，基本不打破原庭室结构的基础上，组建了5个审判（执行）团队（执行、刑事审判、民商事审判、巡回审判、综合审判）。

**【刑事审判】** 以维护社会稳定为己任，突出打击毒品犯罪，依法开展刑事审判工作。2017年，共受理刑事案件248件，审结248件，结案率为100%。

**【民商事审判】** 立足昭觉实际，坚持“调判结合，调解优先”原则，法律与民俗相结合，妥善审理各类民商事案件，依法保护当事人的合法权益，切实做到定纷止争、案结事了。2017年，共受理各类民事案件138件（其中旧存2件），结案136件，结案率98.6%。

**【行政审判】** 依法化解行政争议，保障行政相对人的合法权益，以促进依法行政。2017年，共受理行政案件3件，审结3件，结案率达100%。

**【执行工作】** 充分发挥执行联席会议优势，加大执行力度，通过健全执行联动机制、威慑机制、快速反应机制、执行救助机制和老赖曝光机制全力破解“执行难”问题。2017年，共受理执行案件183件（其中旧存14件），执结174件，执结率95.1%。涉及执结标的1671.35万元，到位执行标的1347.6万元，执行标的到位率80.6%。

**【立案工作】** 完善诉讼服务中心功能设施、开通弱势群体诉讼绿色通道、强化巡回审判和法律宣传工作、开展司法救助等工作措施，让群众充分感受到司法的便利。2017年，共立案件572件，为困难群众减、免、缓收诉讼费3.6197万元；妥善处理群众来信2件，接待来访1113人次。في立案件中，非讼保全案件1件，办结1件，办结率100%。

**【审判质效】** 按照建设智能法院要求，着眼建设科技型、智能化法院，深化高新技术应用，构建“网上办案、科学管理、司法服务、司法公开”五大体系和信息资源中心。积极推进执行指挥中心建设，为审判工作构建高标准信息化工作平台。同时，在裁判文书网上依法同步公开生效的彝文裁判文书。2017年，共评查各类案件462件，出具审判质效评估专项分析通报8期，通报庭审评查情况2次。

**【脱贫攻坚】** 2017年，认真贯彻上级党委、政府的扶贫工作精神，协助党委、政府主动参与脱贫攻坚工作，并派干警到基层走村入户、一对一走访联系对象、收集社情民意、了解群众疾苦、排查矛盾纠纷、问需问计，"禁毒防艾"和精准扶贫一同抓；组织干警到农民夜校宣讲法律，培训群众学法、用法，以维护群众自身的合法权益。全年在农民夜校共宣讲法律 27 场次，参与干警 50 人，聆听群众近 8000 人次；捐赠物资和现金近 33 万元。

**【巡回审理毒品犯罪】** 2017 年，先后在美甘乡、谷曲乡、永乐乡等乡村开展毒品犯罪巡回公开审理。

**【庭审直播】** 2017 年 5 月，开始建设科技法庭，以全程同步在庭审直播网上直播，同时支持新浪法院频道、新浪微博、微信公众号等同步直播。全年网上直播庭审案件 22 件，入额法官人均达 1 件以上。

**【彝文裁判文书】** 2017 年 6 月 28 日，为保障少数民族诉讼权益，满足当地群众对彝汉文裁判文书的公开需求，加强彝汉文裁判文书翻译队伍和法官建设，保障彝族群众的诉讼权利，启动网上同步公开生效的彝文裁判文书，成为全国首个网上同步公开的彝文裁判文书。

（审核：李　刚　撰稿：曲木阿呷）

## 司法行政

**【人民调解】** 进一步加强"德古"调解工作管理，规范"德古"调解行为和调解活动，成立昭觉县"德古"协会（12 月 26 日），建立"德古 + 法律"调解工作模式，积极管理指导人民调解工作，加强人民调解员队伍建设，落实人民调解员个案补贴，大力开展矛盾纠纷排查调解活动。2017 年，选配了乡村（居）人民调解员，并培训人民调解员和"德古"8 场次；通过排查，并成功调解矛盾纠纷 821 件，调解成功率 98%。

**【法律服务】** 加强律师管理，积极引导律师开展法律援助工作；规范有效推进"12348"法律援助咨询热线，开展法律援助宣传，进一步提高公众对法律援助工作的知晓率和社会影响力。2017 年，共提供法律援助服务 367 人次，其中民事法律援助案件 5 件、刑事法律援助案件 17 件、接待来电咨询和代书 328 人次。

**【公证体制改革】** 10 月 19 日，实现了行政体制的公证处向事业性、公益性的公证处转变。2017 年，县公证处共提供公证咨询 290 人次，办理公证案件 280 件。

**【安置帮教和社区矫正】** 规范社区矫正对象接收管理程序和文书，落实乡镇长、司法所长、村主任、社长、家长"五帮一"工作模式，加强对社区矫正对象的日常监管教育；按照"帮教社会化、管理信息化"要求，认真落实安置帮教政策，协调民政和乡镇开展安置帮教工作。2017 年，配合监狱接收重点刑释人员 13 人，接收刑释人员安置率 99%、帮教率 100%；社区矫正率 100%，无脱管漏管现象，重新犯罪率为零。

**【法治宣传】** 突出对公务员、农民、青少年的普法，内容包括宪法等与公民生产生活密切相关的法律法规，特别是将中央、省、州、县脱贫政策与法律法规、彝族传统道德与法律法规相结合进行宣传；进一步推进"法律六进"工作常态化。普法方式上，除传统的发放宣传资料、设立咨询点、出动宣传车、法制一堂课等外，利用 LED 电子显示屏、手机短信、移动云 MAS 等进行宣传；以"3 · 15"消费者权益保护日、"6 · 26"禁毒防艾日、"11 · 9"消防活动日、"12 · 1"世界艾滋病日、"12 · 4"宪法活动日等节点为契机开展大型普法活动。2017 年，共协调法庭庭长、派出所所长（教导员）、司法所长（司法助理员）、优秀法律服务工作者担任中小学法制副校长和法制辅导员 136 人，法制副校长和法制辅导员配备率 100%；开展法律进乡村、进学校、进社区、进机关、进单位活动 40 场次；编印发放普法教材、普法资料、普法宣传品、挂历等近 3 万册（个）。

通过普法教育，国家公务员普法率达90%以上，青少年学生普法率达99%，企事业单位经营管理人员和农民的普法率达70%以上。

**【表　彰】** 3月，县司法局被中共昭觉县委、昭觉县人民政府评为“2016年度全县禁毒工作先进集体”。6月，县司法局被中共昭觉县委、昭觉县人民政府评为“2011—2015年全县法治宣传教育先进集体”。

（审核：吉子子哈　刘玉明　撰稿：阿惹阿呷）

## 森林公安

**【概　况】** 昭觉县森林公安局是县林业局和县公安局的重要组成部分，其执法行为同时受县人民政府法制办、县林业局和州森林公安局的监督。2008年成立，为正科级行政机构。2012年3月，实行机构单列和财务独立核算。职权：保护昭觉县森林和野生动植物资源安全，保护生态安全，维护林区社会治安秩序；独立行使森林和野生动植物资源的刑事案件、治安案件和林业行政案件的调查、立案、侦查、采取强制措施、提请批准逮捕、移送审查起诉，以及治安处罚、林业行政处罚等。内设办公室、政工法制科、刑侦治安科，下设红星森林派出所，行政级别均为副科级。

**【行政权力】** 3月1日起，按照《四川省人民政府办公厅关于四川省林业综合行政执法改革方案的通知》要求，统一行使县境内森林资源类、野生动植物保护类、森林防火类、自然保护区、湿地及森林公园类共74项林业行政案件的行政处罚权及有关的行政强制措施，行政权力事项从28项增加到102项（行政处罚98项、行政强制4项）。

**【涉林案件查处】** 2017年，受理各类破坏森林资源案件52起，查处率100%，其中刑事案件1起（属森林火灾案，因犯罪嫌疑人无行为能力而撤销）、林业行政案件51起（盗伐林木案22起、违规野外用火案4起、擅自开垦林地案23起、擅自改变林地用途案1起、非法运输木材案1起），打击处理各类违法人员54人，没收非法木材17.2立方米，责令补种各类林木20470株，处以罚没款95580元。

**【林区宣教活动】** 2017年，在47个乡镇271个行政村结合巡山工作，不定期开展森林法律法规宣传，并发放各类宣传资料45万份；在结对帮扶乡、村、社、学校开展禁毒宣传活动，并设置宣传展板3个、悬挂横幅7幅、发放宣传资料1200份，受教育群众达500人；加强“大情报”体系建设，建立群防群治、案件协查、边界联防、情报信息网络，以及时了解“山情、林情、社情”。

（审核：杨　进　撰稿：林　伟）

# 军 事

**【概　况】** 坚决贯彻执行中共中央、中共中央军事委员会命令和指示，深入学习贯彻习近平系列重要指示精神，紧紧围绕党在新形势下的强军目标，以“学习践行强军目标，做新一代革命军人”为总体思路，狠抓思想政治建设、后勤综合保障等年度各项工作。

**【综合保障】** 认真落实党委理财责任制及经费使用管理规定，严格按制度、按预算、按程序办事，优先保障中心工作、大项任务和重大军事行动需要，使有限经费发挥最大效能。2017 年，共投入资金约 14.4 万元用于各项后勤保障方面的建设。其中，投入近 4 万元改造装修机关食堂，投入 1.4 万元全覆盖处理民兵食堂楼顶，投入近 4 万元为县人武部机关职工和 47 个乡镇专武部长购买并配发了军装，投入近 5 万元购买了战备服装和抢险救援器材。

**【思想政治建设】** 2017 年，紧紧围绕“维护核心，听从指挥”主题教育和“两学一做”常态化制度化教育活动，并从三个方面开展强思想政治建设，以增强政治意识、大局意识、核心意识、看齐意识。一是统筹。4 月下旬，在参加省军区和凉山军分区的动员部署会基础上，动员部署“维护核心，听从指挥”主题教育活动。5 月初，集中理论学习，全体党员写下“承诺践诺书”，并且制订个人读书计划。5 月 17 日，开展马背宣传队进彝家系列活动，并深入“悬崖村”开展兵役登记、征兵宣传、国防教育、扶贫帮困等。6 月，结合理论学习紧跟改革进程，深入开展“新体制、新职能、新使命”和“政治工作发挥生命线作用”两个大讨论，引导干部职工自觉做到“三个转变”，切实履行新职能、担当新使命，同时党小组也进行了“四查四看”（查思想追随度，看信仰信念是否坚定；查政治忠诚度，看听从指挥是否坚决；查情感热爱度，看信赖拥戴是否真挚；查行动紧跟度，看落实指示是否到位，人人谈认识、话体会、表决心）活动。8 月 24 日，召开党委民主生活会，查找问题，制定整改措施。9 月 25—30 日，组织干部参加团以上党委机关第三季度理论学习暨第一期师团职领导干部理论培训，并观看讲座，开展讨论，撰写心得体会。二是结合。把学习教育活动与工作训练结合起来，在实际工作中检验学习教育成果；把学习教育与肃清郭伯雄、徐才厚政治流毒结合起来，从思想上肃清、政治上肃清、组织上肃清、作风上肃清、体制上肃清、信息上肃清流毒，做到有形无形一起清、干部职工一起清、军队地方一起清，确保思想上、政治上、行动上与上级党委保持高度一致。三是融合。严格落实党委统一的集体领导下的首长分工负责制，强化党支部和党小组活动（支委会和党小组会坚持每月召开，支部坚持每周半天过党组织生活），把政治教育同党内组织生活融合起来。

**【军事斗争准备】** 2017年，坚持一切建设和工作向能打胜仗聚焦，充分认清职能使命，不断提高军事斗争准备的针对性、实效性。一是战备工作。按照新体制编织要求，拟制战备方案，落实战备制度，规范四个秩序，细化三分四定，购置战备物资，严格值班职守；加强业务培训，完善登记统计，强化督导检查，确保战备工作有效落实。二是军事训练。按照年度军事训练计划开展民兵应急分队训练，包括民兵军事训练；组织部机关干部和全县退伍士兵组成教官队伍，对全县建档立卡贫困户家庭成员开展军事化管理和训练培训；对县民族中学新生开展军事训练；对全县应征入伍新兵开展军政训练。三是兵役登记。按照“突出重点、分类登记”的原则，组织专职武装干部培训兵役登记业务、联合县政府下发了兵役登记工作通知、张贴《兵役登记通告》和宣传画、制作“兵役登记温馨提示牌”和“兵役登记便民提示卡”、部领导分片区下乡督查帮带，以确保18周岁青年登记率达100%。四是征兵工作。通过自愿报名、应征体检、政治考核、预定新兵的程序，及时完成了新兵征集任务，并且所征集的新兵的文化程度创昭觉历史之最。

**【参建参治】** 2017年，继续在禁毒防艾、脱贫攻坚、抢险救灾中发挥生力军作用。一是结对帮扶。继续选派2名年轻职工到所联系的日哈乡日哈村担任“第一书记”，并开办农民夜校，宣传脱贫政策，实施易地扶贫搬迁45户，开展为困难户送温暖、与贫困学童结成对子、集体捐款助贫等。二是走访慰问。春节前夕，协调县政府对县境内驻军、老党员、贫困户开展走访慰问，为他们送去了价值近9000元的大米、清油、洗脸盆、毛巾等生活用品和物资；5月，到“悬崖村”开展扶贫帮困活动，并为22户村民送去了价值近1万元的生活物资。三是抢险救灾。6月24—25日，组织日哈乡民兵50人成立抗洪突击队，参与日哈乡百年不遇的洪涝灾害的救灾工作，共疏散当地群众180户600人、搬运救灾物资约50吨。

**【火把节执勤】** 7月17—20日，组织150名民兵（日哈乡60名、城北乡30名、竹核乡30名、四开乡30名）在昭觉县七里坝举办的凉山彝族火把节主会场执勤。

**【体制改革】** 6月，昭觉县人民武装部启动编制体制改革工作。

（供稿：县人民武装部）

# 经济管理

## 发展改革

【概　况】2017年，坚持稳中求进工作总基调，把改革创新贯穿于经济社会发展各个领域各个环节，保持宏观经济政策连续性和稳定性，着力激发市场活力，加快转方式调结构；加强基本公共服务体系建设，着力改善民生，切实提高经济发展质量和效益，促进经济持续健康发展、社会和谐稳定；着力投资拉动和产业支撑，增添措施全力推进昭觉经济社会全面协调可持续发展。

【国民经济和社会发展计划执行情况】2017年，全县实现地区生产总值27.71亿元，增速—1.5%。其中，第一产业增加值10.67亿元，增速3.5%；第二产业增加值5.86亿元，增速-17.9%；第三产业增加值11.18亿元，增速5.3%。固定资产投资计划任务35亿元，完成35.18亿元，增速16%。社会消费品零售总额增速计划完成增速10.5%，实际完成8.17亿元，增速10.8%。地方一般公共财政收入计划完成1.4亿元，实际完成1.28亿元，增速-1.2%。城镇居民可支配收入计划完成23408元，实际完成23566元，增速8.53%。农村居民人均可支配收入计划完成8200元，实际完成8197元，增速10.97%。城镇化水平提高0.5个百分点。人口自然增长率控制在了9‰以内。金融机构各项存款余额约22.32亿元，贷款余额约8.98亿元。

【州级重点项目】2017年，州上下达给昭觉县的州级重点项目共有4个。一是华能风电昭觉龙恩一期。项目计划总投资10亿元，装机容量10万千瓦，年内项目已核准。二是昭觉县瓦库风电项目。项目计划总投资5亿元，装机容量5万千瓦，年内项目已核准。三是昭觉县果则风电项目。项目计划总投资5亿元，装机容量5万千瓦，年内项目已核准。四是昭觉县脱毒马铃薯推广项目。项目计划总投资10510万元，2017年计划投资3000万元，项目业主为昭觉县良圆马铃薯公司。建设规模：新建组培室600平方米及附属设施，新建网室12500平方米，新建消毒车间800平方米，种薯晾晒棚800平方米，建原种基地133.33公顷、生产种基地1333.3公顷。截至12月31日，已完成工程量的20%。

【能源项目】2017年，继续开展树坪电站项目、达久水电站项目的环评工作，其中达久水电站项目已完成环评并进入核准程序；支尔莫电站项目，经环保督察时发现项目核准已过期，所以按照国家规定在“十三五”规划期间停止建设。另外，实施了农网建设项目。

【农网建设项目】2017年，实施的农网建设项目涉及2015年、2016年和2017年。一是继续实施2015年项目。计划投资7737.52万元的35千伏及以上农网建设项目（昭觉县城郊变电站至解放沟变电站输变电工程、昭觉县竹核110千伏变电站改扩建工程）已基本完工。二是继续实施2016年项目。8月，计划投资4000万元的10千伏及以下农网建设项目竣工。9月11日，计划投资713万元的35千伏及以上农网建设项目（俄尔变电站改扩建工程）完工。截至12月31日，竹核220千伏输变电工程进入审批程序。三是实施2017年项目。下达投资计划1794万元的农网建设项目，用于新建与改造10千伏线路17.676千米、10千伏配电台区18台/1090kMA、0.4千伏及以下低压配电线路22.31千米、户表406户。截至12月31日，该项目已全面完工。

**【国、省干线交通项目】** 2017年，继续实施G245（原S208线）金阳县城至昭觉庆恒大桥公路提升改造工程、G245（原S208线）越西至昭觉马家院公路提升改造工程、G356（原县道普三路）布拖县城至昭觉三湾河公路提升改造工程。其中，G245（原S208线）金阳县城至昭觉庆恒大桥公路提升改造工程和国道G356（原县道普三路）布拖县城至昭觉三湾河公路提升改造工程竣工并交付使用，G245（原S208线）越西至昭觉马家院提升改造工程竣工。

**【农村公路建设项目】** 2017年，昭觉县比团路县乡道改造工程和尼地乡瓦里洛村旅游环线公路交付使用；2013年计划项目波洛乡通乡油路6.6千米、2014年计划项目哈甘乡通乡油路11.7千米、甘多洛古乡通乡油路8.7千米、补约乡（二期）通乡油路16.9千米、久铁洛古乡通乡油路12.4千米全部交付使用。

**【城市基础设施项目】** 2017年，继续实施昭觉县城市生活污水处理工程项目、2015年昭觉县新城镇解放路城市棚户区改造项目、2015年昭觉县新城小区二期公共租赁住房建设项目、2016年昭觉县新城镇解放路二期城市棚户区改造项目、昭觉县第二水厂建设项目、昭觉县基层就业和社会保障服务设施建设项目、昭觉县公共体育场田径跑道和足球场建设项目；开工建设昭觉县新城镇三期棚户区改造项目，计划改造棚户区600户49500平方米。

**【以工代赈项目】** 2017年，实施易地扶贫搬迁工程，并搬迁农户1427户5737人，新建成住房116991.83平方米，共投入资金34490.6万元；申报了2018年易地扶贫搬迁工程，计划安置贫困农户2432户9458人（计划投入资金58828.76万元）、以工代赈示范工程中央预算内项目投资1000万元、以工代赈省级配套项目投资500万元。

**【教育项目】** 2017年，实施了两个教育项目。一是昭觉县四开乡好谷村小学校项目，计划总投资124万元。截至12月31日，已完成工程量的90%。二是昭觉县玛增依乌乡中心小学校项目，计划总投资224万元。截至12月31日，已完成工程量的90%。

**【卫生和计生项目】** 2017年，实施昭觉县库依乡卫生院建设项目，规划建筑面积600平方米，计划总投资220万元。截至12月31日，已完成工程量的90%。

**【项目招标】** 2017年，强力推进电子招标和网上固定价比选办法，严格实施招标项目“双备案制”，扩大竞争范围，充分尊重行业主管部门意见，共同监督把关，创造公开、公平、公正的投标环境，提高竞争效率，尽量杜绝人为设置限制条件。

**【物价工作】** 2017年，组织46人次以抽查的形式对全县乡镇中小学校、幼儿园、电力公司、昭觉县客运公司进行检查，对电力公司、城内学校、附城医院、昭觉县客运公司、8家快递公司等进行全面检查，配合州物价局对昭觉县医院收费情况进行检查；接到乱收费、乱涨价价格违规行为举报3起，并对违规单位进行调查取证，责令其立即纠正行为。对全县餐饮娱乐服务行业进行价格监督管理；加强各个车站客运运价和出租车运价检查。

**【粮食工作】** 2017年，依照《粮食流通管理条例》规定，认真开展粮食轮换、清仓查库、储备粮安全管理等工作，并轮换州级储备粮小麦、稻谷各25万千克。

**【脱贫攻坚】** 2017年，分别向所帮扶的三岔河乡三河村、米洛村、光明村、红旗村派出扶贫工作组，对建档立卡贫困户开展精准扶贫工作。

（审核：李军　供稿：县发展改革和经济信息化局）

## 国土资源

**【概　况】** 严格落实耕地保护制度和节约用地制度，扎实推进“双保工程”（保障发展、保护资源），以科学规划和节约资源促好，以开拓创新和积极服务促快，以依法依规及和谐征迁促稳，为昭觉县经济社会发展提供强有力的国土资源保障和服务。12月27日，昭觉县永久基本农田划定工作、城乡建设用地增减挂钩工作、供地管理工作受到州人民政府的通报表扬。

**【用地审批】** 加大项目前期指导力度，严格村民建房审批制度，全力开展建设项目预审及建房审批工作。2017年，省国土资源厅共审批给昭觉县建设用地20.9公顷，涉及军产置换、涪城物流园区、污水处理厂、七里坝汽车营地、解放沟变电站等项目；向上级主管部门申报了第二自来水厂扩建、竹核220千伏变电站、依达风电等项目用地5.23公顷。

**【土地供应】** 加强建设用地供后开发利用监管，按时填报土地市场动态监测监管系统信息，加大闲置土地处置力度。2017年，在土地监管系统共完成供地8宗，其中划拨供地5宗16964.19平方米、挂牌出让3宗22019.25平方米（出让价款500万元）；为保障性住房建设项目落实供地15123.39平方米，保证率100%。2011—2017年，全县农转征各批次及独立选址供地率达95.75%。

**【耕地保护】** 2017年，划定全县永久性基本农田面积3.23万公顷，并在47个乡镇270个村层层签订责任书和保护卡，设立了1个县级碑、1个示范片、27个区级碑的永久性基本农田保护碑的立碑，以及300个界桩的埋设、编号喷涂工作；按省、州要求完成了《昭觉县土地利用总体规划（2006—2020）》中期调整相关工作，并将交通、能源、旅游、城乡建设涉及的项目纳入重点规划建设项目，调整后全县新增建设用地指标80公顷，划定允许建设区面积达4319.00公顷，划定有条件建设区面积1411.79公顷，划定限制建设区面积264323.04公顷，划定禁止建设区面积42.28公顷。

**【增减挂钩】** 2017年，完成了地莫乡、三岗乡、柳且乡3个增减挂钩项目的立项工作，涉及总拆旧规模80.33公顷，实施完成后可获得土地节余流转指标69.13公顷，其中地莫乡增减挂钩项目已通过省级验收（节余指标23.1739公顷）；根据“彝家新寨”、易地扶贫搬迁、地质灾害避让搬迁等项目实施情况，全县共规划增减挂钩项目23个，涉及总拆旧规模615.87公顷，实施完成后可获得土地节余流转指标573.2公顷，其中15个项目已报州级入库（3个项目已转报省国土资源厅）、8个项目初步完成立项资料编制；燕子洛土地节余流转指标12.8公顷被州整储中心以405万元/公顷的价格收储，并获得资金5184万元。

**【土地整理】** 2017年，从三个方面推进土地整理项目。一是实施完成大坝乡和地莫乡土地整理项目（涉及土地925.32公顷），并通过了州土地整理中心技术核查。通过该项目的实施，共建成高标准基本农田868.16公顷，新增耕地指标39.33公顷（其中水田指标13.13公顷）。二是申报了土地整理项目6个，共涉及土地4217公顷，项目实施完成后可新增耕地795.73公顷，其中谷曲乡、四开乡、解放乡3个项目已获得立项批复，共涉及土地2240.2公顷，总投资5500万元，项目实施完成后可新增耕地438.47公顷。三是以23.775

万元/公顷价格流转43.33公顷新增耕地指标，并获得收益1030.25万元。

**【土地确权】** 2017年，继续开展集体土地确权登记发证工作，并完成了全县农村集体建设用地确权512宗、宅基地使用权外业调查64727宗、集体土地所有权内外业工作1229宗，并通过了州级验收。

**【不动产登记中心】** 2017年，共接收不动产登记申请253件，办结207件。

**【地质灾害防治】** 2017年，出台《昭觉县2017年度突发地质灾害应急预案》《昭觉县2017年度地质灾害防灾预案》，确定地质灾害重点防范点168处，发放“一表双卡”2156份，核实并通过网络报备防灾责任人、监测责任人、监测人员、隐患点坐标、威胁对象户数、威胁财产等数据；开展宣传培训40次，受训人员近3000人；开展应急演练70次，参加人员近4800人；通过地质灾害信息平台，向县级各部门、各乡镇、隐患点监测人员发布气象和预警信息200次3万条；实施防灾避险搬迁安置150户，共发放补助资金450万元；向省、州争取工程治理经费450万元，并实施了大坝乡泥石流工程治理项目和央摩租乡应急排危除险项目。

**【矿产资源管理】** 强化矿山储量动态监测和探矿（采矿）权年检工作，组织开展矿产资源规划，编制设置矿业权方案，依法监管矿山开采生产活动；开展矿产资源勘查开发领域环境问题整改工作。2017年，与境内10家矿山企业签订了安全生产工作责任书，矿山储量动态监督管理覆盖率100%，编制完成4宗采矿权和3宗探矿权的开发利用方案和勘查设计方案；完成第三轮矿产资源总体规划编制工作，并得到了省国土资源厅的批复。

**【执法监察】** 2017年，开展动态巡查126次，参加巡查人员达380人次，动态巡查覆盖率达95%以上，共发放《责令停止违法行为通知书》38份，制止国土资源违法违规行为21宗，有效制止率达100%；拆除洒拉地坡乡违法占地建房2处，关闭无证采砂点13宗，重点整治查处哈甘乡境内无证开采建材用石灰石行为4宗；接待群众来访1件10人次，办结州县交办函3件次（结案率100%），口头或书面（答）回复率100%；矛盾纠纷排查率达85%以上。

**【精准扶贫】** 2017年，按照县委、县政府关于精准扶贫工作的安排部署，县国土资源局从四个方面开展工作。一是“走基层、送温暖”活动。彝族年期间，购买价值1.12万元慰问品到尼地乡瓦里洛村走访慰问贫困群众50户167人。二是宣讲中共十九大精神。协助乡党委、乡政府结合“三农”工作开展中共十九大精神宣讲。三是驻村蹲点活动。党组书记带领纪检组、监察室、规划耕保股共5人，开展走村入户访苦问计，与群众同吃同住，和群众面对面交心谈心；开展政策解答，收集社情民意，帮助群众算好收入账。根据蹲点时掌握的情况，与乡党委、乡政府沟通后，及时将因未精准识别而落下的2户农户纳入贫困户，让广大干部群众真正认识到了通过脱贫攻坚，大力实施基础设施建设所带来的实惠，共入户全乡3个村237户。四是送温暖、创“四好”、助推脱贫攻坚活动。自筹资金10.899万元为尼地乡村民购置了日用品。

（审核：杨正才　撰稿：刘　涛）

## 审　计

**【概　况】** 紧紧围绕统筹推进“五位一体”总体布局和协调推进“四个全面”战略布局，牢固树立和践行新发展理念，紧扣州委、州政府、县委、县政府脱贫攻坚中心工作，以深入推进供给侧结构性改革为主线，突出“改革、发展、安全、绩效”目标，完善审计措施，创新审计组织实施方式方法，深化审计质量效益，全覆盖地推进有重点、有步骤、有深度、有成效的审计，充分发挥审计在党和国家监督体系中的重要作用，促进全县经济社会平稳健康发展。2017年，共完成审计项目50个，查出违纪违规资金27.65万元、管理不规范金额1068.11万元，向上级审计机关和本级政府提交审计（调查）报告50篇，提出审计建议122条，提交各类审计信息近60篇。审计项目中，所审计的工程预（决）算资金总额26820.61万元，审定工程造价24674.96万元，为国家节约资金2145.65万元。9月11日，县审计局被县委、县政府评为“尊师重教先进单位”。

**【重大决策部署跟踪审计】** 2017年，为推动中央和省、州、县重大政策措施的贯彻落实，以“促进经济持续健康发展”为目标，以“项目落地、资金保障、简政放权、政策落实、风险防范”为抓手，围绕去产能、去库存、去杠杆、降成本、补短板，重点关注第二个“项目年”和扶贫攻坚等重大决策部署执行情况，突出重大项目建设、财政资金统筹、简政放权和“放管服”改革、振兴实体经济等主攻方向，揭示弄虚作假、有令不行及重大履职不到位等问题，开展了稳增长三个季度跟踪审计，提交审计报告3篇。审计结果：昭觉县认真贯彻和执行了中央、省、州有关简政放权会议及文件精神，以推进简政放权、放管结合、优化服务为中心，高效服务为主体，各项简政放权政策执行的进度快，实际效果较好；以推进园区建设为主体，严格执行国家“三去一降一补”政策，为实体经济发展创造了良好的经营环境，社会各项事业围绕“稳增长”政策措施有序进行，执行进度快，实际效果较好。

**【财政预算执行及决算（草案）编制审计】** 2017年，以“推动建立现代财政制度、落实积极财政政策、提高财政资金使用绩效、防控政府债务风险和规范预算管理与执行”为目标，对昭觉县2016年财政预算执行情况和决算（草案）编制开展审计，并审计查出管理不规范金额39.91万元，提出审计建议3条。

**【地税预算执行及税收征管情况审计】** 2017年，以“推动税收征管机制不断完善、保障国家财税收入安全和税收相关调控政策落实”为目标，对县地方税务局2016年度税收征管情况开展审计，并审计查出违纪违规资金24.41万元，提出审计建议2条。

**【部门预算执行审计】** 2017年，以“促进深化部门预算改革，严格执行中央和省、州转变作风相关要求，加强部门预（决）算管理，提高财政资金使用绩效”为目标，对县卫生和计划生育局2016年部门预算执行情况和县国土资源局2016年部门预算执行情况开展审计，共审计查出管理不规范金额558.31万元，提出审计建议6条。

**【扶贫资金审计】** 2017年，以“精准扶贫精准脱贫部署落实，保障资金安全，健全管理制度，促进规范使用”为目标，对2016年度扶贫资金开展专项审计，涉及审计资金总额125234.05万元，提出审计建议4条。审计发现2016年度违规享受危房改造补贴资金3户，涉及金额32400元。

**【保障性安居工程跟踪审计】** 2017年，以“推动政策落实、规范管理、提高绩效，促进分配公平、维护人民群众住房保障权益”为目标，对昭觉县2016年保障性安居工程实施跟踪审计、草原生态保护绩效奖励资金开展财务审计，共涉及审计资金总额5044.58万元，提出审计建议4条。

**【任期经济责任审计】** 2017年，以“深入贯彻全面从严治党，强化对权力运行制约和监督，促进领导干部依法、尽责、有为”为目标，对县卫生和计划生育局局长吉克伟哈、中共昭觉县委党校常务副校长陈东坡、县农牧局原局长阿日阿合开展任期经济责任审计。通过审计，共查出管理不规范金额469.89万元，提出审计建议10条。

**【固定资产投资竣工决算审计】** 2017年，以“维护国家建设资金安全、规范项目建设管理、促进投资领域改革”为目标，对县教育和科学技术知识产权局工程项目、昭觉县2014年通村通畅公路建设工程的5个标段、博洛乡九莫沟和金曲沟泥石流治理工程、附城中心卫生院业务用房、城北乡石里“彝家新寨”附属工程、县总工会工人文化宫综合楼等38个工程开展竣工结算审计，涉及审计工程预决算资金总额26820.61万元，审定工程造价24674.96万元，为国家节约资金2145.65万元，提出审计建议93条。

**【财政预算执行情况审计】** 8月30日，受县政府委托，在昭觉县第十三届人大常委会第四次会议上作《关于2016年财政预算执行及其他财政收支情况的审计工作报告》，且以全票通过审议。

**【配合审计】** 2017年，县审计局配合审计署审计组审计昭觉县扶贫资金。

（审核：母玉刚　撰稿：陈海落）

## 统　计

**【概　况】** 全面贯彻中共中央、省、州、县扶贫经济工作及统计工作会议精神，紧扣全县脱贫攻坚和经济社会发展的总基调，以“企业一套表”联网直报为重点，扎实推进“四大工程”建设（基本单位名录库建设、数据采集处理软件系统建设、联网直报系统建设、“企业一套表”制度建设）；强化统计基础，着力提高统计人员素质和统计服务水平，努力建设优质、满意、廉洁的服务型统计。

**【统计服务】** 发布《昭觉县年度国民经济和社会发展统计公报》，整理和发送月度、季度、全年主要经济指标，不定期提供工业经济和农村经济的主要指标完成情况；按季度收集整理各专业及财政、金融主要经济指标（数据），然后从各专业数据中选取有价值的数据编撰成《统计分析》《调研信息》《统计信息》报送州统计局、县委办公室和县人民政府办公室；根据县级领导和经济工作领导小组的临时需要，及时梳理相关经济指标（数据），为领导决策、县上有关会议的召开和年度计划安排提供翔实可靠的数据；强化对全县宏观经济运行的监测、预警、预报，为全县各机关、企事业单位、社会各界提供大量有价值的统计数据资料；比照脱贫攻坚实现同步小康、增比进位目标，分析经济运行中热点难点问题，为全县经济社会发展和脱贫攻坚提供决策参考；充分发挥统计工作的社会服务功能，规范对外发布统计资料，确保统计资料“四性”（准确性、及时性、统一性、机密性）集成一体。2017年，共撰写并报送全县经济运行情况分析材料6篇、各专业单项分析材料10篇，发布《昭觉县2017年国民经济和社会发展统计公报》，编报州统计局、县委办公室、县政府办公室信息61条（期）。

**【统计行政执法】** 2017年，以统计人员岗位知识培训考核和全县法制宣传月等活动为契机，依照国家统计局的统计执法检查规定和上级主管部门的要求，将普法、统计执法大检查和统计监审有机结合起来，开展新《中华人民共和国统计法》学习、宣传、咨询活动，举办统计法律知识讲座，推行统计报表签收、签领、催报工作制度，完善统计法制基础工作。同时，把统计法制宣传教育融入GDP核算、工业、能源、投资、商贸、劳资、贫困监测等统计业务，以及人员培训和数据审核的全过程。7月下旬，依法对部分乡镇、限额以上批发零售企业及服务业，就贯彻落实统计法律法规和统计制度、依法加强统计基础建设情况，以及企业相关统计数据质量开展执法检查，并整理归档执法检查相关资料。

**【普查工作】** 1月1日，昭觉县第三次全国农业普查（以下简称‘三农普”）入户登记启动仪式在谷曲乡召开，标志着全县“三农普”入户登记工作全面启动，544名普查员分赴272个普查区对农村住户和农业经营单位开展现场登记。1月3—13日，县农普办业务指导组分5个小组到47个乡镇开展入户登记督导，并对农业普查内容，特别是普查表中容易混淆的指标及PDA的操作使用方法进行了详细的讲解。2月20—27日，组建3个“三农普”入户登记核查小组到47个乡镇核查宣传情况、登记质量、业务问题、错误修正等内容。3月1日，在县会议中心召开全县“三农普”入户登记工作推进会，47个乡镇党委书记、乡镇长和县级各部门负责人参会，州政府农普督查组组长阿牛尔且讲话，县委常委、县农普领导小组组长、副县长卜方舟就当前农普工作进行安排部署。4月5—12日，组建3个贫困建卡户情况核查小组到47个乡镇核查建档立卡贫困户是否漏登、错登，建档立卡标准是否准确，住户成员数是否准确，致贫原因、帮扶措施是否准确，其他重点指标填报是否准确等内容。4月13—14日，召开昭觉县第三次全国农业普查乡镇、行政村普查表暨数据处理审核验收培训会议，47个乡镇农普工作人员及县农普办全体工作人员参加培训。6月14—16日，州农普事后质量抽查第十组到波洛乡开展州级“三农普”事后质量“双随机”抽查。9月16—22日，结合省农普办反馈问题线索，组织全县47个乡镇就主要普查数据开展“回头看”自查及现场核实工作。9月底，全县“三农普”的查数据审核、验收、查询核实修订工作全面完成。12月13日，圆满完成全县“三农普”入户登记、普查数据审核验收、数据处理和数据质量评估相关工作。

昭觉县2017年国民经济主要统计数据表

表1

| 指标名称 | 计量单位 | 总量 | 增长速度（%） |
|---|---|---|---|
| 地区生产总值（当年价） | 亿元 | 27.71 | -1.5 |
| 第一产业增加值 | 亿元 | 10.67 | 3.5 |
| 第二产业增加值 | 亿元 | 5.86 | -17.9 |
| 第三产业增加值 | 亿元 | 11.18 | 5.3 |
| 规模以上工业增加值增速 | % | — | -1.34 |
| 固定资产投资 | 亿元 | 35.18 | 16.0 |
| 社会消费品零售总额 | 亿元 | 8.17 | 10.8 |
| 一般公共预算收入 | 亿元 | 1.28 | -1.2 |
| 全体居民人均可支配收入 | 元 | 11355 | 11.44 |
| 城镇居民人均可支配收入 | 元 | 23566 | 8.53 |
| 农村居民人均可支配收入 | 元 | 8197 | 10.97 |

说明：1. 地区生产总值及增加值指标的绝对数按当年价格计算，增长速度按可比价格计算。2. 本表仅反映全县主要经济指标及县统计局归口专业重点指标，其他县级部门指标未体现

（审核：熊拉哈　撰稿：鲁　俊）

# 农业及农村经济

## 农牧业

**【概　况】** 2017年，全县共种植粮食作物19648.33公顷，粮食总产量106941吨。截至12月31日，四畜存栏816561头（只匹），其中牛78742头、马32349匹、猪193092头、羊512378只；全年出栏猪、牛、羊532211头（只），其中牛19865头、猪244051头、羊268295只；家禽存栏391137只，家禽出栏414191只；肉类总产量达22230吨。

**【产业发展】** 2017年，主要从两个方面发展农业产业。一是马铃薯产业。全县共种植马铃薯1.58万公顷，其中实施双行垄作1.11万公顷，占全县马铃薯种植面积的70.16%。种植青薯9号6000公顷。在日哈乡建立马铃薯原种生产基地133.33公顷、在城北乡等9个乡建立青薯9号种薯生产基地333.33公顷，6240平方米温网室实现满插满栽。二是科技示范点建设。在洒拉地坡乡等6个乡建立高产示范片800公顷。建设全国绿色食品马铃薯标准化生产基地1.27万公顷，其中现代农业马铃薯产业示范基地1.14万公顷；完善玫瑰谷园建设，并补植玫瑰苗266.67公顷，其中春季补植66.67公顷（使用2年生以上树苗25.93万株）、秋季补植200公顷（使用2年生以上树苗90万株）；启动166.67公顷设施蔬菜大棚项目，并在阿并洛古乡建成设施蔬菜大棚66.67公顷；马铃薯收获后，补贴蔬菜种子2055.4公顷，以发展高山夏秋蔬菜，共涉及35个乡镇；在碗厂乡试验示范高山错季（6月上旬种植）蔬菜14.13公顷；建示范果园40公顷，其中脆红李苗示范园20公顷、梨示范园20公顷；试种经济作物加工型海椒6.67公顷；开展新品种抗内生集壶菌病试验。

**【动物疫病防控】** 2017年，从五个方面开展动物疫病防控工作。一是防疫注射。按照“政府部门保免疫密度、业务部门保免疫质量”的要求，开展以春秋两防为重点的全年防疫工作。全县年免疫注射猪瘟37万头份、猪蓝耳病70万毫升、猪口蹄疫73万毫升、牛羊口蹄疫153.6万毫升、小反刍兽疫22万头份、禽流感40万毫升、鸡新城疫—禽流感二联53万羽份，牲畜死亡率控制在2%以内。二是疫情监测和流行病学调查。动物疫病监测，实行定时、定点、定量、定性监测，及时评估主要动物免疫效果。流行病学调查，定期分析评估动物疫情，把握疫情动态，科学判断防控形势，开展预警预报。全年共采集猪血清60份、牛血清40份、羊血清70份、禽血清60份，用于监测对口蹄疫、猪瘟、高致病性猪蓝耳病、高致病性禽流感、新城疫测抗和蓝舌病。三是检疫。全面开展产地检疫和屠宰检疫，实行产地检疫报检点制度，严格宰前（后）检疫，做到生猪凭证、凭耳标入场，经检疫合格后凭证出场，对检疫不合格的生猪及其产品进行无害化处理，保障市场肉食品安全。全年共开展定点屠宰检疫12000头。四是应急队伍建设。聘请专家对专业技术人员和乡镇兽医站人员进行动物疫病防控和疫情应急处置技术培训。五是机制建设。进一步完善重大动物疫病监控、预警、扑灭机制，严格执行值班制度和疫情报告制度。

**【农机安全生产】** 2017年，在全县范围内对农机安全生产形势比较严峻的四开乡、竹核乡、新城镇等10个公路沿线乡镇开展农机路检路查8次，出动车辆8台次，出动执法人员32人次，检查拖拉机85辆，并检查出逾期未年检20起、无证驾驶12起、驾驶证逾期未年检2起、违法搭人6起、无牌行使4起；配合公安交警部门和各乡镇，对全县变型拖拉机进行初步摸底调查，并登记变型拖拉机244辆，其中悬挂省内号牌140辆、悬挂省外号牌104辆，经核实属于假牌套牌134辆、真号牌5辆、无法核实号牌5辆；注册296辆农用车行驶证，注销113辆农用车行驶证，年检29辆农用车，跨区过户转出21辆农用车，辖区内过户11辆农用车。

**【农产品安全生产】** 2017年，通过四个方面确保了全县农产品安全。一是继续开展农产品质量安全检测体系建设，检测室建成并通过了验收。二是以多种形式开展农产品安全知识宣传，进一步提高农民农产品生产质量安全意识。三是抓农产品生产源头监管。出动执法人员295人次，对种子、农药、肥料、饲料、兽药市场开展执法检查67次，检查经营户134户次；建立农产品农药残留固定动态监测点6个，并例行抽检蔬菜生产基地12次、农产品样品69个，抽检合格率100%；派8名技术人员驻生猪定点屠宰场和交易市场开展日常监管，加强动物疫病防控工作。四是“三品一标”申报、认证工作。协助四川省环太生物科技有限责任公司申报苦荞麦和马铃薯有机基地认证666.67公顷（实施地在日哈乡、补约乡、色底乡、久铁洛古乡、特口甲谷乡），并于年内完成了前期的水和土质取样等工作；开展“昭觉乌金猪”地理标志证明商标注册工作。

**【培育新型经营主体】** 2017年，培育壮大农业新型经营主体，加快农业转型升级，促进农民有序转移、提高农民收入水平；围绕城乡统筹协调发展的要求，按照规模化、组织化、科技化、市场化发展目标，以培育现代农业经营主体为抓手，着力推进农业产业结构调整和农业发展方式转变；认真培育新型农业经营主体，构建现代农业产业组织体系，并申报2016年补贴的种粮大户16家。截至12月31日，全县登记注册的农民专业合作经济组织共有100个、家庭农牧场151个。

**【落实强农惠农政策】** 2017年，对1.88万公顷耕地共兑现耕地地力保护补贴2231.49万元；落实草原生态补奖政策12.6万公顷（禁牧1.87万公顷、草畜平衡10.73万公顷），发放禁牧和草畜平衡两项目补助资金612.5万元；实施2016年草补绩效奖励资金草原畜牧业生产方式转变项目，并建成牲畜棚圈230户，种植人工草地363.33公顷；实施2017年草原生态保护与发展项目，并建成牲畜棚圈100户；对193辆各型机具共报补资金400万元。

**【农村实用技术培训】** 2017年，采取以会代训和现场示范等方式组织农技人员送科技到各乡、村，并开展农村实用技术培训2.8万人次，发放各种科技宣传资料2.8万份；利用昭觉县2017年基层农技推广补助项目，组织县、乡两级农牧技术人员289人参加省、州知识更新培训12期；完成新型职业农民培育96人。

**【技术扶贫行动】** 2017年，组织全县191名贫困村驻村农技员全覆盖地集中培训2次，培训内容包括国家扶贫政策、产业扶贫、省州文件、农村工作方法、种植养殖技术；组建昭觉县农业技术巡回服务小组，分别对全县有建档立卡贫困户的非贫困村开展农业技术巡回指导服务，以解决技术瓶颈问题；组织200名农业科技人员在所结对的贫困村重点开展“五个一行动”，协助培育或壮大优势特色产业。

**【退牧还草工程】** 2017年，建成2015年退牧还草工程人工饲草地333.33公顷、舍饲棚圈建设845户，建成2016年退牧还草工程项目棚圈510户、人工饲草地340公顷，编制了2017年退牧还草工程项目实施方案。

**【昭觉土豆】** 昭觉土豆属马铃薯的地方名称，又叫“昭觉洋芋”，是我国的四大粮食作物之一，是一种绿色食品原料。昭觉土豆以个头大、淀粉足、品质一流而闻名。近年来，昭觉县充分利用优势资源稳步发展昭觉土豆（马铃薯）产业，并作为精准扶贫的支柱产业来抓。在产业规划、技术推广上给予资金倾斜；结合县情开展马铃薯高产示范片和百亩、千亩、万亩马铃薯示范基地建设，积极优化良种繁育及其推广体系，基本形成了马铃薯良种繁育方面的比较优势——“一是建有6240平方米温（网）室，周年生产，年生产合格原种280万粒以上；建成低温种薯储藏库约1700平方米，确保种薯低温储藏提高质量；建成常温储藏库约1500平方米。二是建有原种生产基地133.33公顷、一级种基地666.67公顷、二级种基地2666.67公顷，确保全县马铃薯低代种薯更新换代。三是2017年昭觉县被农业部批准为国家第一批马铃薯区域性良种繁育基地县。”2017年，全县种植昭觉土豆1.58万公顷。

**【昭觉半细毛羊】** 昭觉县是凉山半细毛羊的主产区和培育区，所以通常被人们称为昭觉半细毛羊。该羊属毛肉兼用型品种，是以本地山谷型藏羊为母本，引进新疆细毛羊、边区莱斯特、林肯羊等半细毛公羊进行复杂杂交，培育成的我国48—50支粗档半细毛羊新品种，并通过国家畜禽遗传资源委员会的品种命名。具有早熟、肉用性能好、产毛量高、羊毛品质优良、遗传性稳定等特性。昭觉半细毛羊全身被毛白色，光泽强，匀度好；体格较大，体躯略呈圆筒状；胸部宽深，背站直；后躯丰满，四肢坚实，蹄质黑色。公羊体态雄壮，睾丸发育良好；母羊体态清秀，乳房发育良好。经过几十年的发展，半细毛羊如今已成为昭觉县支柱产业的重要组成部分。

（审核：罗　俊　供稿：县农牧局）

## 林　业

**【概　况】** 以加强生态保护和生态建设为中心，紧紧围绕“生态立县，产业富民”奋斗目标，稳步推进林业重点工程建设。截至12月31日，全县共有林业用地13.31万公顷，其中有林地5.9万公顷、灌木林地5.13万公顷、无立木林地及宜林荒地1.39万公顷、其他林地0.89万公顷；共有活立木蓄积293万立方米，乔灌覆盖率40.9%。林地中，公益林10.51万公顷（重点公益林9.99万公顷、地方公益林0.52万公顷）。

**【雪松绿化工作】** 认真践行“绿水青山就是金山银山”理念，坚持以生态文明建设为中心，以生态建设为先导，以绿色创新为动力，以绿色产业为支撑，以绿色政策为保障，大力实施“绿化昭觉行动”。2017年，结合义务植树在原S307、S208两旁，“彝家新寨”、学校、乡村公路两旁，以及县城周边可视范围共栽植雪松6.5万株。

**【“1+X”生态产业建设】** 2017年，按照《昭觉县1+X生态产业建设实施方案》，新建核桃基地2.2万公顷，建设核桃苗圃40公顷（秋季使用实生苗488万株）；按照州政府2017年核桃造林以良种嫁接苗为主的要求，同步进行春季采用移栽嫁接和坐地嫁接，并在竹核和四开苗圃地共培育嫁接核桃苗120万株（秋季产出使用80万株）、在四开等乡镇实施核桃低效改造2666.67公顷；为规范推进全县核桃生态产业，营建了核桃产业示范基地2个共83.86公顷，其中竹核乡木渣洛村豹口基地32.53公顷、达洛乡四甲村和达洛村51.33公顷。具体做法：采取政府投入资金，通过招标方式确定承建企业实行包栽包活制造林，并承担前三年的幼树期管理，也就是说建设期三年内由承建企业指导农民在各自土地上间种矮秆作物以保证农民收入，至2019年秋季试花试果后交给各土地使用农户经营和收益，当地乡人民政府引导农民成立专业合作社规范经营和农民增收。示范基地产生惠及农民355户1276人，其中贫困户87户223人；新建花椒产业基地1333.33公顷，其中大红袍933.33公顷、青花椒400公顷；新建华山松产业基地3400公顷。

**【森林防火】** 2017年，县政府与各乡镇政府签订《森林防火责任书》；森林防火警戒期，组建5个森林防火宣传工作组分别到各乡镇集市设点宣传森林防火法律法规知识并发放宣传资料约6万份，设立各种墙标和碑牌2500幅，群众受教育面达98%以上；在47个乡镇聘请巡山护林员专门负责森林巡护工作，271个行政村实行村民轮流值班制度，全年无一起大森林火灾发生。

**【涉林案件侦查】** 2017年，共出动警力312人次、出动车辆118台次、接处警56起，受理各类破坏森林资源案件52起。查处52起（查处率100%），其中刑事案件1起（森林火案）、林业行政案件51起。打击处理各类违法人员54人，没收非法木材17.2立方米，责令补种各类林木20470株，处以罚没款95580元。

**【林业有害生物和病虫害防治】** 2017年，按照“预防为主，科学防控，依法治理，促进健康”的方针，重点抓了落叶松球蚜、华山松球蚜、云南松梢小卷蛾、杨树溃疡病防治，全年防治面积达133.33公顷，并将成灾率控制在3‰以内。

**【资源保护】** 2017年，通过四个方面开展森林资源保护。一是项目审批。全面清理精简林业审批项目，向社会公布林业行政审批项目目录，并实行动态管理，及时公开调整情况；进一步优化审批流程、简化优化规范林业行政审批项目办理流程，推行网上办理林业行政审批项目。通过行政权力事项梳理，县林业局的行政权力运行目录共有55项，并在行政权力运行平台办理审批业务。二是发证。全县共办理零星商品材采伐238立方米，依法受理林木采伐许可证5份。三是排查。对全县矿山、水电站、输电线路、风电、木材加工、商品材采伐作业等领域开展环境大排查，着重对当前非法占用林地、违法违规建设和破坏生态环境方面进行督导整改。四是完善档案。继续完善林权档案工作，截至12月31日，全县无林权流转情况。

**【天保工程】** 2017年，县林业局与管护实施单位（红星林场、四开林场、南坪林场）分别签订《森林管护责任合同》，各管护实施单位又与管护人员签订《森林管护责任协议书》，对12.97万公顷森林资源实施常年有效管护；全县集体公益林森林生态效益补偿面积为2.76万公顷（国家级公益林2.66万公顷、省级公益林980公顷），涉及46个乡镇231个村，共兑现集体公益林生态效益补偿金609.89万元（国家级公益林补偿金588.19万元、省级公益林补偿金21.70万元）；继续在47个乡镇271个行政村共聘用建档立卡贫困户家庭成员780人为生态护林员，兑现补助资金468万元。

**【昭觉花椒】** 昭觉花椒是花椒的地方名称，因生长在昭觉县特殊的地理环境内而得名。它是一种我国原产的叶、干、枝、实都具有浓郁辛香的特色经济树种，属芸香料，特别是红花椒颗粒圆大、色泽红、肉厚、油气好、麻味重、香味浓郁，果实含柠檬烯、芳樟醇、植物甾醇及不饱和脂肪酸等。昭觉花椒分红花椒和青花椒，海拔2500米以下的37个乡镇以汉源花椒和越西贡椒为主的南路花椒品系（其中汉源正路花椒居多），也有少量的西路花椒——大红袍品种；海拔1800米以下位于溜筒河和西溪河流域的哈甘乡、支尔莫乡、齿可波西乡、塘且乡、拉一木乡等乡以金阳青花椒为主。近年来，昭觉县大力发展特色产业——昭觉花椒，建立花椒基地，以增加群众收入，促进脱贫奔小康。

**【昭觉核桃】** 昭觉核桃是核桃的地方名称，因生长在昭觉县特殊的地理环境内而得名。昭觉核桃是一种干果，壳薄易碎，核仁饱满，肉质黄白，吃起来醇香浓溢、口感细腻，主要分布在齿可波西乡、塘且乡、竹核乡、特布洛乡、庆恒乡、拉一木乡、哈甘乡等32个乡镇154个村的海拔2300米以下地区。昭觉县立足优越的自然生长、繁殖条件，大力栽植核桃，将昭觉核桃产业作为农民增收的突破口和主导产业来抓。

（审核：拉马阿沙　撰稿：依火拉呷）

## 水　务

**【饮水安全】** 2017年，全县共实施了农村饮水安全巩固提升工程和易地扶贫搬迁安置农村饮水安全工程。第一，农村饮水安全巩固提升工程。该工程在19个乡镇的26个村实施，共解决13748人的饮水安全问题。工程总投资1499.12万元，其中中央资金445万元、省级资金204万元、县级配套资金850.12万元。新建集中供水工程56处，其中建泉室56座、慢滤池112口、清水池56口（总容积707立方米）、减压池27口、生物观测池56口、二氧化氯缓释消毒器56台、铺设管道213.63千米，供水总规模1470立方米/天。第二，易地扶贫搬迁安置农村饮水安全工程。该工程在17个乡镇27个村实施，共解决5754人的饮水安全问题。工程总投资1089.38万元。新建供水工程27处，其中新建慢滤池100口、清水池52口、阀门井221座、铺设管网207.55千米。

**【农田水利建设】** 2017年，省财政下达给昭觉县的水利发展小型农田水利建设和高效节水灌溉工程资金共有840万元，在哈甘乡、四开乡实施，新增灌溉面积180公顷、节水灌溉面积100公顷。

**【防汛抗旱】** 2017年，开展了七个方面的防汛抗旱工作。一是疏浚阿并洛古乡3条山溪沟共2.5千米，总投资15万元；修复城北河应急抢险水毁堤防工程180米，总投资42万元；修复“6·24”洪灾造成的比尔河、三湾河、竹核河堤防共8处1.76千米，疏浚清障河道2.5千米，投入应急度汛及水毁水利工程设施应急修复工程项目资金近550万元；实施竹核尼日河防洪工程，计划投资近2000万元，截至12月31日，已完成工程量的95%。二是取缔采砂场所25个。三是在抗御灾害中，共投入编织袋1.8万条、沙石料2万立方米、钢材1.7吨、铁丝笼3850平方米。四是采用非工程措施共发布预警70次，发送短信6271条。五是借助“世界水日”“中国水周”“防灾减灾日”等主题宣传活动，组织县级机关干部深入基层向干部群众发放山洪灾害宣传手册和山洪灾害防御明白卡共1800份。六是针对全县45个乡镇123个危险区的地质灾害点和山坪塘共开展避灾、救灾演练378次，参加演练人员近5500人。七是继续开展防汛值班。

**【水土保持】** 2017年，完成了2016年特布洛小流域综合治理水土流失面积10平方千米的扫尾及资料汇编整理工作，申报了“昭觉县哈甘小流域水土保持综合治理项目”；开展水土保持开发建设项目预防监督执法检查，并就发现的问题提出了整改措施。

**【水资源管理】** 2017年，开展水行政执法检查，对未经审批就在河道内乱挖、滥采砂石等违法违规行为进行查处和治理；利用“世界水日”“中国水周”，有计划、有步骤、多形式地开展《中华人民共和国水法》《中华人民共和国防洪法》《中华人民共和国水土保持法》等法律法规宣传，共发放宣传资料1300份、现场接受咨询600人次、悬挂竖幅4幅、张贴宣传标语300张，受教育群众达4000人，投入宣传资金5万元。

**【水利安全生产】** 2017年，以定期或不定期形式对县内重点工程和在建工程共开展安全检查10

次，对存在的安全隐患，要求承建企业限期整改、完善安全生产责任制，防范重特大安全事故的发生。

**【河长制工作】** 2月22日，成立昭觉县河长制办公室。5月3日，县委、县政府印发《昭觉县河湖管理全面推行河长制工作的实施方案》（昭委发〔2017〕7号）。5月25日，县委、县政府印发《昭觉县“清河行动”实施方案（2017—2018年）》（昭委办发〔2017〕33号）。11月初，签订了10条河流（西溪河、黑水河、东河、马和日呷河、勒布觉沟、孙水河、祝联河、底罗史补沟、吉恩拉达河、俄助溪）的一河一策管理保护方案编制合同。截至12月31日，西溪河、黑水河、孙水河、东河（均为州管河道）的管理保护方案已编制完成，其余河流的一河一策管理保护方案在编制中。

（审核：金文明　撰稿：王　军）

## 扶贫移民

**【概　况】** 遵循“科学统筹、创新机制，整合资源、聚合力量，突出优势、互补发展，区域联动、整体发展”的统筹型、捆绑式大扶贫思路，按照国务院《大中型水利水电工程建设征地补偿标准和移民安置条例》和国家大中型水库移民后期扶持政策，突出扶贫移民工作重点，全力推进精准扶贫。

**【世行六期贷款项目】** 2017年，安排合作社辅导员进驻贫困片区产业扶贫试点示范（世行六期贷款）项目乡，落实合作社组建，启动合作社投资计划书的编写工作，并开展合作社辅导员培训、合作社理事长及监事长的培训；对已经组建的洒拉地坡和柳且两个合作社的临时办公地点实施检查并挂牌；召开世行第六期扶贫项目技术咨询专家组工作会，组织世行第六期扶贫项目中心人员到泸州市古蔺县参观学习项目实施经验，组织合作社人员到甘肃省兰州市、泸州市古蔺县学习合作社管理知识；6个合作社的投资计划书获得了省扶贫移民局世行第六期扶贫项目中心的审批；通过询价采购的方式落实合作社办公用房建设项目并开展修建，改造凉山半细毛羊项目区畜圈，完成全县世行第六期扶贫项目办公设备采购、合作社成员基本信息录入等工作；接受四川省审计厅对昭觉县世行第六期扶贫项目的审计和世行第四次检查团的检查；启动实施道路、产品交易点的设计和施工，以及凉山半细毛羊基础母羊和种公羊的采购。

**【扶贫项目建设】** 2017年，积极对接国家及省定点扶贫、东西部扶贫协作及省内对口帮扶项目。一是社会扶贫资金。全县共投入社会扶贫资金4743.47万元，其中直接投入资金3670.28万元、以物折资252.96万元、引进资金301万元、其他投入资金519.23万元。二是帮扶项目。直接投入帮扶项目77个、帮助引进项目25个，新（维）修公路55千米、扩建卫生院（站）1个、改建广播（文化）站6个、资助贫困学生1000人、举办培训班400期（培训各类人员14316人次）、组织输出劳务706人次。三是项目资金投入情况。全县共投入项目资金3639.42万元，其中基础设施建设资金2362.52万元、产业开发资金824.49万元、文化教育资金280.1万元、医疗卫生资金79.6万元、人力资源培训资金32.2万元、赈灾救济送温暖资金60.51万元，帮助带动建档立卡贫困人口4532人。

**【移民工作】** 2017年，再次复核各水电站后期扶持人口，编制各类补助补偿发放方案，对接落实补助、补偿资金；成立专项工作领导小组对接落实洛古电站移民安置竣工验收审计工作，并顺利通过了审计；清理溪洛渡水电站各类补助、补偿资金，筹备支莫路复建工程竣工验收工作；编制完成库区移民“十三五”规划，并报省、州审核批复；完成四川省水电移民信息系统录入工作和贫困移民户人口信息系统的录入工作；开展移民信访排查，并主动下访，将事件控制在萌芽状态，把矛盾化解在基层。全年启动实施移民后期扶持项目14个，共投入资金350万元，受益农民2174人，其中贫困人口316人。截至12月31日，除移民培训项目外，已完成项目验收和资金拨付工作。

**【“彝家新寨”建设】** 2017年，继续开展“彝家新寨”建设项目。一是跨年实施项目。2016年跨年实施的“彝家新寨”项目在竹核乡尼日村、塘且乡以火补且村、洒拉地坡乡姐把哪打村等29个村实施（其中极度贫困村7个），涉及农户2465户，受益群众人近1万人，其中由以工代赈实施易地扶贫搬迁987户（涉及3911人）。截至12月31日，“彝家新寨”的主体工程、配套基础设施工程（水、电、路等）、环境工程和社会工程均已竣工。二是当年项目。在谷曲乡洛洛以打村、柳且乡阿波洛村、哈甘乡俄洛姑村等15个村实施2017年“彝家新寨”建设项目，涉及农户1050户，计划建设住房1050户，并配套15个村的水、电、路等基础设施和卫生、文化、商贸、环卫等公共服务设施。

**【精准扶贫工作】** 2017年，全县实现26个贫困村摘帽，1117户贫困户的4400名贫困人口脱贫；申报省级“四好”村2个、州级“四好”村57个、县级“四好”村94个。一是以建房修路为重点，加快改善基础设施条件。把安全住房建设作为当务之急，严格按照厨房、卫生间等功能分区、水电设施配套等基本要求，实行整村规划、统一建设标准，严格验收程序，2016—2017年共完成易地扶贫搬迁2909户、“彝家新寨”建设2528户、因未被项目覆盖而采取整合资金方式建设住房2818户，如期迁入新居的贫困人口达30304人；紧盯国家重大交通建设项目进展情况，提前谋划、周密布局、同步加快乡村道路建设，2017年建成通乡油路71.9千米、通村道路532.4千米。二是以富民增收为核心，加紧培育本地特色产业。依托昭觉生态优势，坚持“优势区域、优势产业、优势资源、优先发展”理念，加快推进农业供给侧结构性改革，努力提高土地产出率、资源利用率和劳动生产率。对不宜耕作的高山区，鼓励贫困户抱团发展畜牧养殖，并组建农业合作社301个，建成半细毛羊标准化养殖小区2个；对坡陡地贫、品种单一的二半山区，以核桃为重点培育“1+X”林业生态产业、以良种带动发展传统种植业，向贫困户免费提供“青薯9号”良种，建成核桃示范基地83.33公顷，完成核桃低改嫁接2666.67公顷；在物产丰富、土地肥沃的沟坝河谷，发展果蔬产业和生猪养殖，3333.33公顷错季蔬菜上市；在“谷克德”“悬崖村”结合观光农业推进旅游扶贫开发、打造旅游热点。为保障产业发展投入，将扶贫小额信贷风险补偿基金从100万元提高到4450万元；降低贷款门槛，创新“农户+家支”扶贫贷款担保模式，并发放扶贫贷款3.3亿元；按贫困村不低于30万元、非贫困村不低于5万元标准共计划落实产业扶持基金6130万元，年内实际拨付7420.72万元。此外，争取到了对口帮扶单位和企业上亿元扶贫资金、与省内第二大农副产品批发企业签约建设物流园区、在“光彩事业凉山行”签约项目6个，涉及资金43.4亿元。三是以改善民生为根本，全面促进社会事业发展。2017年，实施15个农村薄弱学校改造项目，将部分优秀贫困学生送到绵阳市对口帮扶学校就读；强化兜底保障，全面落实“十免四补助”政策，使贫困人口全部参加新农合，免费提供基本公共卫生服务25.85万人（贫困人口医疗扶持、全民预防保健等八项指标全部达到100%），发挥“两保三救助三基金”作用（贫困群众的住院费用报销比例达到95.64%），为4.6万名贫困群众提供农村低保，为1432名孤寡老人、1449名孤儿和3050名特殊困难儿童提供救助，为建档立卡贫困户的低保兜底户提供农村医疗救助16.91万人次（住院自费部分的救助比例达到70%以上）。截至12月31日，贫困户适龄子女已全部纳入寄宿制管理。四是以移风易俗为手段，切实转变贫穷落后面貌。继续落实“3579”工作模式，广泛开展感恩教育、法治教育和现代意识教育，借“暖冬行动”走村入户广泛宣传中共十九大精神，不断激发贫困群众勤劳致富的内生动力。充分发挥农民夜校作用，对贫困户实行新型农民提升工程全覆盖；投入577万元为所有村社统一购置了炊餐具、洗衣机，为贫困户免费提供一套洗漱用具和生活用品；建立红白事宜监督机制，针对乱使用人民币、乱放烟花、乱宰杀牛问题开展“4+3”专项整治，大力倡导厚养薄葬等良好风俗。截至12月31日，全县已创建州级“四好”村8个、县级“四好”村35个。

（审核：俄哈日　撰稿：孙　巧）

## 商务投促

**【概　况】** 结合县域经济发展实际，以农业产业、畜牧、矿产、文化生态旅游、彝族服饰文化等优势资源为基础，加大重点建设项目的招商力度；加快城乡流通体系建设，着力规范市场秩序；加强市场监测，突出市场调节监管，促进市场规范有序开展；积极探索电子商务应用及电子商务进农村工作。2017年，完成省级平台活动项目签约2个，引进资金8.5亿元；“光彩事业凉山行”活动签约项目6个，签约资金43.4亿元；服务业项目投资完成0.5亿元；清理培育规模以上企业2户。全年实现国内州外到位资金89881万元，其中国内省外到位资金82881万元；外贸进出口中实际利用外资3868万元（按标准汇率计算）；社会消费品零售总额8.17亿元，增速10.8%；服务业增加值11.18亿元，增速5.3%。

5月，按照《中共昭觉县委机构编制委员会关于昭觉县投资促进和商务局更名的通知》（昭编委〔2016〕60号）精神，将昭觉县投资促进和商务局更名为“昭觉县商务和投资促进局”，编制和领导职数不变。

**【意向合作项目】** 2017年，共达成意向合作项目32个，签约意向投资额达50.3亿元。分别是：绵阳涪城区涪城投资公司和绵阳市高水农副产品批发有限公司拟投资6亿元建设冷链仓储、物流配送、电商平台、质量追溯、农残检测一体化的昭觉农产品现代物流中心项目；国电龙源西藏新能源有限公司拟投资5亿元建设光伏风能综合利用项目；中节能风力发电四川有限公司拟投资5亿元建设风能综合开发利用项目；四川海上海酒店集团管理有限公司拟投资2亿元建设星级酒店项目；哈工大大数据集团拟投资1亿元建设全自动核桃精深加工线项目；成都商报电子商务有限公司拟投资0.1亿元建设“悬崖村”品牌开发项目；厦门优之点投资有限公司拟投资0.1亿元建设O2O电商体验馆项目；四川省梦达科技有限责任公司拟投资0.6亿元建设风光发电设备生产厂项目；中城银信控股集团西南事业部拟投资1亿元建设田园综合体、特色小镇、旅游扶贫项目；四川中冶星辰投资有限公司拟投资0.1亿元建设现代中药材种植项目；云南谷溪农业科技有限公司拟投资0.1亿元建设四开竹核红米种植项目；南京海得电力科技有限公司拟投资0.5亿元建设分散式接入风光电设备生产厂项目；凉山州多吉生态农业有限公司拟投资0.1亿元建设现代观光农业项目；成都科融银商科技有限公司拟投资1亿元建设竹核温泉综合开发项目；贵州梵典野生白茶有限公司拟投资0.1亿元建设红茶白茶种植项目；西部国际智能产业园（贵州）开发管理有限公司拟投资1亿元建设现代产业园项目；四川省水电投资经营集团有限公司拟投资3亿元建设“悬崖村”现代农业综合开发项目；四川省水电集团百事吉物业管理有限公司与四川金禾盛投资有限公司拟投资1亿元建设“悬崖村”品牌打造项目；四川商通实业有限公司拟投资1亿元承接省政府国开行全省农村移动支付平台建设项目；新希望集团拟投资1亿元建设“悬崖村”旅游开发、品牌打造、精准扶贫项目；中国国际电子商务中心、北京欧联嘉华国际商务服务有限公司华网科技有限公司拟投资1亿元建设电子商务服务平台项目；新希望六和股份有限公司拟投资0.5亿元建设特口甲谷年出栏5万头高效生猪养殖项目；好医生药业集团拟投资1亿元建设半夏、魔芋，“悬崖村”6.67公顷三七试种植项目；天津海河普惠金融服务有限公司拟投资2亿元建设城市基础设施建设、棚户区改造、提供金融信息技术服务等项目；深圳大族中汇新能源科技有限公司拟投资5亿元建设光伏农业综合开发项目；吉利控股集团拟投资1亿元建设旅游康养产业提升项目；浙江富通集团拟投资1亿元建设特色农业培育及产业链条延伸项目；中南建设集团拟投资4亿元建设制造物流业项目；娃哈哈集团拟投资1亿元建设昭觉优势资源应用产品开发基地项目；四川省水电投资集团采用PPP模式拟投资1亿元建设竹核温泉资源旅游综合开发项目；凉山州良圆马铃薯种业有限责任公司拟投资0.1亿元建设“脱毒种薯产业扩能项目”，并合资组建昭觉良圆马铃薯种业有限公司。

**【区域经济协作】** 2017年，共开展了5项区域经济协作。其中，4月6日，在“中外知名企业四川行”活动上，签约总投资3亿元的“昭觉县实名认证大数据及信息化云服务基地项目”；5月19日，在“川货全国行·上海站”活动上，昭觉彝人部落农牧科技有限公司把昭觉县特色农产品苦荞系列食品带入上海各大超市，成功推荐昭觉苦荞茶系列产品；9月7日，在“第五届中国（绵阳）科技城国际科技博览会”上设置昭觉农特产品展览展示厅，举办“昭觉县走进涪城特色产业项目投资推介会”；12月9日，在“第四届攀西（攀枝花）战略资源大会”上，签约总投资5.5亿元的“昭觉补约乡光伏扶贫电站一期项目”；12月10日，在成都世纪城新会展中心省商务厅举办的“第二届四川贫困地区农特产品展销活动”上，组织昭觉县晓川牧业发展有限责任公司参展。

**【农村电商】** 2017年，县电子商务产业孵化园项目开工建设；建成洒拉地坡乡、普诗乡、四开乡、日哈乡、特布洛乡、地莫乡、玛增依乌乡的乡（镇）级电子商务服务站，以及洒拉地坡乡尔打火村、城北乡瓦尔村、玛增依乌乡腰占坡村和石节子村、竹核乡火洛村、塘且乡海底补尔村的村级电子商务服务点；开展电子商务进农村专业技能培训300人，参加培训人员有大学生村官、驻村第一书记、返乡创业青年、农民专业合作组织成员等。

**【精准扶贫】** 2017年，按照县委、县政府要求，继续选派2名职工到城北乡瓦尔村、瓦曲村任第一书记；全局仅有的8名职工均派城北乡瓦尔村、瓦曲村和瓦古村开展驻村工作。

（审核：杨中瑜　撰稿：薛主治）

# 卫生　监督　交通

## 卫生计生

**【概　况】** 2017年，普诗乡和玛增依乌乡的医疗卫生计生机构随党政机关一同划转西昌市代管。截至12月31日，全县共有医疗卫生计生机构338个（所），其中县级医疗机构2所、公共卫生服务机构3所、中心卫生院7所、乡卫生院40所、村卫生室270个、个体诊所12家、民营医院2所、其他门诊部2所。全县拥有卫计工作人员659人（县级313人、乡镇346人），其中卫技人员614人（县级268人、乡镇346人）。卫技人员中，高级职称34人（正高1人、副高33人），中级职称76人（县级69人、乡镇7人），初级职称及以下504人（县级165人、乡镇339人）。全县拥有执业医师141人、执业助理医师47人、执业护士216人。全县实有病床数990张，每千人拥有卫技人员数和床位数分别为1.96人、3.1张。全县医疗卫生覆盖率100%，县、乡、村三级医疗预防保健网络基本健全。

2017年，县域内总诊疗量24.80万人次（门诊17.99万人次、住院6.81万人次），县域内就诊率95.5%，县域内门诊、住院次均费用分别68.45元、2987.92元，费用增长率均为4.89%；县域外就医1.12万人次，县域外就诊率4.5%。

**【卫生基础设施建设】** 2017年，中央下达给昭觉县乡镇卫生院业务用房建设项目1个，总投资220万元，其中中央投资176万元、地方配套44万元，并于年内完成了项目主体工程；20个乡镇卫生院和31个村卫生室达标建设验收合格；将“十三五”医疗体系建设项目录入国家重大项目库和省项目库。

**【卫生队伍建设与培训】** 2017年，签订免费定向本科生9人、大专生2人，考核聘用定向本科毕业生6人、专科毕业生2人、引进专科毕业生6人、“三支一扶”1人，开展专业技术人员培训168人次，选派16名全科医生和31名临床技术骨干进修学习；继续实行“一体化管理”和公共卫生及巡回医疗服务，并按照“传、帮、带”方式提高乡镇卫生院医生和业务能力及医技水平。

**【健康扶贫】** 2017年，共免收贫困人群4554人次的一般诊疗费4.5万元，免费实施艾滋病抗病毒治疗和结核病治疗，免费提供基本公共卫生服务和妇幼健康服务，免费开展巡回医疗服务3109人次，免费提供65915人的基本医保个人缴费资金988.725万元。全年为建档立卡贫困人口就诊29662人次（门诊4554人次、住院23586人次、县外就医1522人次），总费用达6269.38万元（门诊15.64万元、住院4832.78万元、县外就医1420.96万元），其中基本医疗保险报销5840.00万元（门诊报销13.93万元、住院报销4797.98万元、县外就医报销1028.09万元）。建档立卡贫困户就诊人员，通过大病医疗保险共报销225人次，报销金额达 73.78 万元；通过民政医疗救助基金共报销 837 人次，报销金额达 279.11 万元；通过医药爱心基金共报销 11 人次，补偿医疗费用 1.07 万元；通过卫生扶贫救助基金共报销 194 人次，报销金额达 18.1 万元。建档立卡贫困户医疗费用报销比达 99.30%，个人支付 0.7%。全年实施慢性病救治管理 519 人次，大病集中救治 74 人次（其中 9 种大病救治 36 人次），重病兜底 8 人次。

**【公共卫生均等化服务】** 2017 年，全县居民健康档案的建档率达 100%，其中电子健康档案的建档率 93%；孕产妇系统管理率达 53.48%，其中高危产妇系统管理管理率 98.87%；7 岁以下儿童系统管理率达 61.57%，高血压和糖尿病系统管理率均达 100 %。

**【医药卫生体制改革】** 2017 年，取消药品加成而让利患者 458.21 万元；与国内 30 家医疗机构建立了不同形式的医疗联合体，使患者能在基层医院享受三甲医院医疗服务，并及时向上级医院转送了本级医院难以医治的病人。

**【基本药物制度】** 2017 年，通过省上统一招标、统一采购、统一配送方式，在全县 47 个乡镇卫生院及所有村卫生室配备了使用国家基本药物，并实现 100% 网上采购和零差率销售。

**【中医药服务能力建设】** 2017 年，从三个方面开展中医药服务能力建设。一是基层中医药服务能力提升工程建设。该工程共投入专项资金 51 万元，举办培训班 1 期，参训人员达 47 人；引进中医临床医生 3 人，定向培养中医类本科生 2 人，使各乡镇卫生院的中医药服务比例达 70%、村卫生室的医药服务比例达 40%。二是中医药健康管理服务纳入基本公共卫生服务项目建设。其服务对象是 65 岁以上老年人和 0—36 个月儿童。全年为 65 岁及以上居民的中医药健康管理服务率达 24.25%，0—36 个月儿童的中医药健康管理服务率达 60.85%。三是中彝医院服务能力建设。安排医务人员参加省、州组织的中医药健康服务、中医医养结合骨干培训、中医药管理、艾滋病中西医结合治疗等相关知识培训 18 次，参训人员达 32 人次；以学术讲座形式开展医师培训 12 次、外派人员轮流进修学习 2 人次、外送规培 4 人，开展医学教育 19 人次。

**【中　医】** 2017 年，开展中医诊疗 6631 人次，其中门诊 4886 人次、住院 1745 人次；中医医疗收入近 496 万元，其中住院收入 458 万元、门诊收入 38 万元。

**【依法治理】** 2017 年，通过三种方式进行卫生计生领域的治理。一是行业治理。护士首次注册 102 人次，护士延续注册 56 人次，护士变更 48 人次，补办护士执业证 3 人次；医师注册 8 人次，医师变更注册 15 人次，补办医师执业证 1 人次；接受再生育申请 838 人次。二是综合监督。新发“卫生许可证”5 户；对公共场所 35 户共实施监督 116 户次，对生活饮用水 1 户实施监督 2 户次，对学校卫生 52 户共实施监督 106 户次，合格率和监督覆盖率达 100%；打击游医牙医 13 起，接到投诉举报 2 起，进行行政处罚 2 起。三是政风行风建设。继续开展卫技人员的思想道德、法律法规教育，以进一步提高全县卫生系统人员职业道德素质。

**【艾滋病综合防治】** 2017 年，强化艾滋病抗病毒治疗和艾滋病感染者及病人综合服务，以降低病死率，延长其生命，提高其生存质量，对艾滋病感染者及病人随访并实施 CD4 检测，检测率达 67.85%；公共场所安全套无偿提供率达 90% 以上。

**【生育秩序整治】** 2017 年，出台《昭觉县生育秩序整治行动实施方案》（昭委办发〔2017〕6 号）和《昭觉县坚持和完善计划生育目标管理责任制实施方案》（昭委办发〔2017〕8 号）；考录乡镇计生干部 20 人，确保每个乡镇拥有 1—2 名从事计划生育的工作人员；全县符合政策生育率 88.07%，当年出生人口中四孩及四孩以上比例达

11.93%；每季度开展一次“环孕情”监测，“环孕情”监测率达 91.32%；完成免费孕前优生健康检查 756 对；锁定达到政策生育上限的已婚育龄妇女实施以安环为主的长效节育，长效节育措施率达 78.29%；严查政策外多孩生育，依法征收社会抚养费，违法生育对象清理建档率和社会抚养费征收及立案处理率均达 100%。

**【计生服务管理】** 2017 年，全县享受“三项制度”奖励扶助 976 人，特别扶助 298 人，“三项制度”资格确认和资金发放到位率 100%；县上自筹资金将独生子女父母奖励金标准提高到少数民族 60 元、汉族 50 元，并兑现独生子女父母奖励金 87 人发放率 100%；建立计划生育特殊家庭一对一、多对一联系人制度（每户计划生育特殊家庭至少有 1 名固定联系人），做到每户特殊家庭走访慰问不少于 3 次 / 年；流入人口个人信息录入库数据较上年增加 10%，流动人口重点信息反馈率、接收率、及时率均达 90% 以上，电子婚育证明查验率 90% 以上，流动人口目标人群基本公共卫生计生服务覆盖率 90%；在留守儿童、留守老人、流动人口等人群中开展关爱关怀活动，出生人口性别比趋向正常。

**【精准扶贫】** 2017 年，继续实施党员干部包户脱贫和领导带头结对帮扶制度（科级干部、住村工作组成员结对帮扶 4 户贫困户，普通党员、职工每人帮扶 2 户贫困户），积极开展义诊和医疗帮扶活动，并协助绵阳市涪城区医务人员于 4 月 26 日在比尔中心卫生院开展免费义诊，义诊量达近 100 人次；“六一”儿童节向比尔乡中心校捐赠了价值近 1 万元的体育用品；建立卫生计生系统领导干部联系制度，班子成员和计划生育发展指导股相关工作人员联系 2 户已达到政策规定生育上限且未落实长效避孕节育措施的家庭，督促其落实安环措施，并且赠送了价值 4670 元的大米和清油；3 月 13 日，配合比尔乡在 9 个村的支部活动室开展村委会换届选举，并通过差额选举、无记名投票的方式产生了新一届村委会班子成员。

**【达洛乡流感疫情】** 3 月 24 日，达洛乡达洛村幼教点 23 名学生中有 19 名学生陆续出现头晕、恶心和发热等身体不适症状。接报后，昭觉县立即启动应急预案，迅速将 19 名学生送到县医院进行治疗，并对该幼教点饮用水和食物等物品进行封存查验。是日 20 时 20 分，1 名女生经抢救无效后死亡。副州长、县委书记子克拉格闻讯后迅速赶往县人民医院安排部署学生救治相关工作，慰问家属，要求立即将 18 名出现身体不适的学生、4 名暂未出现症状的学生送到凉山州第一人民医院治疗。县委副书记、县长赫绍洪随即赶到凉山州第一人民医院协调对接学生住院治疗相关事宜。昭觉县立即组成事故调查处置工作组，由县纪委牵头对相关责任进行全面追查；由县公安局、县卫计局牵头对该事故原因进行全面调查，及时救治患病学生；由县政法委牵头，县群工局、达洛乡党委和政府配合开展家属安抚和维稳工作。

疫情发生后，省委副书记、省长尹力，省委常委、副省长王宁，副省长杨兴平，省政府秘书长唐利民等省委、省政府领导相继做出批示，要求“全力做好救治，迅速查明原因，妥善处理好死者善后，确保学生生命安全”。州委书记林书成，州委副书记、州长苏嘎尔布也立即做出批示，要求“启动应急预案，全力救治学生，迅速查明原因，做好死者善后、家属安抚和社会稳定工作”。州委、州政府其他相关领导也相继做出批示，并率州级有关部门第一时间赶赴现场指导处置工作。州委、州政府立即成立了疫情处置领导小组，下设医疗救治组、现场处置组、事件调查组、信息报送组、安全维稳组、宣传舆论组、群众情绪安抚组 7 个工作组，迅速开展处置工作。省卫计委、省食药监局等省级相关部门立即派出专家组赶赴凉山指导处置工作。经省级专家组与凉山州临床、流调、检验等专家会商，认为属流感疫情。昭觉县制定并采取了八项应对措施：做好组织机构保障、做好学校防控、做好宣传教育、做好隔离治疗、做好疫情防控、做好医疗保障、做好病患治疗、做好检测监测。相关情况及时通过昭觉县政府门户网站和昭觉县电视台等媒体向社会通报。

经过治疗，所有转院到州第一人民医院马道分院治的患者都达到治愈标准而出院。

（审核：吉克伟哈　撰稿：石一洛日）

## 县人民医院

**【概　况】** 截至12月31日，昭觉县人民医院共有编制床位460张，拥有在职职工363人，其中卫生专业技术人员255人（高级职称23人、中级职称41人、初级职称191人）。

**【精准扶贫】** 向全县建档立卡贫困户开设绿色通道、落实“十免一补”政策，并实现了贫困户住院病人“零支付”。2017年，全院职工向所帮扶的龙沟乡捐赠工作经费50800元；单位向龙沟乡贫困农户赠送了价值205051.08元的羊、价值3098元的生活用品，向乡政府赠送了价值6800元的办公用品。

**【项目建设】** 2017年，建设项目共有3个。其中，续建医院职工健身房项目已完成主体工程和外装修工程，并开展设备安装；续建供应室项目；续建风雨廊和环境绿化工程项目。

**【业务指标】** 2017年，业务收入同比增长42.8%，门（急）诊量同比增长5%、住院人次同比增长17.84%，实施手术同比增长7.14%。

**【便民服务】** 进一步完善急诊工作制度、值班人员职责、医护人员和驾驶员10分钟内出车制度；完善导医台，设置预检分诊，实行“一卡通”就医服务；规范科室，做到标识统一、清楚、醒目。2017年，调度出诊车辆610车次，随车出诊医护人员1220人次，实施急救785人次，转院318人次。

**【人才培养】** 2017年，医务科、护理部、院感科等科室组织开展业务讲座30次，安排到上级医院进修学习24人次；组织儿科、妇产科、手术室等科室的医护人员到州第一人民医院、西昌市人民医院和西昌市妇幼保健院等参观学习；邀请或接收四川大学华西医院、西南医科大学、广元市第一人民医院、绵阳市中心医院、绵阳市人民医院、绵阳市骨科医院、绵阳市肛肠医院、绵阳市肿瘤医院和凉山州第一人民医院及广东佛山的42名专家教授到县医院开展技术指导。

**【绩效考核】** 2017年，按照新的绩效考核办法继续对医务人员开展绩效考核，并兑现奖惩。

（审核：苦约哈　撰稿：勒伍学文）

## 疾病预防控制中心

**【培　训】** 2017年，选派70名专业技术人员参加省、州业务部门举办的培训班41次，举办县、乡、村医务人员培训与工作会议10期660人次。其中，全县疾病控制工作会议1期60人，全县预防接种专业知识培训2期120人，计划免疫专项工作会议1期50人，结核病防治工作专项会议1期50人次，公共卫生服务培训2期200人次，防疫专干艾滋病防治知识培训2期120人次，入托入学查验预防接种证教师师资培训1期60人次。

**【精神文明建设】** 2017年“三八”妇女节，组织职工开展拔河等娱乐活动；教育职工珍惜生命，远离毒品；严格执行计划生育政策。

**【健康教育】** 2017年，开展公众健康咨询活动380次，参与群众达31012人次；举办健康知识讲座528次，参与群众达22596人次；发放艾滋病防治宣传材料10233份，接受健康教育近5170人次，张贴硒碘盐知识宣传画约200张。

**【免疫接种】** 2017年，全县基础免疫接种率达98.55%，扩大免疫接种率达98.52‰。截至12月

31 日，乡镇卫生院安装儿童预防接种信息系统的有 23 所。

**【乡镇传染病防治】** 2017 年，对乡镇卫生院开展卫生巡查等工作，乡镇的传染病报告及时率达 100%。

**【卫生监测】** 2017 年，对从业人员实施体检 1457 人次，实施公共场所监测 11 家、院感监测 30 家、监测水样 58 个，并将检验结果全部上报国家水质监测数据库；新注册企业 2 家，并对审核营养午餐网络上报数据。

**【麻风病防治】** 2017 年，县疾病预防控制中心与 47 个乡镇卫生院签订了《2017 年麻风病防治责任书》，督导麻风病防治工作，监测麻风病可疑症状，培训乡镇卫生院的业务人员，并对全县 8 个疫点的 293 户 1232 人的慢性病调查，对麻风病密切接触者 11 户 42 人实施检查，其现症病人监测率 100%，密切接触者检查率 90%。

**【结核病防治】** 2017 年，进一步通过本县级医疗机构和上级定点医疗机构筛查结核病人，并对结核患者实施规则服药，DOTC 覆盖率达 100%。经筛查，全县均有肺结核分布。

**【艾滋病防治】** 2017 年，自愿咨询检测点继续向向艾滋病感染者和病人提供咨询、转介、快诊等服务；在实施干预的基础上，开展针具交换服务 792 人次，同伴教育员参与 98 人次，发放宣传材料 1272 份、安全套 1974 支；完成国家级哨点 250 名吸毒人群的问卷调查、400 名农村未婚青少年行为学问卷调查和血清学检测等工作。

**【检验工作】** 2017 年，共实施 CD4 细胞检测 5752 份，包括 HIV 初筛检测、HIV 确诊检测、农村未婚青壮年哨点检测、孕产妇哨点检测、吸毒哨点检测。

**【微生物实验】** 2017 年，开展从业人员体检 1535 人、公共卫生检测 11 批次、院感检测 16 批次、水质常规检测 11 批次，另外还开展了碘盐检测、尿碘检测、血吸虫实验监测、粪检、麻疹和风疹检测等工作；处理突发性公共卫生事件 10 次。

**【基本公共卫生服务均等化】** 2017 年，新建居民健康档案 6190 份、电子档案 314 份，共开展公众健康咨询活动 536 次，参与群众达 31107 人次；举办健康知识讲座 627 次，参与群众达 29055 人次；为适龄儿童建立预防接种卡 6460 份，并免费接种乙肝疫苗、卡介苗、脊灰疫苗、百白破疫苗、麻疹类疫苗（麻风、麻腮风）、甲肝疫苗、流脑疫苗脑疫苗、白破二联等疫苗；筛查并新发现了一些高血压患者和糖尿病患者，开展卫生巡查 1072 次。

**【荣　誉】** 2 月，地方病科血防工作被四川省人力资源和社会保障厅、四川省重大传染病防治工作委员会评为“省级先进集体”，阿的古体被四川省人力资源和社会保障厅、四川省重大传染病防治工作委员会评为“先进个人”。12 月 21 日，昭觉县克山病经凉山州克山病防治所专家组考核验收达到消除达标。

（审核：阿如苏林　撰稿：布格医宁）

## 妇幼保健计生服务

**【概　况】** 2017 年，县妇幼保健计划生育服务中心正式运行（成立于 2015 年 8 月），新业务用房建筑面积约 4500 平方米。开设了儿科、妇产科、检验科、计划生育技术服务等临床科室；妇女保健、儿童保健等基层保健科室。配有多功能暖箱、心电监护仪、黄疸治疗仪、新生儿培育箱、胎心电子监护仪、阴道镜、MP 妊高征筛查仪、LEEP（利普刀）、乳腺治疗仪、辐射式新生儿抢救台、电动吸痰器、电动吸引器、微波治疗仪、麻醉机、静脉输液推注泵等先进仪器设备。

**【妇女保健】** 2017 年，组织宣传队，集中用 40 多天的时间，到乡、村用通俗易懂的彝语开展健康教育，并发放纪念品和宣传材料近 2 万份，接受健康教育人数达 20505 人次；对育龄妇女实施早孕检查和产妇系统管理、建产妇保健卡等工作。

**【儿童保健】** 2017 年，继续开展儿童保健和系统管理等工作。

**【项目工作】** 2017 年，实施的项目有农村孕产妇住院分娩项目，预防艾滋病、乙肝、梅毒母婴传播项目，科技惠民项目，中华红丝带母子平安包项目，联合国儿童基金会（母子健康促进、综合项目、有条件的现金转移支付项目 -CCT），儿童营养改善项目，增补叶酸预防神经管缺陷项目。一是农村孕产妇住院分娩补助项目。全县住院分娩活产数 5403 人，住院分娩率 86.71%；完成农村孕产妇住院分娩补助 5165 人，兑现项目补助资金 258.2 万元。二是预防艾滋病、乙肝、梅毒母婴传播项目。全县共实施孕产妇 HIV 咨询 12306 人，孕产妇 HIV 检测 12540 人。三是增补叶酸预防神经管缺陷项目。共服用叶酸 1213 人，服用率 87.33%。四是孕前优生健康检查项目。对 756 对目标人群实施孕前优生健康检查，其中农村 735 对、城镇 21 对，并将受检人群的信息全部录入电脑系统等。同时，发放各种宣传资料 12400 份、宣传画报 4500 幅。

**【四查一治】** 2017 年，全县共有已婚育龄妇女 45021 人，其中 45 个乡镇育龄妇女"环孕情"监测率达 91.3%。政策外怀孕的育龄妇女中，已落实人流、药流、引产等补救措施 1006 人。

**【药具宣传与培训】** 2017 年，分别对各乡镇、村（居）委会、单位等育龄妇女共举办培训班 5 期，其中县级培训班 2 期（参加培训人员 1975 人）、乡级培训班 3 期（参加培训人员 6523 人）；对妇女进行分类指导，使育龄群众避孕知识接受率达 92%。

**【药具发放】** 2017 年，全县使用药具 12478 人，占综合节育措施的 25%，药具应用率 95%，有效率 97.9%，达到计划发放率的 100%；综合报损率 0，按月随访率 91%，知情选择面达 95%。通过宣传教育，全县育龄群众对艾滋病防治知识知晓率达 95% 以上。

**【精准扶贫】** 2017 年，继续下派第一书记、组建驻村工作组到久铁洛古乡所帮扶的村开展驻村帮扶工作；全体职工向结对帮扶户开展帮扶活动；协助久铁洛古乡的两个脱贫村修建支部活动室和公厕；投入资金近 30 万元，为该乡政府添置办公设备、为贫困户送衣送被送大米等；举办农民夜校，开展中共十九大精神及脱贫政策等宣讲，让贫困户深入了解党的方针、政策和扶贫力度。

**【区域协作】** 2017 年，接受绵阳市涪城区妇幼保健院的对口支援帮扶工作，并在其帮扶下开展二级妇幼健康机构创建工作；分别下派业务骨干到洒拉地坡乡卫生院、齿可波西乡卫生院开展为期一年的业务指导和帮扶，以进一步提高他们的业务能力。

**【其他业务】** 2017 年，筛查新生儿疾病 4207 人，新生儿疾病筛查率 92%；实施婚检 5488 对。

（审核：古次九古　撰稿：刘　敏）

## 县中彝医院

**【概　况】** 昭觉县中彝医院属公立县级中医院，2016 年 12 月 9 日正式挂牌开展诊疗服务。开设了内科、中医内儿科、中医妇产科、中医针灸骨伤康复科、中医治未病科（预防保健科）、彝医研究室、检验科、超声科、放射科。拥有全自动血球分析仪、生化分析仪、酶标分析仪、彩色超声诊断系统、电子阴道镜、全自动颈腰椎牵引床、中低频治疗仪、中药熏蒸床、中药煎药机、蜡疗机、电针机等设备。截至 12 月 31 日，共有编制床位 99 张，实际开放床位 70 张；在职职工 52 人，其中专业技术人员 43 人。

**【对口帮扶】** 2017 年，与绵阳市中医院、绵阳市骨科医院、绵阳市南山社区服务中心、西南医科大学附属中医院结成对口帮扶协作医院，并接受绵阳市中医院派驻医学专家5人次，接受绵阳市骨科医院捐赠的DR、观片灯和药品，接受绵阳市南山社区服务中心的援助药品和医疗物资；选派1名医务人员到绵阳市南山社区服务中心进修学习，与西南医科大学附属中医院协定“2018—2020年，每年县中彝医院选派1名医务人员到西南医科大学附属中医院进修”。

**【项目建设】** 2017年，投入约20万元修建业务临时用活动板房和医疗废物暂存处，投入约15万元新建配电设施，投入15万元开展放射科防护设施建设。

**【业务指标】** 2017年，开放床位15705床日，其中实际占用床位13242床日；治疗住院病人2134人次、门诊量3325人次，其中中彝医药参与治疗率达90%以上、中医药物治疗参与率达50%以上；实现业务收入581.8万元。实际占用床位中，出院病人占用床位达12773床日。

**【便民服务】** 2017年，向县内中小学校共投放流感预防中药约400千克，到洒拉地坡乡、美甘乡共开展巡回医疗义诊4次。

**【人才培养】** 2017年，共开展业务讲座20次，派医务人员参加短期培训40人次，组织讨论疑难危重病症5次。

（审核：某色日打　撰稿：侯小雨）

## 安　监

**【概　况】** 2017年，全县道路交通事故死亡人数同比上升，受伤人数同比下降14.8%，直接经济损失同比上升2.6%；生产安全事故同比下降33.3%，死亡人数同比下降25%。在道路交通、非煤矿山、危险化学品、建筑施工、烟花爆竹、人员密集场所、特种设备和作业场所职业危害方面开展了安全专项整治活动。

**【责任制】** 2017年，出台《昭觉县安全生产综合监管办法》《昭觉县安全生产巡查制度（试行）》；年初，县政府与全县47个乡镇、72个县级部门（单位）和重点企业签订了《年度安全生产目标管理责任书》；督促企业全面落实企业主体责任，以提高安全管理水平，建立“责任落实、基础扎实、投入到位、管理规范”的企业安全生产保障体系，提升企业本质安全水平和事故防范能力。

**【安全隐患排查治理】** 2017年，在道路交通、非煤矿山、危险化学品、烟花爆竹、冶金、建筑施工、水利、电力、农业机械、民爆器材、消防、学校、医院等行业（领域）共排查治理隐患企业（单位）56家、一般事故隐患65起，立即整改53起，下达《责令限期整改指令书》12份；纠正治理一般违章行为22起；对企业整改情况进行复查。

**【执法检查】** 2017年，开展各类安全生产执法检查15次，检查企业56家次，纠正违规违章行为12起。

**【宣　传】** 2017年，发放安全生产宣传资料21843份。

（审核：文　勇　撰稿：冯　满）

## 食品药品和工商质量监管

**【概　况】** 加强监管队伍建设，树立和实践科学监管理念，妥善处理监管与发展的关系，公众利益与商业利益的关系，整顿和规范市场秩序，努力推进依法行政，保障公众消费安全。

**【行政审批】** 2017年，办理公司55户，分公司12户；办理企业3户，农民专业合作社28户，个体工商户266户。同时，对企业和个体工商户开展了“五证合一、一照一码”以及食品经营许可证、健康证的办理工作，对应当变更的个体工商户进行了相关内容的变更。

【食品安全监管】2017年，利用春节、清明节、劳动节、端午节、火把节、中秋节、国庆节、彝族年等重要节庆开展食品安全专项检查；针对学校食堂、城区夜间烧烤、农家乐、食品生产流通及餐饮服务领域开展食品安全检查。

【药品化妆品医疗器械监管】2017年，开展了城区医疗机构及乡镇卫生院药品管理检查、特殊药品专项检查、医疗器械使用质量专项检查、药品流通领域专项检查、脊髓灰质炎减毒活性疫苗糖丸（人二倍体细胞）专项检查、医疗器械经营企业冷链管理监督检查、注射用透明质酸钠的检查、中药材中药饮片专项整治、药品不良反应监测和不合格面膜类化妆品核查处置工作。

【案件查处】2017年，对食品药品和工商质量方面的违法案件及时进行了立案查处，包括了食品生产案件、食品流通案件、餐饮服务案件、医疗器械案件、药品案件和无工商营业执照经营案件。

【市场秩序监管】2017年，围绕大监管、大维权工作，以“红盾护农”为重点，组织开展了一系列农资打假专项行动。全年抽检企业生产产品5批次（水泥2批次，建筑用砖3批次），检定结果均合格；检定集贸市场、超市、食品流通业及餐饮业的在用计量器具（电子秤）45台；周期性强制检定加油站6家的在用加油机28台，检定结果均合格；强制检定民用“三表”（气表、电表、水表）等。

【特种设备监管】2017年，向全县19家特种设备使用单位告知了特种设备安全使用义务，并签订《安全责任书》和《特种设备安全使用承诺书》各17份，全年未发生一起安全事故。截至12月31日，县境内共有特种设备使用单位19家（含一户充装站），包括锅炉、压力容器、电梯、起重设备和叉车。

【消费者权益保护】2017年，开展消费者咨询服务工作，并且消费者投诉案件解决率达100%。

（审核：日火木呷　撰稿：龙国华）

## 交　通

【概　况】2017年，以脱贫攻坚为契机，将交通建设作为扭转县域经济发展僵局的重要抓手，发动社会力量，全力推进“四好农村路”建设，特别是启动通社路建设，努力构建“内畅外通”的综合交通体系。

【通乡油路建设】5月，开工建设支尔莫乡、甘多洛古乡、龙沟乡、久铁洛古乡、补约乡、哈甘乡、宜牧地乡的通乡油路，总里程约71.9千米。12月建设完成。

【通村公路建设】2017年，在比尔乡俄尔阿莫村、波洛乡洛呷村和尔苦村、博洛乡书你子村、哈甘乡瓦伍村、金曲乡金由瓦普村和吧朵村、车莫乡瓦库村等26个脱贫摘帽村共建成通村硬化路97.1千米，总投资5048万元；在波洛乡洛呷村、齿可波西乡纳吉甲古村和体口则洛村、达洛乡洛呷村、大坝乡特洛村、甘多洛古乡瓦莫村、格吾乡井洛村等26个极度贫困村共建成通村硬化路147.6千米，总投资6511万元；在波洛乡洛呷村、博洛乡普洛村、补约乡洼以村和散普村、城北乡瓦尔村、齿可波西乡阿库洛五村和纳吉甲古村以及阿子果祖村等59个村共建成省定村通村公路282.7千米（包括13个退出脱贫村）。

【路侧护栏建设】2017年，继续按照《四川省2016年路侧护栏建设实施方案》要求开展2017年度路侧护栏建设。该项目分为2016年度和2017年度实施，建设总里程73.131千米，县级财政配套资金1375万元，涉及补约乡、哈甘乡、支尔莫乡、甘多洛古乡、久特洛古乡、波洛乡、宜牧地乡、拉一木乡、库莫乡、三岗乡。

【通社路建设】2017年，开工并建成通社通达公路879.6千米，涉及366个农牧服务社；完成471个农牧服务社通社通达公路的前期调查工作和工程可行性研究报告，其中132个农牧服务社已完成设计工作（总里程340千米）。

【汽车站改造工程】 2017年，继续开展昭觉县汽车站原址改造工程建设。

【公路养护管理】 2017年，管养国省干线198.754千米，清扫路面118.8万平方米，清理边沟78万米，撒防滑料15吨。另外，设置和完善了公路安保设施，建设机养中心，购置小型机械设备等。

【农村公路管养】 2017年，完善《昭觉县农村公路管理养护实施方案》，以明确养护责任主体，并将乡道交由县养护队负责养护和管理；对通村硬化道路和地质灾害路段实行机械化养护，以确保管护到位，延长道路使用寿命。县交通运输局分配给县养护队3台50型轮式装载机、3台60型挖掘机和3台农用养护车。县养护队将乡道分为3个片区（一片区为解放片区、四开片区；二片区为新城镇片区、俄尔片区、比尔片区；三片区为竹核片区、古里片区），开展机械清沟、清淤等作业。同时，采取安装通行门、道路两边修建水泥墩等方式（以单桥车辆的标准为最高标准），对通行车辆实施限高、限宽、限重，以加强农村公路超限超载车辆治理。

【公路运政建设】 2017年，开展了4个方面的公路运政建设。一是检测。到西昌车辆综合性能检测评定中心检测的客运车辆占应检车辆的90%、货运车辆占应检车辆的80%。二是运营。全县客运周转量达7703万人·千米，货运车辆的货物周转量达1523万吨·千米。三是规范整顿运输市场。加大路检路查力度，并对“非法营运”车辆依法进行了处理。四是红线区整治。对县境公路红线控制区的违法建筑物（房屋）开展整治活动。具体方法：按照属地管理原则将路政执法机构掌握的违法建筑物交由所辖乡镇人民政府于3个工作日内予以核实，对拒不停止违法行为的，由乡镇在15个工作日内组织力量进行拆除。

（审核：马格日　供稿：县交通运输局）

## 公路管理

【概　况】 昭觉县公路管理局负责管养位于县境内的G245——巴中至金平线、G348——武汉至大理线、G356——湄洲至西昌线、S208线——乌金路。下辖公路养护管理站6个、公路应急和保通中心（简称机养中心）、顺通机械化养护有限公司。

【公路养护管理】 2017年，以预防性养护与日常养护相结合方式，加强公路养护，提高公路使用率，保障人民群众出行安全；每月全面调查管辖路线、制定作业计划、考核工作量、检查养护进度，养护成效与绩效考核挂钩；加强路面保洁力度，提高保洁频率，特别是干河坝、马家院、四开、比尔等养护站对路面抛、洒、滴、漏现象严重的地方安排专人严把死守，做到随脏随扫。全年共清扫路面118.8万平方米，清理边沟78万米，备防滑料21吨，撒防滑料15吨。

【精准扶贫】 2017年，组织职工为所帮扶的金曲乡捐赠扶贫款22.5万元。

【工程建设】 2017年，完成了州公路局安排的团结桥至迎宾台大修改建工程（S307线K507+156—K509+856）2.7千米；完成县委、县政府安排的昭觉大桥至团结桥中修工程1.9千米，完成承建的通乡油路7条共71.9千米、通村硬化路5条共28.7千米。

【桥梁养护】 严格按照“巡查四个一”管理制度，为桥梁数据库资料更新提供充分的理论依据；完善交通安全设施，及时清除各类隐患，确保行车安全。2017年，共开展管养道路安全检查61次，出动人员183人次，排出隐患点56个，安装警示标志标牌54块，安装警示桩2700根，修建钢筋混凝土防撞墙约40米。

【公路保畅】 完善公路应急抢险预案和预防地质灾害应急预案，保证汛期通行能力；加强局、站两级的汛期值班值守工作，及时组织机械、人员、物资到受损公路处治现场，确保在最短时间内抢通便道。2017 年，共清理水毁坍方 37435 立方米、抢修便道 5 次、清理涵洞 13 座、自查桥梁 58 座、冰雪路撒盐 7 次，完成省、州、县安排的抢险保通任务 11 次，投入水毁公路恢复资金 94 万元。

**【公路应急和保通中心建设】** 2017 年，机养中心购置了大型机械设备 10 辆、生产用车 4 辆及小件机械设备。

（审核：丰建忠 撰稿：曾 勇）

# 财政　税务　金融

## 财　政

【概　况】2017年，严格贯彻执行《中华人民共和国预算法》相关规定，合理统筹运用财政政策资源，深化财政改革，强化财政监督，助力脱贫攻坚。

【财政收入】2017年，全县实现公共财政总收入19035万元，占年初预算总收入23631万元的80.55%，减收4596万元。全县公共财政总收入中，实现地方公共财政收入（通常称“地方一般公共财政收入”）12763万元，占年初地方公共财政预算收入14000万元的91.16%，减收1237万元。

【财政支出】2017年，全县执行地方公共财政总支出234222万元，占年初地方公共财政预算总支出159645万元的147%。

【财政监督检查】2017年，监督检查内设相关股室，对检查出的问题及时下达整改通知书并督促整改；抽调机关工作人员组成检查组，先后到县残联、县交通运输局、县扶贫移民工作局、县医院等单位开展专项检查；专项督导各单位2017年度预（决）算公开工作，确保全县各预算单位预（决）算公开的及时性、准确性，广泛接受社会监督。

【绩效评价】2017年，按照“自评”项目及金额占到部门和单位使用财政专项资金30%以上的要求，在产业、民生、行政运行、基础设施方面共评价项目45个，评价金额达59726.59万元，同比增长1.1%；对61个财政性资金投资项目开展财政评审，共有送审金额18426.18万元，审定金额17210.86万元，审减金额1215.32万元，审减率达6.6%。

【会计培训】2017年，组织县财政局举办了年度会计人员继续教育培训。县级机关、企事业单位会计人员分两批开展继续教育培训，参训人员达156人次；还按照有关规定，及时办理137名会计人员的会计证年检。

【政府采购监管】2017年，派出有关人员对县上组织的84次政府采购活动开展现场监督，参与率100%；确定预算单位采购方式申请84件，其中公开招标51次、竞争性谈判8次、竞争性磋商4次、询价采购20次、单一来源1次。

【乡镇财政所规范化建设】2017年，按照“一乡一所”规范化建设要求，进一步加强全县各个乡镇财政所规范化建设。截至12月31日，全县共完成乡镇财政所规范化建设38个，占全县乡镇总数的80%。

【四项基金管理】2017年，通过上级财政补助、本级财政盘活存量和涉农资金整合等方式，使四项基金总额达到了12007.49万元；抽调人员到各乡镇对四项基金的使用管理情况开展财政监督检查，对不符合规定的乡镇督促其整改。

【财政票据管理】 2017年，对县医院、新城镇人民政府、新城镇教育办公室分别开展财政票据专项检查，检查结果为良好；共发放财政票据7464本，其中一般缴款书49本、往来结算票据177本、通用专用票据7238本。

【脱贫攻坚】 2017年，积极响应县委、县政府坚决打赢脱贫攻坚战号召，严格按照“保基本、保民生、促发展”序列安排预算，着力用好增量、盘活存量，全力强化脱贫攻坚资金筹措、使用和监管，并通过补充“四项扶贫基金”和整合涉农资金来基本保障全县脱贫攻坚重点项目顺利实施。一是补充“四项扶贫基金”。共补充“四项扶贫基金”2309.16万元，使其规模达到8140.72万元。其中，补充教育扶贫救助基金70万元，其规模达到370万元，同比增长23.33%；补充卫生扶贫救助基金50万元，其规模达到350万元，同比增长16.67%；补充产业扶持基金2189.16万元，其规模达到7420.72万元，同比增长41.85%。二是整合涉农资金。共整合分散在各部门的涉农资金32909.38万元用于县内急需项目建设。

（审核：何成安 供稿：县财政局）

## 国 税

【概 况】 坚持以党建为引领、以业务为核心、以政务为保障，充分发挥“两个作用”，服务昭觉县经济发展。2017年，县境内国税机关管辖的纳税人共有1979户（一般纳税人92户、小规模纳税人217户、个体工商业户1670户），其中年纳增值税500万元以上一般纳税人的重点企业4户。截至12月31日，全县组织入库各项国税收入10915.76万元，同比增长34.64%。

【增值税管理】 全面推行“营改增”改革，进一步完善稽查“双随机一公开”机制，认真落实税收执法权力清单和责任清单，深入开展企业“五证合一”和个体工商“两证整合”等工作。2017年，新增年缴纳增值税100万元以上的企业纳税人3户；新增达到“营改增”起征点的个体纳税人7户。全年入库增值税9037.32万元，同比增长36.32%。截至12月31日，全县共有年缴纳增值税100万元以上的企业纳税人8户，其缴纳的增值税约占全县国税收入的82.79%；达到“营改增”起征点的个体纳税人43户。

【企业所得税管理】 加强企业所得税征管力度，规范企业所得税预缴和汇算清缴工作，以提高汇算清缴质量。2017年，新增年缴纳企业所得税20万元以上的纳税户有1户；全县企业所得税申报率达100%，全年入库企业所得税1817.38万元，同比增长24.82%。截至12月31日，年缴纳企业所得税20万元以上的纳税人共有7户。

【消费税管理】 加强对小酒厂的管理。2017年，全县入库消费税6.57万元，同比增长64.25%。截至12月31日，全县小酒厂共有11家。

【其他税】 2017年，昭觉县的车辆购置税涉及汽车、摩托车，全年入库车辆购置税34.97万元，同比增长169%；个人储蓄利息所得税因没达到起征点而无收入。

【税收优惠】 2017年，应享受西部大开发所得税优惠的企业有5户，实际享受税收优惠的企业为3户，全年共优惠所得税354.91万元；享受图书批发、零售环节增值税优惠的企业有1户（县新华书店），全年优惠增值税212.3万元；享受小（微）企业增值税优惠的企业共有1114户，全年优惠增值税106.79万元；应享受小型微利企业所得税优惠的企业有201户，实际享受的企业为44户，全年优惠所得税21.45万元；享受从事国家重点扶持的公共基础设施项目投资经营企业所得税优惠企业1户（华能昭觉风力发电有限公司），并实行了“三免三减半”企业所得税优惠。

【纳税服务】 统筹构建“三厅一线”（实体、网络、自助和“12366”热线）多元化办税平台，推进以“网上办税为主、自助办税为辅、实体办税厅兜底”的办税模式，落实实名采集、实名办税、纳税信用评价、推行非接触式服务、纳税人满意度调查、大走访六项减税措施；推进“互联网＋税务”行动，全面融合“纳税人端”“税务局端”“第三方信息端”相关工作，加强第三方信息交换，进一步加大增值税发票管理系统数据应用力度；开展“营改增”政策推送，提供“延时服务”“预约服务”“上门服务”“周末无休息服务”“绿色通道”，推行“三彝”服务（点彝餐——根据纳税人需求定制服务。送餐上门——讲彝语，开展彝汉双语服务，解决沟通问题。扶彝商——为彝族聚居区的彝族纳税人服好务，为民族团结出力添彩）等。2017年，共调查走访纳税人240户次，催办税务登记证77户，补办税务登记证43户；实名采集纳税人信息1041户，采集率76.37%（其中一般纳税人信息采集率100%），采集完整率98.98%；“非接触式服务”推行率达23.43%，县国税局会同县地税局向工商、质监、房产、国土、城建、社保、民政、公安等第三方共采集信息70条。县国税局在全省纳税人满意度测评中位居第八名（凉山州国税系统第三名），较2015年排位提升90位。

**【金税三期工程】** 核查金税工程管理和增值税专用发票，及时分析并组织核查异常数据，规范“一窗式”异常处理方法，自查“一窗式”运行情况，切实开展申报期内抄报税管理工作，以发挥“以票控税”的作用。2017年，全县纳税人采集率、抄报税率均达100%。

**【宣　传】** 2017年，与县地税局共联合开展税收宣传7次，发放税收宣传手册1200册；以需求为导向联合开展服务满意度调查2次，共走访纳税人712户次。

**【税收检查】** 2017年，共开展税收专项整治纳税人7户，其中州国税局下达任务4户、县国税局自列3户（临安市正大土石方工程有限责任公司昭觉县分公司、昭觉县天贸特种合金有限公司、四川省西昌汽车运输集团昭觉公司）。查补入库税803017.97元，其中增值税407079.00元、企业所得税216838.00元、滞纳金162239.00元、罚款16861.97元；共处罚逾期登记20户次。截至12月31日，州国税局下达的税收专项整治任务已查结2户。

**【国税、地税合作】** 2017年，国税与地税的办税服务厅完全融合，全年共联合办理设立登记118户、变更登记89户、采集电子财务报表1次100份；联合开展定额核定43户、欠税管理2户、非正常户管理3户、税收调查6次、纳税信用评价61户；联合稽查企业1户，联合举行会议6次；共同向公安机关移送税收违法案件1起；联合开办纳税人学校6期，共辅导纳税人189人次，节约辅导成本0.9万元；共享内部涉税信息100条；联合开展国税和地税干部培训30人次。

**【绩效管理】** 每天登陆绩效管理系统，以“日常提醒”“随时督办”等管理方式建立绩效管理台账，并上报绩效月运行分析报告和季度分析报告；加强绩效管理全程监控，逐项落实绩效管理工作。2017年，县国税局的绩效工作荣获“全州国税系统第二名”。

**【队伍建设】** 2017年，派送到县外培训19人次，开展夜校培训8次，干部职工受训覆盖率达90%；组织7名青年业务骨干参加全州“岗位大练兵，业务大比武”活动，其中2名进入前20名（1名取得区域赛第一名）。

**【党建党务】** 2017年，设立党建展板、廉政走廊、微信公众号，开设党建工作专栏、“两学一做”专栏、十九大专栏；在县国税局机关、宜牧地乡、则普乡共开展中共十九大精神宣讲16次、中共十九大报告应知应会知识测试等。6月26日，县国税局一支部被州国税局评为“优秀基层党组织”，王洁被州国税局评为“优秀共产党员”。6月28日，县国税局三支部被中共凉山州委评为

“优秀基层党组织”。6 月 30 日，张艳被中共昭觉县委评为“优秀共产党员”。

**【基础设施】** 2017 年，新建税务文化室和税务文化长廊各 1 个，增设了办公楼彝族特色浮雕。

**【精准扶贫】** 2017 年，按照县委、县政府的要求到所帮的宜牧地乡开展中共十九大精神宣讲、驻村帮扶、安全住房建设等精准扶贫工作。全年向宜牧地乡政府捐赠扶贫资金 2 万元，向宜牧地乡中心校捐赠价值 0.27 万元的文体用品，捐款 0.4 万元修建了洼典宜牧地村便道，捐款 4.33 万元给贫困户购买洗漱品 34 套、餐桌 34 套、沙发 12 张、床 12 张、土鸡苗 190 只、棉被 34 床，组织职工向贫困户捐赠衣裤 429 件。

（审核：冯　兰　撰稿：赵世忠）

## 地　税

**【概　况】** 按照“为国聚财 为民收税”的工作宗旨，紧紧围绕组织收入这个中心，完善税源监控、执法保障、纳税服务和绩效考评体系，提高税收征管质效。2017 年，全县共组织征收入库各项地方性税收及附加 3464 万元，同比减少 2242 万元，同比下降 39.29%；开业设立登记个体工商户 4 户、企业 6 户。截至 12 月 31 日，全县归地税征收的企业正常户共有 104 户，个体工商户正常户共有 787 户。

3 月，蒋子庄被昭觉县妇联授予“巾帼建功标兵”“巾帼优秀工作者”。6 月 6 日，昭觉县地税局被县总工会授予“2016 年度工会工作先进单位”称号。是月，蒋子庄被昭觉县委授予“优秀共产党员”称号。7 月，昭觉县地税局被县总工会、县民族宗教事务局、县文化广电新闻出版和体育旅游局授予“昭觉县 2017 年‘迎七一·铸党魂’创民族团结进步示范县职工运动会优秀组织奖”。10 月 16 日，昭觉县地税局被四川省地方税务局授予“集中连片贫困地区脱贫攻坚工作中地税系统先进集体”称号。

**【税收政策】** 12 月 1 日起，四川省实施水资源税改革试点（四川省作为全国第二批水资源税改革试点省份），昭觉县同步开展水资源税改革试点。

**【资源税征管】** 创新资源税征管模式（建筑安装行业资源税由项目单位进行源头管控、代扣代缴与自行申报相结合、税务机关定期核查的征收管理方式），以有效避免税收流失。2017 年，全县共组织征收入库资源税 459 万元，入库数同比净增 293 万元，同比增长 176.51%。

**【房产税征管】** 核查房屋出租情况，加强房屋出租管理。2017 年，全县共组织征收入库房产税 174 万元，同比净增 80 万元，净增率 85.11%。

**【营业税征管】** 2017 年，全县共组织征收入库营业税 34 万元。

**【个人所得税征管】** 2017 年，全县共组织征收入库个人所得税 881 万元。

**【车船使用税征管】** 2017 年，加大车船使用税的代征监管力度，并组织征收入库车船税 94 万元。

**【印花税征管】** 2017 年，全县共组织征收入库印花税 66 万元。

**【耕地占用税征管】** 2017 年，全县共组织征收入库耕地占用税 86 万元。

**【契税征管】** 2017 年，全县共组织征收入库契税 249 万元，其中昭觉县庆林驾校有限责任公司在新城镇跳坝村跳坝社占用林地修建驾校场地而缴纳契税 89.85 万元。

**【国税、地税合作】** 2017 年，与县国税局联合办理设立登记纳税人 213 户、变更登记纳税人 76 户、注销登记纳税人 2 户；联合进驻县政府政务服务大厅办税服务场所；联合开展纳税人培训 5 期，参加培训的纳税人达 110 人次，节约培训成本 0.5 万元；联合开展纳税人满意度调查、纳税信用评价、稽查等；在税收宣传月（第 26 个），以“深化税收改革，助力企业发展”为主题联合开展税收宣传活动，并进乡村、进企业、进社区、进学校共发放宣传资料100份，收集到企业反映纳税服务、财务报表繁琐问题2个。

**【扶贫帮乡】** 2017年，县地税局仍然帮扶地莫乡波作村、瓦古村、二五村、俄苦村，继续派4名职工担任驻村第一书记开展帮扶工作，组织职工轮流开展驻村工作。工作中，严格按照“一户一策”思路，在走访的基础上，分别从移风易俗、产业扶贫、教育扶贫等方面入手，制定了每一户的帮扶方案；鼓励外出务工，鼓励发展核桃产业、本地黑猪、土鸡养殖等项目；走村入户宣讲中共十九大精神，向贫困户赠送洗漱用品和毛毯。

**【支部换届】** 11月16日，中共昭觉县地方税务局总支下属3个支部开展换届选举。支部委员会以无记名投票方式，差额选举产生；支部书记以等额选举产生。选举结果：阿西体姑当选机关支部书记、蒋子庄当选第一税务所支部书记、土比拉坡当选第二税务所支部书记。

**【党风廉政建设】** 2017年，共签订党风廉政建设主体责任书18份、党风廉政监督责任书12份、党建工作责任书6份；全局28名党员完成学习《习近平总书记系列重要讲话》《从严治党的各项规定和要求》等笔记92篇；在民主生活会上共提出批评意见20条；购买党建读物230册。

**【队伍建设】** 2017年，共组织参加上级税务机关安排的各类培训8次，参加培训人员达28人次（初任培训4人次、专门业务培训24人次）。

（审核：吉俄洛也　撰稿：雷国忠　田治艳）

## 人　行

**【概　况】** 中国人民银行昭觉县支行负责对凉山州东部五县（昭觉、布拖、金阳、美姑、雷波）金融机构履行货币政策、金融稳定、金融服务、“两反一征”（反假货币、反洗钱、征信）等工作。2017年，继续坚持稳中求进的工作总基调，主动适应经济发展新常态，认真贯彻落实稳健货币政策，维护辖区金融稳定，深入推进金融精准扶贫，大力提升金融服务水平，促进凉山州东部五县经济社会持续健康发展，昭觉县内银行机构贷款总量较2014年增长了1.96倍，新增贷款年均增幅位居全州第一；县外银行机构信贷投入由2014年的740万元增加到6.34亿元。截至12月31日，辖区五县共有各项存款余额2138654.22万元，同比增长12.17%；各项贷款余额446280.35万元，同比增长16.21%。其中，昭觉县各项存款同比增长比其他四县高0.6个百分点，贷款同比增长比其他四县高5.96个百分点。

**【货币政策】** 密切协调联动各部门，有效贯彻落实稳健的货币政策。截至12月31日，昭觉县各项存款余额457201万元，同比增长12.78%。其中，储蓄存款余额为223219万元，同比增长14.10%。各项贷款余额89792万元，同比增长22.17%。

**【金融精准扶贫】** 2017年，从四个方面继续推进“央行扶贫再贷款+个人精准扶贫贷款”金融精准扶贫到村到户模式。第一，引导农商行按照“整片推进、档案先行、守信激励、产品创新”的原则，以整村推进的方式开展评级授信和享受利率优惠的贷款发放，倒逼农户提升信用意识；推动“家支+农户”“家支+干部+农户”的贷款运作模式。截至12月31日，对16235户农户进行了评级授信，授信金额达50471.7万元；县农商行、县农行、攀枝花商业银行以农户与家支、干部联保等方式，先后向有生产能力的8409户建档立卡贫困户共发放个人精准扶贫贷款27015.7万元（源于央行扶贫再贷款资金13545万元），其中扶贫小额贷款22372万元（涉及建档立卡贫困户6030户，惠及贫困人口25487人）。第二，组织金融机构先后到支尔莫乡“悬崖村”、特口甲谷乡特口甲谷村举办贷款集中发放仪式（变坐等贫困户到银行贷款为主动到贫困户家门口发放贷款），共为78户贫困户集中发放个人精准扶贫贷款243万元。第三，将支尔莫乡“悬崖村”、特口甲谷乡特口甲谷村、特布洛乡谷莫村、洒拉地坡乡尔打火村创建为全州首批金融精准扶贫示范村。第四，积极开展融资对接，培育脱贫攻坚带动企业，为“三农”和中小微型企业发展注入新鲜“血液”。2013—2017年，累计为昭觉县对接签约项目23.5亿元（其中已完成对接项目11.21亿元），涉及项目24个，涉及中小微型企业16户、农户4816户。

**【金融服务与管理】** 2017年，为解决昭觉县金融服务空白等问题，以农村支付结算环境、诚信建设、金融知识普及宣传教育为重点，促使贫困群众转变观念，共享现代金融发展成果。第一，大力推进“迅通工程”建设，使金融服务在昭觉县通电、通电话的乡镇、村实现全覆盖。截至12月31日，全县共设置金融机构网点13个，布放ATM机29台（其中3个乡镇6台），布放（在城区）POS机80台，设立助农取款服务点429个（涉及253个村），覆盖率由2011年的5.59%提升至93.4%。第二，提升经理国库水平和质量。积极开展昭觉县财政、国税、地税、银行机构的横向联网工作。全年支库业务量48817笔，共收纳入库资金27054.56万元，办理预算支出261159.42万元。第三，强化信用体系建设，推动县政府出台《关于加强“信用昭觉”建设的实施意见》，形成政府主导的社会信用体系建设工作机制；通过培植信用户、信用家支，创建信用村（乡）等方式，“以点带面”推动昭觉县“四信”创建，促使全县农户的贷款回收率达98%。截至12月31日，昭觉县创建了“信用家支”示范村1个，评选出“信用家支”36个、州级信用乡1个、州级信用村8个（无不良贷款）、县级信用村15个，并将支尔莫乡阿土列尔村的某色家支、解放乡火普村的吉色家支等36个家支命名为“信用家支”。

（审核：沙马衣合　撰稿：郑学军）

## 农　行

**【概　况】** 紧扣金融扶贫工作总基调，以风险防控为抓手，以增收创利、提升市场竞争力为目标，夯实“双基”管理，激发队伍活力，实现各项业务均衡增长。

**【存　款】** 通过强化网点转型、强化精细化管理、增加渠道建设等方式提供优质、高效、便捷的金融服务，以抓存款、保份额，做到负债业务稳定增长。截至12月31日，全行存款余额208659万元。

**【贷　款】** 遵循“夯实管理基础，提升价值创造”经营管理理念，加大对个人消费、个人助业、房抵贷、随薪贷、农户小额贷款的信贷投放力度，有效支持地方经济发展。截至12月31日，全行各项贷款余额38951万元。

**【中间业务】** 2017年，实现理财、保险、银行卡、自助机具、贵金属等中间业务收入545万元。

**【脱贫攻坚】** 紧紧围绕县委、县政府扶贫攻坚总规划，把脱贫攻坚工作纳入第一目标任务，把金融扶贫作为助推农行发展的第一动力，把扶贫攻坚作为第一责任，着力开展县域建档立卡贫困户贷款、农村生产经营贷款、农民购建房贷款以及支持地方经济的各类涉农贷款；加大帮扶力度，全力开展结对帮扶工作。2017年，依托政府设立的风险补偿基金对20个乡的49个贫困村的581户建档立卡贫困户实施信贷支持2828万元；完成82个村5152户农户的信用评级及授信，授信总额达7409万元；通过银讯通助农取款服务点完成交易42.5万笔，交易金额达8188万元；向所帮扶的且莫乡政府和3个帮扶村共赠送桌椅50套，向古尔觉村45户贫困户赠送床、简易衣柜、桌椅45套，以“以购代捐”方式销售群众的荞麦面粉452盒，帮助古尔觉村贫困户及村级集体经济实现增收16888元。截至12月31日，全县累计发放惠农卡22785张，布放银讯通助农取款服务点

229个，乡镇布放银讯通助农取款服务点覆盖率达100%，行政村布放银讯通助农取款服务点覆盖率达84.5%。

【助农取款点建设】3月，在“悬崖村”成功设立首个金融系统助农取款点，与之前设在通往“悬崖村”山脚下天梯旁的助农取款点相呼应，极大地方便了当地群众，标志着农业银行搬进了“悬崖村”。该做法得到了省委、省政府的肯定，中央电视台也做了专访。

【荣　誉】5月13日，农行昭觉县支行员工协助中央电视台在“悬崖村”拍摄的微电影《普惠金融便利彝家乡亲》在中央电视台军事·农业频道的“聚焦三农”栏目播出。5月22日,《普惠金融便利彝家乡亲》在中国农业银行总行微信公众号“品牌农行”栏目上播放，并入选中国农业银行总行的党建宣传片。12月5日，农行昭觉县支行员工和服务点代办人员全程参与拍摄（在“悬崖村”）的微电影《爱无距离》在央广新闻微信公众号（网络）上播出。6月13日，支尔莫乡阿土列尔村、特布洛乡谷莫村被中国人民银行凉山州中心支行授予“凉山州首批金融精准扶贫示范村”称号。

（审核：邹海英　撰稿：曾玲燕）

## 农商行

【概　况】以“六大工程”为主线，以业务发展为中心，以支持“三农”为重担，以服务“三农”、支持县域经济发展及金融助推精准扶贫为己任，充分发挥农村金融主力军和联系农民金融纽带作用，为全县经济发展及脱贫攻坚做出了积极的贡献。2017年，调整了班子成员。截至12月31日，凉山农村商业银行股份有限公司昭觉支行（以下简称昭觉支行）机构设置仍然分为本部和机构网点。本部设有4个部门（综合管理部、业务发展部、合规风险部、运行管理部），机构网点设有10个（简易网点1个、营业部1个、分理处8个）。另外，还设有金融空白乡镇流动服务联络点20个、助农取款服务点211个。全行在职职工83人，其中大专及以上文化程度77人（占93%）；退休职工49人。昭觉支行投放到县境内的各项贷款余额（包括票据余额）较年初净增0.74亿元。

【存贷规模】坚持稳步发展不停顿，推动规模效益猛上台阶，加大渠道业务发展力度，拓宽业务经营范围和金融服务工作，确保不良贷款稳步下降，资产质量全面提高。2017年，全行新增短信银行客户6570户、手机银行客户7468户、POS机具10台、ATM自助银行设备6台。截至12月31日，全行存贷规模达26.39亿元。其中，各项存款余额21.31亿元，增幅16.79%；各项贷款余额4.36亿元（属剔除票据余额的数据），增幅19.76%。拥有POS机具存量57台，电话支付终端（简称EPOS）存量211台，ATM自助银行设备存量22台，短信银行签约客户达22803户。

【助农致富】积极响应金融扶贫惠农政策，始终将支农致富作为金融服务的重心，开展金融扶贫惠农工作。2017年，共代发各类涉农补贴资金41016万元。其中，三项补贴2232万元，农村低保11219万元，农村五保456万元，退耕还林补贴4340万元，草原奖补资金773万元，“彝家新寨”资金2641万元，易地扶贫搬迁资金12654元，特抚（优抚）补助资金310万元，集体公益林生态效益补偿资金217万元，生态护林员补助资金159万元，整合资金1116万元，三峡风貌打造资金2622万元，中央造林补贴640万元，棚圈建设437万元，其他补助资金1200万元。

【公益帮扶】2017年，共捐赠公益帮扶资金150.9万元。其中，向普诗乡李子村小学捐赠修建食堂、浴室款10万元；向对口帮扶的普诗乡杉树村和阿拉米村共捐赠价值1.25万元的大米和毛毯等物资；向支尔莫乡阿土列尔村捐赠价值5万元电视机、帐篷、桌椅、餐具、冰柜等物资；向普诗乡杉树村和李子村共捐赠价值6500元的雨靴、面盆等物资；结合支部共建活动，向结对帮扶的普诗乡李子村、阿拉米村、杉树村和解放乡火普村的贫困户共捐赠价值1万元的毛毯；在特布洛乡、三岔河乡、解放乡、普诗乡、洒拉地坡乡的贫困村开展“暖冬行动”活动时，共捐赠了价值12万元的简易衣柜、书包及橱柜等物资；在昭觉县“扶贫日”活动中捐赠1万元，向县扶贫移民局捐赠风险基金20万元，向昭觉县“雏鹰圆梦”基金捐赠100万元。

**【荣　誉】** 2017年，昭觉支行获得了5项荣誉：6月20日，昭觉支行被四川省农村信用社评为“四川农信精准扶贫先进支行”；7月1日，昭觉支行被凉山农村商业银行评为“2017年度先进基层党组织”“2017年度优秀共产党员示范单位”；7月1日，昭觉支行被中共昭觉县委评为“优秀党组织”；11月30日，昭觉支行获得凉山农村商业银行“合规教育知识竞赛及演讲比赛”团体三等奖。

（审核：张正浩　撰稿：李　媛）

## 人　保

**【概　况】** 2017年，实现保费收入1746万元，同比增长10%。其中，车险717万元，同比增长–2.30%；农险683万元，同比增长11.97%；非车险346万元，同比增长4.31%。共赔款1100万元，其中车险300万元、农险700万元、非车险100万元。

**【精准扶贫】** 2017年，筹集资金为支尔莫乡“悬崖村”承保了自然灾害公众责任险，为解放乡火普村承保了农房险、大棚险、草莓险、羊肚菌险、肉牛险等；向所帮扶的美甘乡贫困户捐赠了大米、菜籽油、面条、洗脸盆、面巾、牙膏、牙刷、香皂等生活用品；安排2名干部到美甘乡开展驻村工作。

（审核：陈昌林　撰稿：吉色有格）

# 国有控股企业

## 自来水公司

**【运　营】** 2017年，供水量同比增长4.3%；实现产值410万元，同比增长37.6%；材料支出13万元，同比下降40.9%；维修支出16万元，同比增长45.5%；净水剂和消毒品支出32万元，同比增长39.1%。新增报装户数220户，安装智能水表662户。

**【供水设施维修】** 9月21日晚，山体滑坡导致后山水源处断水后，为保证县城的正常用水，于9月25日至10月7日进行补水。2017年，抢险引水主管20次，安装Φ200的管道300米、Φ63的管道780米、Φ20—Φ50的管道3860米。

**【重点工程建设】** 12月13日，饮水补水工程通过竣工验收。截至12月31日，第二水厂建设项目（二期）已完成测绘工作，并征地2.384公顷，设计、可研、环评、造价预算等正在进行中。

**【其他工作】** 2017年，按季度委托西昌市疾控中心对县自来水公司的进水口、出厂水、末梢水等进行采样化验分析，保证供水水质综合合格率达97%；内部出版《昭觉县自来水有限责任公司志（1965—2015）》；每周对10处供水管线隐患点排查2次；在县城范围内共排查出消防栓隐患43处，并进行了更换。

（审核：罗小雷　供稿：县自来水公司）

## 烟草公司

**【经济运行】** 2017年，实现销售额15409.46万元，完成税利3881.46万元（账面利润3262.07万元，上缴税收619.39万元）。上缴税收包括增值税552.17万元，附加税67.22万元。

**【市场营销管理】** 2017年，全县共有卷烟零售商412户，全年销售卷烟6137.54箱（其中川烟自有品牌803.14箱、娇子系列卷烟253.33箱），同比增长7.50%，增幅居全州第五，实现100%网上订货和100%电子结算；实现单箱销售收入25106.88元，同比增长4.94%。

**【执　法】** 联合公安机关深化市场监管协作长效机制，扎实开展专卖专项整治，有效、高效、长效监管卷烟市场。2017年，检查卷烟市场150次，出动烟草执法人员430人次，其中联合公安人员出动烟草执法人员180人次；查获各类卷烟违法案件29起，其中5万元案件2起，立案处理29起；查获各类违法卷烟3706.3条，其中假烟3002.2条，涉案金额达38.81万元。

**【扶贫攻坚】** 2017年，县烟草专卖局（公司）仍然帮扶洒拉地坡乡姐把哪打村，继续与当地乡、村党委和老百姓面对面分析致贫原因，共商脱贫良策，挨家挨户宣传并指导移风易俗好习惯，鼓励彝族群众依托产业培育，做好、做精、做细扶贫基础工作，下足绣花功夫，打好脱贫硬仗。通过精准扶贫，全村摘掉了贫困村帽子而退出。截至12月31日，姐把哪打村的建档立卡贫困人口人均纯收入达5410元。

（审核：周明元　撰稿：张宜强）

## 移动公司

**【概　况】** 紧紧围绕“转型提升年”主题，整合岗位职责，精细内部管理，着力打造精品网络，强力拓展规模效益。截至12月31日，运营收入达7621万元；建成电信普遍服务村村通宽带网络208个，改造小区光缆（到户）5742户（每户的互联网带宽最高达100M）。

**【市场发展】** 2017年，建成校园直销队伍，发展智能学生证及各校园用户3000户；继续抓控维系实体渠道，以提升电子渠道宣传及营销能力，带动数据流量和4G业务发展，全年共发展4G用户37561户，4G流量同比增长120%。

**【精准扶贫】** 2017年，继续派驻村第一书记开展脱贫攻坚工作；2次到所帮扶的格吾乡向贫困群众发放物资；投入50万元为格吾乡所有村社铺设了互联网线。

（供稿：移动公司昭觉分公司）

## 电信公司

**【电信经营】** 围绕企业发展中心，坚持提升市场份额和有质量的规模发展为原则，以电信电视发展为切入点，以手机规模发展和光网宽带为重点，加大电信产品营销力度，加快发展方式，大力拓展客户市场。2017年，在库依乡、柳且乡、大坝乡、博洛乡、庆恒乡、解放乡、洒拉地坡乡共开设电信益农信息社14家。

**【电信网络建设】** 按照集约、高效、规范的原则，以通信扶贫建设为主导，加强网络基础设施建设，不断提升网络覆盖能力，2017年，建成3G通信基站站点3个、4G通信基站站点17个，开通了25个乡54个行政村的FTTH工程，新建中继光缆80千米。

**【电信服务质量】** 加大对营业主厅、社会厅、网格厅和合作伙伴服务质量上的监督、检查和考核，树立企业良好形象，快速提升电信服务品质；开展装维和客户服务工作，客户投诉处理及时率达100%，中高端客户保有率达98%。

**【通信保障】** 2017年，及时预检预修通信设备设施，防汛、防火、抗震减灾各种应急通信物资准备到位；进一步落实领导值班制度，切实保障党、政、军抢险指挥和重要客户的通信需求。

（审核：柳朝阳　撰稿：夏研云）

## 电力公司

**【生产经营指标】** 2017年，共实现营业收入7648.44万元，完成利润120.67万元，净资产收益率0.73%，资产周转率8.89%，成本费用利润率1.58%；完成综合线损率13.54%，同比下降1.16个百分点。综合购、售电均价差0.1777元/千瓦时，电费回收率、检修完成率均达100%，供电可靠率达98.57%。

**【安全工作】** 1月，与各部门签订安全生产目标责任书和员工“零违章”承诺书，规范安全基础资料范本216本。其中，安全工器具使用台账27本，班长工作日志25本，班前班后会议记录27本，供电报修记录16本，学习会议记录35本，隐患整改通知书19本，事故隐患排查治理档案47本，线路巡查记录20本。全年开展“三种人”培训4次、“两票”培训6次，开展集体性考试3次；开展安规考试3次，行车取证培训3人，特种作业取证培训2人，职工安全教育1次，月安全例会安规培训12次；举办集团安全管理员培训2次（38人取得证书），集团站所长培训1次5人；开展集中性安全用电知识宣传2次，节能减排和保护电力设施知识宣传1次，共发放宣传资料约7万份；开展应急演练4次（解放沟供电所滑坡治理工程应急演练1次，防地质灾害演练1次，竹核110千伏变电站防洪应急演练1次，安监部组织各站所开展春季防火演练1次）；开展春季安全生产大检查1次，集团中间大检查4次，汛期安全检查6次。全年共排查安全隐患73处，整改73处，投入安全方面的资金64.39万元。

**【建设维护设备】** 2017年，检修维护竹核四级电厂、庆恒电厂、昭觉电厂、大桥电厂、庆恒变电站、竹核变电站、俄尔变电站、且莫供电所的设备，完成金阳、美姑、昭觉三县联网工作；新建“悬崖村”35千伏变电站。

**【基本建设】** 2017年，开展三个方面的建设。一是精准扶贫建设电力配套设施工程建设。该工程计划投资3118万元，覆盖40个乡镇的93个贫困村，受益农户3560户。截至12月31日，完成了总工程量的70%。二是农网项目。实施2016年第一批农网项目。截至12月31日，共完成投资2639.7万元，已解决37个乡镇140个村5743户的用电问题。三是“悬崖村”电力建设。该建设工程下达投资计划1794万元，由能投建工集团承建并于9月进场，12月中旬竣工投运，

**【新能源建设】** 2017年，践行集团“十三五”战略发展规划，与四川中贯新能源科技开发公司成功组建了凉山中昭新能源开发科技公司（占股20%），并开展相关建设工作。通过建设，200千瓦光伏发电于12月投运。

**【荣　誉】** 2017年，组队参加四川省电力集团“安康杯”和凉山州“安责杯”安全知识竞赛，并分别获得第三名。

**【精准扶贫】** 2017年，按照县委、县政府的安排继续实施电力项目扶贫外，选派2名驻村干部到对口帮扶的庆恒乡的2个贫困村开展帮扶工作，并捐赠了物资。

（供稿：四川昭觉电力有限责任公司）

## 国投公司

**【概　况】** 昭觉县国有投资发展有限责任公司成立于2008年7月23日，实行企业化管理，注册资本人民币6646.3万元。主要经营范围：对政府划转的国有资产（资源）进行合理地开发和利用，并对收益进行统一的监督管理，确保国有资产（资源）保值增值。内设5个部门：综合部、财务部、规划项目部、资产经营部、投融资（法务）部。下设全资子公司5家。

**【易地扶贫搬迁投资】** 2017年，昭觉县计划实施易地扶贫搬迁安置1427户5737人，计划投入资金34490.6万元，实际到位资金34490.6万元。通过建设，易地扶贫搬迁工程的建房总成本（或购房总支出）149110080元，其中补贴资金136591080元，对农户的建房补助资金占建房成本的91.6%。

**【其他工作】** 3月，完成斯穆补约水库可研报告评审工作，计划总投资3.2亿元。4月，协助德昌蔬菜藏业公司在竹核乡建设大棚蔬菜基地33.33公顷，投入资金3500万元。9月，拍卖昭觉县新城镇步行街12间门市。10月，完成了昭觉宾馆周边66户商（住）户的拆迁工作，县城污水处理厂主体工程完工。11月，为共同开发昭觉县光伏扶贫发电项目，与四川晟天新能源有限公司合资成立四川晟昭新能源公司（县国有投资发展有限责任公司占股25%，四川晟天新能源有限公司占股75%），项目建设分为四期进行，总投资11亿元，其中一期建设投资2.4亿元，计划每年向贫困户分红1000元/人，且选定了厂址；原县砖瓦厂的老职工及其周边农民的拆迁安置工作全面完成。12月，设立易地扶贫搬迁项目资金专户。

（审核：胡忠华　供稿：昭觉县国有投资发展有限责任公司）

# 教 育

## 综 述

**【概 况】** 全面贯彻落实党的教育方针和教育规划纲要，紧紧围绕全县工作大局，深化教育领域综合改革，推进基本公共教育服务均等化，推动各级各类教育协调发展；以大小凉山教育振兴计划、县域内教育均衡发展为着力点，逐步缩小区域、城乡、校际差距。截至12月31日，全县共建有各类学校201所，其中高完中2所、农村初级中学7所、九年一贯制学校2所、村完小及以上小学60所、小学教学点122个（不足100人的小规模学校21所）、幼儿园8所（私立幼儿园4所）；建有“一村一幼”幼教点282个。全县拥有中小学教职工2245人，幼儿园教职工98人，临聘幼儿辅导员597人。全县共有学生76768人，其中中小学生54062人（小学41379人、初中9517人、高中3166人）、学前教育学生22706人（“一村一幼”学生9070人）。各类学校中，寄宿制学校有54所，全县春季学期共有寄宿制学生24608人（小学13889人、初中7711人、高中3008人），秋季学期共有寄宿制学生28786人（小学16220人、初中9458人、高中3108人）。全县学前教育三年毛入园率89.76%；小学阶段入学率99.28%（女童入学率99.27%），辍学率0.12%，毕业率99.82%；初中阶段入学率95.29%，辍学率0.55%，毕业率99.67%。全县残疾儿童入学率60.05%，15周岁初等教育完成率98.56%，17周岁初等教育完成率86.24%。

**【基础设施建设】** 2017年，全县教育基础设施建设涉及续建、新建、协建三个部分。一是续建项目。5月4日，总投资4500万元的万达爱心学校动工修建；民族中学玛增依乌高中部继续开展前期建设的准备工作；昭觉县温州商会爱心学校一期工程竣工并投入使用，总投资860万元。二是新建项目。上级下达给昭觉县的教育工程单体建设项目33个，涉及学校28所，规划建设面积42714.47平方米，其中有1个项目被州教育局核减530平方米；计划总投资8015万元，其中被核减面积的项目核减资金150万元。截至12月31日，竣工项目1个（建筑面积80平方米），开工建设项目13个（建筑面积17004.47平方米），处于工程预算阶段项目6个，处于图纸设计阶段项目10个，开展地勘项目1个，等待州教育局调规复函项目1个，因核减后资金不足等待下年实施项目1个。三是协建项目。州教育局计划在昭觉县负责新建乡镇幼儿园31所，而昭觉县只协助开展“三通一平”工作。截至12月31日，31所乡镇幼儿园的建设用地已全部落实，其中30所幼儿园已完成地勘、测绘和“三通一平”工作。

**【教育装备建设】** 2017年，制定《昭觉县教育信息化规划与建设方案》，并统筹教育信息化建设资金3829.38万元。其中，2016年度“全面改薄”

第二批项目资金498万元，2017年度“全面改薄”项目资金1884万元，行动计划资金112万元，生均公用经费1335.38万元。所购置的教育装备包括：53所学校的实验仪器和音体美器材及图书，32所学校的节能饮水机，22所学校的28间计算机网络教室，6所学校的校园一卡通系统，12个班级的电子书包教室，10所学校的平安校园视频监控系统设备，250名教师的云办公电脑，2所学校的网络考试系统，73所学校的图书回溯建库设备，53所学校的校园无线wifi全覆盖设备，多媒体“班班通”教学设备154套，学校网络机房设备53套，教育城域网中心机房设备。

**【基础教育】** 制定《昭觉县教育扶贫专项2017年实施方案》《昭觉县学校布局调整及建设规划实施方案（2017—2020年）》《凉山州振兴计划校舍建设规划（2018—2020）》《县域内教育均衡发展规划》，拟新增寄宿制学校9所，改扩建寄宿制学校41所，估算总投资2.39亿元；在20所学校设立了少年宫，作为学生校外活动场所；组织16个项目参加凉山州第32届青少年科技创新大赛，并获奖11个；组织学生参加四川省体育局举办的青少年大众跆拳道比赛，摘得1金1银1铜，集体荣获“体育道德风尚奖”；组织学生参加凉山州第五届运动会暨少数民族传统体育运动会，摘得1金2铜；参加省、州美术作品大赛，获一等奖4个、二等奖13个。东方红小学足球队代表凉山州参加全国青少年足球四川分赛区比赛，荣获亚军；日哈乡中心校参加“姚基金”篮球全国赛，勇夺小组冠军。

**【教育扶贫救助】** 继续利用昭觉县教育扶贫救助基金会开展教育扶贫救助。昭觉县教育扶贫救助基金会救助对象是享受现有教育保障制度、普惠性教育资助政策和其他助学帮扶政策，但仍然存在与求学直接相关的特殊困难的农村建档立卡贫困家庭子女。目的是通过救助避免农村建档立卡贫困家庭因经济原因而辍学。救助基金的申报程序是个人申请、村级初审、乡镇复审、公示、县级教育部门审定拨付。当年脱贫建档立卡贫困户家庭学生资助标准为高一学生1300—1500元，高二学生1400—1600元，高三学生1500—1700元；未脱贫建档立卡贫困户家庭学生资助标准为高一学生1000—1200元，高二学生1100—1300元，高三学生1200—1400元。需要超过标准救助的特殊困难家庭子女，要根据家庭实际困难情况报县政府批准后实施救助。2017年，全县共筹集教育扶贫救助基金370万元，其中省级资金50万元、县级配套资金180万元、社会捐赠资金140万元。为16名大专贫困生发放资助金2万元，为277名普通高中学生发放资助金35.11万元，基金使用率为10.03%。为548人发放建档立卡学生特别资助政策专项资金117.7万元；按每个学生每年2000元的标准，为1228名高中学生发放普通高中国家助学金245.6万元；为77名家庭经济困难新入学高校学生拨付车旅费及入学后短期的生活费4.5万元；为965名大学生发放生源地助学贷款751.07万元，生源地助学贷款借款人在学生读书期间的贷款利息由财政全额补贴；为198名中职（技工）学生发放建档立卡特别资助金9.9万元，为258本专科学生发放建档立卡特别资助金103.2万元；奖励（资助）家庭经济困难优秀学生510人，发放东方电气集团—昭觉县奖学金、助学金30万元。与四川攀西绵阳南山国际学校、四川省绵阳市涪城区等优质教育资源学校和地区签订对口帮扶协议，到攀西绵阳南山国际学校就读的建档立卡贫困户家庭子女所需费用由政府承担。

**【学前教育】** 以乡镇幼儿园、义务教育阶段学校附设学前班为中心，以“一村一幼”为依托，以民办幼儿园为补充，继续采取“彝汉双语”教学的模式推广普及以培养彝族儿童汉语基础为主要任务的学前三年教育。2017年，除所有幼儿园和“一村一幼”幼教点开展学前教育外，小学校还附设了学前班 182 个，使全县普惠性学前教育覆盖率、一年级接受过学前教育的学生比例均达 100%。

**【教育扶贫资金拨付及监管】** 一是资金拨付。2017 年，全县共拨付教育扶贫资金 15710 万元。其中，免除幼儿保教费 1884.15 万元（县级配套 77 万元）；拨付幼儿补助资金 1142.26 万元，涉及在园幼儿 22369 人；拨付学生公用经费 3248.86 万元，涉及实施“三免一补”的九年义务教育在校学生 50896 人和补助公用经费的高中学生 3166 人；拨付寄宿制学生生活补助资金 4540.87 万元（义务教育学生 4018.63 万元，高中学生 522.24 万元），涉及寄宿学生 28786 人；减免普通高中在校学生的学杂费和教材费 458 万元（县级配套 100 万元），涉及学生 3166 名；拨付义务教育阶段学生营养改善计划专项资金 4435.86 万元（县级配套专项资金 200 万元），涉及学生 50896 人。二是财务审计。2017 年，出台《昭觉县 2017 年教育内部审计工作实施方案》，并对 55 所中小学校的 2016 年财务收支情况进行审计检查，涉及资金 10573.89 万元；对 3 个教办主任、1 所农村中学校长、7 所乡中心校校长开展任期内财务审计。

**【技术培训】** 2017 年，以建立培训示范基地为切入点，共实施农村实用技术培训 21868 人。

**【招生工作】** 一是初中。2017 年，采取“集中办学、就近入学”原则，结合“应读尽读”要求，在县境内共招收初一学生 3967 人。参加中考的初中毕业生共有 2013 人，其中被五年制高职院校录取 122 人、被三年制中专学校录取 133 人、被“9+3”学校录取 830 人。二是高中。2017 年，从县境内学校的初中毕业生中共招收高一学生 900 人。参加高考学生 1165 人（一类模式学生 625 人，二类模式学生 499 人，对口高职 41 人），其中上省控线 1075 人（一类模式 577 人，二类模式 474 人，对口高职 24 人），上线率 92.27%。

**【教育科研】** 2017 年，出台了《昭觉县农村中小学教学质量绩效奖惩实施意见》，并实行教学质量检测月考制度。具体做法：学校每月对月考成绩进行分析，找准不足之处。县教科局每学期形成质量分析报告，对农村中小学教学质量进行通报。11 月，组织全县“生本教育”骨干教师对生本基地校进行督导评估，并完成了 18 所“生本教育”基地校申报工作；各级各类学校立项在研国家级、省级、州级课题共有 28 项；“民族地区‘生本教育’推进策略”子课题继续在各校推广实施；四川省教育科研重点课题“彝族聚居区‘生本教育’实践活动”顺利结题。

**【教师队伍建设】** 2017 年，通过五个方面开展教师队伍建设。一是补充教师。全县共接收免费师范生 12 人，考聘特岗教师 34 人，公开招考小学教师 36 人、农村幼儿园教师 5 人，公开考核聘用教师 12 人。二是继续教育。共组织学校校长和教师参加各级各类培训 1503 人次，其中国培计划 73 人次、省级培训 268 人次、州级培训 308 人次、县级培训 854 人次；通过举办“‘生本教育’小学青年教师课堂大赛”“‘生本教育’培训暨国学经典诵读”“一师一优课、一课一名师”“‘生本教育’推进会”，邀请省、州教科所专家和德阳市旌阳区学科带头人及优秀教师到昭觉讲学，不断提升教师的教学水平。三是职称评定。完成了 71 名教师资格认定、1402 名教师定期注册资格证书的贴花发放、全县专业技术职务小等级晋升审核工作，以及 1 名正高级教师、68 名高级教师、129 名一级教师和 110 名初级教师的推荐工作。四是考核。出台《2017 年昭觉县乡镇学校教育综合目标管理考核办法》，以确保教育工作各项政策、措施落实到位。五是周转房。年内投入资金 642 万元建设教师周转房单体项目 6 个共 78 套，建筑面积 2730 平方米，以保障教师的居住问题。

**【科技扶贫】** 2017 年，由县农村产业技术服务中心牵头，继续抓“四川科技扶贫在线”昭觉县平台项目建设和服务工作；由凉山州畜科所、县农牧局科教站负责，继续在龙恩乡地莫村、日普村实施科技扶贫项目（优质山羊高效养殖技术研究与推广、昭觉县科技扶贫培训）；由昭觉昌泰玫瑰科技有限公司负责，在洒拉地坡乡姐把哪打村实施“昌泰一号”玫瑰扦插繁殖运用技术与推广研究项目；由西昌华宁公司负责，在解放乡火普村、达觉村、瓦子村实施优质特色水禽全产业链生产关键技术集成与示范重大科技扶贫项目；由县农村产业技术服务中心牵头，在比尔乡补各洛呷村启动昭觉县凉山半细毛羊养殖关键技术集成与示范项目；成功申报2017年第四批昭觉县特色半细毛羊全产业链及精深加工研究及2018年昭觉县肉牛高效养殖配套技术集成与示范、建昌黑山羊高效养殖技术研究与推广示范等科技扶贫项目。

**【语言文字工作】** 2017年，组织翻译牌匾、吊牌、横幅共100条，翻译其他文字约2万字，包括《精准扶贫工作相关词汇》、村规民约、《昭觉县禁毒防艾二十条》、精准扶贫标语、“博什瓦黑岩画”碑文；完成全县200名教师的普通话等级测试工作；组织并参与“民族团结创建”彝汉教师互学语言演讲比赛活动，利用校园、农民夜校、“四川科技扶贫”平台、“推普周”开展普通话推广宣传活动。

**【安全维稳】** 2017年，落实专人负责中小学日常安全工作，层层签订安全工作目标责任书，构建“三防”学校安全教育体系；印发《昭觉县教育系统校园及周边环境综合治理活动方案》，并开展地震应急演练和安全教育月系列宣传教育活动；结合“和谐校园建设”，启动实施校园清洁行动、校园周边环境整治、安全隐患排查、食品安全检查等工作。全年共收到各类信访事项12件，办结12件，办结率100%；协助纪检监察部门调查处理案件7件，其中通报批评6人、行政警告处分2人、党内警告处分3人、免职1人。

**【人事任免】** 昭觉县人力资源和社会保障局对昭觉县万达爱心学校、谷曲乡中心校、达洛乡中心校、四开希望学校、解放乡中心校、碗厂乡中心校、三岔河乡中心、尼地乡中心校、特布洛乡中心校、竹核乡中心校、补约乡中心校、塘且乡中心校、齿可波西乡中心校、特口甲谷乡中心校、日哈乡中心校、哈甘乡中心校、甘多洛古乡中心校、龙沟乡中心校和支尔莫乡中心校的校长，以及四开乡幼儿园、竹核乡幼儿园、比尔乡幼儿园的园长进行了任命，并免去24名教办主任（校长、副校长、园长）的职务。

**【表　彰】** 在2017年教育工作暨教师节表彰大会上，县委、县政府授予县政府办公室、县审计局、中国人民银行昭觉县支行、四开乡、金曲乡、特口甲谷乡、竹核乡、龙恩乡、龙沟乡、碗厂乡为“尊师重教先进单位”；县工农兵小学、县幼儿园、新城镇宝洁小学、大坝乡中心校、特布洛乡中心校、竹核初级中学、洒拉地坡乡中心校、则普乡中心校、齿可洛西乡中心校、且莫乡中心校为“先进学校”；俄木拉者、瓦渣尼坡、毛英、阿尔拾古、尔古打则、阿子阿牛、马海有尔、孙子拉洛、阿尔尔者、胡世勤为“先进教育工作者”；陈祥、郑兵、吉伍尔呷、阿必伍沙、阿洛吉史、马海曲者、阿尔木乃、吉巴瓦哈、吉克伍达、热烈集体为“优秀校长”；陈荣华、阿的英生、伟史阿依、黑比伍呷、赵锋、俄木伍牛、土比日呷、土比阿支、吉布阿依、沙马哈西等20人为“优秀班主任”；李志刚、周菊、地地曲坡、吉木阿呷、洛伍古格、陈昶、张德飞、龙英、宋英、龙丽妃等30人为“优秀教师”。

**【荣　誉】** 1月，县教育和科学技术知识产权局被凉山州科学技术知识产权局评为“2016年度县市科技局工作考核先进单位”“2016年全州科技系统信息工作先进单位”，被政协昭觉县委员会评为“2017年度提案办理先进单位”。5月，县教育和科学技术知识产权局被凉山州教育局评为“2016年全州教育宣传工作先进集体”，被昭觉县总工会评为“2016年度工会工作先进单位”。6月，县教育和科学技术知识产权局被县委、县政府评为“2011—2015年全县法治宣传教育先进集体”。7月，县教育和科学技术知识产权局荣获“2017年凉山彝族传统火把节‘民族团结杯’达体舞比赛一等奖”“2017年‘迎七一、铸党魂’民族团结示范县职工运动会篮球比赛男子组第四名”。12月，县教育和科学技术知识产权局荣获“2017年度全州教育系统基层工会工作竞赛三等奖”“2017年学校体育赛事体育道德风尚奖”。

（审核：安理达　撰稿：黄先华）

## 昭觉中学

**【概　况】** 截至12月31日，昭觉中学（简称昭中）共设有65个教学班（高中27个班、初中38个班），在校学生4980人（彝族和其他少数民族学生占98.2%）。拥有教职工160人，其中专职教师158人。专职教师中，特级教师1人，高级教师41人，中级教师40人。10月18日，中共昭中支部改选。12月，昭中被凉山州禁毒委员会评为“2017年度禁毒工作先进集体”。

**【基础设施建设】** 2017年，重建学生生活区内的学生食堂，且主体工程完工；维修和维护部分损毁教室和教学设施。

**【德育工作】** 2017年，坚持行政领导每周三90分钟的政治学习，全校教职工每周四90分钟学习，每周1次班会课；利用清明祭扫、演讲比赛、知识竞赛等活动，开展学生思想政治教育；邀请校外法制副校长和法制辅导员上法制辅导课2节；继续开展学生的禁毒教育，各班与学生家长签订《禁毒责任书》等；根据学校实际情况，采取专题报告、讲座、心理咨询、问卷调查等形式，有计划、有目的地对不同性别、不同年龄层次的学生进行思想道德建设教育。5月3日，评选出一批教职工精神文明先进个人、先进班级、先进科室。6月26日上午，初一、初二、高一、高二全体学生和教师参加由县委、县政府主办的昭觉县“6·26”禁毒法制宣传教育大会。

**【艺体活动】** 3月14日，课间操改为跑操。3月15日，举办高一新生篮球联赛。3月27日下午，初一新生足球联赛开赛。11月11—13日，举行第44届田径运动会。12月28日，举行2018年迎新文艺会演。

**【教育科研】** 2017年，继续实施省级课题1个，州级课题结题1个；继续举办“生本教育”实验班；教职员工一些教学论文分别在国家级、省级、州级核心刊物上发表。

**【教师队伍建设】** 4月24—26日，开展教师技能大比拼公开课活动。8月24日，临聘教师24人。11月6日，开展党员示范课展示活动和青年教师观摩课活动。11月中旬，开展中高级教师评审，评选出周国玉、周攀、李天琼为高级教师，孙海燕、钱荣香、吉包沙日、朱霞、李洁、李瑞丽、卢琴、杨华贵、林卫东、龚波、黄雪燕、陈道明为中级教师。12月17日，绵阳中学对口支教团一行7人在副校长蒋忠的带领下到昭中开展支教活动。是月，安排34名教师参加由县教科局和中国教师研修网联合举办的网络研修培训。

**【助　学】** 2017年，享受营养午餐（初中）的春季学生2410人，秋季学生2753人；免除学费、杂费、书本费（初中）的春季学生2410人，秋季学生2753人；享受人民助学金的春季学生4635人，秋季学生4633人；免除普通高中家庭经济困难学生学费的学生1653人。同时，为品学兼优的学生申请了个人或组织的资助。

**【精准扶贫】** 2017年，继续帮扶的齿可波西乡，并派2名教师继续担任驻村第一书记，通过结对帮扶（每位普通教师结对帮扶3户贫困户、中层领导结对帮扶4户贫困户、校级领导结对帮扶6户贫困户）形式向贫困户捐款捐物，周末组织教职员工采取入户调查、走访慰问等方式督促扶贫攻坚工作。

（审核：马锦华　撰稿：谢康文　陈世娇）

## 县民族中学

【概　况】截至12月31日，昭觉县民族中学（简称县民中）共有50个教学班，在校学生3825人，其中高中17个班1280人、初中33个班2545人；拥有教师138人，其中中小学特级教师1人、高级讲师1人、中学高级教师21人、中级教师34人。12月，县民中被团县委评为“五四红旗团委”，被州教育局评为“2017年教学成果奖”。

【高中毕业】2017年，共有高中毕业学生619人，其中文科生488人、理科生131人。文科：硬上重点本科1人，第一批本科预科上线17人，第二批本科上线13人，第二批本科预科上线84人。理科：第二批本科预科上线34人，专科上线11人。全州一类模式高考第三名在县民中。

【初中毕业】2017年，初中毕业学生698人。全县前50名学生中县民中占2人，前100名学生中县民中占5人。

【招　生】2017年秋季，共招收高中新生405人，初中新生1070人。

【教学管理】2017年，坚持以教学为中心，紧紧围绕“抓管理，促质量，谋发展”的工作思路，发挥教务处“指导、服务、督查、创新”的功能，促进教师专业化发展，使学校教育教学质量能够进一步得到稳步提高。根据学校生源情况，制定了“学习有标兵，个性全发展”特色教育之路。坚持彝族语文文化传承，全面开展彝语文教学并参加考试。

【思想政治教育】2017年，学习各种彝族语言文化等，通过彝族乐器、音乐、舞蹈、彝绣等对学生进行艺术熏陶，开展多样化兴趣特长班，让学生在学习书本知识的基础上全面开展学生个性化发展，走出一条独特的发展新路；开展新生入学军事训练、校园文化建设、入团宣誓、书画比赛等；培训学生干部和团员；开展国旗下的讲话活动和每周一次的流动红旗评比活动。

【教学与科研】2017年，坚持“每日一课”（抽课）与推门听课制度相结合，积极开展校本教研（40周岁以下的教师每学年必须上一节公开课，教研组长、学校中层及以上行政人员每学期听课12节以上，不足5年工龄的教师每学期听课20节以上，其他教师每学期听课8节以上），进一步落实教师“五个一”（每月1篇读书笔记、1篇课题研究课教学案例、1篇评课稿、1篇教学随笔或反思、1堂公开课）活动，鼓励和引导教师撰写教研文章等；与绵阳市涪城区实验中学结成精准扶贫对子；接受四川大学和浙江大学青年志愿者，江苏省徐州市老年教师志愿者等团体和个人到县民中支教。

【素质教育】2017年，结合学校实际情况，认真贯彻国家民族教育发展规划，以可持续发展的理念规划学校文化设施建设，创设优美、和谐、多元的校园文化艺术环境，推动素质教育工作深入开展。在双语教学工作方面，结合上级指示深入钻研适合双语教学课题，探索适合县民中学生的双语教学模式。6月19日，启动昭觉县民族中学《山音》校刊。

【基础建设】2017年，投入近11万元资金拆除教师办公楼（原凉山民族师范校校舍）；投入近9万元资金将男生宿舍改建为办公楼；投入3万元安装了教学区大门LED宣传用屏幕。

【助　学】2017年，以昭觉彝心助学协会为中心，小石头、柯菲平、广东日慈基金、美华爱心、凉山彝族学生海外爱心基金、CAF基金、一个村小公益基金、上海毕女士等公益组织和公益人士共捐助73万元，用于部分初（高）中学生的生活费及相关学习费用。

【扶　贫】2017年，县民中向所帮扶的永乐乡贫困户和精准脱贫户共捐赠价值近8万元华山松种子、衣被、米、油、洗漱用具等。

（审核：勒勒曲尔　供稿：县民中）

## 县东方红小学

【概　况】2017年，县东方红小学本着“办人民满意的学校，做人民满意的教师，教人民满意的学生”的教育宗旨，全面执行党的教育方针；以“创建和谐校园”为主线，以“特色立校，科研兴校”为指导，以“从善创美，乐学求真”为校训，践行“一体两翼”（“一体”指质量，“两翼”指艺体和习惯）的办学模式，以“书法立志，翰墨树人”为理念，倡导素质教育，打造特色文化。截至12月31日，共有教学班43个，学生3647人，拥有教职员工113人，其中四川省特级教师1人、省级教学名师2人、省级骨干教师3人、州级学术带头人后备人才6人、州级骨干教师6人。4月，尔吉阿呷在参加凉山州中小学美术、音乐教师基本功评比中荣获二等奖。5月，阿尔木支在参加2017年凉山州小学数学课堂教学专题优质课展评活动中荣获二等奖。

【德育教育】2017年，从规范学生的行为入手，抓好养成教育，以国旗下演讲、主题班会课、办黑板报等方式对学生进行文明礼仪、行为习惯、禁毒防艾、感恩等教育；少先队结合各个节日，组织开展丰富多彩的主题活动；利用红领巾广播站对学生进行国学熏陶和美文诵读，还及时地对学生的行为习惯进行表扬或批评，促使学生改正不良行为习惯；规范教室布置、走廊文化，营造生动活泼、洁净素雅、健康文明、催人奋进的育人氛围；利用每节课的前5分钟，对学生进行各种养成教育；开设“行为综合课”；值周领导和值周组长负责检查督促学生的学习、纪律、卫生等，并根据学生表现评分，以考核各班级；召开“学前班开学工作会议”“班主任工作会议”“毕业班工作会议”，交流安全、卫生、纪律等常规教育管理；年终开展师德师风测评活动。9月，伟史阿依被县委、县政府评为“优秀班主任”，陈昶、张德飞被县委、县政府评为“优秀教师”。

【课题研究】2017年，州级课题“小学班主任工作创新研究”正式开题，继续实施州级课题“如何培养学生阅读兴趣提高学生自主阅读能力的研究”和国家级课题“民族地区信息技术环境下小学作文教学模式研究”“基于生本理念下的小学数学微课研究”“创建书香校园促学校持色发展研究”。课题组成员撰写的论文获得国家级一等奖6篇，县级一等奖3篇，县级二等奖2篇。

【教学科研】2017年，从三个方面开展教学科研工作。一是教研课。共开展业务学习468次，组织教师听课2471节，组织开展教研课190节，其中春季82节、秋季108节。二是“生本教育”实验改革。继续践行“生本教育”改革，并以此为契机，着力打造“高效课堂”，不断深化教学改革。6月，安排教师参加“2017年昭觉县生本教育推进大会”，徐梅、陈抒梅、田原撰写的论文分别获一等奖，张晓兰、周静撰写的论文分别获二等奖。11月2日，组织开展“2017年秋季城区生本基地校生本教育观摩活动”，承担“生本教育”示范课的教师达29人。11月7日，安排4名教师配合县教科局到各乡镇小学开展“生本教育”实验观摩视导。还开展了2次网络研讨活动，学校教师与全县教师在网络平台上进行了交流探讨。三是名师工作坊。推选20名优秀教师分别加入县小学语文名师工作坊和数学名师工作坊；组织教师参加“中国研修网”线上学习，并在线下开展各类研讨活动。

【师培师训】2017年，共外派教师参加培训49人次，其中省级培训13人次、州级培训36人次。

【校际交流】2017年，承办了3次校际交流会议。3月，承办昭觉县“中国好老师”公益行动计划启动仪式暨培训会。6月，承办凉山州“中国好老师”公益行动计划第四期教学研讨活动暨第一期校长论坛活动，承办凉山州17个县市的领导和骨干教师的讲座及献课活动。

**【“中国好老师”公益行动计划】** 2017年，县东方红小学被列为“中国好老师”公益行动计划县级基地校。在凉山州“中国好老师”公益行动计划第四期教学研讨活动暨第一期校长论坛活动上，安排位3名教师承担了授课任务；安排1名教师在西昌市二小承办的凉山州“中国好老师”第五期教学研讨活动中承担教学任务；组织教师参加凉山州“中国好老师”办公室举办的论文、教案、课件、育人案例等评选活动。

**【特色教育】** 2017年，继续开展阳光体育大课间活动，确保学生每天至少有1小时的运动量；继续开展国学经典诵读，保证学生每天都有诵读时间；继续普及“足球文化进校园”活动；组织学生参加全国、省、州各类比赛；安排专职书法教师开展书法特色教育，并将师生的优秀书法作品在学校内外展览；举办了第三期校刊《朝阳》；继续开展家校共建教育。4月，学校选派的足球队在凉山州2017年中小学生足球联赛中荣获小学男子组第三名。7月，县东方红小学在四川省足球夏令营活动中荣获一等奖和体育道德风尚奖，被评为“全国青少年足球校园示范学校”。在四川省小学生足球冬令营暨精英选拔赛中，学校选派的足球队分别获得男子甲组和三、四年级混合组第二名，李国林获得金靴奖，布点有古获得银靴奖，曲木衣林获得铜靴奖，并且李国林被选入四川省少年足球精英队。

**【学生竞赛活动】** 2017年，语文组在上学期组织1—6年级学生开展“古诗词竞赛”活动、下学期组织1—6年级学生开展看图写话和作文竞赛活动，各班分别开展了2次“同读一本书”交流分享活动；数学组分上（下）学期组织1—6年级“数学竞赛”；体育组组织开展第43届篮球运动会和第39届冬季田径运动会。

**【营养午餐】** 2017年，继续实施农村义务教育学生营养午餐改善计划工程，并形成了一套完整的食品采购、食品卫生、食品安全等管理制度。学生营养午餐配发标准：小学生每人每天4元，全年供餐时间186天。

**【三免一补】** 2017年，继续落实“三免一补”政策，且享受学生达2884人。

**【精准扶贫】** 2017年，安排2名教师为驻村干部驻村开展帮扶工作。同时，组织教师、校医到所帮的宜牧地乡立米地村开展“禁毒防艾”“疾病预防”“环境卫生”等宣讲活动；组织全体教职工到所帮扶的农户家了解贫困户的家庭情况及生活需求，并结合“暖冬行动”捐赠帮扶物资等。全年共投入帮扶资金7.3万元，其中为贫困户添置了价值3.5万元的生活用品和扶贫物资、投入3万元维修立米地村支部活动室、向村幼教点捐赠了价值8000元的“暖冬”衣服。

**【后勤安全工作】** 2017年，学校与相关部门、学生等签订安全责任书，通过班队课、活动课，以及学科渗透等途径，对学生开展防交通事故、防触电、防食物中毒、防病、防体育运动伤害、防火、防震、防骗等安全知识和技能教育；开展地震应急示范演练2次；继续加大对食堂饮食卫生安全的督查管理；严格执行值班巡逻制度，严禁社会闲杂人员进入校园，避免各类针对师生的侵害事故、事件发生。

（审核：杨兴慧　撰稿：陈抒梅）

## 县工农兵小学

**【概　况】** 截至12月31日，全校共有教学班45个（学前班7个），4443名学生（少数民族学生占99%），学生巩固率保持在99.8%以上，升学率为100%。拥有专任教师110人，其中高级职称5人、中级职称50人；州级骨干教师25人，县级骨干教师30人。设有语文、数学、彝文、艺体4个教研组，建有彝族克智、马布、月琴、口弦、竹尔等课外兴趣活动小组。7月，县工农兵小学被四川省文明办授予四川省“文明校园”称号。4月，县工农兵小学被昭觉县司法局评为“全县法治宣传教育先进单位”。12月，县工农兵小学被昭觉县总工会评为“2016年度工会工作先进单位”。

**【教育科研】** 每位校级领导负责一个学科，参加一个教研组，每学期听课20节以上；带头开展“传、帮、带”工作、撰写教学教研论文；开展学前班校本教材的修订和使用指导，完善和解决在试用过程中出现的问题；充分利用“生本教育”信息交流平台开展交流活动。2017年，开展“生本教育”基地校建设主题研讨活动，并吸引全县各片区及县教科局、教研室的225名“生本教育”教师观摩与指导；上报“彝族聚居区生本教育实践研究”4个子课题结题材料；“烛光师语”完成课题研究，成果集已印刷成册；收集整理国家级课题“彝族聚居县学校资源库建设研究”结题材料。

**【德育工作】** 2017年，少先队部先后在各班组织开展以“安全教育”“保护环境，讲究卫生”“禁毒防艾”“传统节日”“尊师重教”等为主题的班队课；进一步普及“禁毒防艾”宣传教育，开展“致爸爸、妈妈的一封信”活动；在三年级以上班级开展以《感恩祖国》为题的写作比赛活动，在学生中进行“民族团结手抄报”评比活动，举办“彝族民间文化进校园”活动，选送的少儿舞蹈“索玛微微”参加昭觉县政协“新年茶话会”文艺演出，建立了30人的“克哲”兴趣班；学校校刊《爱·牵引》第二期出版。

**【队伍建设】** 2017年，开展“师徒结对”活动、推门听课和年级转转课；绵阳市成绵路小学专家组到学校开展帮扶、指导教学工作，给教师提供了一个学习交流的平台；安排教师外出培训和交流，并开展名师坊建设；组织教师参加“2017国培计划”“洋葱数学”线上线下研修、四川中小学校长、“中国好老师”公益活动等大型培训活动。

**【大阅读】** 2017年，自主开发“国学技艺”作为校本课程，让学生接受优秀传统文化的熏陶、培养学生的自我修养；各班每周定期开展读书交流活动，低年级在每天课前设置3分钟国学诵读时间，让学生轮流分享读书心得；继续在三至六年级开展群文阅读，提高学生写作与口语交流能力，同时丰富学生的阅读视野。

**【学校安全卫生工作】** 2017年，在制定各种安全预案的基础上，层层签订各种安全责任书，排查校园硬软件设施、学生活动场地、学生玩耍方式及校园周边环境的安全隐患；每节课下课均安排教师在楼梯平台处值守，以防楼梯间踩踏事故发生，每月进行一次安全应急求生演练；规范校内车辆的停放秩序，继续开展“小手牵大手”活动，特别是针对校门口小摊小贩多、卫生差现象，每天在早上7:00—7:30、中午12:00—1:00、下午4:00—4:40三时段的打扫并保持校门口和校园卫生。

**【扶贫帮乡】** 2017年，继续在三岗乡马孜普村、呷莫村帮扶；设立扶贫帮乡办公室，安排专职人员管理，每月安排学校教职工（帮扶责任人）轮换下乡与贫困户面对面交心谈心，开展暖冬行动，帮乡工作组每月下乡督促易地移民住房修建情况，带动贫困户抓环境卫生等，并向马孜普村赠送了1台打印机，向马孜普村幼教点赠送了15张桌子、300个板凳、70套水彩笔和70个书包以及篮球、足球等教学用品和糖果，向67户贫困户捐赠了价值近1万元的厨房用具67套、衣服200套；捐赠价值37310元的大米、清油、洗衣粉、肥皂等生活用品；每学期下派语文、数学教师所帮扶乡的学校开展献课和教学指导活动。

（审核：土比拉子　撰稿：阿都史古）

## 县民族小学

【概　况】2017年，秋季入学后，全校共开设32个教学班（二类模式教学班29个，一类模式教学班3个），学生2113人。其中，学前班5个班，学生425人；一年级5个班，学生268人；二年级5个班，学生231人；四年级6个班，学生433人；五年级5个班，学生325人；六年级6个班，学生431人。全校学生中，走读制学生924人，寄宿制学生1189人。拥有教师78人，其中高级教师4人、一级教师24人、二级教师48人、三级教师2人。

【领导视察】4月10日，宜宾市文明办副主任刘晓中到县民族重点寄宿制小学校（简称县民小）指导学校少年宫工作。4月26日，西昌彝语言文化学院党总支书记沙马打各到县民小调研双语教学工作。5月17日，省、州双语教育督导组到县民小调研双语教学工作。5月21日，教育部民族教育司司长毛力提·满苏尔到县民小调研民族教育工作。9月20日，县人大常委会副主任刘宇刚到县民小指导工作。10月17日，四川省教育厅副厅长汪小帆到县民小指导工作。11月8日，凉山州文明办副主任宋海英到县民小检查少年宫工作。11月19日，扶贫移民局副局长马长友到县民小指导工作。11月30日，副省长尧斯丹到县民小指导工作。12月19日，绵阳市市长刘超到县民小指导工作。

【荣　誉】1月，付娟撰写的论文《民族地区小学语文阅读浅析》被四川省教育科学研究所评为三等奖；赵锋撰写的教学设计《不一样的爸爸妈妈》，李艳撰写的论文《浅谈小学语文群文阅读的教学策略》分别被凉山州教育科学研究所评为二等奖。4月，勒苦里色和日伙日呷在凉山州教育科学研究所举办凉山州2017年一类模式小学数学说课竞赛中荣获一等奖。5月，李秋被共青团昭觉县委员会评为“优秀团干部”。7月，孙子土哈被中共凉山州委评为“优秀共产党员”。9月，赵锋被县委、县政府评为“优秀班主任”，龙丽妃和吉勒惹古分别被县委、县政府评为“优秀教师”，郑兵被县委、县政府评为“优秀校长”。11月，约则阿博和李勇在县教科局举办的昭觉县教育系统“民族团结创建”彝汉教师互学语言普通话组（彝语组）演讲比赛中荣获二等奖，日伙日呷的教学实录课《平行四边形》和指导教师李勇涛分别被凉山州教育科学研究所评为“凉山州一类模式中小学数学优质课评选二等奖”和“指导教师二等奖”。12月，勒苦里色被四川省教育科学研究院评为“四川省彝语专家”；在四川省教育科学研究院举办的四川省首届民族地区一类模式优质课比赛中，约则阿博、何英、勒尔金都分别荣获“优质课一等奖”，指导教师付娟、额其玛麻、麻卡娟娟分别荣获“指导教师一等奖”。

【德　育】9月，经上级部门批准成立德育处，并以班级为单位，根据每月的德育主题，通过手抄报、黑板报和主题班会等形式开展德育活动；组织全校学生观看开学第一课《中华骄傲》。10月，组织学前班和一年级学生开展以“好习惯，早养成”为主题的宣讲活动。11月，组织寄宿制学生开展以“寄宿制行为习惯养成”为主题的专题讲座。12月，对班级德育工作开展情况进行检查。

【师资建设】3月，安排的莫阿依参加“凉山州中小学音乐专家型教师后备人才”教师培训。4月，举行第四届青年教师赛课活动，赵锋和张玲荣获“语文组一等奖”、杨启美和俄木尔格荣获“数学组一等奖”；安排勒苦里色参加“凉山州中小学彝数学名词俗语”教师培训。7月，安排陈斌、洛五如意、何艳、约则阿博参加“四川省2017年中小学教师校长省级培训——彝区精准扶贫（小学语文和数学）”教师培训，安排付娟参加“民进四川省委2017年同心·彩虹行动”暑期教师培训，安排龙丽妃和吴永贵参加“凉山州小学语文（数学）”教师培训。8月，安排赵锋和龙丽妃参加“凉山州微课和云课堂教学法”实操培训。9月，安排的莫阿依参加“四川省彝区精准扶贫（小学音乐）项目”教师培训，安排赵锋和李艳参加“省州立项课题主研及各县主管考研员”培训。10月，举行首届说课比赛，赵锋和龙丽妃荣获“语文组一等奖”、杨启美和谢秋红荣获“数学组一等奖”。11月，安排学校大（小）组组长共15人参加“四川省教师工作坊网络研修项目”培训。12月，安排约则阿博、麻卡娓娟、勒尔金都、勒苦里色和何英参加“四川省双语教育研究专题”活动，付娟和麻卡伍支参加“四川省小学语文（数学）教师培训团队置换脱产研修”和“四川省中小学教师培训团队研修项目网络跟进研修”教师培训，安排赵锋参加由西昌市第四小学、第六小学、宁远学校、昭觉县民族重点寄宿制小学和东方红小学联合举办的“学校命运共同体”教研交流活动，刘宇雄、赵锋和李艳参加“全国第七届儿童阅读与语文创意教学观摩研讨”活动。

**【寄宿制管理】** 2017年，进一步完善《管理教师管理制度》《学生宿舍管理制度》《先进宿舍评比制度》《文明洁美宿舍评比制度》，实行“分楼层生本管理”，检查内容细化到寝室卫生、“七个一条线”的内务整理、就寝纪律、楼道卫生、就餐集合、餐桌管理等；与管理教师签订“安全责任书”。5月，开展了寄宿制学生“内务大赛”。7月，对学校操场进行了改造硬化，将学生食堂原有灶台更换为天然气灶台，粉刷学生宿舍楼的内外墙。11月，开展“文明洁美寝室”评比活动。全年共组织开展以“食堂和寝室安全”为重点的安全排查6次，以“消防、地震安全”为主题的疏散演练4次。

**【课题研究】** 7月，州级课题“彝族聚居区小学群文阅读中课内阅读与课外阅读结合的策略研究”成功立项。9月，举行州级课题“彝族聚居区小学群文阅读中课内阅读与课外阅读结合的策略研究”开题仪式。

**【生本教育】** 3月，开展“生本教育”网络研讨活动时，商树英撰写的《课堂教学中的生本》，付娟撰写的《我的生本之旅》，麻卡伍支撰写的《生本教育的一些感悟》，麻卡娟娟撰写的《生本教育改变了我的课堂》在县“生本教育故事”评选中荣获一等奖；约则阿博撰写的《生本，正在路上》在县“生本教育故事”评选中荣获二等奖。11月，开展为期半天的县“生本教育”民族重点寄宿制小学专场教研活动。12月，县级“生本教育”子课题——“生本寄宿制管理”“数学课堂小组讨论交流常见问题及解决策略研究”“寄宿制学校学生前置研究设计在执行中的问题及解决策略研究”申报结题。

**【少先队】** 2017年，改选大队委，修订“红领巾监督岗”制度，将栏目全新改版，共设10个栏目（“校园新闻直通车”“品味经典”“小小保护伞”“故事驿站”“索玛花开”“开心一刻”“校园七彩树”“健康小贴士”“彝文纵览”“知识百宝箱”），开展了5次少先队活动。3月，以“学习雷锋精神，争做文明学生”为主题开展社会实践活动。4月，以“缅怀革命先烈，弘扬革命精神”为主题开展“网上祭英烈”活动；举行首届“校园小歌手”大赛。6月，以“诵诗词美文，做儒雅少年”为主题开展庆“六一”活动。10月，举行第二届“校园金话筒”大赛。

**【少年宫】** 2017年，继续在每周二、三的17:50—18:40开展少年宫活动，开设项目则根据学生实际调整为播音与主持兴趣班、彝语小品兴趣班、书法兴趣班、美术兴趣班、跆拳道兴趣班、合唱兴趣班和舞蹈兴趣班，并且多部作品被选送到县内大型活动上表演。6月，少年宫创编节目——舞蹈《红孩子》《潇洒女兵》和合唱《去远方》《萤火虫》入选学校第二届毕业庆典。11月，少年宫创编节目——舞蹈《雷锋精神代代传》和《大家一起跳》、合唱《彝山彝水等你来》和《让我们快乐地飞翔》、彝语小品《父子》，与语文组教师的《诗朗诵》、数学组教师的《啦啦操》、艺体组教师的《各民族酒歌联唱》、彝文组教师的《彝语朗诵》一同入选以“扬帆民小梦·欢歌幸福年”为主题的第二届彝历新年庆祝活动表演节目。

**【学生竞赛】** 3月，举办第二届小学生书法比赛和数学知识竞赛。5月，开展以“童心飞扬·妙笔传情”为主题的作文竞赛。

**【精准扶贫】** 2017年，继续安排1名职工任宜牧地乡洼典宜牧地村驻村第一书记；派驻村工作组到宜牧地乡洼典宜牧地村宣讲中共十九大精神，开展送温暖活动并向贫困群众捐赠了米、油、衣物等物资；继续为在县民小上学的宜牧地乡洼典宜牧地村困难群众子女减免部分学习费用。

（审核：刘宇雄　撰稿：赵　锋）

## 县幼儿园

**【概　况】** 10日，新调进教师1人，借调教师1人，临聘代课教师19人、炊事员13人、清洁员和门卫各1人。截至12月31日，共开设17个教学班，在园幼儿1052人，拥有在编在岗教职工43人，其中高级职称1人、中级职称17人、初级职称24人、高级工1人。

**【硬件设施】** 10月，县幼儿园第三幢综合教学楼验收合格，其建筑面积1591平方米，占地面积497平方米，造价300万元。11月，自筹资金49.1万元，新建幼儿园花园，包括五彩长廊、蘑菇亭、花园配套路面、花台、饲养农场、开心农场、植物园等。

**【避险演练】** 3月1日、5月4日、9月15日，各班级分别开展地震应急疏散演练。11月15日，开展应急消防避震演练。

**【参赛活动】** 2017年，组织幼儿参加比赛4次。一是四川省第三届幼儿绘画比赛。6月，组织幼儿参加“四川省第三届幼儿绘画比赛”，并且刘聆指导学生吉达伍支的作品《从城市到乡村的路》被《幼儿乐园》编辑部评为特等奖，贾鹂指导学生黄旭峰的作品《上学路上》被《幼儿乐园》编辑部评为二等奖，伍健指导学生赵庆钰的作品《友谊之路》被《幼儿乐园》编辑部评为二等奖，胡文指导学生李潜韵的作品《幸福之路》被《幼儿乐园》编辑部评为三等奖，胡文指导学生吉嘉俊的作品《放学路上快乐滑滑梯》被《幼儿乐园》编辑部评为三等奖，伍芳指导学生吉华的作品《舞之路》、罗子昊的作品《干净的路》、马伊玫的作品《悬崖学校的路》、洛布日各的作品《海底的路》分别被《幼儿乐园》编辑部评为三等奖，许先英指导的学生陈佳怡作品《上学路上》、沙鑫蕊的作品《轮船回家》分别被《幼儿乐园》编辑部评为三等奖。二是论文比赛。9月，组织教师参加四川省第十八届教师优秀论文评选活动，刘聆撰写的论文《幼儿园在教学实践中如何落实核心素养》被四川教育报刊社评为三等奖。组织教师参加2017年州学前教育优秀论文评选活动，评选结果10月揭晓，伍健与王清合作撰写的论文《教学反思幼儿教师专业发展的推进剂》、刘建琼撰写的论文《浅谈影响儿童家庭教育的因素》分别被州教育科学研究所评为二等奖，许先英撰写的论文《幼儿园研究性教学初探》、刘聆与伍健合作撰写的论文《边远地区幼儿园保教质量提升初探》、胡文与宋丽红合作撰写的论文《在音乐活动中培养幼儿的节奏感》分别被州教育科学研究所评为三等奖。三是演讲比赛。11月，安排贾鹂参加昭觉县教育系统“民族团结创建”彝汉互学语言普通话组演讲比赛，并且获得一等奖；组织儿童舞蹈《我有一双小小手》在四川省舞蹈家协会第十一届星光灿烂系列活动（凉山片区）展演，并获得金奖。四是读书活动。12月，安排伍健参加红旗出版社、中国妇女报社和人民网股份有限公司共同举办的全国第五届“书香三八”读书活动，其作品荣获书画阅读三等奖。

**【园内活动】** 2017年，共开展了13次园内活动。一是学雷锋活动。3月3日，在第54个学习雷锋活动日来领之际，开展“学习雷锋”系列活动。活动中，幼儿园的教师为前来观看的群众发放了幼儿班和学前班的练习册、爱护环境宣传单，以倡导人们热爱学习、爱护环境。二是妇女节活动。3月8日，各班级开展“妈妈您辛苦啦、我爱您”等系列活动、县幼儿园工会开展“庆‘三八’妇女节·展教师技能风采”活动，内容包括早操展示、内务整理、急救演练。三是安全教育日活动。3月27日，开展“遵守交通法规，关爱生命旅程”“国旗下的讲话”“家长须知安全事项”宣传等活动。四是劳动节活动。4月24—29日，开展“劳动最光荣”主题教育活动，包括社会活动、美术活动、语言活动、音乐活动。社会活动中，教师借助图片、多媒体等资料，以通俗生动的方式向幼儿介绍“五一”国际劳动节的来历，让幼儿初步理解劳动节的含义。美术活动中，绘画《各行各业劳动人民》美术作品，介绍各行各业的劳动人民，让幼儿初步了解不同劳动者对社会的不同奉献。语言活动中，由幼儿相互介绍自己的爸爸妈妈的工作，知道他们工作的辛苦。生活活动中，组织幼儿义务劳动，包括擦桌子、椅子、洗抹布、叠衣服、叠被子、擦桌子、打扫卫生、学做家务事等，让幼儿在活动中培养劳动意识，学习劳动技能，体验劳动，让孩子们在劳动中感受到劳动的快乐。音乐活动中，学唱歌曲《劳动最光荣》，让幼儿感受辛勤劳动者的光荣，激发他们对这些最可爱人的尊重和爱戴之情。五是“五四”活动。5月4日下午3:30，县幼儿园团支部在操场上开展“承五四精神·扬青春风采”庆祝活动，内容包括1分钟跳绳（分两队）、背靠背夹球跑、多人多足50米跑，并进行了颁奖。六是文艺演出。5月27日上午，在操场上举办“庆‘六一’，迎端午”文艺演出，以年级组舞蹈表演、班级小舞蹈表演两种方式进行。节目有《爱上幼儿园》《棒棒生威》《点点豆豆》《左手右手》《俏花旦》《水果拳》等23个。七是教育宣传月活动。6月13—14日，在操场上开展学前教育宣传月“游戏——点亮快乐童年”活动。游戏分成4个年级组进行，内容有中班组的“障碍沙包”、大班组的“玩转海绵棒”、小班组的“快乐的爬行”、学前班组的“好玩的大青虫推车”。八是朗诵活动。6月29—30日，以“民族团结”为主题开展“民族团结儿歌朗诵活动”。主持人中，设了彝语主持人。内容包括升旗仪式、国旗下的表演、毕业班小朋友代表讲话、伴随教师朗诵。九是普通话宣传活动。9月11—17日，开展以“大力推广和规范使用国家通用语言文字，自觉传承弘扬中华优秀传统文化”为主题的宣传活动，引领幼儿园不断增强自觉规范使用国家通用语言文字的意识。十是国庆节活动。9月30日，各班级开展“迎国庆”主题活动。十一是重阳节活动。10月9日（农历九月初九重阳节），开展以“让孝爱走进校园”为主题的教育活动，以培养幼儿尊老、爱老的优良品质。十二是送教活动。10月17日，广州市佛山蓓蕾共同体幼儿园的骨干教师到县幼儿园展开送教活动。内容包括赠送仪式、广东省佛山蓓蕾共同体幼儿园组织幼儿开展手工制作《美丽的衣服》、广东童谣游戏《大西瓜》、体育游戏《武术操》、英语游戏《英语歌》，开展《园文化建设与幼儿的自主发展》《幼儿园的环境创设与设置》讲座，携手布置教室。十三是亲子运动会。12月19日，在操场上举办以“我运动，我快乐，运动伴随你和我”为主题的第26届冬季亲子运动会。运动会分7个环节（幼儿入场式、园长及来宾讲话、升旗仪式、老师们的接力赛、亲子游戏竞赛、年级组集体游戏比赛、颁奖活动）进行。

【师资建设】 2月19日，邀请成都“美育奥尔夫”培训中心王老师对教师进行为期2天的培训。8月3—9日，安排贾巴拉曲到大理大学古城校区参加“事业统计国家级”培训。9月20—22日，安排王清与伍健到凉山州教科所参加“2017年省州立项科研课题主研人员”培训。10月16—18日，安排钟发敏、伍芳与许先英到西昌教师培训中心参加“2017年凉山州‘县级名师工作坊’启动仪式暨管理人员”培训。11月16—17日，安排许先英、钟发敏、伍健、胡文到西昌市红星幼儿园参加“学前教育‘分享阅读’教育教学研讨会”。11月27—30日，安排周莉到西昌参加家庭教育讲座骨干讲师培训。是月，昭觉学前教育名师工作坊坊主及成员参加中国教师研修网“国培计划（2017）”——四川省乡村教师工作坊研修项目培训，培训时间定为两年。12月7—19日，安排刘聆、伍健、罗莹、许先英、井子依呷到南充市参加西华师范大学“国培计划（2017）”中西部项目培训。

【名师工作坊】 11月，“国培计划（2017）”昭觉学前教育名师工作坊成立。王清为坊主，钟发敏为管理员，县幼儿园26名教师为成员。

【教育科研】 贾鹂撰写的《浅析幼儿园培养幼儿诵读和阅读能力的方法》在《教育科学》（2017年9月刊）上发表，宋丽红与胡文合作撰写的《民族地区园本课程的开发》在《课程教育研究》（2017第10期）上发表，王玉撰写的《浅谈幼儿园安全教育》在《教学与研究》（2017第12期）上发表，刘建琼与胡子萍合作撰写的《浅谈影响幼儿家庭教育的因素》在《课程教育研究》（2017第14期）上发表。12月29日，成功申报州级课题“凉山彝区‘一村一幼’辅导员组织教育活动的基本技能实训的研究”，并在幼儿园会议室召开了开题报告会，同时邀请凉山州小学教师培训中心教育心理学高级讲师、四川省特级教师、学前教育专家彭光秀进行课题指导。

【评优选模】 3月，王清被四川省妇女委员会评为“三八红旗手”，贾鹂被昭觉县妇联评为“昭觉县2016年度‘巾帼优秀工作者’”和“昭觉县2016年度‘三八红旗手’”。7月，伍芳被县委评为“优秀共产党员”。9月，昭觉县幼儿园被县委、县政府评为“先进学校”，刘呷呷和罗莹分别被县委、县政府评为“优秀教师”，俄木伍牛被县委、县政府评为“优秀班主任”。

【引领与示范】 4月21日，四川省贸易学校招生办主任李举成一行4人到县幼儿园回访其5名学生的实习情况。11月7日，“童享工程”村幼辅导员到县幼儿园开展幼儿一日观摩活动，其中比尔片区16名“一村一幼”辅导员参加。11月24日，派12名教师担任县教科局举办的全县“一村一幼”辅导员培训授课教师。

【安全防范】 2017年，继续开展幼儿园的安全防范工作，并定期检查、维护全园的180个监控摄像头和28个消防灭火器。

【教育教学管理】 2017年，教职工每期制定学期计划和总结，班主任每周根据幼儿实际情况制定周计划，定期开展教研活动，实现游戏与教学活动有机结合等。

【家园联系】 2017年，继续做到每期每班召开至少两次家长会；各班教师利用早晚接送幼儿的机会与家长及时联系沟通，将家长配合纳入周计划，让家长更好地了解幼儿在园情况；每班每日将生病幼儿记录在册，并通知家长，让生病幼儿得到及时医治；利用家园共育专栏与家长微信群，加强与家长交流，广泛征求家长的意见和建议。

【精准扶贫】 2017年，向所帮扶的库依乡捐赠资金4万元用于添置乡政府办公用品、办公设施以及广告和打印费的支出；为库依乡尔主村捐赠资金1万元用于道路硬化等；为库依乡各莫村幼教点的50名幼儿添置了棉衣、棉裤，为哈且村和尔主村幼教点添置了图书、玩具以及桌椅板凳，为各莫村幼教点进行了环境美化；为库依乡84户贫困户捐赠了大米、清油。另外，帮乡人员还开展了宣讲“珍爱生命、远离毒品、拒绝艾滋”知识和中共十九大精神，对接落实已购代捐蔬菜，筹备产业发展项目，为各莫村12户贫困户购置沙发和电视柜，整理扶贫资料，举办农民夜校，到库依乡各莫村幼教点和特布洛乡幼教点共开展幼儿园常规和教学培训帮扶20人次，组织种植萝卜、“彝家新寨”迎检，入户调查和数据录入，与贫困户面对面交心谈心等脱贫攻坚工作。

（审核：王 清 撰稿：付卫中）

## 县教师进修校

**【概 况】** 12月，昭觉县教师进修学校被凉山州国培计划项目执行办公室和州教育局教师培训中心授予一等奖，被省电大授予“优秀办学单位”称号。

**【教学工作】** 以教学为中心，注重对学生的就业、创业能力培养，引导学生爱学习、能学好、会操作、善应用；组织开展新教师汇报课、教学骨干特色优质课等丰富多彩的教研活动，以及信息技术能力提升工程返岗实践活动。2017年，在树坪乡中心校开展教育教学教研指导工作20次，参与“生本教育”课题研究培训1710人次，完成27名本科班学员和31名大专班学员的考试，开展“提升民族聚居县边远学校教师教研能力策略研究”州级课题研究和专题调研，实施全县教师信息技术能力工程返岗实践考核评估2107人。

**【电大招生工作】** 2017年，深入东五县生源地区开展招生宣传工作，并在招生工作异常艰难的情况下共招生31人。

**【教师培训】** 2017年，共组织培训中小学教师5469人次（人均培训80学时）。其中，国家级教师培训73人，省级教师培训268人，州级教师培训308人次，县级教师信息技术提升工程培训1672人次，新教师岗前培训100人次，县级教师培训300人次，“一村一幼”辅导员培训1048人次，以及国培计划网络与校本研修、名师工作坊及其他培训1700人次。

**【扶贫工作】** 继续向树坪乡汝地哪打村派驻村第一书记1人、全脱产驻村干部2人；开展中共十九大精神宣讲活动、入户调查并与农户面对面交心谈心活动，帮助汝地哪打村建立农民文化夜校等。2017年，为所帮扶的树坪乡汝地哪打村共捐款（物）总计2.27万元，其中职工捐款0.77万元为77户贫困户购置了生活用品（毛毯、大米、清油、衣服等），向树坪乡汝地哪打村和腾地村赠送价值1.5万元办公设备；资助树坪乡扶贫资金3.6万元；在农民夜校上课5次、宣讲中共十九大精神1次，指导、督促建设完成汝八尔村21套安全住房。

（审核：俄洛子初 供稿：县教师进修学校）

## 县东晨中学

**【概 况】** 截至12月31日，县东晨中学共有18个教学班，在校学生1230人。拥有在编在岗教职工44人（包括中共党员9人）。其中，中学高级教师4人，中学一级教师9人，县级骨干教师5人。临聘教职工31人。其中，代课教师10人，食堂工作人员13人，保安3人，宿管3人，水电工1人，清洁人员1人。

**【教研工作】** 2017年，全面开展“生本教育”模式，每学期定期开展以学科为课题的教研活动，每天进行“生本”教研课学习、观摩多科目的优质“生本”课，参与县、州、省级教师培训等。

**【安全工作】** 2017年，继续执行节假日值班制度、后勤值班制度、领导值班制度、夜巡逻值班制度、《学校食堂与学生集体用餐卫生管理》规定，开展以逃生避险为主题的安全演练活动，邀请县公安局派出所干警给学生作以“防拐骗、敲诈、绑架、禁毒”为主题的安全知识讲座等。

**【寄宿制管理】** 为进一步提升学校寄宿制的管理水平，为全校学生提供一个良好的休息环境。加强人性化管理的步伐，切实解决学生管理员的工作难度，能够及时、准确地了解学生的动态，昭觉县职业高级中学于6月5日，召开寄宿制管理工作会议；继续在学生寝室的各个楼道安装仪容镜，在各班寄宿制寝室安装寝室公示栏，每个寝室门口规范张贴学生名单及照片。

（审核：曲比曲体　撰稿：瓦扎尔呷）

# 文化　体育　旅游

## 文　化

**【概　况】** 紧紧围绕“脱贫攻坚，同步小康”主题，全力实施文化惠民扶贫项目，做文化惠民、文化乐民、文化富民文章，以不断丰富人民群众精神文化水平。

**【村文化室建设】** 2017年，为19个贫困示范村和28个“百县万村”示范工程村每村采购了一套投影设备，为46个村文化活动室采购并发放了价值5万元的音响、电视、电脑等设备。

**【阅报栏建设】** 2017年，在特布洛乡呷租居坡村、金曲乡呷朵村、谷曲乡洛洛以打村、四开乡波吉村等47个贫困村实施阅报栏的建设。

**【“户户通”工程】** 2017年，在全县22个乡的35个村实施1500户“户户通”工程。截至12月31日，全县减贫人口的广播电视达标率达100%。

**【“村村响”工程】** 2017年，在甘多洛古乡瓦莫村、柳且乡阿波洛村、龙沟乡龙沟村、竹核乡拉牙村等15个贫困村实施“村村响”工程。

**【公共服务网点建设】** 公共服务网点，承担服务区内“广播电视村村通”“户户通”的管理和接收设备的日常维护、维修工作，以确保广播电视稳定通、优质通、长期通。2017年，完成15个公共服务网点建设。

**【“两馆一站”建设开放】** 2017年，到农村、学校、居民点免费开放流动图书车，并接待读者2.7万人次；文化馆免费举办月琴、美术、声乐、钢琴、舞蹈、广场舞培训班；47个乡镇文化站开展各类文化体育活动。

**【广电安全播出】** 加强日常监督，进一步完善安全播出应急预案和突发事件应急措施，加大防攻击、防插播力度，严格执行24小时值班制度和报告制度，确保中共十九大等重要时期的广播电视安全播出。

**【宣传工作】** 2017年，共开播《昭觉新闻》114期，播出各类新闻稿件410条，播放各类公益广告6400条次；拍摄禁毒微视频3部，脱贫攻坚先进个人宣传片3部；在凉山州电视台播出新闻稿件128条，凉山州广播电台播出新闻稿件77条。6月，推送微信公众号“彝乡昭觉”后，全年推送消息106条。

**【农村电影放映】** 2017年，开展以“绿色发展拒绝污染”“科技之春”“民族团结进步示范县创建活动”“迎接党的十九大，共圆小康中国梦”等为主题的放映活动，共放映电影3383场，观众达27.7万人次。

**【“非遗”保护】** 2017年，以保持彝族原生态文化为基本点，申报了3项（彝族土布制作技艺、彝族古建筑技艺、彝族羊骨卜）第五批州级非物质文化遗产项目。

**【文物保护】** 2017年，联合州博物馆对全县可移动文物进行鉴定、拍照和数据上传等工作；每月对1处全国重点文物保护单位、3处省级文物保护单位、1处州级文物保护单位、7处县级文物保护单位和51个文物点开展安全状况巡查；与四川园冶古建园林设计研究有限公司签订了价值53万元的博什瓦黑岩画维修保护设计方案。

**【文化市场】** 扎实履行执法监管与服务发展“双重职责”，依法规范文化市场秩序，结合日常监管、集中整治、案件查处和宣传教育，严格落实“防、堵、查、打”各项措施，不断加大对文化娱乐市场的执法监管力度，并与公安、工商、质监、消防等部门联合对网吧、歌城、校园周边环境等敏感地带实施清查。2017年，共出动综合执法人员604人次，检查经营单位246家次，责令经营单位整改29次。

**【群众文化活动】** 6月，启动以“2017年脱贫攻坚促发展，文化扶贫暖民心”为主题的文化惠民演出活动，并深入各乡镇、村、学校巡回演出150场次，观众达近15万人次。举办民族歌舞暨民间艺人文艺表演、“2017内地与港澳文化青年四川文艺采风行”文艺演出。协助拍摄电视连续剧《索玛花开》。10月，成功举办“2017西昌邛海·丝绸之路”国际诗歌周走进昭觉文艺晚会。

（审核：巴久伍牛莫　撰稿：丁长秀）

## 体　育

**【概　况】** 6月27日，举办“迎七一，铸党魂”创民族团结进步示范县职工运动会。7月15日，举办昭觉县2017年凉山彝族传统火把节“民族团结杯”达体舞比赛。7月17—19日，举办2017年大凉山彝族传统火把节斗牛、斗羊、赛马、选美、摔跤等传统民俗竞技活动。8月14日，组队参加凉山州第五届运动会暨少数民族传统体育运动会，并荣获女子跆拳道41公斤级金牌1枚、女子52公斤级铜牌1枚，男子武术散打56公斤级铜牌1枚，足球团体第2名，篮球团体第8名，彝族式摔跤第4名和第6名，国际式摔跤第5名，民族传统体育表演项目一等奖。8月21日，举办2017年创民族团结进步示范县“拉莫杯”足球赛，共有18支队伍参赛。10月30日，昭觉县选派的足球队荣获中国足球协会2017年“我爱足球”中国足球民间争霸赛大区赛南二区（四川赛区）社会组十一人制赛三等奖。

**【体育场所建设】** 2017年，把45个农民体育健身工程项目资金198万元与20个民俗文化坝子80万元项目资金进行整合后，在齿可波西乡体口则洛村和纳吉甲古村、特布洛乡特布洛村等45个贫困村实施体育场地建设。8月，总投资485.35万元的昭觉县公共体育场田径跑道和足球场开工，拟新建塑胶跑道400米（弯道半径36.5米，两圆心距84.39米，设环形跑道8条，直跑道8—10条，每条跑道宽1.22米），建标准足球场1个、篮球场2个。

（审核：巴久伍牛莫　撰稿：丁长秀）

## 旅　游

**【概　况】** 2017年，继续开展“谷克德”凉山彝族风情旅游区建设和“‘悬崖村’——古里大峡谷”景区建设。一是“谷克德”凉山彝族风情旅游区建设。成功举办首届凉山“谷克德”传统彝族火把节，共接待游客11.52万人次，旅游收入达3134.4万元。截至12月31日，“谷克德”凉山彝族风情旅游区建设共投入资金3795万元，酒店、接待大厅的主体结构以及滑雪场基础工程、汽车自驾游营地改扩建工程、瓦里洛高原民俗风情度假村基建部分等已完工，配套的水、电、路等附属设施正在建设中。二是“‘悬崖村’——古里大峡谷”景区建设。12月，成功组建四川川投天友悬崖村文化旅游开发有限责任公司，拟投资6.3亿元分三期开发“‘悬崖村’——古里大峡谷”景区，并打造成世界级山地特种旅游目的地、彝族核心区文化高地和全国旅游扶贫示范基地。

**【火把节】** 7月17—19日，“2017大凉山彝族传统火把节”在海拔3000米的四川大凉山谷克德省级湿地公园（昭觉县七里坝）举行。火把节分3天完成。第一天，白天除开幕式外，还安排了斗牛、赛马、斗羊；晚上有“达体舞”、点火把，山鹰组合、彝人制造、太阳部落等国内著名彝族歌手的演唱会，彝族鼓号、“苏尼”驱邪、“毕摩”祈福、彝人高腔、民族经典歌舞等彝族特色表演。第二天，上午有摔跤、斗鸡等竞技类节目，以及彝族刺绣、捻羊毛、“马布”等非物质文化遗产展览；下午是莫西子诗等人的高山音乐分享会。第三天，有彝族服饰展示、彝族特色舞蹈、选美、传统知识问答。选美结果：卢俊毅获得“金山鹰”奖，石以西布和尔额土日分别获得“银山鹰”奖，冷莫拉土、杨龙兵、勒格拉布分别获得“铜山鹰”奖；吉色李英获得“金索玛”奖，且萨枝嫫、波莫石牛分别获得“银索玛”奖，伍娅兰、沙马诗乐、吉胡有呷木分别获得“铜索玛”奖；土比拉古日和韩蕾获得“最佳着装”奖，阿呆日聪和阿卫坚石荣分别获得“最佳才艺”奖；阿都尔拉和吉克阿果分别获得“最佳上镜”奖。州委书记林书成宣布“2017大凉山彝族传统火把节”开幕。副州长、县委书记子克拉格致辞，并同县人大常委会主任许世蓉，县委副书记、县长标绍洪，县政协主席吉觉古史等领导为选美的获奖选手颁发奖牌及奖金。参加开幕式的领导还有州人大常委会主任达久木甲，州委副书记陈忠义等。该节日由中共昭觉县委、昭觉县人民政府主办，凉山州旅游发展委员会、凉山州文化广电新闻出版局协办，凉山文化旅游投资发展有限公司、华谊兄弟（天津）实景娱乐有限公司、昭觉谷克德文化旅游有限公司承办。3天时间共接待游客11.52万人次，旅游收入达3134.4万元。

（审核：巴久伍牛莫　撰稿：丁长秀）

# 社　会

## 人力资源和社会保障

**【概　况】** 紧紧围绕县委、县政府中心工作和全州人力资源和社会保障工作会议精神，以“民生为本，人才优先”为工作主线，扎实抓“就业促进、社会保障、干部人事制度改革、人才队伍建设、收入分配制度改革、构建和谐劳动关系”六大主体工作。

**【公务员队伍建设】** 以进一步深入实施《中华人民共和国公务员法》为切入点，认真贯彻落实公务员法及其配套规章制度、实施细则和操作办法，强化公务员登记和公务员信息入库的日常管理，切实开展公务员（参公人员）招考、登记、考核、培训、管理等工作。2017 年，申报招录公务员（参公人员）1 次，共招录公务员（参公人员）8 人；考核 2017 年度公务员（参公人员）1292 人，其中评定为优秀等次 166 人、称职等次 1069 人、未确定等次 49 人、不称职等次 8 人；共组织 909 名公务员（参公人员）参加省、州“加强职业道德建设做人民满意公务员”培训。

**【事业单位和专业技术人员管理】** 2017 年，为充分发挥人事人才扶贫力度，按照精准扶贫、精准脱贫基本方略和《关于加强全州基层专业技术人才队伍建设的实施意见》规定，强化贫困地区特别是基层人事人才支撑服务，积极引导各类人才服务基层贫困地区，并通过六种方式共考试聘用专业技术人员 158 人、考核聘用专业技术人员 117 人。一是提拔。从村党支部第一书记、优秀村干部、大学生村官、乡镇事业编制人员等“四类人员”中选拔乡镇副科职 17 人，以充实乡镇领导班子成员，助推扶贫攻坚。二是充实。新招募第三轮高校毕业生“三支一扶”（支医、支农、支教、扶贫）计划 1 人，考核聘用 2016 年“阳光天使”计划高校毕业生 5 人，以充实基层工作人员。三是考核聘用。根据国家和省、州对贫困县倾斜的相关政策，考核聘用 2016 届农村定单定向免费医学毕业生 10 人，2016 年和 2017 年定向医学专科毕业生 10 人，免费师范生毕业生 12 人为乡村教师，扶贫项目林业推广员 1 人，稀缺专业教师 12 人。四是降低用人标准。为缓解事业单位“招人难”问题，通过适当降低报考学历条件，拿出一定数量的职位招考本地户籍人员等方式共招聘乡幼儿教师和小学教师 42 人，卫计专业人才 57 人，乡镇农林水专业人才 24 人，文化专业人才 7 人，国土资源专业人才 2 人，其他各类事业人员 27 人；转正特岗教师 52 人，安置符合条件退伍军人 5 人。五是职称评定。共评审初级专业技术职务任职资格 230 人，申报中级专业技术职称 165 人，申报高级专业技术职称 83 人；新聘中级专业技术职务 86 人，由州人社局新聘高级专业技术职务 40 人。六是年度考核。考核 2016 年度事业单位工作人员 3823 人，其中评定为优秀等次393人、合格等次3290人、未确定等次140人。七是接收毕业生。全年共接收前来报到的大中专毕业生493人，登记毕业生档案567份。

【工资福利及退休管理】 2017年，共审批并办理177人的退休手续，办理工资转移审核手续518人次，遗属补助及抚恤金审批手续60人，工龄变更手续68人次；开展机关事业单位5266人的视同缴费年限认定工作；开展法院、检察院的工资制度改革工作，并对入额内的82名法官和检察官的工资进行了套改；机关单位工资晋级1260人（五年一次）、工资晋档141人（两年一次），事业单位晋升薪级工资3564人；办理48名工人的考工定级初级、中级、高级工合格人员的等级证书。

【就业服务】 2017年，大力开展就业扶贫和“素质提升”工程，深入开展农村劳动力就业技能培训。牵头制定《昭觉县2017年贫困家庭技能培训和就业促进扶贫专项方案》，并与县委农工办一同对191个贫困村近4万人的贫困劳动力人口，特别是2017年预脱贫的26个贫困村的贫困劳动力人口，共完成培训农村劳动者3875人。其中，贫困劳动者培训3454人，戒毒康复人员就业技能培训200人，青年劳动者培训191人，创业培训30人，民族地区（挖掘机）培训56人（涉及贫困建卡户24人）。成功举办了佛山（禅城）—昭觉县家政服务劳务对接合作座谈会及专场招聘会，其中“涪城—昭觉”精准帮扶劳务协作专场招聘会，共有来自佛山、绵阳的30家企业参加，并提供就业岗位69个（涉及2171个工种），吸引群众近3000人次。共开发贫困村公益性岗位245个，主要从事乡村保洁、保安、护林、道路维护等，工资每人每月300元。全年，共转移输出务工人员8.2万人，实现劳务总收入9.61亿元，其中建档立卡贫困劳动力4421人，实现劳务收入3500万元；新增城镇就业人员365人，下岗失业人员再就业356人（其中就业困难对象实现再就业61人），城镇登记失业率控制在3.66%以内。

【劳动人事争议仲裁与劳动监察】 继续加大对《中华人民共和国劳动法》《中华人民共和国劳动合同法》《中华人民共和国社会保险法》《工伤保险条例》等法律法规的宣传力度，加强日常执法维权和监管服务工作，清理整顿人力资源市场，组织开展劳动用工、社会保险、农民工工资支付、欠薪处理情况等专项检查。2017年，共受理劳动监察投诉案件47件，涉及拖欠工资的农民工690人，拖欠工资额达322.76万元；共处理劳动争议仲裁案件19起，其中裁决11件、立案后调解3件、撤回仲裁申请1件、不予受理4件，结案率100%。

【五大保险调查】 2017年，组织召开昭觉县全民参保登记动员大会，继续开展“五大保险”（养老保险、医疗保险、失业保险、工伤保险、生育保险）的基金征缴和待遇发放等工作，开展参保登记入户调查62255人，并将相关资料全部录入系统。

【养老保险】 2017年，全县参加企业职工养老保险2565人，共征收养老保险基金2225万元；企业退休职工每月领取养老金1772人，全年发放养老金5677万元；全县参加城乡居民养老保险40100人，共征收养老保险基金543万元，发放城乡居民养老金1878万元；全县参加机关事业单位养老保险365个单位5426人，共征收养老保险基金11540.68万元、职业年金1621.20万元，共发放养老金9765.18万元。

【医疗保险】 2017年，全县乡镇居民应参加医疗保险249292人，实际参加医疗保险247840人（参保率99.4%），筹集到医疗保险基金14370.40万元；城镇居民参加医疗保险6652人，筹集到医疗保险基金101.7万元；城镇职工参加医疗保险9292人。乡镇居民共审核报销医疗费用17249.34万元，涉及171161人次；城镇居民共审核报销住院费用

181.8万元，涉及362人次；城镇职工共审核报销住院费用1549.5万元，涉及8279人次。截至12月31日，乡镇居民医疗保险基金结余8846.89万元，城镇居民医疗保险基金结余1142万元。

**【生育保险】** 2017年，全县共参加生育保险927人，征收到生育保险基金15万元；享受生育保险待遇11人，共支付生育保险金43.37万元。

**【工伤保险】** 2017年，全县共参加工伤保险4294人，征收到工伤保险基金138万元；享受工伤保险待遇13人，共支付工伤保险金89.64万元。

**【失业保险】** 2017年，全县共参加失业保险2970人，征收到失业保险基金162万元，支付失业救济金和医疗补助金1.8万元。

**【精准扶贫】** 2017年，紧紧围绕脱贫攻坚要求，全力开展就业扶贫工作和对口联乡帮扶工作，切实掌握贫困帮扶最新动态，拓宽帮扶领域，深化帮扶内容，并投入大量的人力、物力、财力积极探索标本兼治、综合开发新路子。

（审核：阿日阿和　撰稿：熊　林　刘振超）

## 城乡规划建设和住房保障

**【城乡规划】** 建立公示制度（将规划审批的重点工程及时予以公示），让老百姓参与到城市规划建设中，确保城区规划建设更加符合民意。2017年，共组织召开城乡规划建设工作领导小组会议8次，审议项目12项；核发建设项目选址意见书32份，建设用地规划许可证29份，建设工程规划许可证79份。

**【房地产管理】** 2017年，县房屋管理所共审批并办理二手房手续52本，注销房屋产权证12本、房屋他项权证31本，开具无房证明320户，协助县地方税务局完成房屋产权转移税约60万元，协助司法机关办理涉房案件2件。

**【城市管理】** 按照“打造城市亮化工程，塑造城市民族特色，改造城市基础设施”的思路，加大城市管理执法和保洁清扫力度，并与相关部门一同组成联合执法大队，在县城以整治“乱摆卖”为重点开展专项治理；按照“点面结合、以点带面、典型引路、全面铺开”的思路，采取“严盯死守”和“流动巡查”方法，对县城内流动经营的马路摊和占道经营的门店开展治理，以规范集贸市场及其周边秩序；每天安排4辆垃圾清运车对县城开展3次大普扫，每天安排1辆洒水车、1辆高压冲洗车对重点路段实施洒水降尘、清洁冲洗，以确保全天保洁。2017年，共作出行政处罚185件，纠正违规违法行为425件，罚没金额达41320元。全年环卫清扫保洁街道10条，日清扫保洁26万平方米，日清运垃圾近50吨，垃圾清运率达100%。

**【县城保障性安居工程】** 2017年，县城保障性安居工程分为城市棚户区改造和住房租赁补贴两部分。一是昭觉县城市棚户区改造项目。昭觉县城市棚户区改造项目选址于新城镇西街，计划改造房屋600套（实物安置240套，货币补偿安置360套），改造建筑面积5.4万平方米，配套建设小区内外道路4千米，绿化1500平方米，布设供水管网3千米，架设供电线路3千米，安装路灯100盏等。项目总投资1.04亿元。截至12月31日，已货币补偿安置100户，而实物安置部分正开展前期工作。二是住房租赁补贴。全年共发放住房租赁补贴资金42.41万元，涉及城市居民1073户。

**【建筑质量安全监督】** 2017年，安排建筑质量安全监督人员定期或不定期到施工现场实施监督，一旦发现质量安全隐患立即要求监理督促施工单位进行立面整改，并且整改完善后方可进行下一步施工。要求监理每个月上报一次质量安全进度表，每个月召开一次质量安全工地监理例会定期研究、解决建筑工程的存在问题，以加快建设进度，确保按时完成工程量。全年开展建筑业专项执法检查8次，检查工程64项，办理工程质量安全监督手续101份，下发《建设工程质量安全整改通知书》48份、《建设工程质量安全停工整改通知书》2份，报监工程监督到位率、受监工程质量合格率、质量问题整改处理合格率、重大工程一次验收合格率、参与招投标率、报建率均达100%，一般工程一次验收合格率90%，公开招标率96%。

**【农村安全住房建设监理】** 按照省、州建设主管部门要求，邀请四川现代监理公司和四川江阳监理公司对2017年的全县易地扶贫搬迁和“彝家新寨”安全住房建设实施监理。监理公司确定方式为竞争性谈判。

**【行政许可】** 2017年，共办理建筑施工许可证30项，涉及建筑面积8.9万平方米。

**【其他项目建设】** 2017年，继续开展新城镇交通路和解放路立面改造项目（该项目计划投入资金2800万元，塑造面积5万平方米）建设、城市垃圾填埋场项目建设、县城污水处理厂。截至12月31日，城市垃圾填埋场项目竣工并投入使用。

**【其他管理】** 2017年，登记入库县境内新建、改建、扩建建设工程项目75项，依法报监工程项目26项，办理竣工监督报告31份。截至12月31日，全县在建建筑工程24项，包括房建和市政工程。

（审核：金　生　撰稿：熊　宇）

## 民　政

**【社会救助】** 经县政府批准，自2017年1月起，全县农村低保标准由2016年的2880元/年提高到按年度动态调整后的国家扶贫标准3300元/年，实现“两线（农村居民最低生活保障标准与农村困难群众扶贫标准）合一”；出台《昭觉县开展“低保四问题”整治的实施方案》，并成立工作领导小组，在全县47个乡镇开展“低保四问题”整治活动，要求乡镇对发现的问题整改到位，同时做好对困难群众的排查工作，将符合低保条件的农户及时纳入低保。2017年，全县共发放城市低保金1455.1万元，人均月补助水平260元；共发放农村低保金9288.72万元，人均月补助水平150元（其中“低保”兜底对象人均月补差185元）。通过“低保四问题”整治，共清核出不符合农村低保政策619户2267人，其中死亡112人、常年外出557人、外嫁123人、家庭经济状况超过保障标准1475人。截至12月31日，全县共有城市低保对象2108户4553人（占全县非农业人口的10%），其中城市分散居住的“三无”人员21人、福利院集中供养人员30人、城市特困儿童67人；农村低保对象17217户48991人（占全县农业人口的18%），其中低保兜底2563户8399人。

**【特困人员】** 自7月1日起，执行特困人员（即“五保”人员）新供养标准：集中供养由每人每年4800元调整为每人每年6000元，分散供养由每人每年3600元调整为每人每年4800元。2017年，全县共有特困人员1086人，其中集中供养18人。县儿童福利院建设项目、四开敬老院项目均投入使用。

**【医疗救助】** 2017年，按照《昭觉县城乡医疗救助实施办法》规定，开展城乡医疗救助，特别是对低保户、特困人员、孤儿、优抚对象等困难群体的参加新农保和新农合的个人交纳部分进行全额资助，同时将建档立卡贫困人员纳入医疗救助范围。全年共支付救助资金1363.8万元，其中资助资金428.1万元（涉及困难群众4.2万人）、住院医疗救助资金935.7万元（涉及住院病人2737人次）。

**【临时救助】** 2017年，按照《昭觉县困难群众临时生活救助实施办法》规定，对因病、火灾、交通事故等造成经济困难的家庭及时实施救助，以保障其基本生活。全年共实施临时救助1078人次，支付救助资金133.58万元。

**【残疾人救助】** 2017年，全县共有困难残疾人1068人，共发放救助资金90.23万元，救助生活补贴标准每人每月 70 元。

**【救　灾】** 2017 年，在发生“6 · 9”重大冰雹、“6 · 24”洪涝等自然灾害时，向受灾农户共发放救灾帐篷 150 顶，发放大米近 2.5 万千克、棉被近 2000 床、清油 1150 桶，下拨救灾资金 214.46 万元，涉及灾民 1.3 万人，其中以投亲靠友方式紧急转移灾民 803 人。

**【优抚安置】** 2017 年，全县共有重点优抚对象 357 人，全年发放抚恤金和生活补助资金 292.7 万元，其中为 60 周岁以上农村籍退役士兵发放生活补贴 15.72 万元、为 47 人发放伤残抚恤金 95.5 万元。接收城乡退伍士兵 25 人，其中已实施就业安置 6 人。在重大节庆期间，组织开展走访慰问驻昭部队、优抚对象和现役军家属活动，并发放价值 75 万元的慰问品和慰问金。

**【婚姻登记】** 2017 年，开展了为期两个月的婚姻历史数据录入工作，并录入相关数据 3520 条（属全县所有历史数据）；共完成婚姻登记 1408 对、离婚登记 99 对，补发结婚证 50 对、离婚证 10 对，合格率 100%。

**【特殊困难儿童】** 2017 年，将全县 3050 名特殊困难儿童纳入体制内进行保障，并发放生活补助金 2601.6 万元，其中特殊困难儿童基本生活补助金 1295.6 万元、孤儿生活补助金 1306 万元。特殊困难儿童中，孤儿 1449 人（集中供养孤儿 9 人，社会散养孤儿 1440 人）。

**【区划地名工作】** 2017 年，开展《昭觉县地名图志》编纂所需的前期资料收集工作；完成了昭觉县与普格县、越西县的县界联检及边界平安创建工作，有序推进昭觉县与金阳县、布拖县的县界联检工作。

**【民间组织管理工作】** 组织摸底社会组织情况，详细掌握社会组织的中国共产党组织建设情况，发动社会组织开展“两学一做”活动，开展社会组织年检。2017 年，完成社会组织年检 32 家，年检率 68%，合格率 94%。截至 12 月 31 日，全县共有社会组织 47 家。

**【基层政权工作】** 2017 年，协助县委组织部完成全县第十届村民委员会和社区居民委员会的换届选举工作，并考聘村文书 271 个；全县各乡镇实施政务公开率 100%，村务公开率 98% 以上。

**【老龄工作】** 2017 年，由县老龄办组织工作人员上街宣传老年人法律法规，举办老年人书法和棋牌比赛 3 场，走访慰问老人 108 人（发放慰问金 2 万元）；向 1706 名 80 岁以上高龄老人，共发放高龄津贴 112.8 万元；办理老年优待证 716 册。

**【扶贫帮乡工作】** 2017 年，下派 23 名职工组成驻村工作组（包括第一书记）到所帮扶乡（则普乡）的下辖村开展脱贫攻坚工作，并协调扶贫资金为该乡的 441 户贫困户共发放大米 1.1 万千克、棉被 240 床和价值 4 万元的鸡苗；投入资金 8.5 万元改善了村办公活动室条件；迎接了中办、中央审计组、国家第三方考核组的调研和考核。

（审核：布点星格　供稿：县民政局）

## 住房公积金

**【概　况】** 州住房公积金管理中心昭觉县管理部是为昭觉县缴存职工提供住房公积金管理服务的“窗口”单位，承担着全县 178 个单位 5680 名职工住房公积金的归集、营运等管理任务。

**【住房公积金归集】** 2017 年，全县共归集住房公积金 69597.35 万元，比上年同期增加 11246.11 万元，同比增长 19.27%。截至 12 月 31 日，全县归集的住房公积金余额 32862.61 万元。

**【住房公积金提取】** 2017 年，全县共提取住房公积金 36734.74 万元，比上年同期增加 8698.06 万元，同比增长 31.02%。

**【住房公积金贷款】** 2017 年，向 1720 户职工共发放住房公积金贷款 24246 万元，比上年同期增加 1821 万元，同比增长 8.1%。另外，全县职工在西昌购房而在州本级办理住房公积金贷款

12600.00 万元。截至 12 月 31 日，全县住房公积金贷款余额 10856.04 万元，其中逾期贷款余额 1.79 万元（逾期率 0.16‰）。

**【住房公积金资金运行】** 2017 年，全县住房公积金使用率 144.82%，较上年同期增长 18.32 个百分点；个贷率 33.03 %，较上年同期下降 1.07 百分点。

（审核：黄　博　撰稿：马威燕）

## 邮　政

**【概　况】** 继续推进代理金融、包裹快递和农村电商三个“一把手”工程，发展壮大文化创意类业务，落实能力建设、企业管理、服务质量和安全生产工作，以加快昭觉邮政企业提速增效。

**【创新改革】** 采取扩大作业面积、改善交通工具、增配设备等手段加快商业化揽投部标准化建设，以做到软硬件结合，保证城区投递范围覆盖和中高端邮件投递深度，实现管理标准化和服务规范化。

**【代理金融类业务】** 坚持以存款为核心，加大短期存款和结算型存款营销力度；深入推进网点转型，大力发展中间业务，以“优惠购”为契机，推进网点与“非金融包”的融合力度，打造增值服务体系，增强客户黏性。

**【网　运】** 优化网络作业环节，减少中间环节，提升处理时限，降低劳动负荷及运行成本；进一步拓宽全网寄递市场、物流市场和分销市场，提高市场占有率。

**【邮政服务】** 2017 年，开办运营了特布洛乡等 12 个空白乡镇邮政局（所）和“悬崖村”等 25 个村邮站。

**【扶贫帮乡】** 2017 年，派驻村工作组到所帮的永乐乡开展入户调查、宣讲中共十九大精神等活动，了解贫困户家庭基本情况和贫困程度，帮助群众寻找致富方法、增添扶贫措施，并找到了脱贫攻坚电子商务助农增收（以购代捐）的突破口。全年，向永乐乡贫困群众共捐赠价值 1.5 万元的物资；协助成都人行和昭觉本土微商为贫困户邮寄外销的本地农特产品 522 件。

（供稿：昭觉县邮政分局）

## 气　象

**【地面测报】** 2017 年，每日通过自动站观测系统进行气象观测，实行 24 小时守班制，记录气温、低温、风向、风速、云量、云状、能见度、气压、日照、降水量、蒸发量、积雪等最高、最低、平均值资料，并将气象资料汇编成时报、日报、月报、年报上报业务主管部门，同时保存备用。

**【天气预报】** 2017 年，天气预报的种类为长、中、短期预报，分 24 小时、72 小时天气预报。预报内容为年、月、旬内气候的总趋势，年、月、旬平均气温，年、月、旬总降水量，农事季节的天气趋势及天气过程，雨季开始期，大风、冰雹、寒潮、霜冻、低温、阴雨、绵雨、干旱，或久雨转晴等重要天气预报和一般降雨、降温天气过程。

**【农业气象】** 2017 年，根据昭觉县的气候特征，及时发布农业气象预报，为昭觉县的农业生产和作物病虫害防治提供必要的指导。

**【专题预报】** 2017 年，在元旦、春节、劳动节、火把节、中秋节、国庆、州庆和高（中）考期间等提供专题气象预报 70 次，准确率均达 93% 以上。

**【汛期气象服务】** 2017 年，针对“6・6”“6・15”“7・6”“9・10”“9・20”强降雨天气过程以及“6・24”强对流天气过程做出了准确及时的预报。汛期内，共对外发布各类长、中、短期天气预报近 430 次，制作重要天气警报 43 期、大风蓝色预警信号 17 期、雷电黄色预警信号 50 期、冰雹橙色预警信号 1 期、暴雨黄色预警信号 3 期，制作并发布定期和不定期气象服务材料 49 期、发送手机短信 122859 人次，通报雨情 72 期，启动暴雨应急响应 7 次。

**【人工影响天气】** 2017 年，在解放乡、玛增依乌乡、四开乡、地莫乡、三岔河乡、比尔乡、塘且乡、格五乡、普诗乡的 9 个炮点共实施增雨、防雹作业 120 次，耗弹 1280 发（高炮弹 1204 发、火箭弹 76 发）。经有关部门测算，年投入效益比达 1∶58。

**【气象科普宣传】** 利用“3·23”（世界气象日）、“5·12”（防灾减灾日）和防灾减灾宣传周，普及性宣传气象防灾减灾知识近 5000 人（次）。

**【重大活动气象保障】** 根据县委、县政府的安排，为确保“2017 年中国凉山·昭觉谷克德彝族火把节”活动顺利开展，昭觉县气象局与凉山州气象局加强会商天气形势，专题研究气象服务方案和人工消雨作业方案，并制定了切实可行的气象服务保障方案。活动期间，对可能出现的降雨、冰雹、大风、雷电等影响天气过程进行跟踪监测预报，开展滚动跟进式气象服务。8 月 16—20 日，在玛增依乌乡、普诗乡、解放乡等炮点开展人工影响天气作业 16 次，耗弹 234 发。

**【精准扶贫】** 2017 年，昭觉县气象局仍然定点帮扶阿并洛古乡吾合村和洛伍阿木村，派出的 2 名第一书记继续实行脱岗开展工作，通过职工捐款和单位帮扶的办法共筹集了近 8 万元，并购买生产生活用品发放给两个村共 220 户建档立卡贫困户；牵头建成洛伍阿木村集体养殖基地，共建了牲畜棚圈 1500 平方米、草场 133.33 公顷。

（审核：鄢　勇　撰稿：吉克拉体）

## 机关事务管理

**【概　况】** 9 月 6 日，昭觉县接待办公室更名为昭觉县机关事务管理局，为正科级行政机构，设在县委办，归口县政府管理。内设综合股，下设昭觉县国有资产管理服务中心（事业单位）、昭觉县机关事务服务中心（主任按副科级配备，为公益一类事业单位）。内设职能：公务用车管理、公务接待、非营利国有资产管理、节能减排。

**【节能减排】** 2017 年，以“绿色机关”创建为抓手，制订了机关节能考核细则，并纳入全县综合（机关）目标管理考核内容；召开全县公共机构节能管理工作培训会，对全县各公共机构能源使用情况开展摸底和汇总上报工作。

**【国有资产管理】** 2017 年，启动 3 幢老旧办公室装修改造工作，协助 8 个单位调配办公用房；清理全县 200 家企事业单位的国有资产，并初步建立了国有资产登记台账。

**【公务用车管理】** 2017 年，严格公车编制管理，并完成了 20 辆公务车的评估、报废、拍卖等工作；健全“一车一档”、动态管理等制度，并给 85 辆公务用车喷涂了监督标，全年共支出公务用车运行经费约 500 万元。

**【公务接待】** 精心谋划、周密部署、严密组织，全力以赴做好县委、县政府安排的公务服务工作。2017 年，共接待公务到访客人 215 批次 2074 人次。

（审核：徐正刚　供稿：县机关事务管理局）

## 福利院

**【概　况】** 昭觉县福利院属正科级事业单位，内设办公室、财务科、护理股、伙食团。截至 12 月 31 日，共有床位 136 张，入住 36 人（院民 30 人、临时救助 6 人）。

**【干部培训】** 2017 年，选派专业技术人员到省、州业务主管部门举办的培训班或培训会 15 人次。

**【收养救助】** 2017 年，开展收养孤儿、临时救助等工作。

【帮扶工作】 2017年，组织中共党员到色底乡和新城镇城中社区分别开展“双联”帮扶和社区双报道各2次。

（审核：某色布都 撰稿：沙 莉）

## 民族宗教

【概 况】 昭觉县民族宗教事务局于2017年6月从昭觉县民族宗教和扶贫移民工作局析置。

【民族团结县创建】 2017年，从四个方面开展省级民族团结进步示范县的创建工作。一是明确县、乡、村三级创建职责。二是宣传。利用护栏、围墙制作民族团结标语，悬挂条幅，以增强群众的民族团结意识；利用建党节、火把节等重大节庆举办“创建民族团结进步示范县职工运动会篮球比赛”“彝族传统火把节‘民族团结杯’达体舞比赛”等大型活动，以促进各民族关系，全年参与群众近20万人次。三是推荐。推荐县交通运输局、县国家税务局、县工农兵小学、县民族重点寄宿制小学、特布洛乡人民政府、解放乡火普村为第二批省级民族团结创建活动示范单位。四是考核。对县级各部门和各乡镇开展民族团结创建工作实施考核。

【“两资”项目建设】 2017年，省级下达省三州开发资金365万元，其中275万元用于脱贫攻坚战中的统筹资金、90万元用于村民族文化推进项目建设。村民族文化推进项目建设在比尔乡以子甲拖村、哈甘乡哈甘村、阿并洛古乡尔古村实施，并已全部在年内建成。

【民族事业发展资金】 2017年，全县共下发省级民族事业发展资金35万元，其中30万元用于谷曲乡洛洛以打村机耕道建设、5万元用于开展民族团结进步创建活动。这两项建设均在年内竣工并交付使用。

【少数民族发展资金】 2017年，全县共下发省级少数民族发展资金190万元。其中，30万元用于修建哈甘乡合口村合口社—瓦古社铁索桥，40万元用于修建三岗乡羊棚村羊棚社通社公路，30万元用于修建谷曲乡洛洛以打村机耕道，30万元用于硬化洒拉地坡乡拢恩依达村洛呷社道路，30万元用于修建支尔莫乡阿土列尔村特土社安全路，30万元用于建设阿并洛古乡尔古村蔬菜大棚。以上建设通过一事一议方式实施，且均在年内竣工并交付使用。

【四件套发放工作】 2017年，在新城镇、库依乡、则普乡、永乐乡、宜牧地乡、波洛乡、比尔乡、四开乡、树坪乡、谷曲乡等36个乡镇的88个行政村共发放和安装2016年12月招投标的彝家新居生活室内四件套（衣柜、碗柜、储物柜、餐桌）3834套。

【脱贫攻坚】 9月底，县委组织部安排波洛乡黑石村由县民族宗教事务局帮扶。明确帮扶村后，立即安排了1名工作人员任村第一书记，安排2名工作人员开展驻村工作。10—12月，清理排查了医疗保险建档立卡贫困户、户贷企用项目、子女读书情况等，并确认享受产业扶持金农户。

（审核：阿车尔布 撰稿：加洛车古）

# 环境保护

**【概　况】** 开展以“绿色发展、脱贫奔康”为主题的科普宣传活动和“6·5”世界环境日宣传活动，迎接中央、省环保督察，并实施整改等。2017年，在收到中央、省环保督察组反馈给凉山州的问题清单中，昭觉县存在6大类29项问题，其中26项已在年内整改完成（完成率89.6%）、3项难点问题（污水处理厂、垃圾填埋场防护距离内住户搬迁、医废处理中心建设）的整改已纳入县环委会重点督办项目；向群众共发放宣传手册近700册等。

**【环境影响评价和行政审批】** 2017年，审批环境影响评价项目15个，备案环境影响评价项目35个，验收环保项目7个；纳入环保违法违规建设并规范整顿的项目共有41个，其中补办环评23个、临时备案7个、验收6个、自主放弃2个、关停取缔3个，完成率100%；昭觉金鑫水泥有限责任公司获得州环保局颁发的“排污许可证”。

**【污染防治与总量控制】** 2017年，昭觉金鑫水泥有限责任公司脱硝设施建成并投入运行，可减排氮氧化物480吨左右；昭觉县国泰公司清洁生产获得州环保局的审批，正等待验收。

**【生态和规划建设】** 2017年，申请创建5个省级生态乡（塘且乡、三岔河乡、庆恒乡、树坪乡、解放乡）、2个州级生态村（塘且乡海底补尔村、树坪乡腾地村等），建成县级生态家园20个；完成14个乡镇饮用水水源地的技术划分报告、《昭觉县国家生态红线划定调整方案》、生物多样性材料报送和后山水源地保护项目申报工作，建成瓦曲饮用水水源地保护区。

**【环境质量监测】** 2017年，空气自动检测设备正常运行并按时上报数据，全年空气质量达标；开展全县34个乡镇饮用水源地和2个县城集中式饮用水源地进行水质监测，水质全部达标；对实施农村环境质量监测的8个点均达标，对金曲拉达河和央摩租河进行的全年断面监测均达标。

**【环境监察】** 2017年，完成“双随机”67条，监察执法中发现违法违规行为12件，且全部进行了责令整改；联合县公安局、县人民检察院、县运管所等单位，针对饮用水水源、汛期环境安全整治、大气污染防治、危险废物环境管理、重点行业环保等开展专项执法检查；在环保督察期间收到信访及巡查发现的环境问题2个，且规定时间内办结和整改到位。全年共出动县环境监察人员90人次，下达责令改正违法行为决定书12件次，实施行政处罚5件，罚款20.9万元；共征收排污费60.8万元。

（审核：八且打达　撰稿：阿热里伍）

# 乡　镇

## 塘且乡

【概　况】截至12月31日，全乡共有耕地287.53公顷（全为旱地），林地133.33公顷，牧草地1333.33公顷。下辖4个行政村，13个农牧服务社。共有农户1153户，农村总人口4023人（均为彝族）。

【精准扶贫】2017年，扶持贫困户共栽植核桃166.67公顷、华山松66.67公顷，种植“青薯9号”马铃薯40公顷、白萝卜66.67公顷、豌豆13.33公顷。在以火补且村（极度贫困村）集中新建易地搬迁安全住房26户，在呷姑洛姐村（贫困村）集中新建易地搬迁安全住房71户，另外在呷姑洛姐村还新建了民俗文化坝、村卫生室、村小学，在海底补尔村新建了“一村一幼”幼教点。向贫困户发放产业扶持周转资金48.3万元，其中呷姑洛姐村28.3万元、非贫困村——塘且村和海底补尔村20万元，并在呷姑洛姐村开展洪泉养殖场建设（共投资70万元）。举办以“‘筑底强基凝聚民心’助推脱贫攻坚创建四好家庭”为主题的农民运动会；利用农民夜校开展技能培训96期、扶贫政策宣传12次、禁毒防艾知识宣传12次等，参训人员近2600人次。

【农村经济】2017年，全乡农作物主要种植了马铃薯、玉米、燕麦、荞麦；畜牧业养殖了猪、牛、羊、家禽，种植光叶紫花苕400公顷，“四畜”防疫密度98%；生产青花椒12吨；外出务工1477人（贫困人口261人），劳务总收入5624.04万元。

【教育事业】2017年，全乡小学适龄儿童入学率、小学升初中升学率、九年义务教育覆盖率均达100%。截至12月31日，全乡共建有学校3所。其中，乡中心小学1所（拥有教师16人，在校学生519人）、村小2所。共建有“一村一幼”幼教点4个，拥有辅导员8人，在园幼儿121人。

【医疗卫生】全面落实医疗保险政策和计划生育奖励扶助政策，认真开展育龄妇女‘四查一治”工作；开展基础设施建设，改善群众的医疗环境，不断提高乡卫生院的医疗服务水平。2017年，乡卫生院诊疗量1210人；全乡医疗保险参保率99%；扩建乡卫生院。截至12月31日，全乡建有乡卫生院1所，共有床位20张，拥有卫生人员11人，其中执业医师5人。

【社会保障】2017年，全乡共有农村“低保”对象183户535人（兜底贫困户45户123人），发放农村“低保”金95.658万元（兜底贫困户27.306万元）；特殊困难儿童82人，发放救助金59.04万元；“五保”供养对象31人，发放“五保”供养金14.88万元；国家抚恤和优抚对象13人，发放救助金3.9万元；实施医疗救助27人次，发放救助金14.01万元。

【其他事业】2017年，结合全乡实际，以禁毒防艾、防汛减灾、水库安全、森林防火、道路交通安全为重点，开展安全生产宣传活动和安全隐患排查等工作。截至12月31日，全乡共建有村级农家书屋4处，藏书0.64万册；建有农贸集市1个，年成交额312万元。

（审核：张明华　撰稿：勒格子拉）

## 齿可波西乡

**【概　况】** 截至12月31日，全乡共有耕地811公顷，林地613.73公顷，牧草地205.33公顷。下辖10个行政村，29个农牧服务社。共有住户2137户，全乡总人口9425人。

**【精准扶贫】** 2017年，向2个贫困村的77户贫困户，以“借羊还羊”方式发放资金42万元，惠及人口344人；从县农牧局争取到养殖发展资金200万元，计划在体口则洛村、洛子阿里村为贫困户新建家庭牧场；组织全乡职工向贫困户捐赠一些洗漱用品；县级帮扶单位——县统计局和昭觉中学向贫困群众捐赠衣服和棉被。

**【农村经济】** 2017年，大力推广农业种植技术，鼓励农户发展特色产业。种植的农作物包括大春作物（水稻、玉米、马铃薯、黄豆）和小春作物（荞麦、豌豆）；畜牧业养殖了鸡、猪、牛、羊。在以火母村建设青花椒种植基地，在以火此机村建立改良核桃示范种植试点园区20公顷。全年共输出劳务1424人，劳务总收入900万元。

**【禁毒防艾】** 2017年，继续以“支部＋协会＋家族”模式开展禁毒防艾工作。同时，结合各村负责人、各村村民代表意见，继续严格执行村规民约。

**【教育事业】** 深入宣传党和国家的教育方针政策，进一步巩固教育教学成果。2017年，全乡适龄儿童入学率99.5%，小学生毕业率100%，在校生巩固率99.8%。截至12月31日，全乡建有乡中心小学1所，基点校1所，村小5所；共拥有正式教师40人，在校小学生1189人，学前班学生437人。

**【医疗卫生】** 认真落实医疗保险政策，加强医疗卫生队伍建设，不断提高乡医疗卫生服务水平。2017年，全乡参加医疗保险8456人；已婚育龄妇女参加计生“四查一治”827人；乡医疗机构诊疗量达925人。截至12月31日，全乡建有乡卫生院1所、村卫生室7个，拥有正式医护人员5人、村医生10人。

**【基础设施建设】** 2017年，完善乡村基础设施，共投入资金2254万元。其中，以火母村新建灌溉水渠1.5千米，投入资金20万元；洛子阿里村实施47户旧房风貌打造及入户路建设，修建支部活动室及民俗文化坝子220平方米，共投入资金260万元；阿库洛五村解放社建成2.5千米路面，投入资金13万元；咪色日洛村完成6千米的通村路硬化工程，投入资金360万元；阿子果祖村投入资金210万元，开展3.5千米通村路硬化工程建设；纳吉甲古村建成220平方米支部活动室及民俗文化坝子，达成全村37户旧房风貌改造及入户路建设，完成4千米的通村路硬化工程，共投入资金600万元；体口则洛村建成220平方米支部活动室及民俗文化坝子，完成6千米通村路硬化及贫困户入户路工程，共投入资金420万元；俄助溪村建成220平方米支部活动室及民俗文化坝子等配套设施，完成3.578千米通村硬化路，铺设面积达7750平方米的入户路，共投入资金371万元。

**【其他事业】** 截至12月31日，全乡共有农村“低保”对象1688人，“五保”供养对象53人；参加城乡居民养老保险（简称养老保险）2575人。乡文化站和村级农家书屋共藏书5000册。

（审核：罗　斌　撰稿：吉米阿伟）

## 久铁洛古乡

**【概　况】** 截至12月31日，全乡共有耕地

566.4 公顷，林地 933.33 公顷，草山 4200 公顷。下辖 4 个行政村，9 个农牧服务社。共有农户 822 户，农村户籍人口 4205 人，常住人口 3422 人。辖区内建有洛古电站水库，华能风电场一期、二期工程和升压站。

**【精准扶贫】** 2017 年，实施的易地扶贫搬迁工程，共移民建档立卡贫困户 77 户 288 人（体口以洛村 58 户 214 人、洛古村 19 户 71 人），年内已全部入住；帮助贫困户购买能繁母猪 371 头；种植“青薯 9 号”马铃薯 14.67 公顷，生产鲜薯约 30 吨；帮乡单位县妇幼保健计划生育服务中心为 56 户贫困户购买了阉鸡苗 560 只（每户 10 只）。

**【农村经济】** 调整农业产业结构，大力推广农业实用技术，开展科普和劳务知识宣传，积极为农民提供劳务信息，支持、鼓励农民外出务工。2017 年，全乡农作物种植了马铃薯、荞麦、玉米、燕麦、圆根，同时种植反季节蔬菜（萝卜和白菜）13.33 公顷；畜牧业养殖了猪、牛、羊、马；全年共输出劳务 1650 人，劳务总收入 409 万元。

**【教育事业】** 2017 年，全乡适龄儿童入学率、小学生毕业率均达 100%。初中适龄人口入学率、小学升初中升学率、九年义务教育覆盖率、在校生巩固率均达 99%。截至 12 月 31 日，全乡共建有学校 4 所（乡中心小学 1 所，幼教点 1 个，村小 2 所），共拥有教师 34 人，在校小学生 559 人、在园幼儿 147 人、学前班学生 113 人。全乡在校学生均执行了营养改善计划（企业供餐）和落实了“三免一补”政策。

**【医疗卫生】** 全面落实医疗保险政策和计划生育奖励扶持政策，积极开展国家级人口与计划生育优质服务创建活动，提升全乡医疗服务水平，改善群众就医环境。2017 年，全乡医疗机构诊疗量 602 人次（住院病人 110 人次、门诊 492 人次）；参加医疗保险 3296 人，其中贫困人口 936 人；已婚育龄妇女参加计生“三查”582 人，“三查”率 99%；计划生育率 100%；已婚育龄妇女安环和孕情服务率 99%；对婴幼儿免费实施免疫接种，建立村民健康（体检）档案；全乡共征收社会抚养费 4.2 万元，为三孩以上育龄妇女实施长效避孕节约措施 115 例。截至 12 月 31 日，全乡建有乡卫生院 1 所、村卫生室 1 个，拥有医护人员 8 人、村医务人员 5 人、床位 6 张。

**【社会保障】** 2017 年，全乡共有农村“低保”对象 189 户 636 人，“五保”供养对象 16 人，“三老”人员 3 人，优抚对象 3 人，救助特殊困难儿童 72 人，实施护理补贴的重度残疾人 52 人；参加养老保险 3521 人，其中建档立卡贫困户 1560 人。

**【项目建设】** 2017 年，在体口以洛村整村推进项目中修建通村公路 6 千米，修建篮球场 3 个（洛古村、阿尼洛哈村、体口以洛村，每村各 1 个）。

**【文化体育】** 2017 年，乡文化站配备了健身器材设备 1 套，农民夜校电视播放机 2 套。为全乡贫困户发放 40 个通信锅盖。

（审核：冯真林　撰稿：洛比里甘）

## 特口甲谷乡

**【概　况】** 截至 12 月 31 日，全乡共有耕地 664.73 公顷，林地 2814.07 公顷，牧草地 5033.73 公顷。下辖 7 个行政村，19 个农牧服务社。共有农户 1187 户，农村总人口 4515 人（均为彝族）。

**【精准扶贫】** 2017 年，特口甲谷村举行现代化生猪规模养殖项目开工仪式。项目将采用“1+1+1+N”的合作模式，即“人民银行成都分行和昭觉县政府 + 新希望六和股份有限公司 – 专业合作社 + 特口甲谷村村民”的模式建设生猪养殖基地，总投资约 720 万元。基地建成后将成为全州最大的现代化生猪规模养殖基地，每年出栏生猪 5000 头，实现年毛利润 75 万元，收益约 12%。

**【农村经济】** 2017 年，以特口甲谷村为试点，多方筹措资金修建畜圈，大力推广科学养殖绵羊技术，以此带动全乡的养殖业发展；全年输出劳务1500人次。

**【禁毒防艾】** 2017年，全乡继续以“支部+协会+家族”的模式开展禁毒防艾工作。6月，结合各村负责人、各村村民代表意见，经乡党委、政府研究决定，继续严格执行村规民约。

**【教育事业】** 2017年，全乡适龄儿童入学率99.5%，在校生巩固率99.8%，小学生毕业率100%；截至12月31日，全乡建有乡中心小学1所，村小2所，共拥有正式教师15人，在校小学生307人。在校小学生均落实“三免一补”政策和执行营养改善计划。

**【医疗卫生】** 截至12月31日，全乡建有乡卫生院1所、村卫生室2个，拥有正式医护人员5人，聘用村医生7人。全年诊疗量300人。

**【社会保障】** 截至12月31日，全乡参加新型农村医疗保险3677人，参加养老保险1421人；共有农村“低保”对象538人、“五保”供养对象31人，已享受养老金289人。

**【文化体育】** 截至12月31日，共有乡文化站和村级农家书屋7个，藏书2100册。

（审核：阿热瓦古　撰稿：洛古日惹）

## 比尔乡

**【概　况】** 截至12月31日，全乡共有耕地542.07公顷，林地2875.33公顷，牧草地6374.67公顷。下辖9个行政村，23个农牧服务社。共有农户1996户，农村总人口9450人（均为彝族）。

**【脱贫攻坚】** 2017年，结束瓦俄尔村、阿硕古普村整合项目安全住房建设，共79户；完成俄尔阿莫村易地扶贫搬迁工作，共19户64人；完成补各洛呷村“彝家新寨”项目建设工作，共52户；利用产业扶持周转资金支持补各洛呷等3个村的贫困户养殖牛、绵羊、山羊、生猪，共45.83万元，并由驻村帮扶农技员提供养殖技术服务。

**【农村经济】** 2017年，依托“农民夜校”平台，利用每月2次、每次2小时的授课机会，深入普及农业增产实用技术，推广“青薯9号”马铃薯种植。全乡农作物种植主要品种有马铃薯、荞麦、燕麦、玉米；畜牧业养殖主要品种有牛、羊、猪、鸡。

**【教育事业】** 全乡认真开展“控辍保学”工作，坚持依法控辍、以防为主、防治结合、综合治理的控辍方针，动员和组织社会、家庭、学生等各方面的力量共同参与。2017年，全乡小学适龄儿童入学率、在校生巩固率均达100%；初中适龄人口入学率96%，在校生巩固率99%。截至12月31日，全乡共建有学校5所（中学1所、小学4所），共拥有教师72人（中学教师22人、小学教师50人），小学一至六年级在校生1511人，“一村一幼”在园幼儿313人。

**【医疗卫生】** 认真落实农村医疗改革和医保政策，群众“看病难”“看病贵”等问题得到有效缓解。加大对艾滋病、地方病、传染病等疾病防治科普知识宣传，引导和帮助农民转变观念，增强自我保健意识。2017年，乡卫生院诊疗量6625人次，报销医疗费用352160元；全乡参加医疗保险8116人，参保率100%；育龄妇女参加“四查一治”642人，“四查”率96.5%；对婴幼儿免费实施免疫接种820人次；建档立卡贫困人员全部建立个人健康档案。截至12月31日，全乡建有乡卫生院1所、村卫生室7个；拥有医护人员23人，其中临聘5人。共征收社会抚养费5.5万元。

**【社会保障】** 截至12月31日，全乡共有“五保”供养对象39人，“低保”对象438户1376人，优抚对象15人，“双孤”儿童26人，特殊困难儿童100人；参加养老保险2285人，享受养老金1086人。

**【项目建设】** 2017年，按照“一事一议”方式，推进补各洛呷等3个村9.3千米社道公路建设；

完成俄尔阿莫村“彝家新寨”项目4千米社道公路及30户入户路建设。新建补各洛呷村支部活动室、卫生室和文化室；

【文化体育】 截至12月31日，全乡建有乡文化站1个，电子阅览室1个，村级农家书屋9处。农家书屋共藏书1.86万册。

（审核：阿生优吉 撰稿：俄木友格）

## 金曲乡

【概　况】 截至12月31日，全乡共有耕地（旱地）338.2公顷，林地2093.27公顷，草地2355.67公顷。下辖7个行政村，18个农牧服务社。共有户籍1108户，农村总人口4595人。畜牧业是村民的主要经济来源。

【精准扶贫】 2017年，对全乡精准贫困户进行了“回头看”，并完成子系统和“六有”系统的录入、修订工作，共识别贫困户339户1488人；呷朵村共建了37套安全住房，各项指标均达到验收标准，在州级验收中受到好评。经验收，呷朵村如期脱贫。

【农村经济】 2017年，全乡共播种“青薯9号”马铃薯13.33公顷，鲜薯总产量72吨；向省外输出劳务168人；组织贫困户参加州、县举办的各类素质提升培训3期，共68人次；呷朵村养羊专业合作社1个在申报中。

【教育事业】 2017年，全乡适龄儿童入学率、小学毕业、在校生巩固率均达95%。截至12月31日，全乡建有乡中心小学1所，“一村一幼”幼教点3个，共拥有教师10人，在校生148人。

【医疗卫生】 2017年，全乡参加医疗保险788户3322人，参保率99.5%；已婚育龄妇女安环和孕情服务率均达100%。截至12月31日，全乡建有乡卫生院1所，配有住院病房1间，共建有村卫生室7个，拥有医护人员7人。

【其他事业】 截至12月31日，全乡参加养老保险780人，“低保”对象173户653人，‘五保”供养对象23人；建有乡文化站1个，村级农家书屋7处；舍得村、呷朵村、金曲瓦普村均修建了民俗文化坝子、安装了“村村响”广播。

（审核：土比小江 撰稿：王五二）

## 永乐乡

【概　况】 截至12月31日，全乡共有耕地347.33公顷，林地1071公顷，草地2933.33公顷。下辖5个行政村，13个农牧服务社，共有农户662户，总人口2781人（农业人口2749人、非农业人口32人）。2017年，全乡农民人均收入6200元，同比增长6.4%。

【精准扶贫】 2017年，重新识别、复核了全乡的精准贫困户，并完成全国子系统和“六有”系统的录入工作。此次精准识别后，全乡共有贫困户293户1443人。其中，瓦渣甲古村75户345人，瓦渣冲洛村75户379人，安曲乐村59户312人，改阿能村49户239人，以格洛村35户168人。瓦渣甲古村完成易地扶贫搬迁任务（26户）。瓦渣冲洛村硬化通村公路3.7千米。以格洛村完成易地扶贫搬迁任务（20户）、“彝家新寨”建设任务（15户），建成村支部活动室、“一村一幼”幼教点，并硬化了通村公路1.9千米。发放“四件套”78套，其中瓦渣冲洛村33套、瓦渣甲古村45套。经验收，以格洛村如期脱贫。

【农村经济】 2017年，大力推广农业实用技术，普及劳务知识，提供劳务信息，积极组织村民发展劳务经济。粮食作物种植马铃薯、荞麦、燕麦、玉米。畜牧业养殖猪、黄牛、绵羊、本地山羊、马、土鸡。栽植花椒33.33公顷。栽植核桃86.66公顷，其中瓦渣甲古村33.33公顷、安曲乐村20公顷、改阿能村20公顷、以格洛村13.33公顷。栽植华山松166.67公顷，其中以格洛村66.67公顷、瓦渣冲洛村33.33公顷、瓦渣甲古村66.67公顷。举办各类知识培训5次，参加群众256人次。输出劳务387人，劳务总收入356万元。

**【教育事业】** 2017年，一至六年级学生均落实“三免一补”政策（寄宿制181人）；享受营养午餐的学生共有600人（乡中心小学378人实行食堂供餐、瓦渣冲洛村小及5个“一村一幼”幼教点222人实行企业供餐）。截至12月31日，全乡共建有学校2所（乡中心小学1所，村小1所），拥有教师19人（正式教师15人，代课教师1人，支教教师3人），在校学生408人（一至六年级学生241人，学前班学生167人）；“一村一幼”幼教点5个，拥有辅导员10人，在园幼儿192人。

**【医疗卫生】** 全面落实农村合作医疗政策、计划免疫政策和计划生育政策，认真开展已婚三孩以上年龄在45岁以下妇女的“四查一治”工作，进一步提高全乡医疗服务水平。2017年，全乡参加医疗保险2813人，参保率99.5%。其中，一般农户1178人，建档立卡贫困户1379人。“五保”供养对象6人，“低保”对象247人，孤儿5人。全年乡卫生院诊疗量1236人次，报销医疗费用15.45万元；完成婚前医学检查78对；对已婚育龄妇女采取长效节育措施183人；终止计划外的妊娠17人次，终止率100%；对婴幼儿免费实施免疫接种。截至12月31日，全乡建有乡卫生院1所，拥有医护人员3人。

**【其他事业】** 2017年，审核清查农村“低保”对象，并排除不符合对象160人。截至12月31日，全乡共有“低保”对象147户501人，“五保”供养对象6人，孤儿4人，特殊困难儿童18人；参加养老保险1334人，已享受养老金276人。

（审核：吉觉木且　撰稿：瓦其车久）

## 波洛乡

**【概　况】** 截至12月31日，全乡共有耕地337.87公顷，林地357.8公顷，草地275.47公顷。下辖5个行政村，14个农牧服务社。共有农户618户，农村人口2865人。

**【精准扶贫】** 遵循“科学统筹、创新机制，整合资源、聚合力量，突出优势、互补发展，区域联动、整体发展”的统筹型、捆绑式大扶贫思路，坚持“统筹规划、合理布局、整合资金、连片开发、创新机制、突出效益”的实施原则，坚持走“专项扶贫、行业扶贫、社会扶贫”三位一体有机结合的扶贫机制。2017年，建成洛呷村安全住房18户、硬化通村公路10千米；建成吉曲村通村毛路5.7千米。

**【农村经济】** 调整农业产业结构，普及农业科学技术，向农民群众发放科普书籍；狠抓粮食生产、畜牧生产、劳务输出等工作。2017年，全乡农作物种植马铃薯、荞麦、燕麦等，畜牧业养殖猪、牛、羊、马、家禽，并种植光叶紫花苕200公顷。全年实现农业总产值310万元，同比增长16%；农民人均收入5990元，同比增长11.2%；输出劳务126人，实现劳务总收入18.8万元，同比增长11%。

**【教育事业】** 2017年，小学适龄儿童入学率、小学升初中升学率、九年义务教育覆盖率均达100%。截至12月31日，全乡建有学校2所（乡中心小学1所，村小1所），“一村一幼”幼教点5个，共有教师21人，在校学生203人。

**【医疗卫生】** 2017年，乡卫生院诊疗量1328人次；全乡参加医疗保险2872人，参保率100%；育龄妇女“三查”率96%。截至12月31日，全乡共有卫生院1所，有医护人员5人。

**【其他事业】** 截至12月31日，全乡共有“低保”对象116户431人，“五保”供养对象23人，特殊困难儿童14人，孤儿15人。建有乡级文化站1所，村级农家书屋2处，共藏书1万册。

（审核：朱秀芳　撰稿：吉克比者）

## 宜牧地乡

**【概　况】** 截至12月31日，全乡共有耕地527.6公顷，林地2152.33公顷，草地4017公顷。下辖4个行政村，13个农牧服务社，共有农户1155户，劳动力人口1976人，农村总人口3092人（均为彝族）。畜牧业是农村经济的主要来源。2017年，全乡农牧民人均纯收入4787元。

**【精准扶贫】** 2017年，全乡精准识别建档立卡贫困户236户1109人，剩余劳动力再就业17人，涉及建档立卡贫困户7户；易地扶贫搬迁安置71户368人；低保政策兜底32户146人；医疗救助扶持12户53人。截至12月31日，全乡贫困人口人均纯收入3450元。

**【农村经济】** 2017年，农业主要粮食作物为马铃薯、荞麦，人均粮食产量150千克；畜牧业主要养殖牛、羊、猪。

**【教育事业】** 2017年，全乡适龄儿童入学率99%，小学生毕业率99.5%，小学升初中升学率、九年义务教育覆盖率均达99.3%，在校生巩固率98%。乡中心小学学生以食堂供餐方式提供营养午餐，村小以企业供餐方式提供营养午餐；在校学生均执行了“三免一补”政策。截至12月31日，全乡共建有学校2所（乡中心小学1所，村小1所），“一村一幼”幼教点4个，共拥有教师19人，在校学生329人。

**【医疗卫生】** 2017年，全乡医疗机构诊疗量147人次，报销医疗费用2.13万元；参加医疗保险2803人，参保率99.6%；疫苗接种率、计划生育率、育龄妇女安环和孕情服务率均达100%。截至12月31日，全乡建有乡卫生院1所，村卫生室3个，拥有医护人员9人。

**【禁毒工作】** 为切实加强禁毒工作，有效遏制毒品蔓延，全面推进人民禁毒战争。2017年6月，组织家族代表、毕摩等人按彝族习俗开展禁毒活动，参加禁毒宣传活动人员1465人，宣传率98%。

**【其他事业】** 2017年，全乡参加养老保险2714人；共有“低保”对象133户451人、“五保”供养对象23人；升级改造的24.6千米通乡公路竣工，共投入300万元；建成洼典宜牧村通村公路；共开展读书会和篮球比赛4次；通过党员远程教育系统组织党员干部和村社干部参加培训4次。

（审核：沈里体　供稿：宜牧地乡人民政府）

## 库依乡

**【概　况】** 截至12月31日，全乡共有耕地502.33公顷，林地3125.33公顷，牧草地2610.87公顷。下辖9个行政村，28个农牧服务社，共有农户2327户，农村总人口9943人。

**【精准扶贫】** 紧紧围绕县委、县政府“精准扶贫”的部署，每户贫困户栽植核桃0.33公顷以上、利用产业扶持金买羊5只。

**【农村经济】** 加强农村基础设施建设，积极调整农业产业结构，狠抓农业科技培训和劳务输出，不断提高农民的生产生活条件，努力增加农民收入。2017年，农作物种植马铃薯、玉米、荞麦，畜牧业养殖猪、牛、羊、马；共输出劳务456人，劳务总收入1568万元。

**【教育事业】** 始终坚持把教育工作放在第一位，加快农村教育事业发展。2017年，全乡小学适龄儿童入学率99.7%，九年义务教育覆盖率100%。截至12月31日，全乡建有乡中心小学1所、村小4所，共拥有教职工29人，在校小学生923人（寄宿制学生350人），全乡学前班学生285人，在园幼儿281人。对在校学生落实“三免一补”政策，还对寄宿制学生实行生活补贴。乡中心小学766名学生以食堂供餐形式提供营养午餐，4所村小157名学生以企业供餐形式提供营养午餐。

**【医疗卫生】** 认真贯彻落实医疗保险政策，加强农村医疗卫生服务管理，不断提高医疗服务水平。2017 年，全乡医疗机构共诊疗病人 1537 人次（门诊 1095 人次，住院 442 人次），报销医疗费用 35.12 万元；医疗保险参保率达 99.1%；对 0—7 周岁婴幼儿 759 人免费实施免疫接种；已婚育龄妇女计生“三查”率 92%；截至 12 月 31 日，全乡建有乡卫生院 1 所、村卫生室 5 个，共有床位 6 张，拥有医护人员 15 人（乡卫生院 6 人，村卫生室 9 人）。

**【环境治理】** 坚持把城乡环境综合治理作为优化发展环境、改善人居环境的惠民工程，配备专职协管员和保洁员，大力整治“三乱”和公路沿线环境卫生，严禁乱占乱建；实行环境卫生“门前五包”责任制，与村民签订目标责任书。截至 12 月 31 日，全乡共建成垃圾池 13 个，聘用清洁员 15 人。

**【产业发展】** 全乡狠抓农业产业结构，帮助农民增产增收，全年栽植核桃 1066.67 公顷，农民自愿自筹购买核桃苗 16000 株。2017 年，成功举办了一期约 250 人参加的核桃产业种栽嫁接培训会。

**【禁毒工作】** 2017 年，狠抓禁毒工作，全年开展大型盟誓活动 9 场。

**【社会保障】** 关心和重视困难家庭的生产生活，做好农村“低保”户的统计、二报和“低保”金发放等工作。2017 年，依子村吉地社建设完成文明新村 21 户；拉洛村拉洛社“一事一议”修缮毛路 2 千米。全乡完成 18 千米村道公路硬化，其中伍布村 5 千米、各莫村 5 千米、甲古村 8 千米；建成各莫村和甲古村篮球场 2 个。截至 12 月 31 日，全乡共有“低保”对象 398 户 1186 人，“低保”兜底 46 户 232 人，“五保”供养对象 20 人，救助特殊困难儿童 42 人，“双孤”儿童 34 人，参加养老保险 81036 人。

**【其他事业】** 截至 12 月 31 日，全乡建有乡文化站 1 所、村级农家书屋 7 处（依子村、则觉村、哈且村、拉洛村、尔主村、甲古村、各莫村），农家书屋共藏书 1.12 万册。

（审核：尔欧文华　撰稿：尔古吃伍）

## 则普乡

**【概　况】** 截至 12 月 31 日，全乡共有耕地 612.47 公顷，林地 870.33 公顷，草原生态补奖地 5566.67 公顷。下辖 8 个行政村，25 个农牧服务社。共有农户 1260 户，农村总人口 5635 人。畜牧业是人民群众经济收入的主要来源。

**【精准扶贫】** 2017 年，以精准扶贫为目标，成立以乡党委书记为组长的脱贫攻坚领导小组，并确定 1 名专职干部负责精准扶贫工作。按照“户有本、村有册、乡有簿”的台账式脱贫攻坚管理制度，全乡贫困户建立“一户一档”的基础信息簿，制定“一户一策、一人一法”的脱贫方案，落实“一对一”“一对多”“多对一”的帮扶机制，并在帮乡单位的援助下为每户贫困户购买 10 只肉鸡、1 头基础母牛和村集体共用餐具 1 套。

**【农村经济】** 以“农业增产，农民增收”为目的，积极调整农业产业结构，狠抓农业农村经济，大力发展以半细毛绵羊和乌金猪为主的畜牧业，组织乡农技员和畜牧兽医技术员深入村（社）讲解农技知识，定期开展春秋两季动物防疫工作。2017 年，全乡种植的农作物有马铃薯、玉米、荞麦、燕麦、黄豆；经济作物栽植核桃；畜牧业养殖绵羊、山羊、乌金猪、黄牛、马、本地鸡等。人均纯收入 7620 元。

**【教育事业】** 2017 年，全乡小学升初中升学率 99%，九年义务教育覆盖率 98%，小学适龄儿童入学率 99%；严格落实营养改善计划、“三免一补”等教育政策。截至 12 月 31 日，全乡共有小学校 2 所，共拥有教师 22 人，在校学生 671 人，其中有寄宿制学生 415 人享受生活补助。

【医疗卫生】截至12月31日，全乡建有乡卫生院1所，村卫生室3个，共有医护人员7人（护士2人）；乡卫生院全年诊疗量724人次，报销医疗费用12.2万元；对婴幼儿免费实施免疫接种；参加医疗保险5635人，参保率99%；开展“四查一治”（查病、查孕、查环、查艾滋，治疗）活动2次。

【文化体育】截至12月31日，全乡建有乡文化站1个、村级农家书屋8处，共藏书近8万册。

【党 建】2017年，全乡共发展35岁以下党员4人，预备党员5人，上缴党费7600元，其中致富能手2人；8个村农民夜校均已挂牌、开班，拥有教师14人，开展乡村月会5次；建立了村级后备干部人才库；建设村支部活动室8个。截至12月31日，全乡共有村级后备干部人才库在册人员460人。

【禁 毒】2017年，组织村民按彝习惯开展禁毒仪式，发放宣传资料700张，参加仪式人员约4000人；在乡中心小学和各村共举办禁毒一堂课6期；全乡共成立了“支部+协会+家族+德古”禁毒模式组织8个。

【环境综合治理】2017年，继续治理农村“五乱”现象，并协助各村制定出台行之有效的村规民约，具体做法是每月11日、21日定期督查境内卫生。

【社会保障】截至12月31日，全乡共有“低保”对象248户896人（“低保”兜底35户113人），抚恤和优抚对象4人，“五保”供养对象39人，特殊困难儿童13人。2017年，全乡共实施医疗救助32人次，参加养老保险2742人，已享受养老保险328人。

（审核：阿尔木呷　撰稿：吉金龙）

## 央摩租乡

【概 况】截至12月31日，全乡共有农户592户，农村总人口2764人（均为彝族）。下辖5个行政村，11个农牧服务社。建有农村综合服务中心1个、便民服务中心1个、村民活动中心5个。

【脱贫攻坚】2017年，推进贫困村“五个一”和非贫困村“三个一”工作，严格落实驻村工作组考勤制度，以“办好农民夜校，推进精准扶贫”为思路，开办“农民夜校”24期；参加新型农民素质提升工程10人；开展“暖冬行动”，为老党员、贫困户、孤寡老人等宣讲中共十九大精神1500人次；为贫困户确定帮扶责任人、帮扶措施以及帮扶具体目标，协助帮扶单位资助每户贫困户200元现金。

【教育事业】2017年，从规范教育办学、提高教学质量、狠抓后勤保障等方面开展教育教学工作。入学巩固率99%；严格落实营养改善计划、“三免一补”等教育政策，享受营养午餐人数为154人。截至12月31日，全乡建有1所乡中心小学、4个“一村一幼”教学点，共有教辅人员25名（乡中心小学在编教师16人，代课教师1人，“一村一幼”幼教点辅导员8人）。

【农村经济】2017年，全乡粮食作物以小麦、荞麦、马铃薯、玉米等为主；经济作物以核桃等为主；畜牧业以牛、羊、马、猪、鸡等为主。经济收入主要来源于第一产业。全年种植粮草轮作草地270.53公顷，其中光叶紫花苕177.8公顷、圆根51.6公顷。

【基层党建】2017年，共召开乡村党建月会24次，讲党课15次，专题研究党建会议12次，开展“讲党课、当先锋、聚民心”活动。采取党委中心组学习会、“三会一课”、“农民夜校”等形式宣讲中共十九大、省第十一次党代会、州第八次党代会和县第十二次党代会精神10次；全年发展党员4人，开展党员评议2次。截至12月31日，全乡共有党员84人，其中正式党员80人、预备党员4人，按时上缴党费6735元。

**【医疗卫生】** 2017年，围绕“强基础、抓落实”的工作思路，认真贯彻宣传计划生育法律法规，坚持依法行政、文明执法，实施计划生育基本国策，积极开展规范生育秩序的治理。全乡共有592户2764人参加医疗保险，参保率达100%。全年开展“四查一治”活动2次。截至12月31日，建有乡卫生院1所，村卫生室2个，拥有乡医务人员5人、村医生5人。

**【社会保障】** 截至12月31日，全乡共有“低保”对象444人（“低保”兜底一批32户137人），“五保”供养对象9人，残疾人112人，特殊困难儿童15人，孤儿17人；参加养老保险623人。

（审核：阿尔伍合　撰稿：林　霞）

## 竹核乡

**【概　况】** 截至12月31日，全乡共有耕地640.2公顷（水田111.8公顷，旱地528.4公顷），林地2654.13公顷，草山1056.13公顷。下辖8个行政村，24个农牧服务社，共有农户2866户，农村总人口13246人（均为彝族）。乡境内建有昭觉县金鑫水泥有限责任公司、竹核梯级水电站和依托竹核大（小）温泉而建的个体餐饮户5家。全乡农民人均纯收入6132元，同比增加200元。

**【扶贫工作】** 2017年，开展了安全住房建设、核桃栽植、养殖能繁母猪或能繁母牛或能繁母羊等。

**【农村经济】** 2017年，木渣洛、大温泉、尼日等平坝村的农作物以水稻为主，其余高山村的农作物以马铃薯为主，经济作物以核桃为主。畜牧业养殖有猪、牛、羊、鸡。

**【教育事业】** 坚持把教育放在优先发展的战略地位，进一步加强教师队伍建设，巩固教育教学成果。2017年，全乡义务教育阶段农村学生均执行国家“三免一补”政策，在校学生均享受营养午餐。截至12月31日，全乡共建有学校7所，其中中学1所、乡中心小学1所、村社小学5所（东电希望小学、瓦拖村小、热口村小、拉牙村小、则优社小）。

竹核中学：2017年，针对特殊困难学生以寄宿制形式开设“爱心班”。截至12月31日，全校共设有14个教学班，在校学生653人，拥有教师60人，占地面积1.56万平方米，建筑面积5443平方米。

小学校：2017年，全乡7—12周岁适龄儿童入学1460人；小学毕业生237人，毕业率100%。东电希望小学、瓦拖村小和热口村小为完小。截至12月31日，全乡小学校共拥有公办教师98人，设有44个教学班，在校学生1724人（乡中心小学1019人，东电希望小学158人，瓦拖村小334人，热口村小150人，拉牙村小14人，则优社小49人），其中寄宿制学生129人享受生活补贴。

**【医疗卫生】** 全面落实医疗保险政策，进一步提高医疗服务水平；以稳定低生育水平、统筹解决人口问题为中心，扎实开展“关爱女孩行动”和农村育龄妇女健康检查（计生“三查”）。2017年，全乡医疗机构共收治住院病人1659人次，报销医疗费用43.5万元；参加医疗保险9894人；对婴幼儿免费实施免疫接种；参加计生“三查”1456人，“三查”率91%。截至12月31日，乡中心卫生院拥有正式医护人员18人，临时工6人，床位20张；7个村卫生室拥有村医生7人。

**【环境综合治理】** 2017年，继续治理农村“五乱”（畜禽乱跑、柴草乱垛、粪土乱堆、垃圾乱倒、污水乱泼）现象，并协助各村继续执行村规民约。截至12月31日，辖区内共修建有15个垃圾池（每个面积6平方米）和1个垃圾填埋场（面积700平方米）。

**【社会保障】** 2017年，核查全乡惠民惠农政策的落实情况，取缔不符合政策人员。截至12月31日，全乡共有农村“低保”对象6001人，年发放“低保”金6481080元；“五保”供养对象65人，年发放“五保”供养金24.5万元；参加养老保险2432人，已享受养老金860人；办理结婚登记186对。全年组织慰问困难群众90户284人，发放慰问金54400元。

（审核：拉一伍呷　撰稿：吉克伍合）

## 色底乡

**【概　况】** 截至12月31日，全乡共有耕地（旱地）330.4公顷，林地2412.87公顷，牧草地1909.67公顷。下辖4个行政村，8个农牧服务社。共有农户496户，农村总人口2090人（均为彝族）。

**【精准扶贫】** 2017年，全乡共有4个贫困村，贫困户223户1085人。其中，色底村58户275人，马母乃妥村81户407人，乌司洛村26户112人，引等阿莫村58户291人。完善了“五个一”帮扶机制和乡脱贫攻坚指挥室及村脱贫攻坚作战室，全乡干部分成4个工作小组联系帮乡领导、包村单位和驻村工作组帮扶贫困户；凉山州科技局、县科协、县福利院3个帮乡单位通过以购代捐的形式，购买了价值21619元的土鸡、荞粉、燕麦面及土豆等农产品帮扶136户贫困户。

**【农村经济】** 全乡以推进产业化建设为经济发展总目标，积极组织农民做好春耕播种工作，继续推广马铃薯良种、玉米良种以及苦荞良种。截至12月31日，全乡农作物总播种面积601.27公顷，主要种植马铃薯和苦荞；全乡畜禽养殖有牛、马、羊、猪、鸡。

**【教育事业】** 2017年，全乡适龄儿童入学率、小学生毕业率、初中适龄人口入学率、小学升初中升学率、九年义务教育覆盖率、在校生巩固率均达99%，开展校园安全教育活动8次。截至12月31日，全乡共拥有教师7人，在校学生421人。

**【医疗卫生】** 2017年，乡卫生院共诊疗病人557人次；适龄儿童麻疹疫苗免疫接种率、艾滋病患者随访率均达100%；开展CD4检测121人；召开宣传会议26次，医疗卫生政策的群众知晓率达95%；已婚育龄妇女参加计生“三查”率97%。截至12月31日，共有育龄妇女523人，其中已婚育龄妇女267人。

**【项目建设】** 2017年，通过“一事一议”新修通社道9.8千米，完成通村路硬化工程，其中引等阿莫村1.5千米、马母乃妥村7千米。新修建安全住房85个，其中引等阿莫村整合资金22个、易地搬迁35个，乌司洛村整合资金4个、易地搬迁1个，色底村整合资金23个。

**【禁毒防艾】** 彝族年期间，全乡举行禁毒仪式，参加人员1107人。全乡11个家族分别成立了“支部+协会+家族”的禁毒模式。乡境内学校共上“禁毒一堂课”12次。

**【环境治理】** 2017年，各村委会组建保洁队，整治乡村环境，营造优美的乡村环境，并定于每月1日、15日开展全乡大扫除。

**【民政保障】** 截至12月31日，全乡参加养老保险544人，参加医疗保险1546人，参保率97%；全乡共有“低保”对象399人、“五保”供养对象8人、特殊困难儿童7人。

**【文化体育】** 截至12月31日，已经建成乡文化站1个、村级文化活动中心1处（引等阿莫村）。

**【党的建设】** 2017年，按照“控制总量，优化结构，提高质量，发挥作用”的总要求，共发展党员4人（女性1人），按期转正5人；召开班子专题民主生活会8场次。截至12月31日，全乡共建有村级支部活动室4个。

（审核：尔恩欧散　撰稿：曲木阿支）

## 特布洛乡

【概　况】截至12月31日，全乡共有耕地760.4公顷，林地1540.4公顷，森林覆盖率达64.2%。下辖11个行政村，27个农牧服务社，共有农户1789户8022人（均为彝族）。2017年，农民人均纯收入达到4865元。

【扶贫工作】2017年，按照精准扶贫、精准脱贫的思路，全乡上下一心奋力推进脱贫攻坚各项工作，嗨列洼曲村、呷租居坡村顺利通过脱贫验收。在具体工作中，着重做好以下几点：一是全面提升基础设施建设。谷莫村、特布洛村、嗨列洼曲村、呷租居坡村实现了安全饮水和生活用电的全覆盖；完成了呷租卡哈村、谷莫村、呷租居坡村的村道硬化，特布洛村的通社道路硬化工程；完成了呷租卡哈村、呷租居坡村易地搬迁建设，嗨列洼曲村、特布洛村的“彝家新寨”建设。二是全面加快产业培育与发展。在巩固借羊还羊、能繁母猪项目的同时，结合产业发展环境与条件，大力实施林下养鸡、蜜蜂养殖项目。建成林下养鸡项目区46.67公顷，新建核桃产业园区约466.67公顷、牲畜养殖园区326.67公顷，并开展高标准马铃薯园区和核桃产业示范园区等项目建设；在全乡成立了核桃栽植专业合作社8个，养殖合作社4个，认定了专业大户13户。三是“以购代捐”全面铺开。实施“支部＋协会＋农户＋爱心企业和人士”的“以购代捐”帮扶模式，由支部统领，协会提供服务，爱心企业和人士下单，倒逼刺激群众照单生产。截至12月31日，通过内引外联，仅依靠“以购代捐”出售阉鸡约600只，马铃薯5万千克，寄养爱心人士和企业年猪150头，首批72头爱心猪已经出栏发往广东。

【农村经济】以加快农业结构调整为契机，全面推广高产萝卜、核桃、马铃薯、华山松。加大以农业技术推广为重点的服务工作，积极开展产前、产中和产后服务，从品种、种植方式等方面进行实用技术推广，以提高单产实现促总产。2017年，全乡共栽植核桃466.67公顷、华山松133.33公顷；种植高产萝卜293.33公顷，良种马铃薯533.33公顷；粮食总产量达6721吨；农民收入稳步提高。

【教育事业】2017年，加强对教育事业的管理，进一步深化教育体制改革，加强基础教育。加大对教育的关心，着力改善办学条件，稳步提高教育质量。全面落实“三免一补”政策，确保适龄儿童入学率达99%，巩固率98.7%，毕业率100%。

【医疗卫生】全面落实医疗保险政策，进一步提高医疗服务水平；以稳定低生育水平、统筹解决人口问题为中心，开展“关爱女孩行动”和农村育龄妇女健康检查。截至12月31日，乡中心卫生院拥有正式医护人员7人、村医生11人，全乡村民医疗保险参保率达95.7%。

【环境综合治理】2017年，继续治理农村“五乱”现象，并协助各村继续执行村规民约。11个村以整治农户家中环境卫生为抓手，通过村规民约建立环境卫生评比制度，每年的卫生评比情况与相关政策扶持挂钩，从而有效激发群众主动维护环境卫生。截至12月31日，全乡共评比出星级农户127户。

【禁毒防艾】2017年，全面推行网格化管理，在农户自愿的基础上按照每个小组不低于5户的标准，建立了224个联组；村民的禁毒防艾政策知晓率达94%。截至12月31日，全乡建立了禁毒协会11个。

【社会保障】2017年，成立由乡纪委书记任组长、纪委副书记任副组长、相关工作人员为成员的工作组，核查全乡惠民惠农政策的落实情况，坚决取缔不符合政策的人员。截至12月31日，全乡共有农村“低保”对象1110人，“五保”供养对象19人，参加养老保险1876人。

（供稿：特布洛乡人民政府）

## 阿并洛古乡

【概　况】截至12月31日，全乡共有耕地535.86公顷，其中水田117.73公顷、旱地418.13公顷。下辖4个行政村，18个农牧服务社。粮食作物以种植水稻、玉米、马铃薯为主；畜牧业以猪、牛、羊、马为主；经济作物以花椒、核桃、梨子等为主。辖区总人口7993人，均属农业人口（均为彝族）。

【脱贫攻坚】2017年，重点围绕精准扶贫工作，深入开展党员进村入户进行帮扶活动；每村每月开展4次以宣传政策和培训种养殖技术为主要内容的“农民夜校”学习活动；并组织实施“筑底强基，凝聚民心”工程，各村每月召开村民会，收集社情民意并及时上报，全年共收集社情民意28件，处理22件；通过“一事一议”项目，完成了瓦一拖村3.6千米通社（组）道路建设，完成了116户“彝家新寨”入户路硬化；修建了一社一公厕；结合县“3579”工作模式，推进“四好”创建工作，85%以上的党员家庭、55%的普通家庭创建了“四好家庭”；并继续制定了切实可行的村规民约，重点约束陈规陋习等现象。

【企　业】乡境内建有天艺蔬菜大棚1个，共有职工29人；尔古村、吾合村、瓦一拖村共建成大棚蔬菜示范基地31.28公顷。

【农业经济】2017年，成立领导小组，对务农人员、畜牧人员进行培训，提高他们的种养殖技术。全年输出劳务2200人，同比增长320人。

【教育事业】全面贯彻党的教育方针，努力抓好教育管理各项工作，进一步加强素质教育，提高教育质量，深化教育改革，进一步促进全乡教育事业持续、健康发展，全面提高整体办学水平。2017年，小学升初中升学率、九年义务教育覆盖率、小学适龄儿童入学率均达100%。截至12月31日，全乡共有小学5所，“一村一幼”幼教点6个；共有在校小学生917人，学前班213人，在园幼儿275人，小学专任教师28人，“一村一幼”幼教点辅导员11人。

【医疗卫生】2017年，乡医疗机构诊疗量1550人次；全乡医疗保险参保率100%。截至12月31日，全乡建有乡级医疗卫生机构1个，拥有床位6张，共有专业卫生人员6人（医生3人，专职护士3人）。

【社会保障】2017年，全乡共有“低保”对象467户1407人、国家抚恤和优抚对象19人、“双孤”儿童32人，实施医疗救助41人次。截至12月31日，建有乡文化站2个，村级农家书屋2处，藏书约1万册，村级文化活动中心2处，学校体育场1个，经常参加体育活动人口占常住人口的8%；基本实现“村村通”工程，拥有“村村通”地面接收机180台；共有通村硬化公路4条，通乡油路1条，通乡便民桥2座。

（供稿：阿并洛古乡人民政府）

## 庆恒乡

【概　况】截至12月31日，全乡共有耕地342.2公顷，林地1595.8公顷，草地915公顷。下辖4个行政村，15个农牧服务社，共有农户1754户（9494人）。人均收入5986元，同比增长9.2%。辖区内建有庆恒电站、乌坡电站、日呷电站、黑桥电站、竹核三级电站、竹核二级电站。

【脱贫攻坚】2017年，深入开展党员进村入户、“农民夜校”（一村一月学习3次）和“四好”创建工作，从四个方面开展精准扶贫工作。一是产业扶贫。全乡利用荒山荒坡、房前屋后等土地栽植核桃48万株（面积约1513.33公顷），并对具备条件的核桃进行嫁接。栽植梨和李子6.67公顷、花椒113.78公顷，种植“青薯9号”80公顷、玉米133.33公顷，并逐步在4个村建立种植协会；在4个村成立养殖协会，对贫困户牲畜圈舍进行改造。养殖能繁母猪510头，多胎黑山羊862只，乌金猪364头，土鸡2280只；合理利用土地轮歇，种植红萝卜（53.33公顷）、大蒜（10公顷）等反季节蔬菜。二是建设安全住房和道路等基础设施。年内，建设完成新增安全住房63户；升级改造庆恒村和解放村8个社的农用电网；为4个村改造人畜饮水安全工程94.5千米。截至12月31日，全乡建有村文化室4个，厨房2间，民俗文化坝子4个，“一村一幼”幼教点6个，每个村都安装了通村宽带网和网络电视。三是做好民生福祉工作。使用教育救助基金12560元，资助贫困家庭学生341人次；建立村级卫生室4个，每个卫生室配备医生2人；贫困户医疗保险费用由政府统一代缴，参保率达100%；报销医疗费用贫困户个人医药支出严格控制在10%以内。四是激发群众内生动力。积极组织贫困户适龄劳动力参加新型农民素质提升培训，参加县农工办、县工会等组织的畜牧、种植等培训48人次，乡级组织的现代农业技术培训25人次，村级组织的种植、养殖技能培训326人次。截至12月31日，贫困户参加劳务培训劳务输出共计394人；鼓励贫困户充分发挥主观能动性，利用周边乡镇集市做技术、产业生意，增加外来收益。

**【农村经济】** 2017年，在巩固传统马铃薯、玉米、荞麦种植的同时，新种植低代马铃薯24.23公顷、反季节蔬菜40公顷，栽植核桃1100公顷，全乡农业呈丰收态势。畜牧业以猪、牛、羊、马为主。全年输出劳务599人，实现劳务收入25.6万元，同比增长5.4%。

**【教育事业】** 坚持教育优先发展战略，加强教师队伍建设，大力推行素质教育，不断优化教育教学环境，推动教育事业全面发展。2017年，全乡在校学生均落实了“三免一补”政策和执行了营养改善计划；全乡适龄儿童入学率、小学生毕业率、初中生毕业率、九年义务教育覆盖率均达100%，在校生巩固率均达99.7%。截至12月31日，全乡共建有学校8所（乡中心小学1所，村小7所），共拥有公办教师27人，代课教师8人，幼教点辅导员14人，在校小学生791人、幼儿学生394人。

**【医疗卫生】** 2017年，全面落实医疗保险政策和计划生育奖励扶持政策，治疗住院病人796人次，对儿童免费实施免疫接种；全乡医疗保险参保率97.2%、育龄妇女计生“三查”率93%、计划生育率100%、育龄妇女安环和孕情服务率100%。截至12月31日，全乡建有乡卫生院1所，村卫生室4个，拥有医护人员9人。

**【基础设施建设】** 2017年，依托精准扶贫契机，修建了庆恒村瓦拖社和得格社的基础毛路共13千米，庆恒村尔巴克苦社的入户路4千米，解放村通村道路9千米以及到支部活动室的直达水泥路；协调解决了庆恒村安全饮水工程，解决了约800人的饮水困难问题，在154户贫困户家中安装了饮水管道；启动实施了觉盯洼井村99户、比子一里村95户的安全住房建设工程。截至12月31日，修建完成庆恒村29户、解放村34户的安全住房建设工程。

**【文化建设】** 2017年，全乡建有乡文化站1个、村级文化室4个，藏书约9000册。

**【安全生产】** 2017年，针对辖区内电站、农村道路交通安全、校园周边环境等安全问题，每月定期开展一次安全生产检查，整治私挖滥采玛瑙行为，辖区内安全形势总体平稳。

**【社会保障】** 截至12月31日，全乡共有“低保”对象228户798人，抚恤和优抚对象6人，“双孤”儿童51人，实施医疗救助21人次，参加养老保险1575人（参保率62.2%）。

（供稿：庆恒乡人民政府）

## 拉一木乡

**【概　况】** 截至12月31日，下辖5个行政村、14个农牧服务社。全乡共有耕地302公顷。粮食作物以小麦、马铃薯、玉米、荞麦等为主；经济作物以核桃、黄金梨、青李子等为主；畜牧业以牛、羊、马、猪、鸡等为主。拥有铜矿、玛瑙等地产资源。建有农村综合服务中心 1 个，便民服务中心 1 个，村民活动中心 5 个。全乡共有农户 1425 户，农村总人口 5355 人（均为彝族）。

**【精准扶贫】** 2017 年，按农民年人均纯收入低于 3300 元的标准顺利识别出贫困农户 443 户 1930 人；按"一高一低一无"的贫困村识别标准，识别出 3 个贫困村，贫困户 243 户 1172 人，贫困村占行政村比例的 60%，贫困村贫困户占全乡建档立卡贫困户 54%，贫困人口占全乡建档立卡贫困人口 60%。年内按"六个精准"要求，积极与驻村第一书记和帮乡单位衔接，和帮扶单位共同为贫困村、贫困户制定帮扶计划，明确结对帮扶责任人，确定帮扶具体目标、任务，做好帮扶台账、帮扶措施和脱贫计划等工作。

**【农村经济】** 2017 年，全乡种植的粮食作物分小春粮食作物和大春粮食作物，栽植果树 26.67 公顷，种植蔬菜 49.93 公顷，种植光叶紫花苕 147.33 公顷；养殖了牛、马、生猪、黑山羊；输出劳务 956 人。

**【基层党建】** 截至 12 月 31 日，全乡共有党员 105 人，其中女党员 15 人、男党员 90 人。2017 年，发展党员 8 人，按期转正党员 2 人；上交党费 7028.4 元，积极完成 5 个村支部活动室的新建，按时足额发放 7 名"三老"人员补助金 25200 元。

**【社会事业】** 2017 年在团县委的帮助下新修便民桥 1 座；完成拖都村、拉一木村、长坪村、洛主村的农村道路硬化工程，受益农户达 1025 户 3425 人。截至 12 月 31 日，全乡共有"五保"供养对象 18 人，"低保"对象 248 户 769 人，享受农村养老保险 1143 人。

**【教育事业】** 2017 年，认真落实"三免一补"政策，着力抓好教育工作。全年入学巩固率达到 99.8%。截至 12 月 31 日，全乡建有 1 所乡中心小学校、1 所村小，共有班级 17 个，教师 29 人（代课教师 5 人），学生 1023 人（均已享受营养午餐），"一村一幼"幼教点 5 个，辅导员 10 人。

**【医疗卫生】** 2017 年，坚持以人为本，以满足群众需求为服务中心，通过广泛宣传、动员，充分调动群众参加医疗保险的积极性。全乡参加医疗保险 1411 户 5301 人，参保率达 99%；年内开展计生"四查"活动 2 次，参加全民健康体检 4817 人次。

（审核：瓦渣尼坡　撰稿：瓦洛石体）

## 补约乡

**【概　况】** 截至 12 月 31 日，全乡共有耕地 325.67 公顷，林地 1365.73 公顷，牧草地 1638.53 公顷。下辖 4 个行政村，8 个农牧服务社，共有农户 653 户，农业总人口 2275 人（均为彝族）。粮食作物以马铃薯为主，畜牧业以羊、猪、牛为主。

**【精准扶贫】** 2017 年，以精准扶贫为主题，紧扣"整村推进、劳务培训、产业扶贫"三项重点，制定发展规划，积极争取项目，健全多方帮扶的扶贫机制，按照"六个精准"要求，积极与驻村第一书记和帮乡单位共同为贫困村、贫困户制定帮扶计划、帮扶措施，做好帮扶台账等工作。另外，向 3 个贫困村共投入养殖业扶持金 84 万元（每个村 28 万元）。

**【农村经济】** 以服务"三农"，突出农业增收，全面推进产业化建设为经济发展总目标，因地制宜调整农业产业结构，科学种植马铃薯、苦荞麦、燕麦，大力发展种草养畜，加大春秋两季动物防疫力度，加快阿举列减村整村推进项目建设。2017 年，全乡养殖业共投放资金 50 万元；发放草原补助资金 15 万元，草畜平衡资金 4.97 万元；全年输出劳务 402 人。

**【教育事业】** 本着治穷先治愚的宗旨，加强教师队伍建设，大力推行九年义务教育；建立健全规章制度，明确家长责任，狠抓校园安全和学生“禁毒防艾”教育；采取有效措施，督促落实“三免一补”政策、执行营养改善计划等教育优惠政策，确保学生入学率和巩固率，促进教育事业发展。2017年，修建学校综合楼、宿舍、厕所，总投资184万元；对寄宿制学生208人实施生活补助（每人每学期850元）；在校学生319人以食堂供餐制提供营养午餐（每人每天3.2元）；已向上级部门申请修建村小2所；全乡适龄儿童入学率、在校生巩固率均达100%。截至12月31日，建有1所乡中心小学。

**【医疗卫生】** 2017年，全乡共诊疗病人386人次，报销医疗费用19.3万元。参加医疗保险2438人，参保率98%；对0—7周岁婴幼儿免费实施免疫接种，已婚育龄妇女参加计生“三查”率98%，征收社会抚养费20万元。截至12月31日，建有乡卫生院1所，拥有医生4人（助理医师1人）、护士2人，床位3张。

**【基础设施建设】** 2017年，修建完成竹核热口段16千米油路和投资200万元的卫生院办公楼和住院楼。

**【其他事业】** 2017年，全乡共有“低保”对象793户，“五保”供养对象15人，救助特殊困难儿童（“双孤”儿童）24人；参加养老保险1044人（参保率89%），已享受养老金235人；架设农网改造工程线路120千米，覆盖4个村8个社618户农户；建成垃圾集中池4个，并且各村都聘请保洁员组建保洁队，每月1日、11日、21日开展大扫除。

（审核：洛比格伍　供稿：补约乡人民政府）

## 格吾乡

**【概　况】** 截至12月31日，全乡共有耕地307.4公顷，林地404.5公顷，草山1893.33公顷。下辖3个行政村，11个农牧服务社，共有农村人口2857人686户（均为彝族），人口自然增长率控制住7‰以内。2017年，农民人均收入达4965元。

**【精准扶贫】** 2017年，着力改善贫困农户住房条件，助推贫困村集体增收、移风易俗，帮助贫困农户增收。年内对格吾村和井洛村的贫困农户（152户1604人）实施了安全住房建设（整合资金67户，易地搬迁85户）；在井洛村和阿渣克境村发展村集体经济（阿渣克境村集体经济20000元，井洛村集体经济20000元）；硬化井洛村通村路7千米，建成井洛村民俗文化坝子并投入使用；组织干部与贫困户结成“一帮一、一帮多”的帮扶形式并捐赠了毛毯等；号召群众做好“四好”创建，并时时进行督查；通过“以购代捐”的方式扶助贫困农户产业发展、利用农民夜校举办农业技术培训会、输出劳务等多方面拓展致富渠道。

**【党的群众路线教育实践活动】** 以“党员干部受教育，突出问题得解决，人民群众享实惠”为主题，在全乡党员干部中深入开展党的群众路线教育实践活动。整个活动分学习教育、听取意见，查摆问题、开展批评，整改落实、建章立制三个环节。一是学习教育、听取意见。组织党员干部集中学习、讨论4次，开展个人自学30次，撰写学习心得体会12篇。领导班子成员深入基层调查研究8次，撰写调研报告6份；召开座谈会8场、发放征求意见表162份，收集各类意见建议53条。二是查摆问题、开展批评。严格对照“四风”表现形式，召开4次专题会议查摆存在问题，先后开展3轮交心谈心工作；8月12日，召开专题民主生活会，领导班子成员以整风精神开展批评与自我批评，共查找问题167条，其中领导班子40条、成员127条。三是整改落实、建章立制。领导班子及成员针对查找出的问题提出了161条整改措施。截至12月31日，领导班子已完成严以律纪等7个方面25项整改内容，还有

13 项问题需要长期整改落实；班子成员已完成 85 项整改内容，还有 38 项需要长期整改落实。建立 27 项规章制度，其中新建制度 7 项、修改完善制度 20 项。

**【村委会换届选举】** 根据《中华人民共和国村民委员会组织法》的规定，以及县委、县政府“关于做好第九届村（居）委会换届选举工作”的要求，格吾乡第九届村委会换届选举工作于 2016 年 11 月 15 日启动，2017 年 3 月结束。全乡村委会换届选举工作分为选举准备、选民登记、选举实施、建章立制和验收总结五个阶段。2 月 20 日，全乡统一召开大会，成功选举新一届村委会班子。新一届村委会班子成员中，中共党员 12 人，占 34%；年龄在 30 岁以下的 7 人，占 20%；31 岁至 55 岁 28 人，占 80%；小学文化程度 27 人，占 77%；初中及以上文化程度 8 人，占 23%。

**【农村经济】** 紧紧围绕农业增效、农民增收这一主题，全面落实各项惠农政策，积极引进高产、优质粮食作物和畜禽品种，继续推广高产示范种植技术、加大农业生产技术培训力度，广泛收集劳务信息，积极引导村民外出务工。2017 年，全乡主要种植马铃薯、玉米、荞麦、水稻等粮食作物，主要养殖牛、羊、猪、马等畜禽。全年输出劳务 382 人，劳务总收入 57.3 万元；发放粮食直补资金 300197.37 元，退耕还林资金 520000 元。

**【综合治理】** 2017 年，开展“支部 + 协会 - 家族”禁毒防艾工作；坚持矛盾纠纷排查调处机制，从源头化解消灭不和谐不稳定因素；深化法律“四进”（法律进机关、法律进乡村、法律进学校、法律进单位）活动，不断增强干部群众运用法律保护自身合法权益的意识和能力。截至 12 月 31 日，全乡共开展法律法规普法宣传 10 场，教育培训 1521 人次。共建立 3 个“支部 + 协会 - 家族”禁毒防艾协会，各协会共建立出台毒品、艾滋管控帮教制度 98 条；组建 26 个家族禁毒防艾组织，已相应制定各项管理办法，组建覆盖率达 100%。11 月 18—21 日，全乡各村、各家族开展歃血盟誓传统禁毒防艾民俗活动 3 场。全年排查调解矛盾纠纷 32 起，调解成功率 100%；

**【基础教育】** 严格落实控辍保学“六长”（县长、公安局局长、教育局局长、乡长、校长、村长）责任制，抓好入学巩固工作；积极调整学校布局，加强基础设施建设；狠抓学校安全管理工作。2017 年，全乡适龄儿童入学率 99.6%，小学毕业升学率 100%，在校生巩固率 100 %。年内开展校内地震、消防应急演练 2 次，安全隐患排查 2 次。截至 12 月 31 日，全乡建有 1 所乡中心小学、2 所村小、3 个“一村一幼”幼教点，共有学生 436 人，教职员工 27 人（包括代课教师 9 人）。

**【医疗卫生】** 大力宣传医疗保险政策，做到“应保尽保”；强化麻疹疫苗免疫，抓好公共卫生服务；狠抓落实艾滋病防控工作。深入开展计划生育政策和避孕节育科普知识宣传，全面落实计划生育奖励扶助政策，加强目标考核管理。对婴幼儿免费实施免疫接种，建立村民健康档案，实施在册艾滋病人和阴性配偶的 CD4 检测、艾滋病人的抗病毒治疗。2017 年全乡参加医疗保险 2665 人，参保率 97.30%。新生儿 69 人，自然增长率为 14‰；检查已婚育龄妇女 4 次，“四查”率 93%，育龄妇女安环 125 人。截至 12 月 31 日，全乡有卫生院 1 所、村卫生室 3 个，共计医务人员 6 人（包括 3 名村医生）。

**【残疾人事业】** 2017 年，县民政局帮助 27 名一、二级残疾人缴纳了医疗保险费；县残联为 34 名重度残疾人发放重度护理补贴 25080 元。

**【安全生产】** 牢固树立“抓安全就是抓发展，抓安全就是抓民生，抓安全就是抓执政能力”的理念，把安全生产纳入工作重点之一，与经济社会发展同研究同部署。2017 年，与全乡机动车车主一一签订道路交通安全责任书，结合“六五”普法开展《道路交通安全法》宣传教育 10 场；将阿渣克境村马觉社纳入地质灾害安全隐患点，并先后在全乡范围内开展了地质灾害应急演练4次。

【其他事业】 积极协助县级业务部门抓好各项社会事业基础信息的采集、上报、核实工作，更好地服务于广大人民群众；严格落实公示公开制度，加大社会保障资金的监管力度，确保资金社会化利用；深入宣传国家助农惠民政策，推动农村经济社会健康和谐发展。截至12月31日，全乡参加养老保险782人，已享受养老保险86人，发放养老保险金98040元；向农村“低保”对象110户391人发放“低保”金703236元；向“五保”供养对象17人发放“五保”供养金61200元；向“三老”（老干部、老党员、老模范）对象6人发放补助金20700元；向“双孤”、特殊困难儿童对象82人发放救助金168096元。开展了井洛村的村道硬化、修建村活动坝子、饮水等工程。

（审核：尼别尔体　撰稿：王和平）

## 新城镇

【概　况】 截至12月31日，全镇共有耕地602.07公顷，林地2031.47公顷，草地1565.73公顷。下辖10个行政村，35个农牧服务社；3个社区，18个居民小组。全镇总人口31520人，其中农村人口14398人（4019户）。

【脱贫攻坚】 2017年，建成跳坝村、文子村、塘木村、竹农村共212户的“彝家新寨”安全住房，以及硬化入户路、垃圾池等配套设施；建成跳坝村、俄尔古取村和文子村的通村水泥路13千米，维修文子村通村公路6千米，启动拖都村通村公路建设；塘木村、竹农村、俄尔古取村、南坪村和跳坝村的人畜饮水工程竣工；10个“一村一幼”幼教点全部建成并投入使用；县民政局全额代缴贫困户医疗保险（包括大病保险），为贫困户免费实施健康体检；以“支部＋协会＋家支”禁毒模式开展民间禁毒活动12次；组织贫困户栽植核桃等经果林，种植“青薯9号”、川续断、云木香，加入新城镇高山农户养殖合作社；开展电焊、土木工程等技能培训726人次；输出建档立卡贫困户劳动力743人。

【农村经济】 2017年，粮食作物以玉米、水稻、马铃薯为主。畜牧业以牛、羊、猪为主。全年输出农村剩余劳动力2579人（实现劳务总收入约2500万元），其中输出建档立卡贫困户劳动力743人。

【医疗卫生】 2017年，全镇医疗机构门诊量44606人次，住院8905人；建立居民健康档案，开展基本公共卫生贫困人口健康体检工作，使CD4检测率达87.46%、CD4阴性配偶检测率达95.92%，居民健规范化电子档案管理率达88%。对婴幼儿免费实施免疫苗接种，查访、归口管理结核病人。

【教育事业】 2017年，适龄儿童入学率、中学入学率均达100%，小学辍学率、中学辍学率均为0%，小学毕业率、中学毕业率均达100%，15周岁完成率99.8%，17周岁完成率96.2%，特殊儿童入学率100%。截至12月31日，镇中心小学一至六年级共有17个教学班，学生1320人（女生658人），其中建档立卡户子女466人。另有4个学前班，共有学生630人（女童320人），全部学生均为彝族，其中建档立卡户子女123人。

【社会保障】 抓好农村“低保”、医疗救助、救灾救济、养老保险等工作。2017年，全镇参加养老保险3505人，已享受养老保险待遇861人。

（供稿：新城镇人民政府）

## 龙恩乡

【概　况】 截至12月31日，全乡共有耕地376.2公顷，林地1212.27公顷，草地1126.67公顷。下辖3个行政村，18个农牧服务社，共有农户1346户，农村总人口5848人（均为彝族）。农民人均收入4234元。

**【精准扶贫】** 2017年，全乡没有计划退出贫困村和脱贫户，脱贫攻坚重点工作是完善2016年基础设施建设后续工作，抓好2018年脱贫攻坚工作基础。全年完成22套安全住房建设，硬化村内道路3.2千米，修建入户路6700平方米，修建完成36个简易厕所、12个垃圾收集池；建成投入使用了日普村村民活动中心、民俗文化坝子；完成日普村、塔普村农村电网改造及安全饮水工程，全乡3个村都实现全覆盖通信宽带网络。建成使用了吃火社小学校。

**【农村经济】** 2017年，全乡建成40公顷“青薯9号”种薯基地，实现马铃薯增产增收，试验错季节蔬菜33.33公顷；低改嫁接核桃3.89万株，移栽核桃树533.33公顷、17.6万株；发放产业扶持基金20万元，购买能繁母猪112头，地莫村2018年省级优质山羊科技示范项目列入规划。10月开展了新型农民素质提升技能培训1期，参训180人。开发公益性岗位，实现24户贫困户稳定就业。

**【教育事业】** 2017年，全乡适龄儿童入学率、小学生毕业率、初中生毕业率均达100%，九年义务教育覆盖率100%、在校生巩固率99.7%；在校学生均落实“三免一补”政策和执行营养改善计划。截至12月31日，全乡共建有学校3所（乡中心小学1所，村小2所），“一村一幼”幼教点3个，拥有公办教师22人，在校小学生531人，在园幼儿394人。

**【医疗卫生】** 2017年，乡卫生院诊疗量784人次；全乡参加医疗保险5421人，参保率99.1%；免费实施免疫接种儿童1340人，免疫接种率95%；育龄妇女计生“四查”率93%，育龄妇女安环和孕情服务率100%，计划生育率100%，全民健康体验82%。截至12月31日，全乡建有乡卫生院1所、村卫生室3个，拥有医护人员5人。

**【社会保障】** 2017年，对全乡363户建档立卡贫困户全覆盖开展结对走访。将地莫村138户贫困户纳入2018年易地扶贫搬迁规划，向日普村84户贫困户、塔普村83户贫困户开展了暖冬慰问等。截至12月31日，全乡103户无劳动能力、身患重大疾病的贫困户全部纳入“低保”政策兜底。针对辖区内车辆、农村道路交通安全、校园周边环境等安全问题，每月定期开展一次安全生产大检查。另外建有乡文化站1个、村级文化室3个，共藏书近9000册。

（审核：沙云华　撰稿：董建华）

## 达洛乡

**【概　况】** 截至12月31日，全乡共有耕地245.8公顷，林地1127.4公顷，草地774.33公顷。下辖3个行政村，10个农牧服务社，共有农户726户，农村总人口2891人。农民人均纯收入8564元，同比增长12%。

**【精准扶贫】** 2017年，脱贫攻坚工作中，使用产业扶持周转金28.6万元；完成洛呷村61户贫困户的安全住房建设任务，共投入资金163.5万元。落实“低保”制度与扶贫政策对接工作，真正做到精准扶贫、精准脱贫，将符合“低保”条件的29户贫困户纳入“低保”。截至12月31日，洛呷村退出贫困村，全村贫困户61户209人成功脱贫。

**【农村经济】** 2017年，全乡农作物种植了水稻、马铃薯、荞麦、玉米、燕麦、豌豆、蔬菜；畜牧业养殖了鸡、猪、牛、羊；建立了核桃示范基地66.67公顷；动物防疫密度100%。全年输出劳务506人，劳务总收入304万元。

**【教育事业】** 2017年，执行“三免一补”政策和营养改善计划，其中乡中心小学实行食堂供餐制、村小实行企业供餐制；全乡0—12岁在家适龄儿童全部入学，小学生毕业率、初中生毕业率、巩固率、九年义务教育覆盖率均达100%。截至12月31日，全乡共建有学校2所（乡中心小学1所、村小1所），拥有教师19人，在校学生350人；共建有“一村一幼”幼教点3个（四呷村1个，达洛村1个，洛呷村1个），拥有辅导员6人，在园幼儿105人。

**【医疗卫生】** 2017年，乡卫生院诊疗量320人，报销医疗费用33.5万元；参加医疗保险2839人，参保率98%；免费实施进行抗病毒治疗83人次，CD4检测102人次；集中宣传各类计生政策12次，发放明白纸近500份；已婚育龄妇女计生“四查一治”289人，“四查”率93%；落实节育措施229人，安环率79%；免费进行孕前优生健康检查20人次；对婴幼儿免费实施免疫接种；举办由村民自导自演的健康检查宣传文艺演出活动1次，观看群众近1000人。截至12月31日，全乡建有乡卫生院1所，拥有医护人员6人。

**【安全生产】** 坚持“安全第一、预防为主”的方针，完善安全生产责任体系，加大对道路交通，重点区域的安全隐患排查整治力度。2017年，共开展安全生产检查24次，排查隐患4项，已整改4项，有效促进了安全生产形势持续稳定好转，全年没有发生安全消防事件。

**【社会保障】** 截至12月31日，全乡共有农村“低保”对象136户521人，“五保”供养对象17人，实施医疗救助25人。

（审核：阿说铁呷　撰稿：甲达伍达）

## 树坪乡

**【概　况】** 截至12月31日，全乡共有耕地208.47公顷，林地1329公顷，退耕还林209.63公顷。下辖4个行政村，8个农牧服务社，共729户2772人。建档立卡贫困户320户1064人，残疾人85人（建档立卡残疾人44人），“低保”对象98户339人（“低保”兜底67户128人）。

**【精准扶贫】** 2017年，为贫困户规划了人均1只羊（借羊还羊），户均1头母猪、一群鸡、一块菜园子的帮扶措施。腾地村和汝地甲谷村的贫困户每户栽植核桃0.33公顷。通过农民夜校进行劳动技能培训，提高贫困户的技能和就业率。全乡职工及县结对帮扶领导开展暖冬行动向贫困户送温暖，为320户贫困户购买毛毯、被子、衣服等慰问品，并和全乡贫困户结成“一对一”帮扶对子。

**【农村经济】** 2017年，大力推广和普及畜牧业实用技术，向农牧民宣传劳务和科普方面的知识，提供劳务信息，积极开展劳务输出，狠抓农业、畜牧等各项工作。2017年，全乡种植马铃薯、玉米、荞麦、燕麦。畜牧业主要以养殖猪、牛、羊为主。栽植核桃200公顷。输出劳务780人，劳务总收入1170万元。

**【教育事业】** 继续落实义务教育阶段学生的“三免一补”政策和执行营养改善计划（春季采取企业供餐方式提供营养午餐，秋季采取食堂供餐方式提供营养午餐）。2017年，全乡享受“三免一补”政策学生298人。截至12月31日，全乡建有乡中心小学1所，拥有教师17人，开设了教学班9个，在校学生446人（学前班1个75人，一年级2个班116人，二年级1个班48人，三年级1个班48人，四年级2个班86人，五年级1个班42人，六年级1个班31人）。建有“一村一幼”幼教点2个，在园幼儿55人，其中腾地村幼教点在园幼儿22人、汝地甲古村幼教点在园幼儿33人。

**【医疗卫生】** 全面落实农村合作医疗政策和计划生育奖励扶助政策，加大农村卫生室建设力度，认真开展育龄妇女“三查”工作，进一步提高医疗服务水平。2017年，全乡参加医疗保险2267人，参保率100%；乡卫生院共诊疗病人454人（次），门诊费用7000元，住院费用10000元。业务总收入17000元。HIV感染者随访率达90%，CD4抽血检查23人，检查率达92%；综合避孕措施人数148人，综合避孕率达82%；育龄妇女710人，已婚育龄妇女439人，参加“三查”人数282人，“三查”率达95.6%；计划生育奖励扶助6人，每人每年奖励960元，共5760元；特别扶助6人，每人每年发放7800元，共46800元。截至12月31日，全乡建有乡卫生院1所，拥有医护人员4人。

**【文化体育】** 乡人民政府协助县文化影视新闻出版和体育旅游局开展“村村通”工程建设。截至12月31日，全乡拥有“村村通”直播卫星接收器168套；建有乡文化站1个、农家书屋4处（藏书量达6800册）。文化站和农家书屋均有专人负责，借阅读书达500人次。每个农家书屋发放书籍100册，共400册。

**【社会保障】** 积极开展特殊人群救助工作，按时足额兑现救助资金。乡人民政府协助县级主管部门开展交通建设、人畜饮水工程建设，以及居民养老、保险等方面的工作。2017年，全乡参加养老保险310人；共有农村“低保”对象98户339人（汝八尔村23户83人，汝地哪打村20户68人，汝地甲古村26户93人，腾地村29户95人）；全乡贫困户“低保”兜底67户128人（汝八尔村9户22人，汝地哪打村13户25人，汝地甲古村15户40人，腾地村30户41人）；“五保”供养对象14人，发放“五保”供养金50400元；特困儿童15人，共发放资金63720元；“双孤”11人，共发放资金98736元；单孤15人，共发放资金63720元。

（审核：瓦渣拉机　孙子小高　撰稿：伍小英）

## 美甘乡

**【概　况】** 截至12月31日，全乡共有耕地676.95公顷（以旱地为主），林地1398.72公顷，草山988.19公顷。下辖3个行政村，15个农牧服务社，共有农牧业户1092户，农村总人数4746人（均为彝族），其中男性2494人、女性2252人。

**【精准扶贫】** 2017年，继续建设乡脱贫攻坚指挥室和各村脱贫攻坚作战室，完善“五个一”帮扶机制，实行领导联系制、单位包村制、工作组驻村制，以“两不愁、三保障”为目标，全力开展扶贫攻坚工作。在扶贫攻坚过程中，全乡产业扶持共投入60万元；栽植核桃533.33公顷。

**【农村经济】** 组织乡农技员、畜牧员为人民群众普法农技知识，提高人民群众种养殖技术。2017年，粮食作物以种植马铃薯、荞麦、玉米为主，少量燕麦和豆类为辅；经济作物以花椒、核桃、梨子等为主；畜牧业以猪、牛、羊、马、家禽为主。

**【教育事业】** 高度重视教育事业，适龄儿童均要求入学。2017年，九年义务教育覆盖率100%，小学适龄儿童入学率99%，全面完成3个“一村一幼”幼教点的建设。截至12月31日，全乡共有1所小学，在校学生431人，教师16人。

**【医疗卫生】** 乡党委、乡政府高度重视卫生事业，对乡卫生院进行定期不定期抽查与监管，有利于改善医患关系，通过多种方式与渠道对传染病、艾滋病等进行宣传，群众知晓率达95%以上。2017年，所有村民参加了医疗保险；年初开展全民健康体检，已完成67%；全年共开展了2次“三查”工作，“三查”人数650人，“三查”率达99%；计划生育率达100%。截至12月31日，全乡建有乡卫生院1所，有床位10张，固定资产总值7.2万元，专业卫生人员5人（专职护士1人）。

**【其他事业】** 为丰富全乡群众的文化生活，提高群众的业余生活质量。截至12月31日，共有乡文化站3个，村级农家书屋3处，共藏书4000册。共创建了3所“农民夜校”，学员近1200人。

（审核：尔古打则　撰稿：孙子拉哈）

## 城北乡

【概　况】截至12月31日，全乡共有耕地480.07公顷，林地1793.53公顷，草地641.6公顷。下辖6个行政村，共22个农牧服务社，共有常住户2588户，常住人口8588人（以彝族为主）。2017年，经济总收入3693.3万元，农民人均收入8172元。

【精准扶贫】实施精准扶贫示范工程，充分发挥党员干部关怀帮扶的政治效应、经济效应和社会效应，推动全乡扶贫开发攻坚工作。2017年，为瓦古村和瓦尔村的贫困户修建共10千米的全饮水工程2项，硬化瓦古村通村路2千米；为6个村各发放了1套炊餐具，为22个社各发放了2台洗衣机，共投入9万元。截至12月31日，全乡共有贫困户302户1124人。建设安全住房43套，易地扶贫搬迁住房30套，按不低于平均建房成本的80%给予农户补助，农户自筹资金不超过1万元，人均住房建设面积不超过25平方米。资金按照中央预算内投资补助每人8000元，省财政产筹集的地方政府债务资金每人12000元，国家安排的专项建设基金每人5000元，农业发展银行提供的长期贷款每人不高于3.5万元。

【农村经济】2017年，全乡农作物种植了水稻、马铃薯、玉米、黄豆等，畜牧业养殖了猪、鸡等畜禽。种植光叶紫花苕粮草轮作507.33公顷，保留光叶紫花苕种子基地66.67公顷；种植一年生黑麦草、圆根、萝卜、燕麦118.87公顷，白三叶、多年生黑麦草、紫花苜蓿等多年生牧草保留面积66.67公顷；实施草畜平衡项目866.67公顷，兑现项目补贴资金19500元。注射猪瘟活疫苗8046头份、小反刍兽疫活疫苗6000头份、狂犬疫苗680只份，家畜的免疫标识佩戴率达100%。开展村社干部和农民骨干科技示范培训4期，参加培训人员达180人次。

【工业经济】截至12月31日，乡境内共有工业企业8家，从业人员达46人。2017年工业总产值达105.5万元。

【档案管理】2017年，按照全县档案工作会议的安排部署，全面清理乡综合档案室的档案，并规范编制档号。截至12月31日，乡综合档案室共整理出2005—2017年保存期限为10年、30年、永久的乡级档案1778件（129盒）；共整理出2010—2017年保存期限为10年、永久的村级档案98件（15盒）。

【教育事业】2017年，继续落实国家教育政策，并以食堂供餐形式执行营养改善计划。截至12月31日，全乡建有小学2所（乡中心小学、普提村小）、"一村一幼"幼教点6个，拥有教师47人，在校小学生992人，在校学前班学生256人，在园幼儿256人。

【医疗卫生】全面落实医疗保险政策和计划生育奖励扶持政策，认真开展育龄妇女"三查"工作，进一步提高医疗服务水平。2017年，乡医疗机构门诊1549人次，住院治疗病人52人；查访、归口管理结核病人15例，上报传染病疫情10例，产妇住院分娩率达100%；向21名农村妇女免费发放叶酸；已婚育龄妇女参加"四查一治"660人，参查率91%；落实节育措施504人，实施补救手术41人；开展孕前优生检查25对；新增"计生三结合"1户、帮带户2户，投入项目资金0.9万元；申请计划生育特别扶助1人，申请计划生育奖励扶助1人；新生儿建卡建证率100%，免费接种疫苗1846针次。截至12月31日，全乡共建立健康档案7984人，建档率94.68%。

【社会保障】城北乡人民政府协助县民政局、县人事劳动和社会保障局抓好农村"低保"、医疗救助、救灾救济、养老保险等工作。2017年，全乡共有农村"低保"对象436户1175人，"五保"供养对象34人，特殊困难儿童268人（孤儿27人），优抚对象18人，参加养老保险2585人，参保率 70%。

【其他事业】 截至 12 月 31 日，全乡共建有文化站 1 个，档案室 1 个，村广播室 3 个，篮球场 1 个；开通有线电视村 2 个，接通自来水的村 5 个。

（审核：吉克尔哈　撰稿：王建立）

## 谷曲乡

【概　况】 截至 12 月 31 日，全乡共有耕地 631.73 公顷，林地 1932.93 公顷，草地 1055.27 公顷。下辖 7 个行政村，25 个农牧服务社，共有农户 2488 户，农村总人口 8268 人（均为彝族）。农业总产值 2943.25 万元，人均纯收入 4938 元。

【精准扶贫】 2017 年，为了使贫困户尽早脱贫，全乡干部职工和县级帮乡单位一起对 620 户贫困户进行了结对帮扶，对贫困户进行了产业扶持和技术培训，并投入资金 36300 元为 363 户贫困户发放鸡苗 1815 只（户均 5 只）；在洛洛村建成"彝家新寨"46 户，投入资金 120 万元。经过帮扶，洛洛村退出了贫困村。

【农村经济】 2017 年，严格保护耕地，认真落实粮种补贴，努力提高农民生产水平，狠抓粮食生产、畜牧业生产和劳务输出。全乡种植粮食作物有马铃薯、荞麦、玉米等，主要养殖黄牛、猪、绵羊、山羊、鸡等，协助县林业局按时发放退耕还林资金。全年劳务输出 1873 人次，劳务总收入约 1143 万元。

【教育事业】 把教育工作放在优先发展的战略地位来抓，认真落实"三免一补"政策，强化师资管理，努力提高教育教学质量，巩固"普九"成果；以食堂供餐形式执行营养改善计划。2017 年，全乡小学升初中 88 人，小学适龄儿童入学率、小学生毕业率均达 100%，在校学生巩固率 98%；初中阶段入学率 95%。截至 12 月 31 日，全乡共建有学校 6 所（乡中心小学 1 所，村小 5 所），拥有教师 39 人，在校小学生 1331 人，在校学前班学生 214 人，在园幼儿 235 人。

【医疗卫生】 2017 年，全乡医疗机构共收治住院病人 149 人次，报销医疗费用 5.3 万元；门诊 284 人次，报销医疗费用 0.45 万元；乡卫生院安排医务人员到各村免费接种疫苗、开展抗病毒治疗和 CD4 检测；已婚育龄妇女参加计生"三查"1249 人，计生"三查"率 91%，已婚育龄妇女综合避孕率 85%；参加医疗保险 8042 人，参保率 98.5%。截至 12 月 31 日，全乡建有乡卫生院 1 所、村卫生室 2 个，共拥有医护人员 7 人、病床 7 张。

【社会保障】 认真落实优抚和安置政策，协助县民政局、县人事劳动和社会保障局抓好农村"低保"、医疗救助、救灾救济、养老保险等工作。2017 年，全乡共有农村'低保'对象 403 户 1096 人，"五保"供养对象 40 人，特殊儿童 112 人；参加养老保险 2551 人（参保率 93%），享受养老保险 548 人。

【禁毒工作】 2017 年，继续落实"支部 + 协会 + 家族"的禁毒模式，开展禁毒活动 2 次，参加禁毒活动人数达 14052 人次。

【其他事业】 2017 年，乡境内建有砖厂 3 家，实现税收约 21 万元，带动村民就业 120 人。

（审核：吉布拉一　撰稿：曲木伍哈）

## 四开乡

【概　况】 截至 12 月 31 日，全乡共有耕地 750 公顷，林地 3255.33 公顷，牧草地 2153.33 公顷。下辖 9 个行政村，36 个农牧服务社、2 个居民小组。共有农户 3642 户，农村总人口 16921 人（均为彝族）。农民人均收入 6853 元。

【精准扶贫】 继续发挥乡脱贫攻坚指挥室和各村脱贫攻坚作战室的作用，完善"五个一"帮扶机制，以"两不愁、三保障"为目标，全力开展扶贫攻坚工作。2017 年，按人均 900 元标准向贫困户发放产业扶持周转金，帮助贫困户人均种植“青薯 9 号”667 平方米、栽植核桃 667 平方米；县公安局（帮扶单位）向贫困户捐赠铁脚麻鸡 400 只，以及一些生产生活用品；修建和改建贫困户的安全住房 91 户。

**【农村经济】** 大力推广农业实用技术，开展劳务和科普知识宣传，及时向农牧民提供劳务信息，依托重点项目建设组织村民发展劳务经济。2017 年，全乡种植的农作物有马铃薯、水稻、玉米、荞麦，养殖的畜牧业有牛、马、猪、鸡，补植补栽核桃 866.67 公顷（26 万株）；输出劳务 3321 人次，劳务总收入 790 万元。

**【教育事业】** 2017 年，继续落实“三免一补”政策和营养改善计划，全乡适龄儿童入学率、小学生毕业率、初中适龄人口入学率、小学升初中升学率、九年义务教育覆盖率、在校生巩固率均达 100%。截至 12 月 31 日，全乡建有中学 1 所，村小 3 所，乡幼儿园 1 所，“一村一幼”幼教点 12 个；共拥有教师 102 人，在校中学生 977 人，小学生 2295 人，在园幼儿 619 人。

**【医疗卫生】** 继续按照“稳定低生育水平，提高人口素质”工作目标，加强计生政策宣传，狠抓“新农合”、免疫接种、艾滋病防治等工作。2017 年，全乡医疗机构的门诊量 3192 人次，医疗保险报销 11.74 万元；参加医疗保险 14672 人，参保率 99%；共有育龄妇女 3531 人，其中已婚育龄妇女 2456 人；已婚育龄妇女安环和孕情服务率 76%；上交超生款 20.2 万元，向适龄儿童免费接种麻疹、乙肝等疫苗 965 人次；艾滋病人随访率 100%；开展 CD4 检测 136 人。截至 12 月 31 日，全乡建有乡卫生院 1 个、村卫生室 9 个，共拥有医护人员 34 人。

**【社会保障】** 2017 年，全乡共有农村“低保”对象 634 户 2074 人，其中兜低户 41 户 157 人、常规“低保”593 户 1917 人；“五保”供养对象 55 人，其中集中供养 7 人；救助特殊困难儿童 98 人，其中“双孤”儿童 63 人；困难残疾人 25 人。

**【禁毒工作】** 2017 年彝族年期间，组织村民开展禁毒仪式，发放宣传资料 2680 张，参加仪式的人员达 5160 人；在乡中心小学和各村小共举办“禁毒一堂课”12 期。截至 12 月 31 日，全乡 9 个村均成立了“支部 + 协会 + 家族”禁毒小组。

（审核：马秀英　撰稿：周应聪）

## 大坝乡

**【概　况】** 截至 12 月 31 日，全乡共有耕地 347.27 公顷，林地 160 公顷。下辖 5 个行政村，18 个农牧服务社。共有农户 2021 户，农村总人口 8045 人（均为彝族）。农民人均收入 7419 元，同比增长 10%。

**【精准扶贫】** 2017 年，在贫困户的房前屋后、荒山荒坡户均栽植核桃 0.33 公顷；户均种植优质马铃薯——“青薯 9 号”0.1 公顷；户均养殖乌金猪 1 头以上和生态鸡 5 只以上，特别是特洛村户均栽植大红花椒 667 公顷以上；新建安全住房 22 户 61 人，改建安全住房 27 户 90 人，实施住房风貌打造 18 户 66 人。

**【农村经济】** 2017 年，全乡粮食作物种植水稻、玉米、马铃薯、荞麦，畜牧业养殖猪、牛、羊、鸡；栽植核桃 333.33 公顷，嫁接核桃近 5 万株；输出劳务 2912 人次。特别是科且村培养致富带头人吉史子格，投入资金近 300 万元成立了养猪专业合作社，并与新希望集团合作养殖生猪，全年带动本地农民 52 户致富，其中贫困户 30 户。

**【教育事业】** 2017 年，全乡适龄儿童入学率 99.9%，初中阶段入学率 96%；初中毕业率 86%。截至 12 月 31 日，全乡建有乡中心小学 1 所、村小 3 所、幼儿园 1 所，共开设教学班 26 个（乡中心小学 16 个，拖都村小 6 个，瓦布谷立村小 3 个，特洛村小 1 个），共拥有小学教师 43 人（代课教师16人）、幼师8人。

**【医疗卫生】** 加强医疗卫生监管，切实改善医患关系；多方式多渠道广泛宣传艾滋病等传染病的防控知识；建立艾滋病人档案，并每年随访不少于2次；深入开展国家级人口与计划生育优质服务创建活动。2017年，全乡共诊疗病人658人，报销医疗费用36万元；参加医疗保险5802人，参保率97%；艾滋病人随访率100%；已婚育龄妇女参加计生“四查”670人，“四查”率99%，计划生育率100%；开展CD4检测149人；对婴幼儿免费实施免疫接种。截至12月31日，全乡建有乡卫生院1所，共有床位5张，拥有医务人员8人（护士5人，医生2人，检验1人）。

**【社会保障】** 2017年，全乡共有“低保”对象1350人，“五保”供养对象19户，救助特殊困难儿童54人；参加养老保险2912人（参保率93%），已享受养老金625人；慰问贫困党员10人，每人发放慰问金500元。

**【文化事业】** 2017年，建成拖都村、洛五村、科且村、特洛村农村书屋；利用农民夜校开展种养殖业技术培训和禁毒防艾知识、计划生育知识宣讲等。截至12月31日，全乡共建有文化站1个、村级农家书屋5处，共收藏书2万册。

**【其他事业】** 2017年，在拖都村和洛五村建成了标准化支部活动室，新修瓦布谷立村洛木社碎石毛路2.99千米，投资近100万元在洛五村建桥1座。

（审核：俄木拉者　撰稿：勒伍果黑）

## 库莫乡

**【概　况】** 截至12月31日，全乡共有耕地325公顷，林地2249.6公顷，天然牧草地2718公顷。下辖6个行政村，15个农牧服务社，农村总人口3400人（均为彝族）。

**【精准扶贫】** 按照“户有本、村有册、乡有簿”台账式脱贫攻坚管理制度，为贫困户建立“一户一档”基础信息簿，制定“一户一策、一人一法”的脱贫方案，落实“一对一”“一对多”“多对一”帮扶机制。

**【农村经济】** 2017年，全乡农作物种植马铃薯、玉米、荞麦、燕麦，畜牧业养殖牛、羊、猪，输出劳务556人（有组织输出61人，自发输出495人），主要在山东、广东、福建等地的建筑行业和加工业务工。

**【教育事业】** 坚持教育优先发展战略，加强教育基础设施建设，逐步扩大办学规模，强化师资管理，落实目标责任，进一步巩固教学成果；在全乡在校小学生中严格执行“三免一补”政策和营养改善计划。2017年，全乡适龄儿童入学率100%，小学升初中升学率、九年义务教育覆盖率均达98 %，在校生巩固率97%；计划总投资100万元的乡中心小学扩建工程正在开展主体工程建设。截至12月31日，全乡建有乡中心小学1所、村小1所，拥有教师10人，在校小学生114人，其中寄宿制学生32人。

**【医疗卫生】** 认真落实农村医改和医保政策，加强五种疾病防治、计划生育奖励扶助、育龄妇女计生“四查”、禁毒防艾等工作。2017年，全乡参加医疗保险4598人，参保率99%；健康教育群众知晓率95%；已婚育龄妇女参加计生“四查”319人，“四查”率98%；计划生育奖励扶助13户13人，扶助资金12480元；计划总投资130万元的乡卫生院新建工程，已完成选址工作。截至12月31日，全乡建有乡卫生院1所，共有床位7张，拥有执业医师1人、注册护士1人。

**【社会保障】** 认真落实优抚安置和困难群众最低生活保障政策，协助县级主管部门做好农村“低保”、“五保”、救灾救济、养老保险等工作。截至12月31日，全乡共有农村“低保”对象154户527人，“五保”供养对象9人，优抚对象2人，救助特殊困难儿童10人，已享受养老金1072人。

【其他事业】 2017年，开展各类体育健身活动4次，参加群众400人次；乡文化站、村级文化活动中心、农家书屋共接待读者200人次，借阅图书600册次。

（审核：八且拉哈　撰稿：阿尔古波）

## 博洛乡

【概　况】 截至12月31日，全乡共有耕地481.4公顷，林地2912.8公顷，牧草地2628.67公顷。下辖8个行政村，27个农牧服务社。共有农户1561户，农村总人口6385人（均为彝族）。

【精准扶贫】 2017年，全乡修建了易地扶贫搬迁安全住房168户，其中博洛村55户、书你子村75户（提前实施3户）、金曲地莫村38户。脱贫攻坚主要措施：一是严格按照国家有关规定，组织乡、村干部依照程序再次对贫困户识别、认定，并完成信息录入工作。二是完成国家扶贫网、四川省建档立卡贫困户“六有”信息网、爱心网等信息录入工作。三是共栽植核桃166.67公顷、花椒46.67公顷，种植“凉薯17号”23.33公顷。四是开展博洛村、金曲地莫村等7个贫困村的建档立卡贫困户进行产业扶持金的借贷工作和启动村集体经济的工作。五是建设完成金曲地莫村、坡格惹村、书你子村、尔良觉村、火托克村5个村的通村路硬化工程（已投入使用）。六是甲阿史村84户“彝家新寨”大部分已完工，其入户路也在加紧施工中。

【农村经济】 大力推广和普及畜牧业生产技术，积极提供劳务信息，增加经济收入。2017年，全乡农作物主要种植马铃薯、燕麦和玉米，畜牧业主要养殖猪、牛、羊，栽植核桃166.67公顷、花椒133.33公顷。输出劳务600人次，劳务总收入近500万元。

【教育事业】 2017年，全乡九年义务教育覆盖率、小学适龄儿童入学率、小学升初中升学率均达100%。截至12月31日，全乡共建有学校2所，其中乡中心小学1所、村小1所。共拥有教师30人，在校小学生483人、在园幼儿190人。

【医疗卫生】 落实医疗保险政策，进一步开展计划生育与医疗卫生服务体系建设，实施计划免疫。2017年，乡卫生院诊疗量532人次，报销医疗费56892元；全乡参加医疗保险5536人，参保率98%；已婚育龄妇女参加计生“三查”1185人次，“三查”率99%；对婴幼儿免费实施免疫接种。截至12月31日，全乡建有卫生院1所，共有床位10张，拥有医护人员4人。

【社会保障】 截至12月31日，全乡共有农村“低保”对象908人，“五保”供养对象20人，优抚对象7人，特殊儿童31人，其中“双孤”儿童13人；参加养老保险1678人，已享受养老金468人。

【其他事业】 2017年，建成火托克村支部活动室并投入使用。截至12月31日，甲阿史村支部活动室仍在建设。

（审核：阿都尔虎　撰稿：余贵荣）

## 柳且乡

【概　况】 截至12月31日，全乡共有耕地482.27公顷，林地2424.47公顷，草地1541.47公顷。下辖7个行政村，19个农牧服务社，共有农户1561户，农村总人口6731人（均为彝族）。

【精准扶贫】 加大扶贫政策宣传力度，开展慰问帮扶活动；深入调查研究，精准核定贫困户，抓好扶贫规划、计划。2017年，共开展国家扶贫开发重大方针政策和四川省委“3+10”扶贫政策宣传9场，受教育群众达5600人次；实施异地扶贫搬迁39户，利用综合资金项目开展扶贫46户，建设“彝家新寨”90户，其中安全住房已竣工；修建合觉村支部活动室、民俗坝子、卫生室；县政协、县残联、县公安局、县工农兵小学等单位的117名干部职工向贫困户捐赠大米、清油等慰问物资；6月，阿波洛村摘除“贫困村”帽子。

**【农村经济】** 紧紧围绕“农业立乡、农业稳乡、农业兴乡”三大主题，继续推广高产示范种植养殖技术，调节优质粮食作物、畜禽品种；认真落实惠农资金，探索现代农业生产方式，不断提高农牧民组织化程度和应对市场风险能力；广泛收集劳务信息，引导富余劳动力外出务工。2017年，全乡利用开箱垄作技术种植马铃薯166.67公顷；发放粮食直补资金45732.59元、退耕还林资金59.5万元、草原生态奖补资金13.9万元；输出劳务577人，实现劳务总收入582万元；借助世行六期产业扶贫示范试点项目，组建马铃薯营销合作社、合觉村养羊合作社、阿波洛村养牛合作社。

**【教育事业】** 加强学校安全、教育教学管理，落实“三免一补”政策和营养午餐改善计划。2017年，全乡小学适龄儿童入学达99.9%，小学生巩固率99.4%，初中入学率、巩固率、升学率均达100%。截至12月31日，全乡建有乡中心小学1所、村小学校1所，共拥有教师14人，在校小学生436人；共建有“一村一幼”教学点3个，分别位于阿波洛村、合光村、合觉村。

**【医疗卫生】** 加强公共卫生服务，狠抓艾滋病预防防控和强化免疫工作，深入开展计划生育政策和避孕节育科普知识宣传，落实计划生育奖励扶助资金，抓好农村医疗保险缴费工作。2017年，全乡计划免疫接种率90%，建立居民健康档案建档率达89%，艾滋病人抗病毒治疗率100%，阴性配偶的CD4检测90%；开展“高血压、糖尿病、艾滋病”大筛查活动7场次；收缴了6374名村民的医疗保险基金；开展已婚育龄妇女计生“四查”812人次，“四查”率91.5%；发放计划生育奖励扶助资金26680元，其中特别扶助资金8400元。

**【文化体育】** 2017年，在县文化影视新闻出版和体育旅游局的支持下，维修并补置了合光村、合觉村的村民娱乐中心和民俗坝子的娱乐设施；在合光村村民活动中心举行了克哲尔北说唱、口弦弹奏、笛子演奏、达体舞比赛等活动。截至12月31日，全乡建有乡文化站1个、农家书屋6处，共藏书7600册。

**【禁毒防艾】** 深化禁毒防艾人民战争，健全完善“支部＋协会＋家族”禁毒防艾工作模式，努力维护社会稳定和谐。2017年，全乡共开展禁毒防艾宣传教育7场次，受教育群众达4500人次；利用农民工外出务工返乡过彝族年时机，组织各村或各家族开展歃血盟誓传统民俗活动，在活动中签订家庭禁毒承诺书1246份、戒毒承诺书87份，完善禁毒防艾村规民约140条。

**【安全生产】** 把安全生产工作作为重点工作之一，与经济社会发展同研究同部署，落实安全责任，加强安全教育，加大隐患排查整治力度。2017年，签订机动车驾驶员交通安全责任书42份，开展道路交通安全隐患排查2次，配合四开交警中队开展打非治违上路检查4次；签订家庭护林防火责任状1306份，开展地质灾害应急演练2次、学校地震和消防应急演练2次。

**【基础设施建设】** 2017年，阿波洛村通村路硬化工程和阿波洛村通社路建设工程竣工；日呷村、洛呷村通社路工程顺利开工建设。

**【社会保障】** 大力宣传国家助农惠民政策，加大惠农惠民政策资金监督检查力度。截至12月31日，全乡共有农村“低保”对象264户1106人，发放“低保”金865368元；“五保”供养对象13人，发放“五保”供养金7.2万元；“三老”（老干部、老党员、老模范）人员25人，发放补助9万元；救助特殊困难儿童63人，发放救助金217260元；抚恤、优抚对象12人，发放生活补助金62490元；重度残疾人员109人，发放护理补贴金49764元。

（审核：阿于伍呷　撰稿：谢学恩）

## 地莫乡

【概　况】截至12月31日，全乡共有耕地675.33公顷，退耕还林地280公顷，草地1000公顷。下辖7个行政村，27个牧服务社。共有农户3920户，农村总人口13691人。

【精准扶贫】2017年，统筹整合资金，加大扶贫资金投入力度；利用驻村干部加强党的方针、政策宣传，协调、衔接、落实项目；加强技能培训，提高贫困户的致富能力；因地制宜发展特色养殖业和种植业，鼓励输出劳务；发动党员干部关怀帮扶贫困农户，助推全乡扶贫攻坚工作。年内，全乡共为贫困户修建安全住房64户，其中瓦古村36户、波作村28户。

【农村经济】2017年，全乡规模化栽植核桃2333.33公顷、红萝卜80公顷；向农牧民宣讲劳务和科普知识3次，受益群众达13456人次；提供劳务信息2次，受益群众达988人次；组织群众开展劳务活动4次17970人次，输出劳务1999人，劳务总收入3945万元。

【教育事业】2017年，全乡适龄儿童入学率、小学生毕业率、初中生毕业率均达100%，九年义务教育覆盖率、在校生巩固率均达99%；在校学生均享受了“三免一补”政策和营养午餐。截至12月31日，全乡共建有学校8所（乡中心小学1所，基点校2所，村小5所），共拥有教师51人，在校小学生1528人；建有“一村一幼”幼教点7个，并配套一女一男两名辅导员，在园幼儿482人。

【医疗卫生】全面落实医疗保险政策和计划生育奖励扶贫政策，进一步提高全乡医疗服务水平。2017年，乡卫生院共治疗住院病人2342人次；全乡参加医疗保险13672人，参保率99.7%；育龄妇女的“四查”率96%，安环及孕情服务率和计划生育率均达100%，对婴幼儿免费实施免疫接种。截至12月31日，全乡建有卫生院1所，拥有医护人员17人。

【社会保障】以村级公益事业建设财政资金为引导，结合对口帮扶资金，狠抓农村道路、安全用电、安全生产等工作。2017年，投资2万元修复瓦古村通村公路6千米，投资17.5万元建设巴尔村10户的牲畜棚圈。截至12月31日，全乡参加养老保险2691人，享受养老金981人；共有农村“低保”对象1624人，“五保”供养对象39人，扶助特殊困难儿童138人，其中“双孤”儿童51人。

【其他事业】截至12月31日，全乡建有乡级文化站1个，村级农家书屋7处，共藏书29301册。

（审核：阿尔依生　撰稿：阿吾李日）

## 且莫乡

【概　况】截至12月31日，全乡共有耕地485.2公顷，草地2133.33公顷，退耕还林地133.33公顷。下辖7个行政村，19个农牧服务社。共有农业户786户，农村总人口3266人（均为彝族）。

【精准扶贫】2017年，在苏八姑村、哈洛沟村、瓦池觉村、俄开村利用耕地、荒山荒坡、房前屋后、路边等共栽植核桃约666.67公顷和大红袍花椒20公顷；在洛木村、溪莫呷妥村、古尔觉村共栽植华山松约133.33公顷；在贫困户中推广种植“青薯9号”马铃薯；贫困户的产业扶持资金均按要求购买了基础母羊和仔猪；在洛木村和古尔觉村开展“借羊还羊”帮扶等。经验收，洛木村、古尔觉村实现脱贫摘帽。

【农村经济】2017年，全乡种植马铃薯462.53公顷，生产鲜薯2765吨；畜牧业主要养殖猪、牛、羊、马，动物防疫密度和戴标率均达100%；栽植核桃10万株、花椒2万株、白杨2万株，种植光叶紫花苕粮草轮作551.53公顷；开展劳务培训2次，参训人员近300人次，外出务工47人（主要在广东、山东等地打工）。

【教育事业】加强教师队伍建设，进一步深化教育教学成果，认真落实“三免一补”政策等。截至12月31日，全乡建有乡中心小学1所、“一村一幼”幼教点7个，共设置教学班14个，拥有教职工20人，在校小学生446人，其中寄宿制学生102人。

**【医疗卫生】** 落实医保政策，加强医疗卫生救助体系建设，逐步改善基层医疗卫生条件。2017年，全乡参加医疗保险3464人，参保率99.8%；育龄妇女参加计生“三查”280人，参查率94.2%。截至12月31日，全乡建有中心卫生院1所，共有床位20张，拥有医护人员10人。

**【社会保障】** 积极开展特殊人群救助工作，按时足额兑现救助资金，依法依规办理婚姻登记。2017年，向317户966人发放了农村“低保”；参加养老保险860人，参保率56.8%；实施婚姻登记12对，婚姻登记率100%。

**【项目建设】** 2017年，俄开村50户易地扶贫搬迁项目竣工（每户补助资金3.5万元），开展洛木村130户整村推进项目（项目资金84.8万元）和苏八姑村100户棚圈改造项目建设。

**【其他事业】** 截至12月31日，全乡建有乡级文化站1个、村级农家书屋7处，共藏书近1万册。

（供稿：且莫乡人民政府）

## 日哈乡

**【概　况】** 截至12月31日，全乡共有耕地761.47公顷，草地1933.33公顷，退耕还林地273.33公顷。下辖10个行政村，25个农牧服务社。共有农户1192户，农村总人口4629人（均为彝族）。

**【扶贫攻坚】** 2017年，全乡修建安全住房135户（古尔村27户，来拖村和觉呷村83户，拉莫村25户）。截至12月31日，全乡安全住房建设基本完工，其中拉莫村已全部入住安全房。

**【农村经济】** 2017年，全乡种植有马铃薯、荞麦、燕麦，农业三项补贴面积达616.67公顷，发放补贴资金近81万元，其中玉米良种补贴资金6143元；协助县农牧局为80户养殖大户发放现代畜牧业棚圈建设资金27.2万元和种公羊30只；开展牲畜预防注射工作，注射率达100%

**【教育事业】** 2017年，学生入学率、巩固率、毕业率均达100%。截至12月31日，全乡建有乡中心小学1所，村小1所，“一村一幼”幼教点8个。

**【医疗卫生】** 2017年，全乡育龄妇女计生“三查”率达98.6%，医疗保险参保率达100%，儿童疫苗接种率达97%；为2884名村民开展健康体检；征收超生户的社会抚养费已全额上缴。

**【安全生产】** 2017年，乡政府分别与各村、乡中心小学、乡卫生院、各机动车车主签订安全生产目标责任书，严格执行群体性聚餐申报制度；加强食品药品安全宣传教育工作。

**【防　灾】** 2017年，进村入户开展地质灾害排查，并对涉及27户农户的重点隐患点实施专人监控，做到监控情况一天一报；成立日哈乡河湖管理领导小组，出台《日哈乡河湖管理全面推行河长制工作的实施方案》《日哈乡2017年“清河行动”实施方案》，并开展相关工作。

**【社会保障】** 2017年，全乡核实“低保”对象201户642人，其中“低保”兜底户64户279人；“五保”供养对象22人。

（审核：阿尔阿勒　撰稿：白秀梅）

## 甘多洛古乡

**【概　况】** 截至12月31日，全乡共有耕地391.07公顷，草地1580公顷，退耕还林地133.33公顷。下辖4个行政村，14个农牧服务社。共有农户556户，农村总人口1930人（均为彝族）。

**【精准扶贫】** 2017年，建成瓦莫村通村公路硬化和易地扶贫搬迁安全住房，在瓦莫村、瓦曲村、公安地村发放产业扶持资金591300元；帮乡单位县城乡规划建设和住房保障局向瓦莫村脱贫户捐赠了价值近8万元的家具、家电等；协助县扶贫和移民工作局向贫困户发放种薯5万千克，向瓦曲村和瓦莫村发放华山松种子500千克，向瓦莫村脱贫户发放物资12件套；县人事劳动和社会保障局为贫困人口提供公益性岗位8个，每人每月工资300元；县林业局为贫困人口提供生态护林员岗位4个，每人每月工资300元；州级帮扶单位州民干校在开展暖冬行动中，为公安地村和瓦曲村的126户贫困户发放慰问金2.68万元和价值20160元的羽绒服126套，向乡中心小学捐赠价值近3万元的电视机、被套、床等，以“以购代捐”形式从贫困户家中收购马铃薯并支付人民币1.26万元。

**【农村经济】** 以政策、科技为依托，以农业增效、生产安全、生产服务为着力点，加大科技兴农力度，巩固马铃薯种植力度，培育核桃干果产业，强化动植物疫病防控。2017年，全乡种植的农作物主要有马铃薯、荞麦、燕麦、玉米，畜牧业主要养殖乌金猪、凉山半细毛羊、本地土鸡、黄牛；栽植核桃200公顷、白杨2万株；开展劳务培训2次，参加培训人员172人，输出劳务52人（主要在山东、广东、福建等地务工）。

**【教育事业】** 加强教师队伍建设，进一步巩固教育教学成果，继续落实“三免一补”、营养改善计划等政策。2017年，全乡小学适龄儿童入学率、在校生巩固率均达100%，初中升学率达95%。截至12月31日，全乡共建有学校2所（乡中心小学1所，村小1所）、“一村一幼”幼教点4个，共设置教学班7个（乡中心小学6个班，村小1个班），共拥有教职工12人，在校小学生164人（均为寄宿制学生），在园幼儿98人。

**【医疗卫生】** 2017年，乡卫生院门诊486人，报销医疗费用6.3万元；治疗住院病人250人，报销医疗费用9.2万元。全乡参加医疗保险1930人，参保率达100%；组织乡卫生院工作人员到各村对0—7岁儿童开展免疫接种，并且实施强化免疫接种235人，强化免疫率98%；开展育龄妇女计生“三查”工作，生育数据录入和逻辑关系正确率达100%。截至12月31日，全乡建有乡卫生院1所，共有床位3张，拥有医护5人。

**【其他社会事业】** 组织召开村民大会宣传“新农保”等优惠政策，积极开展特殊人群救助，依法依规办理婚姻登记。2017年，全乡共有农村“低保”对象112户246人（其中“低保”兜底户27户72人），“五保”供养对象6人，特殊困难儿童14人，扶助“双孤”儿童29人；参加养老保险305人，已享受养老金193人；实施婚姻登记39对，婚姻登记率100%。

**【项目建设】** 2017年，瓦莫村和瓦曲村通村硬化路竣工。

（审核：马呷且　撰稿：曲比阿合）

## 支尔莫乡

**【概　况】** 截至12月31日，全乡共有耕地514.47公顷，草地1135.27公顷，林地3697.73公顷。下辖5个行政村，18个农牧服务社。

**【精准扶贫】** 2017年，按照国家识别标准进一步筛选贫困户，并识别出贫困户327户、贫困人口1399人。其中，莫作村102户436人，来洛村60户256人，说注村75户317人，阿土列尔村44户175人，康复村46户215人。在对口帮扶单位县水务局和县自来水有限责任公司的帮助下，每个村选出一户贫困户率先实施“五洗”工程，开展“红白喜事”革命；各驻村工作组全部进驻并有序开展各项精准扶贫工作；乡政府与成都市锦江区成龙路街道办签订了结对帮扶协议；发放并监督产业扶持金，并对农户的产业扶持金的使用情况记录在案。

**【土地流转】** 2017年，乡政府与西昌市中泽公司共同投资300万元成立昭觉支尔莫油橄榄产业发展有限公司，并与农户签订了土地流转和油橄榄产品回收协议，以保障村民收益。该公司由阿土列尔村党支部书记某色吉日和村主任吉克打几任董事，聘任四川省油橄榄研究中心副主任呷觉有故和西昌市中泽公司油橄榄压榨车间主任兼厂长助理阿觉尔呷为阿土列尔村主任助理（负责提供技术）。经营模式：公司＋支部＋党员＋农户。股权分配：西昌市中泽公司持股51%，阿土列尔村持股49%。

**【旅游开发】** 2017年，利用支尔莫乡独特的峡谷、溶洞、温泉、原始森林、岩壁、彝文化等优势资源，引进四川成都天友集团成立川投天友悬崖村文旅公司，拟开发"'悬崖村'——古里大峡谷"景区。该景区计划分三期建设，共投入人民币6亿元，其中2017年投入资金1.8亿元。建设目的：将"悬崖村"打造成全国知名山地旅游度假旅游目的地、彝区农文旅体验目的地和文旅产业扶贫示范基地。建设内容：建设游客中心、高空索道、悬空观景平台、帐篷酒店、飞拉达攀岩等，开发登山攀岩、户外探险、亲近自然、民俗体验等旅游产品。

**【"悬崖村"建设】** 2017年，集政府和社会力量，加强"悬崖村"基础设施建设，开发旅游资源、优势产业，以助推村民增收，增强幸福指数。一是基础设施建设。投入约70万元，修复苏巴姑电站的废弃索道，作为山下与山上"悬崖村"寨子的大宗物资（包括牲畜、建材、农资等）的交通运输线，其运力为单次承载2吨，从山下到寨子仅耗时60分钟；中国电信共投入近270万元，为"悬崖村"新建通信基站2座，铺设光缆75千米，实现了全村4G网络全覆盖，并且在脱贫攻坚期间为该村用户免去通话费、WIFI费、点播费、收视费、流量费；共投入100万元硬化了牛觉社到村支部活动室和阿土列尔小学的社道。二是开发旅游资源。修建山下通往山上"悬崖村"寨子的钢梯，规划建设旅游缆车索道，全力打造游客体验产品。三是开发优势产业。规模化发展核桃、脐橙、花椒、三七、油橄榄等特色优势产业，并以土地流转的方式和"公司＋支部＋党员＋农户"的经营模式开展油橄榄的开发利用；注册"悬崖村"农产品系列品牌；与京东签订电商扶贫协议，通过电商平台销售"悬崖村"系列品牌，并通过无人机配送；投入100万元产业扶贫资金组建中药材合作社，以开发中药材；成立山羊养殖合作社，"悬崖村"村民都利用产业扶贫资金入了股，入股标准是贫困户每户5000元、非贫困户每户3000元。

**【教育事业】** 2017年，全乡适龄儿童入学率、小升初升学率、九年义务教育覆盖率、在校生巩固率均达98.7%；协助建设西南民族大学雏鹰书屋教育实习实践基地（全省首个）。截至12月31日，全乡建有乡中心小学1所，村小2所，"一村一幼"幼教点6个（阿土列尔村2个，其他村各1个），拥有小学教师19人、幼教点辅导员14人，在校小学生588人、在园幼儿143人。

**【医疗卫生】** 紧紧围绕卫生计生工作中心，整治生育秩序，狠抓医疗服务和计生"四查一治"工作。2017年，全乡医疗机构的诊疗量1350次，免费接种疫苗185人，计生"四查"率达99%。截至12月31日，全乡建有乡卫生院1所，村卫生室3个（莫作村1个，阿土列尔村2个），拥有医护人员3人。

**【其他事业】** 2017年，全乡共有"五保"供养对象25人，"低保"对象142户443人，残疾人135人。截至12月31日，全乡共建设有乡文化站1个，村级农家书屋5个。

（审核：阿吾木牛　撰稿：陈国刚）

## 哈甘乡

**【概　况】** 截至12月31日，全乡共有耕地438.6公顷、可利用草山2066.67公顷、林地200

公顷。下辖 7 个行政村，25 个农牧服务社，共有农业户 2024 户，农村总人口 8032 人（均为彝族），其中已经搬迁 209 户 1018 人。农林牧经济总收入 3635.28 万元，农民人均纯收入 4526 元。

**【精准扶贫】** 2017 年，全乡共设有驻村扶贫工作队 7 个，驻社工作组 25 个。5 个贫困村均有 1 名驻村第一书记（帮乡单位县交通局选派的 5 名工作人员）。全乡贫困户均已安排贫困户帮扶责任人进行帮扶工作；开展“六有”工作集中培训 5 次，累计培训 50 人次。对工作信息采集指标体系、相关表格、指标解释、填表说明、问题解答、扶贫手册和信息录入等问题进行培训，通过采取互动、演示和提问等形式加深培训效果；对贫困户开展入户基础数据采集。结合正在开展的建档立卡“回头看”和“五个一批”“七个一批”归类认定工作，在保证工作进度和确保数据真实准确的基础上，力求对贫困户原有数据进行更新，达到准确掌握扶持对象的真实情况；整合村社干部约 30 人轮流开展录入工作（租用网吧电脑），安排 1 名人员专门负责系统维护和动态管理工作。

**【农村经济】** 2017 年，全乡特色经济林基地栽植了青花椒 8 万株、核桃 21 万株；输出劳务 1898 人，劳务总收入 530 万元。

**【教育事业】** 2017 年，全乡适龄儿童入学率、在校生巩固率、小学生毕业率均达 100%，初中阶段入学率 99%；各学校每周开设道路交通、食品、消防等安全和法制教育课，以及重点疾病健康教育课等。截至 12 月 31 日，共建有学校 11 所（乡中心小学 1 所，村小 10 所），共有教师 43 人，在校学生 1001 人。

**【医疗卫生】** 进一步落实农村医疗改革、医保和其他惠农政策，开展艾滋病、霍乱病、结核病、H1N1 等重点疾病基本防治知识的宣传和培训。2017 年，全乡参加医疗保险 6238 人，参保率 98%；重点疾病基本防治知识群众知晓率达 95%；已婚育龄妇女参加计生“三查”1714 人，“三查”率 98%；育龄妇女安环和孕情服务率 99%。截至 12 月 31 日，全乡建有乡卫生院 1 所、村级卫生室 7 个，拥有卫生专业人员 7 人。

**【文化事业】** 2017 年，乡人民政府协助县文化影视新闻出版和体育旅游局开展“村村通”工程建设，向全乡发放“村村通”直播卫星接收器 1087 套，入户率 63%；共建农家书屋 7 处，建筑面积 310 平方米，藏书 8600 册。

**【“彝家新寨”建设】** 2017 年，在俄洛姑村建设“彝家新寨”41 户。

**【基础设施建设】** 继续开展农村电网改造等建设项目，进一步完善农业基础设施，强化农业发展技术支撑，夯实农业发展基础，户户通电，户户用自来水管。

**【社会保障】** 认真落实优抚安置政策和困难群众最低生活保障工作，做到应保尽保，专项资金专款专用；协助县级主管部门，加大对救助资金发放过程中的监管力度，使弱势群体得到基本救助。截至 12 月 31 日，全乡共有农村“低保”对象 342 户 1079 人，发放“低保”金 64.696 万元；共有农村“五保”供养对象 41 人，发放“五保”供养金 44.28 万元；实施农村医疗救助 26 人次，共发放医疗救助金 6.884 万元；残疾人 43 人，发放补贴 3.096 万元；参加养老保险 6254 人，参保率 98%。

（审核：阿皮尔吉　撰稿：俄铁江）

## 龙沟乡

**【概　况】** 截至 12 月 31 日，全乡共有耕地 267.4 公顷，退耕还林 133.33 公顷，草地 1566.67 公顷。下辖 5 个行政村，11 个农牧服务社。共有农户 550 户，农村总人口 2196 人（均为彝族）。人均纯收入 4445 元。

【精准扶贫】 2017年，在帮乡单位凉山州第一人民医院的帮扶下，向贫困户捐赠基础母羊130只、阉鸡苗720只、毛毯83床，学生衣物359套。通过“以购代捐”的方式购买马铃薯5525千克。并投入11万元修建乡政府和学校场坝；在帮乡单位昭觉县人民医院的帮扶下，向贫困户捐赠能繁基础母羊365只、毛毯被褥四件套88套，衣柜39套（古尔以井村39户建档立卡贫困户），为支部活动室购置办公座椅12套；向贫困户发放“青薯9号”马铃薯种子40.7吨；修建完成古尔以井村易地搬迁安全住房建设39套，龙沟村易地搬迁安全住房17套、整合资金修建完成住房6套；新建古尔以井村支部活动室、文化室、民俗文化坝子、“一村一幼”幼教点、网络通信基站；完成古尔以井村饮水、生活用电、广播电视工程，以及修建入户路、硬化路1条；新建龙沟村村支部活动室1个、硬化路1条；对每户贫困户完成结对帮扶、产业扶持、易地搬迁、移风易俗等。每户贫困户种植马铃薯0.33公顷、高山红萝卜52公顷。

【农村经济】 农户经济主要来源于农业、畜牧业、林业和劳务收入。2017年，全乡完成种植马铃薯224.53公顷，组织销售马铃薯18吨；补栽核桃40000株；召集乡境内8名劳务经纪人进行法律法规培训，73名青壮年开展青年素质理论培训，10名青壮年开展技能培训。

【教育事业】 2017年，全乡适龄儿童入学率、在校生巩固率、毕业率均达100%。截至12月31日，建有乡中心小学1所，“一村一幼”幼教点4个（书租村、龙沟村、古尔以井村、金野以匹村），共有教师10人，幼教点辅导员8人。共有在校小学生259人（均已享受营养午餐），其中寄宿制学生215人。共有学前班学生61人，在园幼儿83人。

【医疗卫生】 全面落实农村合作医疗保险政策和计划生育奖励扶持政策。2017年，全乡医疗机构诊疗量达403人次，报销58783元；参加医疗保险2174人，参保率99%；已婚育龄妇女参加计生“四查”271人，“四查”率97%；对婴幼儿免费实施免疫接种。截至12月31日，建有乡卫生院1所，村卫生室1个，拥有专业卫生人员4人，村卫生防疫员5人。

【社会保障】 2017年，按照县民政局要求，摸底清查了全乡原有的104户318人“低保”对象。清查后，现有“低保”对象99户324人（常规“低保”户55户172人，“低保”兜底44户152人）。另有优抚对象2人，特困人员10人，特殊困难儿童16人，孤儿5人；民政救助金统一由主管部门存入农户卡上；依法办理婚姻登记35对；参加养老保险373人，已享受养老金90人。

【文化事业】 截至12月31日，全乡建有乡级文化站1个，村级农家书屋5处（均有专人负责，借阅700人次），共藏书2.5万册。在农闲时组织在家农民群众举行了篮球比赛13场。

【基础设施建设】 截至12月31日，全乡启动建设金野以匹村通村硬化水泥路；通过“一事一议”，新建龙沟村普尔社通社路1条；翻修了书租村的支部活动室。

（审核：说比尔各　撰稿：日火支铁）

## 解放乡

【概　况】 截至12月31日，全乡共有耕地474.73公顷，林地4308.87公顷、牧草地3285.52公顷。下辖7个行政村，18个农牧服务社。共有农户1497户，农村总人口5900人（均为彝族）。农牧民人均纯收入7965元，同比增长8.8%。

【精准扶贫】 2017年，协助上级部门完成达觉村易地搬迁42户，整合资金建设安全住房80户，火普村整合资金建设安全住房22户，拉莫村易地搬迁35户、建设“彝家新寨”83户；协调帮乡单位县委办、县水务局等单位投入资金，购买水管，修建蓄水池，接通每家每户的自来水（项目尚在实施中，仍有拉莫村、达觉村未通水），让村民饮用安全用水。截至12月31日，全乡有贫困户449户1804人。其中，火普村74户217人，瓦子村67户360人，拉莫村116户415人，金翅村11户49人，解放村54户186人，达觉村126户571人，燕子洛村1户6人。

**【农村经济】** 调整农业产业结构，狠抓粮食生产、畜牧业养殖和劳务输出，壮大村集体经济。2017年，全乡粮食作物主要种植马铃薯、荞麦、燕麦；畜牧业主要养殖牛、羊、猪；在火普村发展“高山草莓和羊肚菌”特色农牧产业，试种引进的高经济价值作物草莓1133.33平方米、羊肚菌3400平方米；组织开展劳务培训5次，参加培训人员700人次，劳务输出1100人次。

**【教育事业】** 2017年，小学适龄儿童入学率99.8%，在校生巩固率99.5%；乡中心小学及村小享受了国家免除学杂费、免费教科书和免费作业本政策的学生645人，享受补助的住校生489人；加入营养改善计划学生645人。截至12月31日，共建有学校6所（乡中心小学1所，村小5所），“一村一幼”幼教点8个，共拥有公办教师31人，幼教点辅导员16人，在校学生共1019人（小学生645人，学前教育学生133人，在园幼儿241人）。

**【医疗卫生】** 2017年，全乡医疗机构共诊疗病人5719人次（门诊5225人次，住院494人次）；参加医疗保险5682人，参保率96.3%（贫困户参保率100%），医疗机构共为参保群众报销医疗费用415785.22元（住院补偿354295.42元，门诊补偿61489.8元）；完成全人群健康体检建档工作4230人；已婚育龄妇女“四查一治”率达91%，长效节育率71%；计划生育率91%，人口自然增长率9.7‰。截至12月31日，建有中心卫生院1所、村卫生室5个，拥有医护人员22人。

**【社会保障】** 截至12月31日，全乡共有“低保”对象246户777人，发放“低保”金1456608元；农村“五保”供养对象36人、发放“五保”供养金129600元；特殊困难儿童18人，发放儿童救助金76464元；“双孤”儿童18人，发放救助金146448元；农村医疗救助123人，发放救助金315720元；参加养老保险2104人，已享受养老金612人。

**【文化事业】** 为了丰富人民群众的文化生活，提高业余生活质量，成立了农村电影固定放映点，并积极利用“火把节”“彝族年”等节假日开展达体舞比赛、劳动技能比赛等多种形式的活动。截至12月31日，全乡放映公益电影76场，观看群众达5625人次；建成乡文化站1个、农家书屋5处，农家书屋的藏书量达14020册。

（审核：杨德华　撰稿：王秋云）

## 三岔河乡

**【概　况】** 截至12月31日，全乡共有耕地372.33公顷，林地4226.67公顷，草地4133.33公顷。下辖4个行政村，15个农牧服务社。共有住户1345户，总人口5959人。人均纯收入4210元。

**【精准扶贫】** 2017年，全乡的2个贫困村和2个非贫困村共有建档立卡贫困户497户2448人；硬化通村道路4.7千米。

**【农村经济】** 2017年，组织乡农技员和畜牧兽医技术员向农牧民传授农技知识，同时定期开展春秋两季动物防疫、劳务输出和林业产业化建设等工作；全乡农作物主要种植有水稻、马铃薯、荞麦、玉米、大豆等；林业栽植核桃666.67公顷、花椒33.33公顷。畜牧业主要养殖鸡、猪、牛、羊，防疫密度达100%。截至12月31日，输出劳务270人，劳务总收入约970万元。

【教育事业】 全面落实中小学教育“三免一补”政策和营养午餐改善计划，加大教育资金投入力度，逐步改善教育基础设施，提高农村教育质量，进一步巩固教育教学成果。乡中心小学以食堂供餐的形式提供营养午餐，红旗村小以企业供餐形式（发放面包、牛奶）提供营养午餐。截至12月31日，共建有学校3所（乡中心小学1所，村小2所），“一村一幼”幼教点6个，共拥有教师28人，在校学生584人。

【医疗卫生】 突出抓好新型农村医疗保险工作。2017年，全乡参加医疗保险5840人，参保率98%。截至12月31日，建有乡卫生院1所、村卫生室2个，共有床位10张，医护人员9人。

（审核：宋仕伟、尼日吉思　供稿：三岔河乡人民政府）

## 三岗乡

【概　况】 截至12月31日，全乡共有耕地507.73公顷，林地933.33公顷，草山7133.33公顷。下辖4个行政村，19个农牧服务社。共有农户1283户，农村总人口4931人（均为彝族）。

【精准扶贫】 按“六个精准”要求，积极与驻村第一书记和帮乡单位衔接，并和帮扶单位共同为贫困村、贫困户制订帮扶计划，明确结对帮扶责任人，确定帮扶具体目标、任务，做好帮扶台账、帮扶措施和脱贫计划等工作。2017年，共有建卡贫困户429户1723人；全乡职工向67户贫困户捐赠床上用品，价值6300元；完成易地搬迁贫困户53户189人。

【农村经济】 2017年，全乡农作物主要种植马铃薯、荞麦、玉米；畜牧业主要养殖牛、羊、猪，同时呷莫村建成畜棚250平方米；共输出劳务1250人次，劳务总收入1020万元。

【教育事业】 2017年，全乡适龄儿童入学率、小学生毕业率、初中适龄学生入学率、九年义务教育覆盖率、在校生巩固率均达99%；在校小学生均落实“三免一补”政策；营养午餐方面，乡中心小学实行食堂供餐制，村小和社小实行企业供餐制；新建了教学楼（总面积为761.6平方米），投资金额150万元。截至12月31日，共建有学校4所（乡中心小学1所，村小2所，社小1所），共拥有教师15人，在校小学生263人，学前班学生201人。

【医疗卫生】 2017年，全乡医疗卫生机构的诊疗量331人次；参加医疗保险4308人，参保率99%；计划生育率、已婚育龄妇女安环和孕情服务率均达100%；对婴幼儿免费实施免疫接种；开工建设建筑面积为531平方米的乡卫生院办公住房楼，计划投入资金210万元。截至12月31日，建有乡卫生院1所、村卫生室3个，拥有医护人员5人。

【社会保障】 2017年，全乡共有农村“低保”对象557人，“五保”供养对象35人，特殊困难儿童11人，“双孤”儿童17人，“低保”政策兜底59户204人；依靠“一事一议”奖补项目，投入资金30万元，修建博收村呷洛社通村公路2千米；羊棚村羊棚社投入50万元，新建通村公路3千米。截至12月31日，新建住房136户，其中马孜普村31户、博收村105户（易地搬迁58户）。

【文化体育】 2017年，协助县文化影视新闻出版和体育旅游局开展“村村通”工程建设。截至12月31日，全乡建有乡文化站1个，村级文化活动中心1处，农家书屋4处，共有藏书8000册；共有“村村通”直播卫星接收器135套。

（审核：石一木呷　撰稿：贾阿吾）

## 洒拉地坡乡

【概　况】 截至12月31日，全乡共有耕地756.33公顷，集体林地906.93公顷，退耕还林地381.26公顷，牧草地3062.33公顷。下辖5个行政村，24个农牧服务社。共有农户2299户，农村总人口8787人（均为彝族）。人均纯收入4955元。

**【脱贫攻坚】** 2017年，全乡精准识别建档立卡贫困户396户1507人。精准扶贫工作主要从以下四个方面开展：一是完成了2016年易地扶贫搬迁扫尾工程，贫困户（249户928人）全部入住新居。新建20户易地扶贫搬迁安全住房和11户整合资金建设房屋项目。二是完成尔打火村通社道路和入户道路7千米，拢恩依达村修建硬化通社水泥路5千米，瓦呷村硬化通社水泥路2千米。三是因户制定帮扶措施，建立收支记录和台账，共向贫困户发放“借羊还羊”资金10万元、“借猪还猪”资金1.52万元。贫困户根据自身实际购买西门塔尔牛、羊、猪等养殖。四是严格落实“3579”工作模式，扎实推进“四好”创建工作，打造出1个州级“四好”村，常态化开展厚葬薄养问题整治，推进“三建四改五洗”工作。

**【农村经济】** 以“农民增收、农业增效”为目标，加强农业产业、畜牧产业的发展规模。2017年，全乡种植马铃薯约66.67公顷；畜牧业养殖牛、马、黑猪、半细毛绵羊。洒拉地坡乡尔打火村西门塔尔牛养殖专业合作社等3个专业合作社开始运营；稳步推进洒拉地坡万亩玫瑰基地建设；加强劳务输出工作力度，积极开展农民工培训工作，劳务输出约3500人次，劳务总收入约1700万元。

**【教育事业】** 进一步加强教育投入力度，改善教育基础设施，巩固教育教学成果。2017年，小学适龄儿童入学率、小学升初中率、九年义务教育覆盖率均达100%。截至12月31日，建有初级中学1所，专职教师38人，在校生592人。建有乡中心小学1所，村小4所，在校学生1213人，专职教师43人。建有“一村一幼”幼教点6个，辅导员12人，在园幼儿学生296人。

**【医疗卫生】** 进一步落实农村医疗改革，逐步改善医疗卫生条件，制订重点进步防治计划，组织乡卫生院工作人员到各村接种疫苗，开展育龄妇女“三查”等工作。2017年，乡卫生院门诊诊疗985人，住院病人658人；医疗保险参保率达100%；已婚育龄妇女参加计生“三查”2451人，参查率达100%；对婴幼儿免费实施免疫接种。截至12月31日，建有乡卫生院1所，配备床位6张，拥有专业卫生工作人员7人。

**【社会保障】** 截至12月31日，全乡共有农村“低保”对象367户1325人，“五保”供养对象20人，享受养老保险563人。救助特殊困难儿童25人，“双孤”儿童4人。

（供稿：洒拉地坡乡人民政府）

## 碗厂乡

**【概　况】** 截至12月31日，全乡共有耕地366.67公顷，宜林草山635.33公顷，林地568.67公顷，疏林地86.67公顷，灌木林地1235.33公顷，未成林造林地146.67公顷。下辖3个行政村，11个农牧服务社。共有农户855户，总人口3274人。农民人均纯收入4315元。乡境内博什瓦黑岩画系国家级重点文物保护单位。

**【精准扶贫】** 2017年，西洛村的贫困户利用整合资金项目建设安全住房24户（新建11户，改建9户，风貌打造4户），建成贫困户水电路配套设施24户，完成道路硬化3千米；团结村完成道路硬化17.7千米；向西洛村贫困户发放四件套71套，团结村发放四件套108套；帮扶单位四川华能水电有限责任公司出资85万元为团结村修建板桥1座，铺设合洛、乐古两社安全饮水管道，出资11万元为村集体经济购买西门塔尔牛8头。

**【农村经济】** 2017年，在全乡范围内种植荞麦166.67公顷，种植高产示范片马铃薯46.67公顷，种植光叶紫花苕200公顷。在西洛村、团结村种植葱、蒜14.17公顷，种植燕麦1.33公顷，种植豌豆、莴笋等其他蔬菜示范 0.67 公顷；依托世行贷款养殖项目，成立 1 个养殖合作社，在 842 户农户中实施凉山半细毛羊和西门塔尔杂交牛养殖项目，健全“合作社 + 农户”利益联结机制；组织 162 名贫困户开展技能培训，鼓励外出务工。输出劳务 400 人，实现年人均劳务收入 2 万元。

**【教育事业】** 2017 年，全乡小学毕业率、适龄儿童入学率均为 100%，辍学率控制在 0.6% 以内。截至 12 月 31 日，建有乡中心小学 1 所，村小 2 所，社小 1 所。拥有专职教师 26 人，在校学生 487 人。“一村一幼”幼教点 3 个，辅导员 6 人，在园幼儿 124 人。

**【医疗卫生】** 坚持以禁毒防艾为工作重心，不断巩固“支部 + 协会 + 家族”禁毒防艾工作模式，重点抓好吸贩毒管控、艾滋病预防与防治、全面落实国家“四免一关怀”政策；在全乡开展“新农合”政策宣讲。2017 年，全乡农户医疗保险参保率在 95% 以上，其中贫困户医疗保险参保率达 100%；认真完成“四查一治”各项工作任务，妇女安环率达 80%，多孩率控制在 12% 以内。

**【“四好”创建】** 2017 年，加大宣传力度，强力推进移风易俗，改变群众中存在的不送子女读书、有病不就医、不信科学等落后观念，解决高价彩礼、薄养厚葬、盲目攀比、乱砍滥伐、铺张浪费以及不讲卫生等问题，着力改造群众思想意识，帮助形成养成良好习惯，营造良好的乡风、民风。定期清理 307 省道两边的垃圾，整治全乡境内公共地段卫生无人管和辖区内 4 个加水点污水乱排放问题，为每个社建一个垃圾池，每个村建一个垃圾填埋场。

**【文化旅游】** 截至 12 月 31 日，已完成团结村民俗文化坝子和文化活动室建设；在乡道路两旁栽植雪松 460 株、华山松 13.33 公顷；抓好乡境内老虎沟、博什瓦黑岩画等景点及周边生态环境治理，加大巡查力度，对景区内以及周边派专人进行守护，严禁乱搭乱建、乱砍滥伐以及偷猎等。

（审核：孙子小城　撰稿：刘玉珊）

## 尼地乡

**【概　况】** 截至 12 月 31 日，全乡共有耕地面积 213.27 公顷，林地 2728.33 公顷，牧草地 4461.4 公顷，退耕还林 380.09 公顷。下辖 3 个行政村，9 个农牧服务社。共有农户 719 户 2922 人，其中常住人口 586 户 2389 人（均为彝族）。经济总收入为 628.79 万元，人均纯收入 2632 元。

**【精准扶贫】** 2017 年，利用县级整合资金完成宜坡署觉村 28 户 53 人贫困户的安全住房建设和水、路、电的入户工程建设，署觉洼五村尼地社的 14 户 39 人贫困户易地扶贫搬迁安全住房主体房建设工作，署觉洼五村日哈觉社硬化道路 3.8 千米；县扶贫移民局向全乡贫困户捐赠洗漱用具 245 套，其中还向 27 户贫困户共发放产业扶持基金 13.5 万元购买基础母羊 135 只；四川省交通投资集团有限责任公司投入 64 万元，通过“以购代捐”形式购销肉用绵羊 430 只，120 户农户（75 户贫困户）获利 48 万元。投资建设的高山生态草莓基地，已建成 0.47 公顷。扶助 76 户贫困户完成安全住房风貌打造；帮乡单位昭觉县国土资源局向全乡贫困户捐赠价值 8187 元的 900 只鸡苗。向七里坝幼教点捐赠价值 4500 元的儿童服装 35 套。为 245 户贫困户捐赠价值 36289 元的洗漱用具及餐具。在暖冬行动中，慰问贫困户 63 户，发放慰问金 7417 元，向 15 户贫困户捐赠价值 28370 元的衣柜、沙发 15 套；补充完善了贫困户的户、卡、册和贫困户一户一策措施和一对一帮扶体系工作。

**【农村经济】** 大力推广和普及畜牧养殖实用技术并依托旅游开发和“彝家新寨”项目建设，提供劳务信息，组织村民积极输出劳务。2017 年，全乡农作物以马铃薯、荞麦、燕麦等为主。共输出劳务720人次，劳务总收入138.21万元。

**【教育事业】** 加大教育资金投入力度，加强教师队伍建设，逐步改善教育基础设施，进一步巩固教育教学成果。2017年，全乡适龄儿童入学率99.7%，初中适龄学生入学率98%，小学升初中率100%，九年义务教育覆盖率100%，在校生巩固率99%。67名贫困户子女享受专项入学优惠政策。截至12月31日，建有中心学校1所，"一村一幼"幼教点5个；共拥有小学教师14人（代课教师3人），"一村一幼"幼教点辅导员10人；在校小学生50人，在园幼儿117人。

**【医疗卫生】** 全面落实医疗保险政策和计划生育奖励扶持政策，进一步提高乡卫生院医疗服务水平，制定婚检制度和重点疾病和艾滋病防治计划。2017年，全乡医疗机构诊疗量758人次；参加医疗保险2365人，参保率99%；计划生育率、育龄妇女安环和孕情服务率均达100%。截至12月31日，建有乡卫生院1所，拥有医护人员5人。

**【社会保障】** 2017年，全乡参加养老保险269人，已享受农村养老保险304人；共有农村"低保"对象147户448人，贫困户"低保"兜底17户54人，"五保"供养对象24人，并按时发放相应的"低保"金和"五保"供养金以及农村养老金。

**【文化旅游】** 2017年，砂石铺设湿地环线观光路22千米，铺设湿地观光木栈道1千米；以瓦里洛民俗村落和谷克德湿地为依托的旅游产业规划项目落户，计划投资1.2亿元涉及项目建设农户115户；协助县文广新体旅局完成农户旅游风貌打造68户；协助县旅游体育局投资40万元完成的旅游厕所建设2处；协助凉山文旅集团建成谷克德汽车自驾游营地，七里坝火把节主场地具有民族风情特色的4千米块石围墙和6千米木栈围栏，三层楼的游客接待中心（建筑面积500平方米），原生态停车场15000平方米（硬化4000平方米）。7月19日，成功协助凉山文旅集团举办规模最大的彝族火把节，旅游人数达12万人次，创收500万元，惠及农户586户。10月，成功接待了中央电视台"但愿人长久"栏目剧组拍摄。10月13日，成功协助县文广新体旅局完成了中国南丝绸之路·国际诗歌周——谷克德站的举办接待拍摄工作。

**【其他事业】** 截至12月31日，全乡建有乡文化站1个，村级文化活动中心1处，农家书屋2处。农家书屋的各类藏书量达5479册。

（审核：陈劲松　撰稿：比木里古）

# 附　录

## 重大决策部署

### 昭觉县河湖管理全面推行河长制工作的实施方案

2017年5月3日，以昭委发〔2017〕7号文件发至各乡（镇）、县级各部门。

**（一）制定依据**

《中共中央办公厅、国务院办公厅印发〈关于全面推行河长制的意见〉的通知》（厅字〔2016〕42号）、《中共四川省委 四川省人民政府关于印发四川省贯彻落实〈关于全面推行河长制的意见〉实施方案的通知》（川委发〔2017〕3号）、《中共凉山州委 凉山州人民政府关于河湖管理全面推行河长制工作的实施意见》（凉委发〔2017〕号）等文件。

**（二）总体目标**

1. 到2018年年底，全县全部建立河长制。由县、乡（镇）、村三级河长、河长办构成的组织体系全部建成。政府主导、部门负责的工作协调机制全面落实。各项管理制度基本建立健全。

2. 到2018年年底，对全县流域面积50平方千米以上及人类开发活动可能造成水体污染的河流主要问题基本查清，重点河流的监测体系基本建成，治理保护规划编制基本完成，河流问题的发现机制、解决机制基本形成。

3. 到2020年年底，全县水功能区水质全部达标，达标率100%。城镇黑臭水体全部消除，非汛期全部实现清水河道。

4. 到2025年年底，全县河流防洪安全体系基本建成，矿山污染、工业污染、农村面源污染、城镇生活污染得到有效控制，基本实现水清、岸绿、河畅、景美的新河貌，建成水生态文明的新昭觉。

**（三）重点工作**

在全面梳理我县江河湖库现状、厘清存在主要问题的基础上，按照"一河（湖、库）一策"的思路，抓紧编制工作方案，明确工作目标、责任分工、主要内容、时间节点、保障措施等，重点做好以下工作：

核定江河湖库分级名录。根据江河湖库自然属性、跨行政区域等情况，考虑对经济社会发展、生态环境影响的重要性及功能定位等因素，对辖区内江河湖库进行全面评估分级，抓紧提出由各级领导分级担任河长的江河湖库名录。

**（四）主要任务**

各级河长要强化责任意识和担当精神，履职尽责，统筹协调，加强督导，强化监管，确保各项工作落实到位。

1. 水资源保护。严格落实最严格的水资源管理制度，全面实施“三条红线”和“四项制度”，严守“三条红线”控制目标，切实加强水资源管理、节约和保护工作；加大用水总量管控力度，合理配置水资源；加强节水型社会建设，提高用水效率；严格水功能区监督管理，加强饮用水水源保护，大力推进水生态系统修复与保护；明确水资源管理责任，建立健全最严格水资源管理考核制度。

2. 加强水域岸线及采砂管理。依法划定河湖及其水利工程管理范围和保护范围；按照“轻重缓急、先易后难、因地制宜”的原则推动确权划界工作。加强涉河建设项目管理，严格履行报批程序和行政许可，科学制定河道采砂规划，实行保护优先、总量控制和有序开采。加强采砂作业监督，完善日常执法巡查制度，禁止超时超量超范围采砂，采砂作业完成后及时恢复河道原状，禁止在河道内堆放采砂尾料或弃料。

3. 水污染防治。落实水污染防治行动计划，优化空间布局，调整产业结构，严格环境准入，推动污染企业退出，推进循环发展，严格治理工矿企业污染、城镇生活污染、畜禽养殖污染和农业面源污染，形成“政府统领、企业施治、市场驱动、公众参与”的水污染防治新机制。

4. 水环境治理。按照“先治污、后提升、科学有序、全面推进”的原则，开展入河排水口截污再行动，加大黑臭水体治理、污水厂网建设、管网改造和病害整治，深入实施雨污分流，加快饮用水水源通道入河排水口污水综合治理，加强再生水利用，实施河渠沿线环境卫生治理，健全日常管护机制，切实改善城乡水环境质量。推进农村污水综合治理试点项目，建设幸福美丽新村。

5. 加强水生态修复。推进河湖库生态修复和保护，禁止侵占自然河湖库、湿地等水源涵养空间。开展河湖库健康评估。强化山水林田湖系统治理，加大河湖库源头区、水源涵养区、生态敏感区保护力度。积极推进建立生态保护补偿机制，加强水土流失预防监督和综合整治，大力推进坡耕地治理，推进水环境自然保护，开展河湖库沿岸绿化造林，改善河湖库生态环境。

6. 防洪能力提升。加快推进江河堤防达标建设，提升江河行洪能力；加强城市排水防涝设施建设，开展排水管网提升改造和综合整治，提升城市防汛排涝能力；加快推进防汛信息化建设，深化防汛信息化建设成果运用，提升预警预报水平和山洪灾害防治能力。

7. 水网体系建设。加强河湖连通、河道整治、堤防加固、清淤疏浚、城镇排涝等涉水工程建设，新建一批小型水库、湿地，提升水域面积比例，增强工程调蓄能力，提高主要河流生态基流保障率，逐步构建以河流为廊道、湖泊湿地为节点，“内部大循环、外部大连通”的水系格局。

8. 行政执法监管。坚持依法行政、依法管理，按照权责一致要求，明确各级、各部门河长制管理工作职责，建立职责清晰、分工明确、协调配合的行政管理机制。加大江河湖库监督管理力度，完善日常监管巡查和随机抽查等制度。加强河长制行政管理与执法检查之间的工作衔接，确保执法与管理同步跟进。加大行政执法力度，建立检察院、公安、环保、水务、城管等多部门参与的联合执法机制，做好行政执法与环境司法衔接，坚决执法打击违法排污、社会违法行为，做到有法可依、有法必依、执法必严、违法必究。

## 昭觉县国有林场改革实施方案

2017年9月25日，以昭委发〔2017〕10号文件发至各乡（镇）党委和人民政府、县级各部门。

（一）制定依据

中央、省、州相关文件精神。

（二）改革目的

推进昭觉县国有林场改革，促进国有林场科学发展，充分发挥国有林场在生态文明建设中的重要作用。

（三）目标任务

总体目标可归纳为保护生态、保障民生、创新机制。保护生态意味着明确国有林场功能定位，明确到保护培育森林资源和发挥生态服务功能，通过挖掘造林潜力、科学营林、严格保护等多措并举，让国有林场森林质量明显好转，林地面积稳中有增，林分质量不断提高，活立木蓄积稳步增长。保障民生是指通过创新国有林场管理体制、多渠道加大基础设施建设投入，切实改善职工的生产生活条件，拓宽职工就业渠道，完善社会保障机制，使职工就业有着落、基本生活有明显改善。创新机制则是通过科学定性核编，强化公益林管护，完善管护机制，基本形成功能定位明确、人员精简高效、森林管护购买服务、资源监管分级实施的林场管理新体制，确保政府投入可持续、资源监管高效率、林场发展有后劲。

（四）改革范围

红星林场、南坪林场、四开林场均属于本次改革范围，均已定性为事业单位并完成定编定岗的国有林场。

（五）改革的主要内容

1. 国有林场性质及机构类别。根据《中共中央 国务院关于印发〈国有林场改革方案〉和〈国有林区改革指导意见〉的通知》（中发〔2015〕6号）文件精神，确定红星林场、南坪林场、四开林场保持在事业单位序列，定为公益一类事业单位，其主要功能定位为保护培育森林资源、维护国土生态安全和提供生态公益服务。

2. 核定编制和岗位。全面实行人员聘用、岗位管理、公开招聘、竞聘上岗等事业单位人事管理制度，国有林场场长采取选拔任命制，积极引入竞争机制，实行聘任制与委任制相结合的任用形式。

3. 财政经费预算保障。县委、县政府从2016年1月1日起将核定国有林场人员经费、公用经费及相关的费用全部纳入政府财政预算，此次改革中并无须增加财政供养人数。

4. 人员安置。根据最后核定的全县3个国有林场事业人员实际编制数和实有职工数，按照各林场设置布局与实际需求进行人员安置。

5. 转换经营管理机制。要综合考虑区位、规模和生态建设需要等因素，合理优化国有林场管理层级，逐步建立管资产与管人管事相结合的国有林场森林资源资产管理体制。创新国有林场经营机制，深化人事和内部收入分配制度改革，完善激励约束机制，建立以购买服务为主的公益林管护机制，放开放活商品林经营，通过市场化运作提高经营效益。

6. 加强森林资源管理。国有林场森林资源面临突出的问题就是被蚕食侵占，对此，要建立归属清晰、权责明确、监管有效的森林资源产权制度，认真落实森林林地保护制度、森林经营制度、湿地保护制度、自然保护区制度、监督制度和考核制度。顾虑林地性质、生态区位、面积大小、监管事项、对社会全局利益影响的程度等因素，由各级林业行政主管部门分级监管，同时，强化林地性质变更、采伐限额等工作的联动监管。各级人民政府要对所辖国有林场界址范围重新勘定，并向社会公示后重新核发不动产权利证书，保持国有林场林地范围和用途的长期稳定。建立制度化的监测考核体制，将国有林场森林资源保护管理情况纳入森林资源保护和发展目标责任制考核体系。加强国有林场森林资源监测体系建设，建立健全国有林场森林资源管理档案，定期向社会公布国有林场森林资源状况，接受社会监督。对国有林场场长实行国有林场森林资源离任审计。

（六）改革主要步骤

宣传动员阶段、意见征询阶段、方案编制阶段、呈报阶段。

方案先报州林业局初审，方案通过后，县人民政府立即将方案呈报凉山州人民政府审核，再由州人民政府向省国有林场改革领导小组办公室审批，审批后上报省国有林场林区改革领导小组审批。

（七）政策支持

《中共中央、国务院关于印发〈国有林场改革方案〉和〈国有林区改革指导意见〉的通知》（中发〔2015〕6号）文件是国有林场改革最根本的方针性政策保障措施。《人社部、国家林业局印发的〈关于国有林场岗位设置管理的指导意见〉的通知》（人社部发〔2015〕54号）文件精神是国有林场改革核定编制、设置岗位的主要依据。财政部、国家发改委、交通运输部、国家林业局出台的有关国有林场林区基础设施建设和加大生态建设投入的系列文件是国有林场改革加强林区基础设施建设、改善民生的最有力政策保障措施。《中共凉山州委、凉山州人民政府关于印发〈凉山州国有林场改革实施方案〉的通知》（凉委发〔2017〕5号）文件是县级国有林场改革方案编制的有力依据。

## 学习宣讲中共十九大精神开展走基层“暖冬行动”实施意见

2017年11月13日，以昭委发〔2017〕14号文件将《中共昭觉县委关于学习宣讲党的十九大精神开展走基层“暖冬行动”实施意见》发至各乡（镇）、县级各部门。

（一）时间和要求

1. 时间。全县开展走基层“暖冬行动”于2017年11月至2018年春节进行。

2. 要求。县级机关各部门、有联系帮扶任务的事企业单位和垂管系统驻县单位，要派出干部进村入户蹲点开展工作，集中蹲点时间每个月不少于15天。县委组织部要牵头抓好县级部门和乡镇蹲点帮扶干部集中培训工作，宣传、扶贫、民政等部门要分别就十九大精神宣讲、脱贫攻坚督导、“送温暖”活动进行培训。

（二）目标任务

开展走基层“暖冬行动”，是把党的十九大精神传达到基层一线、传递到千家万户的重要载体，是以党的十九大精神统一思想、凝聚力量、推动工作的具体实践。要以深入学习贯彻党的十九大精神为主线，以走基层送温暖、督导脱贫攻坚、推进当前工作为重点，组织全县各级党员干部深入联系点联系村，进村入户宣讲谈心、体察民情、参加劳动、开展调研、兴办实事，督促抓好冬季攻坚，广泛开展冬季扶困，用党的十九大精神和党员干部的真情帮扶温暖各族群众，始终保持党同人民群众的血肉联系，在全县上下形成党群同心、干群合力，打赢脱贫攻坚、夺取全面小康的生动局面。

1. 抢抓时机、领导带头进村入户蹲点开展工作。利用彝族年期间大量外出务工人员返乡过年的有利时机，县级领导干部、帮乡单位班子成员要住到所联系的乡村，面对面与群众交心谈心，实地了解掌握群众所思所想所盼。心贴心开展政策解答，收集社情民意，讲清楚普惠政策，帮助群众算好政策账，让非贫困户充分认识到通过实施脱贫攻坚，公共基础设施改善等所带来的实惠。同时要围绕解决基层及群众实际困难和问题，实打实协助乡村两级抓好禁毒防艾、歃血盟誓、计划生育、控辍保学等工作。

2. 多措并举推进十九大精神宣传宣讲全覆

盖。在全县迅速掀起学习宣传贯彻党的十九大精神热潮，各级党员干部要先学一步、学深一层，带头深入基层一线开展宣讲，以群众喜闻乐见的形式，把党的十九大精神传达到乡村、到社区、到农家，让老百姓听得懂、能领会、可落实。结合推进“两学一做”学习教育常态化制度化，分级分类开展教育培训，实现不同类别、不同层次、不同岗位的党员干部学习教育全员覆盖。

3. 强化责任、推进脱贫攻坚督导检查不留死角。认真贯彻精准扶贫精准脱贫基本方略，牢牢锁定年度目标任务，对照“两不愁、三保障”“四个好”，全覆盖开展督导检查，深入查找薄弱环节，抓好突出问题整改落实，确保高质量完成今年26个贫困村1120户4302人的脱贫任务。坚持抓早动快、抓紧谋划推动明年工作，全县推进，全覆盖抓实179个村的精准扶贫精准脱贫工作，全面形成脱贫攻坚总攻势。

4. 统筹结合，精准落实访贫问苦暖冬行动要求。着眼群众所急所盼，办好得民心、暖民心的好事实事，积极开展走访慰问活动，切实解决老党员、老干部、困难党员、孤寡老人、残疾人、困难儿童等特殊群体实际困难，把党和政府的温暖送到群众中去；切实保障受灾困难群众、低保户、五保户、优抚对象的生产生活，组织开展暖冬扶困行动，帮助他们温暖过冬、愉快过节。

通过开展走基层“暖冬行动”，使党的十九大精神家喻户晓、深入人心，教育引导群众听党话、跟党走、感党恩，推动脱贫攻坚突出问题全面整改、有效落实，办成一批群众最迫切、最急需的好事实事，进一步拉近干群距离、增进群众感情，促进干部作风大转变、干群关系大融洽、群众满意度大提升。

（三）方法步骤

1. 集中宣讲党的十九大精神。2017年11月初至12月初进行。具体工作是：精心组织宣讲宣传，准确传递党的声音；扎实开展交心谈心，引导群众感恩奋进；深入群众掌握诉求，建好台账疏导情绪。

2. 高标准严要求抓实脱贫攻坚工作督导。2017年12月初至2018年1月初进行。具体工作是：进村入户开展大走访，分级分类开展大调研，锁定目标开展大检查；对标问题开展大整改；提前筹划启动明年工作。

3. 有力有序开展走基层暖冬行动。2018年1月初至春节前进行。具体工作是：精心组织“以购代捐”；帮助解决实际问题；抓好节日走访慰问；检查落实惠民政策。

## 开展涉农资金专项清理检查

2017年2月24日，以昭委办发〔2017〕10号文件将《中共昭觉县委办公室、昭觉县人民政府办公室关于开展涉农资金专项清理检查的通知》发至各乡（镇）、县级各部门。

（一）目标

力争通过清理检查，实现群众的利益得到维护、群众身边的腐败问题得到处理、基层党员干部受到教育，涉农项目资金监管和惠农政策落实各项制度更加完善，各类涉农项目和惠农资金管理规范、安全运行、有效使用。

（二）主要任务和内容

1. 清理检查范围。主要清理检查2012年度至2016年度涉农资金的管理和使用情况：一是对农民的补贴资金。主要包括：农作物良种补贴、农机具购置补贴、粮食直补、农资综合补贴、家电汽车摩托车下乡补贴、能繁母猪补贴、退耕还林补贴资金、集体公益林生态补偿基金、草原生态补助奖励等。二是农业和农村基础设施建设资金。主要包括：扩大内需、新农村建设、彝家新寨建设等。三是农村社会事业投入资金。主要包括：新型农村合作医疗补助、农村基本公共卫生、新型农村社会养老保险、农村低保、农村义务教育、农村孤儿生活救助金、农村五保供养金及临时补助金、农村艾滋病患者补助金等。

2. 清理检查对象。负责分配、拨付、管理、使用涉农资金的财政部门、发展改革部门、涉农项目主管部门、项目实施单位和项目受益主体。涉农项目主管部门包括：农办、教科、民政、人力资源和社会保障、国土资源、环境保护、住房城乡建设、交通运输、水务、农牧、林业、发改、文体、卫计、扶贫移民、供销等部门及各乡镇。

3. 清理检查内容。按照有关法律法规和财政专项资金管理制度，清理、检查和纠正涉农资金申请、分配、拨付、管理、使用过程中是否存在以下问题：利用资金、项目管理权，涉嫌贪污、受贿，谋取私利；基层干部冒领、私分农民补贴资金和补偿款；项目申报弄虚作假，套取和骗取财政资金截留、挪用财政专项资金；违反政府采购、招投标、民办公助、村民自建管理规定；资金拨付不足额、不及时，滞留、延压项目资金；未按规定时间启动项目、未按期完成项目建设任务；项目实施过程中，未经批准擅自变更项目实施内容、地点；其他违规违纪违法问题。

**（三）时间期限**

2017 年 2 月 24 日至 12 月 20 日。

**（四）工作步骤**

1. 部署启动阶段。2017 年 2 月 24 日至 3 月 20 日进行。

2. 自查自纠阶段。2017 年 3 月 21 日至 4 月 15 日进行。

3. 分析汇总阶段。2017 年 4 月 16 日至 7 月 20 日进行。

4. 检查反馈阶段。2017 年 7 月 21 日至 9 月 30 日进行。

5. 整改完善阶段。2017 年 10 月 1 日至 11 月 15 日进行。

6. 全面总结阶段。2017 年 11 月 16 日至 12 月 20 日进行。

**（五）措施。**

本次涉农资金清查由县委常委牵头，会同县级各相关部门组成工作小组，按照涉农资金管理规定和本次检查的内容对全县范围内的涉农资金开展全面检查。

每个片区至少重点检查 2 个乡（镇），每个乡（镇）要重点检查 2 个村，每个村要深入 10 户农户，核实农户基础信息、补贴依据、补贴标准和涉农资金发放到农户等情况。

## 昭觉县严禁国家公职人员违规操办婚丧喜庆等事宜的规定

2017 年 6 月 20 日，以昭委办发〔2017〕21 号文件发至各乡（镇）、县级各部门、各企事业单位、省州驻昭各单位。具体规定如下：

第一条　为规范国家公职人员操办婚丧喜庆等事宜，促进国家公职人员作风转变和廉洁从政，根据《中国共产党廉洁自律准则》《中国共产党纪律处分条例》《中国共产党问责条例》《中华人民共和国公务员法》《事业单位工作人员处分暂行规定》等党纪法规，结合昭觉实际，制定本规定。

第二条　国家公职人员违规操办婚丧喜庆事宜，具体是指国家公职人员违规组织或参与操办本人及近亲属的婚丧嫁娶和乔迁、履新、出国（境）、庆生、子女假结婚、入伍、升学（留学）、就业、小孩满月、开业庆典等事宜。

第三条　国家公职人员要带头执行中央和省、州关于廉洁从政和厉行节约的相关规定，带头廉洁自律，要积极倡导健康文明风气，提倡丧事从简，自觉抵制大操大办婚丧喜庆事宜、燃放烟花、过度使用爆竹、滥用乱用人民币等不良风气，严格控制聚餐桌数，严格控制参加人员，严格控制宰杀牲畜数量，为在全社会形成节俭之风发挥示范表率作用。

第四条　国家公职人员操办婚丧喜庆等事宜，不准有以下行为：

（一）利用职权或职务影响，大操大办，铺张浪费，借机敛财；或者以同一事由分批次、多地点等方式变相大操大办。

（二）收受管理服务对象以及其他与行使职权有关系或可能影响公正执行公务的单位和个人的现金、物品、有价证券和支付凭证等。

（三）用公款报销或变相报销操办婚丧喜庆等事宜应由个人承担的费用。

（四）违规使用公务用车和占用其他公共资源。

（五）影响正常公务活动、机关工作秩序和交通秩序。

（六）组织影响社会公共秩序、危害社会公共安全和其他公序良俗的活动。

（七）违反《中华人民共和国婚姻法》，参与买卖婚姻，或借婚姻索取财物。

（八）其他违反廉洁自律规定的行为。

第五条　国家公职人员对操办婚丧喜庆等事宜中未能按照第四条第二款规定谢绝和退还的礼金礼品等财物，应按照干部管理权限在事后一个月内上交纪检监察机关登记后，统一上缴财政，不准挪作他用。

第六条　国家公职人员操办婚丧喜庆等事宜实行报告制度，须如实填写《国家公职人员操办婚丧喜庆等事宜报告表》（见附件），并签订廉洁承诺书。

（一）报告的内容：事由、时间、地点、参加人员范围和数量及其他需要说明的情况。

（二）报告的程序：

1. 县委书记和县长分别向州委书记和州长书面报告后，报州纪委监察局备案；

2. 县纪委书记向县委书记书面报告后，报州纪委监察局备案；

3. 县委常委、县人大主任、县政协主席向县委书记书面报告后，报县纪委监察局备案；

4. 县人大副主任向县人大主任书面报告后，报县纪委监察局备案；不是县委常委的副县长向县长书面报告后，报县纪委监察局备案；县政协副主席向县政协主席书面报告后，报县纪委监察局备案；

5. 县级各部门、各乡镇、各企事业单位负责人向县委、县政府分管领导书面报告后，报县纪委监察局备案；其他干部职工，由个人提出书面申请，由所在单位或主管部门主要负责人审批，按照管理权限和隶属关系，分别报县纪委、县委组织部、县人社局备案。

（三）凡未申报和已申报但宴请超过核准规模范围的一律视为违规宴请。婚丧宴请操办地点和时间等事宜若变更，应及时报告。

（四）国家公职人员操办婚丧喜庆等事宜时应提前5个工作日报告，其中丧葬事宜可先口头报告，事后10天内补办书面报告手续。

（五）国家公职人员要纠正只要进行了报告就可以大操大办的观念，要自觉按照报告的内容进行操办。

第七条　对违反上述规定以及操办婚丧喜庆等事宜无正当理由不按时报告、不如实报告或隐瞒不报的，具体处理办法是：

（一）根据《中国共产党纪律处分条例》《中国共产党问责条例》，对违规宴请的中共党员，视其情节，给予相应处理。

（二）根据《中华人民共和国公务员法》《中华人民共和国行政监察法》《中国共产党廉洁自律准则》《行政机关公务员处分条例》《事业单位工作人员处分暂行规定》，对违规宴请借机敛财的公务员、参照《中华人民共和国公务员法》管理的工作人员和社会事业工作人员，视其情节，给予相应处理。

（三）对违反本规定的公务员，年度考核均评定为不称职，参照《中华人民共和国公务员法》管理的工作人员和事业单位职工均评定为不合格。公务员根据《公务员考核规定（试行）》第十九条之规定，具体处理如下：1. 降低一个职务层次任职；2. 本考核年度不计算为年度考核结果晋升级别和级别工资档次的考核年限；3. 不享受年度考核奖责任金。参照《中华人民共和国公务员法》管理的工作人员和事业单位职工考核不合格者参照执行。

第八条　各级党组织和党风廉政建设责任人对领导干部操办婚丧喜庆等事宜负有教育、管理、监督责任。对疏于教育管理监督，导致管辖范围内干部职工操办婚丧喜庆等事宜违反规定并造成不良影响的，视情节对党风廉政建设主体责任人、监督责任人予以处理；单位年度综合目标考核实行一票否决；扣除本单位领导班子成员100% 和一般公职人员 50% 的奖励性津贴，事业人员扣除与公务员同等数额的绩效工资；

第九条　县民政局、各乡镇人民政府必须依法进行婚姻登记，对违法违规办证的相关责任人，一律严肃追究相关责任。

第十条　县殡仪馆、各乡镇党委政府对管辖范围内婚丧喜庆事宜中违规燃放烟花、滥用乱用人民币等行为未及时有效制止的，一律严肃追究党风廉政建设责任人相关责任。

第十一条　纪检监察机关要严格监督执纪问责。组织开展对国家公职人员报告情况的抽查核实。畅通举报渠道，加大督查力度，严肃查处国家公职人员违规操办婚丧喜庆等事宜的问题。对典型案件，要点名道姓通报曝光。

第十二条　国家公职人员执行本规定的情况，应作为年度民主生活会和述责述廉对照检查的内容。

第十三条　本规定适用于我县所有行业和领域的财政供养人员。临聘人员的相关事项管理参照本规定，由所在单位管理执行。

第十四条　本规定所称“管理和服务对象”是指行政机关的工作对象、司法机关和执纪机关查处的案件当事人、组织（人事）部门的工作对象以及其他领导干部所在部门和单位法定职责范围内管理和服务的对象。

第十五条　本规定由中共昭觉县纪委、昭觉县监察局负责解释。

第十六条　本规定自发布之日起施行。由县委办、县政府办联合印发的《关于严禁国家公职人员违规宴请借机敛财的通知》（昭委办发〔2014〕32 号）同时废止。

## 昭觉县医疗废物集中处置中心建设实施方案

2017 年 8 月 2 日，以昭委办发〔2017〕34 号文件发至县级有关部门。

**（一）依据**

《中华人民共和国环境保护法》《中华人民共

和国固体污染防治法》《医疗废物管理条例》《医疗废物管理行政处罚办法》等有关法律、法规规定。

（二）建设进度安排

1. 前期准备阶段（2017 年 8 月 1 日—2017 年 9 月 30 日）。一是建设方式。由县卫计局牵头，相关部门配合对医疗废物集中处置中心建设项目优先考虑引进公司修建。如引进不成功，改由县财政、医疗机构先期垫资 1000 万元进行建设。二是选址。由县卫计局牵头，县规建局、县环保局、县国土资源局、谷曲乡人民政府等单位配合对医疗废物集中处置中心建设进行选址工作，建设规模为 2000 平方米。三是环境评审。由县卫计局牵头，县环保局配合聘请有资质的环保公司进行环境评审。四是可行性研究报告。由县卫计局牵头，聘请有资质的公司编制可行性研究报告，并邀请专家进行评审提出意见后交县发改经信局立项。五是土地预审。由县卫计局牵头，县国土资源局配合出具土地预审证明。六是设计预算。由县卫计局牵头，聘请有资质的公司实地进行设计预算。七是财政评审。由县卫计局牵头，将设计预算送县财政评审中心进行财政评审。

2. 项目建设实施阶段（2017 年 10 月 1 日—2018 年 6 月 30 日）。一是场平。完成 2000 平方米的坝子硬化、堡坎砌筑、搭电等工程，聘请有资质的建筑公司完成“三通一平”。二是处置中心主体建设。主体工程以钢架结构为主，规模为 1000 平方米，包括生活用房、医疗废弃物高温蒸汽处理设备安装房、值班室、消毒室、调度室等组成部分。聘请有资质的建筑公司进行建设，由规建局对主体建设进行质量监督。三是设备购置和安装。购买集中式医疗废弃物高温蒸汽处理成套设备，由设备厂商负责安装。

3. 运行管理阶段（2018 年 7 月起）。昭觉县医疗废弃物集中处置中心计划 2018 年 7 月投入运营。县环保局、县卫生执法监督大队加强对处置中心转运、处置医疗废弃物及处置成效的执法监管。

（三）各部门职责

1. 县城乡规划建设和住房保障局职责。依照环境影响评价法律规定，核发建设项目规划许可和施工许可，办理竣工验收备案手续；做好建筑工地施工扬尘、焚烧垃圾和施工噪声污染防治工作；推进建筑节能工作，发展绿色建筑。

2. 县环境保护局职责。对医疗废物处置中心建设进行环境评审，环境功能区划和环境保护规划、计划，编制重点区域、流域污染防治规划和饮用水水源地环境保护规划；拟定生态保护规划，制定环境保护能力建设规划；监督其他负有环境保护监管职能的部门依法履行环境保护职责，对各类环境保护责任主体履行环境保护义务情况进行监督。

3. 县发展改革和经济信息化局职责。依照环境影响评价法律规定，办理建设项目审批、核准、备案手续；制定和实施有利于推进资源节约和环境保护的产业政策及应对气候变化规划和政策，对医疗废物处置中心建设编制的可行性研究报告进行立项。

4. 县国土局职责。依据环境影响评价和土地管理机关法律规定，办理医疗废物处置中心建设项目用地审批手续。

5. 卫计局职责。协助环境保护部门开展医疗卫生机构医疗废物收集、运输、贮存、处置过程中的环境污染防治工作，配合环境保护部门监督查处医疗机构环境违法行为；负责全县范围内的医疗卫生机构医疗废物分类、收集、消毒、贮存制度的建立和医疗废物暂时贮存点建设监督管理，以及对医疗废物收集、运送、贮存、处置活动中的疾病防治工作实施统一监督管理。

6. 谷曲乡政府职责。协调建设用地等工作。

## 昭觉县集中式饮用水水源地保护工作实施方案

2017 年 8 月 2 日，昭委办发〔2017〕36 号文件发至各乡（镇）、县级有关部门。

（一）制定依据

《中华人民共和国水污染防治法》《四川省饮用水源保护管理条例》《水污染防治行动计划四川省工作方案》等有关法律法规规定。

（二）总体要求

根据省政府对全省集中式饮用水水源地保护区划的批复要求，结合《中华人民共和国水法》、《中华人民共和国水污染防治法》、《四川省饮用水水源保护管理条例》（NO：SC080963）、水利部《村镇供水工程技术规范》、《饮用水水源保护区划分技术规范》（HJ/T338-2007）、《饮用水水源保护区标志技术要求》（HJ/T433-2008）、《集中式饮用水水源地规范化建设环境保护技术要求》（HJ773-2015）、《集中式饮用水水源保护地环境保护状况评估技术规范》（HJ774-2015）以及凉山州人民政府相关规定，全面推进我县集中式饮用水水源地保护的规范化建设，加强饮用水水源地保护区环境污染综合整治，强化饮用水水源地突发环境污染事件的应急处置能力，建立完善饮用水水源地环境基础状况评估和环境监管体系，保障饮用水水源地水质稳定达标，不断提高饮用水水源地的环境安全保障水平。

（三）工作目标

2017 年 12 月 31 日前，基本完成全县集中式饮用水源地排查整治任务，全面清理饮用水源保护区的环境问题，进一步提高饮用水水源地水质安全保障水平；分步完成 36 个城镇和农村集中式饮用水水源地的《技术划分报告》，并按《技术划分报告》的要求完成各个集中式水源地的立标工作。严格执行环境保护法律法规，督促各乡镇在集中式饮用水水源地保护区，设立明确的地理界标和警示标志，排查整治饮用水水源保护区的排污口和违法建设项目。按照国家相关规定，由县财政拨款，完成全县 35 个乡镇、1 个县城饮用水源地及央摩租比尔依木河、金曲乡金曲拉达河 2 个河流断面水质检测工作，全面加强对饮用水水源地的水质监测工作。将新城镇后山水源地（现是农村集中式饮用水水源地）按城镇集中式水源地标准进行建设，作为备用城镇饮用水水源地，并报请省政府批示。

（四）工作内容

1. 排查重点。检查饮用水水源保护区制度落实情况。重点检查是否依法划定饮用水水源保护区，是否依法在饮用水水源保护区的边界设立明确的地理界标和明显的警示标志，是否建设备用水源，是否按要求向社会公开饮用水源水质信息。对饮用水水源一、二级保护区进行全面排查，对水环境存在污染隐患的点源登记造册，明确各排污口位置、排水量、污染因子、污染物排放量、排放去向和废渣堆存量、污染防治措施等具体情况，检查是否建有与供水设施和保护水源无关的建设项目、从事网箱养殖、旅游开发等违法活动。

2. 整治内容。进一步规范和完善饮用水水源保护区划定。由县水务局、县环保局负责提出饮用水水源保护区划定方案、依法设立地理界标和警示标志，经县人民政府审核并报省人民政府批准。相关职能部门依法取缔饮用水水源保护区的排污口，责令拆除关闭饮用水水源一级保护区内与供水设施和保护水源无关的建设项目，以及饮用水水源二级保护区内排放污染物的建设项目。

由县水务局、县环保局负责开展水质监测并及时进行信息公开。由县水务局、县环保局组成工作组，对全县的水资源进行分析，为下一步建设农村集中式备用饮用水水源地提供支撑材料。制定印发《昭觉县饮用水水源地环境污染事故应急预案》。

## 昭觉县环境污染防治“三大战役”实施方案

2017年7月17日，以昭委办发〔2017〕38号文件发至各乡（镇）党委、政府，县级各部门。

### （一）目标

精心组织实施大气、水、土壤污染防治“三大战役”，力争通过5年的努力，基本解决突出环境问题，全县环境质量明显提升。力争到2020年，全县大气环境持续改善，水环境质量进一步提升，土壤环境质量总体保持稳定。

1. 大气环境质量稳中有升。昭觉县城大气环境质量持续改善，优良达标天数达100%，全县47个乡镇环境空气质量保持稳定。

2. 水环境质量保持稳定。城市建成区黑臭水体基本消除，到2020年全县河流劣Ⅴ类和Ⅴ类水质基本消灭，饮用水安全水平持续提升，乡镇及以上集中式饮用水水源水质全面达标，水质达标率达100%。

3. 土壤环境质量安全可控。到2020年，全县土壤污染加重趋势得到初步遏制，土壤环境质量总体保持稳定，农用地和建设用地土壤环境安全得到基本保障，土壤环境风险得到基本管控。全县受污染耕地安全利用率达到94%，污染地块安全利用率达到90%。

### （二）重点任务

1. 大气污染防治。持续改善昭觉大气环境质量，全县47个乡镇环境空气质量保持稳定。开展工程治理、结构调整和严格管控行动，削减挥发性有机物、二氧化硫、氮氧化物和城市扬尘排放总量，确保2020年全县大气环境质量不断提升。

（1）开展工程治理减排行动。一是大力推进水泥生产线提标减排治理。二是淘汰每小时10蒸吨及以下燃煤锅炉，禁止新建城市建成区每小时20蒸吨以下燃煤锅炉，完成每小时20蒸吨及以上燃煤锅炉脱硫设施建设，开展砖瓦行业企业环境污染综合治理，通过多种措施大幅削减污染物排放。三是实施工业挥发性有机物整治。建立挥发性有机物污染源排放清单，对重点排放企业安装在线监控设施。在木制家具制造、干洗等行业限制挥发性有机物高污染排放工艺、产品的使用，淘汰一批挥发性有机物高污染排放设备与装置。四是实施城市扬尘综合整治。加强城市工地和道路扬尘治理，落实施工现场围挡、工地物料堆放覆盖、施工现场路面硬化、驶出工地车辆冲洗、拆迁工地湿法作业、渣土运输车辆密闭6个百分之百，推进绿色混凝土搅拌站建设，实施堆场、料仓和传送装置密闭化改造；加大道路清扫保洁和行道树、绿化带洒水除尘力度，加强城市绿化带建设。

（2）开展结构调整减排行动。把结构调整作为污染减排的重要手段，以产业、能源、交通为重点实施结构减排。一是加快产业结构调整。大力推进环境友好的战略性新兴产业和现代服务业发展。二是加快能源结构调整。大幅降低煤炭在一次能源消费中的比重，限制高硫分、高灰分煤炭的开采使用。三是加快城市交通结构调整。大力推进城乡公共交通建设，通过城乡交通组织结构调整减轻机动车污染，力争公共交通出行负担率达到20%以上。

（3）开展管理减排行动。加强大气污染物排放科学有效管理，重点实施四大管控措施。一是实施重污染天气应急管控。编制重污染天气应急预案，实施分级管控重污染天气预警，督促完善应急响应机制，建立完善污染源分级管控清单，做好限产停产计划，开展应急演练。二是加强环保、气象等部门联动，强化重污染天气信息会商，推进人工影响天气改善空气质量能力建设，加强重污染天气人工干预，及时实施人工增雨作业，减小重污染天气影响。三是实施城市机动车管控。2017 年底，基本淘汰黄标车，加快淘汰污染严重的老旧车辆，鼓励使用新能源汽车，加快天然气加气站等基础设施建设。

2. 水污染防治。以昭觉河、三湾河、西溪河、竹核河等河段为重点整治区域，以流域为单位，以流经各乡镇为单元，坚持流域综合统筹、系统防治，全面开展水污染防治，突出抓好严重污染水体治理、良好水体保护，强力削减磷等重要污染物。

（1）实施主要河流综合整治行动。强化企业排污监管，推行企业“双达标”清洁生产行动和污水处理提标行动。以削减总磷、氨氮、化学需氧量为重点，加强磷化工企业、砂石厂综合整治。大幅提高截污截流污水收集率，推进污水处理厂达标升级改造及生态功能修复，完善污水管网配套建设，加强城镇污水处理设施建设和运行维护。开展畜禽养殖及农村面源污染综合防治，加强生态功能保护。优化昭觉河流域水生态环境保护，集中整治昭觉县河污染。采取控源截污、垃圾清理、清淤疏浚、生态修复等措施对城市黑臭水体进行专项整治，全面消除黑臭水体。

（2）实施水污染防治设施建设行动。一是推进工业企业清洁生产。督促重点行业“双有”“双超”企业开展强制性清洁生产审核，实施清洁化改造。完成钢铁企业焦炉干熄焦的清洁生产改造。加强加油站管理，新建加油站未按照设计规范进行建设的不予经营许可，加油站地下油罐全部更新为双层罐或完成防渗池设置。二是推进污水处理设施建设提标升级。加快城市污水处理设施建设与改造，进一步完善垃圾渗透液处理系统建设，推进乡镇污水处理设施建设，完善管网配套，实现雨污分流。到 2020 年全县国控、省控污水处理厂排放浓度从一级 B 标提升到一级 A 标。加强污泥处理处置，在全县基本实现污泥处置稳定化、无害化和资源化。三是推进涉磷工业污染整治。对工业循环用水大户和涉磷企业进行全面排查，建立总磷污染源数据库，实施循环水非磷配方药品替代改造，强化工业循环用水监管和总磷排放控制。从严控制新建、改建、扩建涉磷行业项目建设，完成涉磷重点工业企业（原材料）应完善厂区冲洗水和初期雨水收集系统工作，落实涉磷矿山渣场和尾矿库防渗、防风、防洪措施，建设规范的雨水收集池、回水池、渗滤液收集池和应急污水处理系统，推进安装总磷自动在线监控装置。四是推进畜禽水产养殖污染防治。强化畜禽养殖污染防治，依法关闭或搬迁禁养区内畜禽养殖场（小区）。推广畜禽清洁养殖和畜禽粪污无害化、资源化处理技术，推行种养循环综合利用型生态治理模式，实施规模化畜禽养殖（小区）标准化建设和改造，因地制宜建设畜禽粪污收集处理厂和沼气工程。加强湖库、河塘、滩涂水产养殖监管，推广水产健康养殖模式。

（3）实施饮用水环境安全保障行动。一是强化饮用水水源保护。2017 年底前完成昭觉城市集中式饮用水水源地排查整治任务和城乡所有集中式饮用水水源保护区划定，建设保护优质水源地。加快推进县城备用水源或应急水源地建设，到 2020 年，基本完成备用水源或应急水源建设。二是加强饮用水水源保护区规范化建设，全面清理保护区内违法设施和排污口，强化有毒有害物质管控。实施未稳定达标饮用水水源地专项整治。以消灭劣Ⅴ类水源地为重点，实施农村集中式饮用水水源地达标建设。提升饮用水水源地水质监测和预警能力，定期开展环境状况评估。1个县城水源点、1个县城备用水源点、36个乡镇水源点分别于2017年、2018年起公开饮水安全状况信息。

（4）实施良好水体保护行动。严格控制开发建设活动，维持流域自然生态环境现状，确保水质在Ⅲ类以上良好水体稳中趋好。加大农业源治理力度，重点开展农村环境综合整治。完善农村生活垃圾收运处理体系，实现“五有”（有垃圾收运处理设施、有清扫保洁队伍、有再生资源回收点、有村规民约、有资金投入机制），确保生活垃圾有效治理的行政村长期保持在90%以上。加强整体保护、系统修复，确保七里坝、昭觉河等重点生态功能区健康。实施长江上游沿江生态廊道修复与保护工程，构建长江流域生态隔离带，开展河湖生态拦截工程。开展生态安全调查和评估，2017年制定完成良好水体地区生态环境保护方案。

3. 土壤污染防治

（1）实施土壤环境监测预警建设行动。一是开展土壤污染状况详查。全面开展土壤污染详查，摸清全县土壤污染区域、分布、类型和污染程度，2018年底前查明全县农用地土壤污染的面积、分布及对农产品质量的影响，2020年掌握重点行业企业污染地块分布及环境风险情况。二是动态监控土壤环境质量。围绕农产品主产区、工矿、城市建设等重点区域开展土壤环境质量监测网络建设，科学设置土壤环境质量监测点位和监测项目，2017年完成土壤环境质量国控监测点位设置，2018年完成省控监测点位设置，2020年实现所有监测点位全覆盖。三是建立统一的土壤环境基础数据库。建立数据共享机制，编制资源共享目录，充分发挥土壤环境大数据在污染防治、城乡规划、土地利用、农业生产中的作用。

（2）实施耕地土壤污染分类管控行动。按照优先保护、安全利用、严格管控3个类别，完成全县耕地土壤环境质量类别划定，分别采取相应管控措施，保障耕地土壤环境安全。在优先保护类耕地集中区域严格控制新建有色金属矿采选、危险废物处置等重污染企业，加强现有企业工艺、技术提升改造，严控污染物排放，确保耕地面积不减少、土壤环境质量不下降。合理使用轻度、中度污染耕地，制定安全利用方案，采取农艺调控、替代种植等措施，降低农产品超标风险。加强对重污染耕地用途管理，完成特定农产品禁止生产区域划定，制定实施重度污染耕地种植结构调整或退耕还林还草计划，严禁在特定农产品禁止生产区域种植食用农产品，对威胁地下水、饮用水水源安全的，要制定环境风险管控方案。

（3）实施建设用地污染风险防范行动。加强建设用地准入管理，把土壤环境质量作为土地利用总体规划、城乡规划编制依据之一，防范人居环境风险。自2017年起，对拟收回土地使用权的重污染企业用地，开展土壤环境质量调查评估，对用途拟变更为居住、商业、学校、医疗、养老机构等公共设施的企业用地开展土壤污染治理与修复。建立污染地块名录及开发利用负面清单，纳入土壤环境信息化管理平台，合理确定土地用途。符合土壤环境质量要求的地块进入用地程序，对暂不开发利用或现阶段不具备治理修复条件的地块，由县政府组织划定管控区域，设立标识，发布公告。

（4）实施工矿企业污染综合整治行动。对排放重点污染物的建设项目，明确土壤环境影响评价内容，落实防范措施。根据工矿企业分布及污染物排放情况，确定土壤环境重点监控企业名单，实行动态更新。加强对重点监控企业监测执法，严防生产经营、停产检修、拆除迁建污染土壤。加强工业固体废物处置，全面开展尾矿、冶炼渣及脱硫、脱硝、除尘固体废物整治，规范电子废物拆解、废轮胎、废塑料再生利用，引导企业集聚发展，集中建设和运营污染治理设施，强化固体废物综合利用全过程监管。

（5）实施土壤污染治理与修复行动。制定全县土壤污染治理与修复规划，明确重点任务、责任单位和实施进度，实施动态管理。重点整治历史遗留尾矿库、重金属污染土地、危险固体废物堆场，切断污染传播途径。自2017年起，按照土地用途规划及治理紧迫程度，选择一批污染耕地和场地开展治理修复试点示范。以土壤污染风险管控试点区为重点，加强治理修复先行先试，探索不同类型区域土壤风险管控模式。

## 昭觉县“以购代捐”精准扶贫实施方案

2017年9月20日，以昭委办发〔2017〕43号发至各乡（镇）党委、政府，县级各部门。

### （一）目的

“以购代捐”活动是以适当的价格从贫困户家中购买农产品，替代资金捐赠帮扶，实现由“输血”向“造血”转变的新型扶贫模式。它既是连接城市与农村、生产与消费、帮扶单位与受扶群众的有效途径，又是激发贫困群众脱贫奔康内生动力和发展村集体经济的有效手段。

### （二）总体要求

坚持精准扶贫要求，始终把推进产业扶贫、增强贫困群众自我发展能力、加快脱贫致富步伐作为帮扶工作的突破口和着力点，在全县范围内积极推行“以购代捐”社会扶贫模式，组织引导干部职工、爱心企业和社会各界爱心人士，以适当的价格，直接从帮扶联系的贫困村、贫困户家中购买农副产品，打通农民与市场对接“最后一千米”，有效解决农产品销售难的问题，切实帮助贫困群众脱贫致富。以“扶贫+市场”理念，将“以购代捐”设计成公益项目，构建“贫困户+专业合作社+第一书记+电商平台+消费者”联结机制，实现供需双方有效对接，推动形成让购买者有回报、让受助者有尊严的新型帮扶协作关系。

### （三）实施范围

重点在全县191个贫困村开展“以购代捐”活动，逐步覆盖其他散居贫困户。帮扶单位要组织帮扶干部到非贫困村贫困户家中开展“以购代捐”活动。鼓励和引导全县各级机关、事企业单位干部职工通过“以购代捐”活动购买贫困群众农产品。倡议中央、省、州内外对口帮扶部门（单位）、企业，社会各界企业、爱心人士通过“一对一”“一对多”“多对一”等方式与贫困村、贫困户签订购需合同，开展“以购代捐”活动。

### （四）工作重点

1. 全面开展“以购代捐”活动。鼓励和引导全县各级机关、事企业单位和干部职工，采取1个帮扶单位（企业）认购1个或多个贫困村农产品的方式，根据家庭和单位食堂需求，将对口帮扶贫困村作为干部职工生活物资采购点，以适当的价格直接购买贫困农户现成的农副产品。

2. 引导动员社会各界积极参与。加大“以购代捐”活动宣传力度，向对口帮扶我县的州级机关、企业，广东佛山禅城区、绵阳涪城区对口援助部门等参与部门和企业发出“以购代捐”活动倡议书，举办“以购代捐”爱心帮扶活动，引导帮扶单位（企业）以适当的价格认购受扶地农产品，指导贫困村与帮扶单位（企业）采取“一对一”“一对多”“多对一”等方式签订农产品认购协议，稳定长期供需协作关系，搭建农产品销售平台。充分发挥民主党派、爱心企业等社会力量作用，鼓励、支持、帮助县内外各类非公有制企业、社会组织和个人以“以购代捐”形式参与我县脱贫攻坚，实现帮扶者和贫困户各取所需。

3. 积极推行现代农业产销模式。以供求关系为导向，积极与市场有机对接，在充分调查了解帮扶联系的贫困村、贫困户种养殖优势和传统习惯的基础上，鼓励贫困户发展生产周期短、见效快的订单农业，积极探索推行“公司＋基地＋农户”的现代农业模式，积极对接龙头企业、专合组织等经营主体，有序发展“以销定产、产销一体”的订单农业，通过培育特色产业壮大发展规模，破解发展规模小、流通不畅、竞争力弱、市场容量有限等难题，有效促进农民增收，助推脱贫攻坚。

4. 大力开拓线上销售平台。结合电商企业发展方向和我县贫困地区实际情况，注重农副产品上线，突出特色、因地制宜，搭建贫困地区产品和电商平台间的桥梁，推行“互联网＋电商”扶贫模式。鼓励引导贫困村、贫困户、新型农业经营主体发展电商经营，依托现有渠道增设“以购代捐”收购点，利用“互联网＋现代农业”，搭建农村与城市消费者的供需链接，依托电商销售平台帮助贫困群众推销农产品。依托国内大型电商平台，推出“大凉山”特色农产品“以购代捐”爱心产品，实现爱心人士在电商平台购买农产品，商品利润“一对一”帮扶对应贫困家庭。

## 加快推进残疾人小康进程的实施意见

2017 年 6 月 7 日，以昭府发〔2017〕46 号文件将《昭觉县人民政府关于加快推进残疾人小康进程的实施意见》发至各乡（镇）人民政府，县直各有关部门。

**（一）依据**

《国务院关于加快推进残疾人小康进程的意见》（国发〔2015〕7 号）、《四川省人民政府关于加快推进残疾人小康进程的实施意见》（川府发〔2016〕6 号）和《凉山州人民政府关于加快推进残疾人小康进程的实施意见》（凉府发〔2016〕17 号）。

**（二）实施内容**

1. 扎实保障残疾人基本民生

（1）加大困难残疾人最低生活保障和医疗救助力度。对符合城乡最低生活保障条件的残疾人家庭做到应保尽保；对生活困难、靠家庭供养且无法单独立户的成年无业重度残疾人，经个人申请，可按照单人户纳入最低生活保障范围。依照昭觉县贫困残疾人家庭临时救助制度，对符合临时救助条件的残疾人家庭，及时给予临时救助。重度精神障碍患者门诊、住院由基本医疗保险报销、城乡居民大病保险外的个人负担部分，优先给予医疗救助。对纳入医疗救助范围的残疾人，逐步提高救助标准和封顶线。（责任单位：各乡镇人民政府，县民政局、财政局、人社局）

（2）建立完善困难残疾人生活补贴和重度残疾人护理补贴制度。困难残疾人生活补贴对象：城乡低保家庭中的残疾人，补贴标准为自 2016 年起每人每月 60 元到 2020 年每人每月 100 元；重度残疾人护理补贴对象：残疾等级被评定为一级、二级的重度残疾人，补贴标准为：一级重度残疾人每人每月 80 元、二级重度残疾人每人每月 50 元。两项补贴要与当地经济社会发展实际和残疾人基本需求相适应，与最低生活保障等制度相

衔接，待有条件的时候，逐步扩大补贴范围和提高补贴标准。（责任单位：各乡镇人民政府，县民政局、财政局、残联）

（3）帮助残疾人普遍参加城乡居民基本养老保险和基本医疗保险。实施贫困和重度残疾人参加城乡居民基本养老保险、城镇居民医疗保险、新型农村合作医疗个人缴费资助政策。对持证残疾人参加城镇居民医疗保险、新型农村合作医疗个人缴费部分全额资助；重度残疾人参加城乡居民基本养老保险个人最低缴费部分全额资助；对非重度残疾人参加城乡居民基本养老保险，代缴不低于50%的最低标准养老保险费。帮助城乡残疾人普遍按规定加入城乡居民基本养老保险和基本医疗保险，将0—6岁残疾儿童抢救性康复项目纳入基本医疗保障范围，在医疗机构进行听力语音康复、智力康复、孤独症康复、肢体（脑瘫）康复的0—6岁的儿童，按特殊门诊给予核报康复训练费用。（责任单位：各乡镇人民政府，县财政局、人社局、残联）

（4）优先保障和改善残疾人住房。将城镇低收入住房困难残疾人家庭纳入城镇基本住房保障制度。为符合住房保障条件的城镇残疾人家庭同等条件下优先配租。拆迁贫困残疾人房屋时，按照就地、就近、方便的原则，在安置房地段、楼层和发放拆迁临时补助费、停业补助费等方面予以适当照顾。贫困残疾人要求产权调换安置的，在差价结算方面给予适当优惠。加快农村贫困残疾人家庭危房改造，在实施农村危房改造时，农村残疾人申请宅基地且符合乡（镇）、村（社区）规划和宅基地申请条件的，给予优先安排。（责任单位：各乡镇人民政府，县住建局、农牧局、财政局、残联）

2. 进一步促进残疾人就业

（1）依法推进按比例就业。建立用人单位按比例安排残疾人就业公示制度，对达不到比例要求的严格依法征缴残疾人就业保障金；对拒不安排残疾人就业又不缴纳残疾人就业保障金的用人单位，依法给予处罚；对超比例安排残疾人就业的，按规定给予奖励。各级党政机关、事业单位、国有企业要建立岗位预留制度，带头招录和安置残疾人就业。公务员主管机关应积极引导考录单位设置岗位考录残疾人，为残疾人考生提供考试便利。将用人单位是否履行按比例安排残疾人就业义务纳入文明单位创建内容。（责任单位：各乡镇人民政府，县委组织部、文明办、县人社局、地税局、残联）

（2）扶持残疾人集中就业。完善残疾人集中就业单位资格认定管理办法，对福利企业等残疾人集中就业和辅助性就业机构的设施设备、无障碍改造等给予扶持。扶持盲人通过开办盲人按摩机构实现集中就业，对符合条件的盲人保健按摩机构给予纳入基本医疗保险刷卡结算，落实省、州对达标和达到示范店标准盲按机构给予一次性扶持补助政策。积极推进残疾人辅助性就业，到2020年底建立1所残疾人辅助性就业机构。（责任单位：各乡镇人民政府，县民政局、人社局、财政局、地税局、残联）

（3）扶持残疾人自主创业就业。实施残疾人就业创业帮扶工程，创建一批残疾人创业就业扶贫基地，培育一批残疾人创业带动就业先进典型。建立残疾人创业孵化机制，残疾人创办的小微企业和社会组织优先享受相关扶持政策。对符合条件的灵活就业残疾人，按规定给予税费减免和社会保险补贴；建立残疾人电商孵化基地，免费为残疾人提供电商孵化培训。完善残疾人小额贷款贴息政策，对自主创业就业和从事种养殖的残疾人给予小额贷款贴息。有条件的地方可以帮助安排经营场所、提供启动资金支持。政府开发的公益性岗位优先安排符合条件的残疾人。增加残疾人公益性岗位，做好推介服务，提高就业率，重点抓好大中专残疾毕业生就业。采取多种形式，确保有就业需求和就业能力的残疾人家庭

至少有1人实现就业。（责任单位：各乡镇人民政府，县教科局、商务局、人社局、财政局、国税局、地税局、残联、人行）

（4）进一步加大农村残疾人扶贫开发力度。认真落实《农村残疾人扶贫开发纲要（2011—2020年）》，将建档立卡贫困户中的残疾人纳入精准扶贫工作机制和贫困监测体系，享受建档立卡对象相关扶持政策。支持贫困残疾人实施造福工程搬迁，改善残疾人居住条件。对符合条件的农村贫困残疾人和残疾人扶贫基地发展生产、扩大就业创业贷款给予贴息。有条件的地方可探索康复扶贫担保金或风险金制度试点，联动银行业金融机构加大扶贫贴息贷款投放，扶持贫困残疾人发展种植业、养殖业等。保障农村残疾人土地承包经营权和土地流转合法收益，鼓励扶贫基地、农民合作社、农业经营专业户等扶持农村残疾人生产经营。（责任单位：各乡镇人民政府，县农牧局、财政局、残联、人行）

3. 着力提升残疾人基本公共服务水平

（1）加强残疾预防和康复服务。实施儿童残疾筛查管理、建立残疾报告制度等康复服务体系建设。对0—6岁视力、听力、言语、智力、肢体残疾和孤独症儿童康复训练补贴实现全覆盖，有条件时逐步推广到7—12岁残疾儿童。并将补助资金列入县财政预算，省级财政按照各地完成任务数以奖代补，补贴标准按照国家标准执行。对0—6岁残疾儿童人工耳蜗、手术、康复训练补贴实现全覆盖，由省级财政给予补助。全面实施残疾人基本型辅助器具适配普惠性补贴制度，为有辅具需求的残疾人提供辅具配置服务和补贴，实现辅具适配服务全覆盖。完善贫困白内障患者免费实施复明手术制度。在2020年前，全县乡镇卫生院、社区卫生服务中心设立康复室，依托专业康复机构指导社区和家庭为残疾人实施康复训练。将60周岁以下符合医养结合条件的重度残疾人纳入医养结合服务对象。残疾人在乡镇（街道）以上的医院（卫生院、卫生服务中心）就医的，实行诊疗、交费、化验、取药四优先。（责任单位：各乡镇人民政府，县卫计局、财政局、残联）

（2）提高残疾人受教育水平。认真落实好《四川省人民政府办公厅转发省教育厅等部门〈关于特殊教育提升计划（2014—2015年）实施意见〉的通知》（川办发〔2014〕43号）。实施特教学校（班）学生“三免两补”（免学杂费、教科书费、住宿费，补助生活费、交通费）政策，对随班就读的高中阶段残疾学生实施政府助学金政策，对符合资助政策的残疾人子女优先予以资助。各技校、职校招收的残疾学生按规定享受国家资助和助学金政策。落实州级对残疾学生和低保残疾人家庭子女教育资助政策，对就读高中、大专本科（全日制）和研究生的残疾学生和低保残疾人家庭子女分别给予每人每年1000元、1500元、2000元的学费补助。经县级及其以上教育行政部门审批设立的普惠制幼儿园（包括公办性质幼儿园、小学附设园和取得办园许可证的民办园）在园残疾幼儿每人每年补助2000元。（责任单位：各乡镇人民政府，县教科局、人社局、财政局、残联）

（3）强化残疾人服务设施建设。采取公办、公建民营、民办公助等运营管理模式，进一步发挥残疾人服务设施的作用。将残疾人康复、托养、文体等服务设施纳入城乡公益性建设项目，在项目立项、建设资金安排等方面给予重点支持。残疾人托养服务设施建设用地比照《四川省人民政府关于加快发展养老服务业的实施意见》（川府发〔2014〕8号）养老服务用地政策执行。加大对社区康复、托养机构的经费投入，购置必需的康复、托养设备、器材，支持各种形式的以社区为平台开展康复、托养服务的机构建设。要在社区文体中心基础上加大残疾人体育健身器材投入。体育场馆、公园、动物园、风景游览区等场所免费向残疾人开放，对盲人、双下肢残疾人，允许1名陪护人员享受同等待遇。公共图书馆设立盲人阅览室，配备加装电脑读屏软件、有声读物、盲文图书等。认真抓好昭觉县综合服务中心的使用和维护管理。（责任单位：各乡镇人民政府，县民政局、国土局、住建局、文体旅游局、林业局、残联）

（4）全面推进城乡无障碍环境建设。严格执行国家和省有关无障碍建设的法律法规、标准规范，对新建、改建设施的规划、设计、施工、验收严格监管。将医院、学校、公园、火车站、机场、社区服务中心等公共服务场所无障碍环境建设列入文明城市评选等评比项目。各级残联网站应当达到无障碍网站设计标准，政府网站、政府公益活动网站要逐步达到无障碍网站设计标准。县广播电视台应开办新闻手语栏目。鼓励和支持通信企业制定聋人、盲人特定信息消费优惠政策，残疾人（智力、精神残疾除外）凭二代残疾人证可免费乘坐县内公交车。（责任单位：各乡镇人民政府，县委文明办，县财政局、住建局、交通运输局、文广局、移动公司、电信公司、联通公司）

（5）加大政府购买服务力度。各级政府每年应安排一定资金专门用于购买为残疾人服务，并逐年加大力度。以残疾人康复、托养、护理等服务为重点，逐步建立完善政府购买服务指导性目录，强化事前、事中和事后监管，实现政府购买服务对扩大残疾人服务供给的放大效应。积极推进政府购买助残社会组织服务工作，将适合由社会组织开展的残疾人服务工作通过购买服务项目、服务岗位等形式交由助残社会组织承担。扶持发展特殊艺术，培育残疾人文化艺术品牌。各级政府部门将残疾人艺术院团纳入公共文化惠民服务采购范围，并在同等条件下优先采购残疾人艺术院团的演出服务。（责任单位：各乡镇人民政府，县财政局、文体旅游局、残联）

4. 充分发挥社会力量和市场机制作用

（1）大力发展残疾人慈善事业。鼓励和支持社会公众、社会组织通过捐款捐物、扶贫开发、助学助医等方式为残疾人奉献爱心，提供慈善帮扶。对以服务残疾人为宗旨的公益慈善组织，采取公益创投等方式，在资金、场地、设备、管理、岗位购买、人员培训等方面给予扶持，有条件的地方，当地政府或残联可以为其无偿或低价提供服务场地，或者给予场地租金、开办费等补贴。建立健全助残社会组织孵化培育机制，支持助残社会组织优先进驻现有社会组织孵化培育中心，整合利用当地政府或民政、残联部门现有综合服务设施或服务场地，为初创期助残社会组织提供场地租金全额减免等方面的扶持，引导和规范其健康发展。倡导社会力量举办以残疾人为服务对象的公益性医疗、康复、特殊教育、托养照料、社会工作服务等机构和设施，社会力量举办的上述机构，金融部门应给予优先支持和优惠；对残疾人福利机构提供的育养服务，取得的收入按规定免征增值税。（责任单位：各乡镇人民政府，县民政局、财政局、农牧局、国税局、地税局、人行、残联）

（2）广泛开展志愿助残服务。健全志愿助残工作机制，完善志愿者招募注册、服务对接、服务记录、组织管理、评价激励、权益维护等制度，鼓励更多的人参加志愿助残服务。把志愿助残工作作为文明城市、文明村镇、文明单位的创建内容，纳入各地精神文明建设与残疾人工作考核测评。发挥各级志愿服务组织和广大青少年助残志愿者的作用，依托各类村、社区志愿服务站（点），广泛开展“邻里守望”“志愿助残阳光行动”“红领巾助残”等群众性、常态化助残活动。倡导机关干部、企事业单位职工参加服务残疾人志愿活动，扎实开展结对帮扶服务。利用互联网等平台，创新志愿助残工作管理和服务方式。进一步完善服务对接机制，残联负责提供、发布残疾人需求信息，县委文明办、团县委做好志愿组织和志愿者对接服务工作。（责任单位：各乡镇人民政府，县委文明办，县民政局、团县委、残联）

（3）加快发展残疾人服务产业。充分发挥市场机制作用，加快形成多元化的残疾人服务供给模式，更好地满足残疾人特殊性、多样化、多层次的需求。将残疾人服务产业纳入各地服务业发展规划和残疾人事业发展规划。培育一批残疾人服务龙头企业，在用地、金融、价格等方面给予优惠，在人才、技术、管理等方面给予扶持。以培育推广残疾人服务品牌和先进技术为重点，加大政府采购力度。对规范达标的残疾人服务机构，用水、用气、用电按居民生活类价格执行。鼓励商业保险公司开发适合残疾人的康复、托养、护理等保险产品。（责任单位：各乡镇人民政府，县发改局、国土局、住建局、物价局、残联、水务局、人行、电力公司）

## 昭觉县教育扶贫救助基金管理实施细则

2017年6月5日，以昭府办发〔2017〕27号文件发至各乡（镇）人民政府，县级各部门。

**（一）基金名称**

昭觉县教育扶贫救助基金

**（二）基金性质**

政府主导、社会参与的公益性专项救助基金。

**（三）基金用途**

主要用于帮助建档立卡的农村贫困家庭子女在享受现有教育保障制度、普惠性教育资助政策和其他助学帮扶政策基础上，仍然面临的与就学直接相关的特殊困难，避免贫困家庭子女因经济原因辍学。

**（四）基金规模**

在基金初设时，规模为300万元。以后年度根据实际需要，可继续补充。

**（五）资金来源**

县财政安排垫底资金；上级财政补助；接受企业、个体工商户、爱心人士及社会捐赠资金；基金存款利息收入。

**（六）基金管理**

基金由县级教育主管部门负责管理，接受财政、审计、纪检监察等部门和社会监督。教育扶贫救助基金的安排使用，坚持“量入为出”和“专款专用”原则。同时遵循创新机制、精准使用、提高效益、加强监管的原则，构建覆盖教育扶贫基金预算安排、资金募集、资金下达、资金拨付、审计监督、绩效评价等全过程的教育扶贫基金管理机制。

1. 账户开设。基金在中国农业银行昭觉县支行开设专户。

2. 救助对象。户籍在昭觉县内的建档立卡贫困户家庭子女。

3. 救助标准。救助资金主要用于救助当年脱贫的建档立卡贫困户家庭子女的生活和学习费用，具体救助标准根据救助资金实际情况、学生家庭贫困程度和申请救助事项确定。每年救助资金、救助人数实行动态化管理。救助标准一般控制在每户每年500—5000元之间。对需要超过救助标准的特殊困难家庭子女，根据家庭实际困难情况，报县人民政府批准后实施救助。

4. 申报程序。

（1）个人申请。由学生本人或家长如实填写《昭觉县教育救助扶贫救助基金申请表》，同时提供家庭存在特殊困难的相关证明材料，并提交户籍所在地村（居）委会。

（2）村级初审。学生（或监护人）将申请表和身份证、户口簿和相关证明材料交由户籍所在地村（居）委会初审，重点根据学生或家长提供的相关材料核实学生是否当年建档立卡贫困户及其家庭在享受现有教育保障制度、普惠性教育资助政策和其他助学帮扶政策基础上仍然存在实际特殊困难情况。

（3）乡镇复审。村（居）委会初审后，将申请表和相关材料交由所在乡镇人民政府核查审批，乡镇人民政府根据申请表和相关材料进一步核实受助对象情况，并据实提出资助建议。

（4）县级教育部门审定。县级教育部门根据村、乡两级提供的相关资料，并根据基金支付能力和救助申请情况审定支付金额。

（5）公示。村（居）委会、乡镇人民政府和县教育部门根据核查审批后的申请表，汇总编制统计表，由村、乡、县三级向社会公示，公示内容包括：救助对象姓名、家庭住址、就读学校、救助金额等信息。公示期不少于 5 天。

### （七）基金发放

县教科局根据乡镇上报的统计表进行复核审定后，暂由昭觉县学生资助管理中心按相关会计制度规范资金发放程序，严格发放过程管理，将救助资金拨付到贫困学生家庭的“一卡（折）通”账户里。特殊情况需发放现金的，需遵循现金管理制度。

## 昭觉县卫生扶贫救助基金管理实施办法

2017 年 6 月 5 日，以昭府办发〔2017〕28 号文件发至各乡（镇）人民政府、县级有关部门。

### （一）依据

《凉山州财政局关于落实全省四项扶贫基金培训会议精神有关事项的通知》（凉财办〔2017〕15 号）和《凉山州财政局、凉山州卫生和计划生育委员会、凉山州人力资源和社会保障局、凉山州民政局关于〈凉山州卫生扶贫救助基金使用管理办法〉的通知》（凉财社〔2017〕90 号）。

### （二）基金筹集

1. 募资。通过 2017 年财政补助资金、社会捐赠资金、对口支援资金、基金收益和其他合规资金，共募县卫生扶贫救助基金 300 万元。

2. 补充。保持基金合理规模，基金余额确保及时满足救助需求。当基金余额低于 50 万元时，应启动限时补充机制及时补充。

3. 保值增值。在确保基金安全性、流动性的前提下，按照财政部《关于进一步加强财政部门和预算单位资金存放管理的指导意见》（凉财办〔2017〕76 号）相关规定，与开户行协商将基金账户结余资金转为定期存款、协定存款、通知存款，合理确定存款组合和期限结构。

### （三）救助范围、标准、流程

县卫生扶贫救助基金主要用于解决昭觉县已核准的建档立卡贫困人口在享受现有医疗保障制度和医疗帮扶政策基础上，仍然存在的与看病就医直接相关的特殊困难（比如：未纳入报销的门诊费用、转院到县外就医未能完全报销的合规费用等），切实解决因自付医疗费用过高导致贫困户家庭经济负担加重问题。

1. 救助对象。户籍在本县内，核准的建档立卡贫困人口，享受现有医疗保障政策后，个人医疗费用负担仍然较重的贫困患者。

2. 救助标准。贫困人口控制在每户每年 500—5000 元。具体救助标准由县人民政府确定（综合考虑支付能力、贫困患者个人负担、患者家庭困难程度等相关因素），重点向重大疾病贫困患者倾斜，确保“大病多得救助、小病适当救助”。特殊情况需要突破上限标准的，须经县人民政府批准。

3. 救助内容。县域内政策范围外的住院医疗费用、未纳入报销范围在定点公立医疗机构产生的慢性病和重特大疾病的门诊费用、按规定转诊的异地就医未能完全报销的转院费用实施救助。

4. 使用流程。建档立卡贫困人口看病就医有限落实医疗卫生“十免四补助”政策。在此基础上，贫困患者医疗费用按照“基本医保→大病保险→倾斜支付→医疗救助→基金救助”的流程进行报销（救助）。

5. 救助额度。本着再次救助原则，在扣除基本医保、大病保险、城乡低保医疗救助以及国家有关政策补助外，住院患者符合基本医保规定对仍有需要报销的医疗费用进行救助。救助比例按以下进行计算：1000—5000 元（含 5000 元）的救助 35%，5000—1 万元（含 1 万元）的救助 40%，1 万—2 万元（含 2 万元）的救助 45%。未纳入报销范围但超过 500 元的门诊费用，按 40% 计算救助。

通过以上流程进行报销（救助）后，确保贫困患者县域内住院和慢性病门诊维持治疗费用个人负担额控制在费用总额的 10% 以内。对特殊困难的贫困患者进一步加大救助力度，确保不因病返贫。

（四）申请基金程序

本人申请→村级初审→乡（镇）人民政府复审→县级主管部门审定→公示→拨付发放。

1. 本人申请。建档立卡贫困户家庭成员患者在看病就医后，根据基本医保、大病保险、倾斜支付、医疗救助等渠道解决后个人自付费用情况，在村社领取申请表，填写相关信息。

2. 村级初审。贫困患者将申请表和身份证、户口簿交由户籍所在的村委会初审，重点核实患者的家庭实际困难情况。

3. 乡镇复审。村委会初审后，将申请表交由所在乡镇府核查审批。

4. 县卫计审定。县卫生计生局根据基金支付能力和申请救助金额进行审定。

5. 公示。基金救助情况进行不少于 5 个工作日的公示，公示内容包括：救助对象姓名、家庭住址、患病情况、医疗费用、救助金额等信息。

（五）救助对象申请材料

《昭觉县建档立卡贫困户卫生扶贫救助申请表》《昭觉县新型农村合作医疗住院补偿结算单》；《大病保险补偿费用结算单》原件、复印件（原件乡镇复审后退回）；出院证、转院证；《昭觉县建档立卡贫困人口证明 / 手册》、身份证或户口簿原件、复印件（原件乡镇复审后退回）；未纳入报销的门诊医疗费用出具医疗机构正规门诊发票、门诊处方和门诊病历等；个人银行存折或银行卡复印件。

救助对象将上述相关材料备齐后由乡（镇）卫生院按月报县卫生和计划生育局卫生扶贫救助基金办公室审核。

（六）基金发放

对符合救助条件的申请，从收到申报材料后起，30 日内将卫生基金发放到救助对象。救助基金的发放原则上采用银行直接“打卡”的办法。个别不具备直接“打卡”条件的地方，允许用现金发放方式发放，填写《昭觉县卫生扶贫救助基金项目个人救助凭证》，签字并加盖手印。

（七）基金管理

县卫生扶贫救助基金由县卫计局单独开设账户，不得和其他账户混用。县财政局负责牵头组建卫生扶贫基金、安排财政资金、监管卫生扶贫基金使用等相关工作；县卫计局作为卫生基金的主管部门，负责募集捐赠资金，实施卫生基金的具体管理工作，同时履行医疗机构行为监管职责；县人社局负责基本医保、大病保险、“倾斜支付”政策落实工作；县民政局负责医疗救助政策落实工作。县财政局、县卫计局建立按月统计和半年总结制度，在每月 2 日前，向州卫生计生委、财政局报送上月卫生基金统计报表，每年7月底、次年1月底，报送半年和全年工作总结，及时反映工作开展情况，提出政策建议。卫生扶贫基金不得用于购买投资理财产品；不得平均分配发放给贫困患者；不得用于生活救助；不得用于补充基本医保基金；不得将卫生扶贫基金“建而不用”或“分光用尽”；不得将卫生扶贫基金作为其他卫生扶贫政策的资金来源；不得用于改善办公条件、购置车辆；不得用于发放人员工作补贴、弥补单位公用经费等。

**（八）基金的监督、考核**

县审计、监察、财政部门将对基金管理跟踪监督，对违反规定使用卫生扶贫基金的行为，一经查实，按照《中华人民共和国预算法》《财政违法行为处罚处分条例》等国家有关法律规定严肃处理。

卫生基金管理使用情况作为扶贫专项工作考核的重点内容，主要考核基金的建章立制、政策宣传、管理规范、基金补充、责任落实、使用效果等情况，基金管理使用情况考核结果将纳入对相关单位脱贫攻坚工作考核。

**（九）项目执行周期**

本办法从2017年1月1日起试行，试行期1年。如遇特殊情况将进行调整。

## 昭觉县精准扶贫项目管理办法（试行）

2017年7月19日，以昭府办发〔2017〕86号文件发至各乡（镇）人民政府，县级有关部门。

**第一章　总则**

第一条　为加强精准扶贫项目管理，提高项目资金使用效益，根据《中国农村精准扶贫纲要（2010—2020年）》《四川省财政专项扶贫资金管理办法》，结合我县实际，制定本办法。

第二条　本办法所称精准扶贫项目，主要包括整村推进项目、易地扶贫项目、安全住房项目、财政涉农资金整合项目、产业化扶贫项目、彝区发展项目、产业发展项目、科技扶贫项目、“雨露计划”、互助资金、贴息贷款、其他“村七有”“户三有”项目等。

第三条　精准扶贫项目应坚持先难后易，区别对待；坚持政府引导，群众参与；坚持因地制宜，综合开发；坚持资金整合，集中使用的原则。

第四条　精准扶贫项目的扶持对象，应遵循“精准扶贫”的原则，是通过到村到户对贫困状况调查和建档立卡识别确定的，并纳入四川省扶贫信息平台管理的扶贫对象，切实做到精准化识别、针对性扶持。富裕户和丧失劳动能力的民政救济户不属于扶持对象。

第五条　精准扶贫要围绕“户有致富项目，村有特色产业，乡有主导产业，县有支柱产业”的目标，着力扶持贫困地区和扶贫对象加快发展有机生态农牧业、综合精深加工业和生态旅游、手工艺品、民族文化、运输、商贸、餐饮等特色优势产业，下功夫培育和打造各种模式的区域化、特色化、专业化、规模化、集约化、品牌化、高效化的产业扶贫基地。通过项目扶持，达到贫困户能够长期稳定增加收入和脱贫致富的目标。

第六条　结合社会主义新农村建设，按照水、电、路、房、环境改善和建设村级综合活动场所的要求，以实施精准扶贫工程为平台，落实责任、任务、资金、权力“四到县”要求，整合行业部门和社会帮扶资金，集中力量，综合治理，全面实现新农村建设目标。

第七条 在项目的选择和实施过程中，要广泛宣传和发动群众，充分尊重群众意愿，全面落实项目的知情权、参与权、选择权、实施权、监督权、受益权，动员群众积极参与项目建设和管理。坚持“项目到村到户、扶持资金到户、帮扶措施到户、帮扶责任到户、项目效益到户”的原则，按照政府引导、群众参与、整体推进的要求，在资金计划下达之后，各乡镇政府要积极宣传，结合当地资源优势和本村实际，召开村民大会，由群众选择项目，做到“四不定”：不与群众见面的项目不定，群众想不通的项目不定，群众没有打算的项目不定，群众没有讨论通过的项目不定。经过村民大会讨论通过确定项目之后，乡镇审核报县扶贫部门组织编写实施方案。

第八条 精准扶贫项目管理程序为：确定项目实施的贫困村、受益贫困户、选择项目、申报审批项目、项目实施、竣工验收和后续管理七个阶段。

第九条 坚持责任、任务、资金、权力“四到县”要求，建立“工作到村，扶贫到户”的工作机制。

## 第二章 确定贫困村和贫困户

第十条 按照乡为单位、规模控制、分级负责、精准识别、动态管理的原则，各乡镇政府建立贫困村和扶贫对象档案，对贫困村、贫困户建档立卡，逐村逐户制定帮扶措施，扶贫措施与扶贫对象识别结果相衔接，实行精准扶贫、动态管理。

第十一条 实施精准扶贫的项目村，必须是《昭觉县“十三五”脱贫攻坚规划（2016—2020）》中确定的贫困村。项目户必须是通过到村到户对贫困状况调查和建档立卡识别确定的，并纳入四川省扶贫信息平台管理的扶贫对象。已实施扶贫项目的贫困村，原则上不再重复安排。

第十二条 贫困户识别要以农牧户收入为基本依据，综合考虑住房、教育、健康等情况，通过农牧户申请、民主评议、公示公告和逐级审核的方式，整户识别。

第十三条 在乡镇人民政府指导下，按照分解到村的贫困人口规模，在农牧户自愿申请的基础上，各村召开村民代表大会，产生初选名单，由村委会和驻村工作队核实后进行第一次公示，经公示无异议后报乡镇人民政府审核。

第十四条 乡镇人民政府对各村上报的初选名单进行审核，确定全乡（镇）贫困户名单，在各行政村进行第二次公示，经公示无异议后报县级扶贫部门复审，复审结束后在各行政村内公告，并逐级报省、州扶贫移民局备案。

第十五条 当年实施项目的贫困村和贫困户名单要在县、乡、村进行公示，无异议后方可确定。各乡镇要严格把关，不得随意扩大扶持范围。

## 第三章 扶贫项目的立项条件

第十六条 扶贫项目应当以贫困户和贫困村为对象，以增加贫困群众收入为重点，以改善基本生产生活条件和发展能够增加收入的产业为主，坚持综合开发，全面发展，促进贫困地区经济和社会的协调发展和全面进步。

第十七条 扶贫项目立项的条件：

（一）符合国家、省、州、县新阶段精准扶贫工作的政策；

（二）符合县脱贫攻坚规划；

（三）符合扶贫资金的使用范围；

（四）符合扶贫资金的投向重点；

（五）符合群众意愿，确保扶持对象长期受益。

## 第四章 项目申报与审批

第十八条 除按规定应由国家和省上审批的项目外，原则上扶贫项目的审批权均下放到县级人民政府。

第十九条 县扶贫移民局以脱贫攻坚规划为基础，充分尊重贫困群众意愿，建立县级精准扶贫项目库，应于上年末编制下年项目计划表，报经州扶贫移民局同意后实施。

第二十条　县扶贫移民局和财政局要依据规划和切块下达的年度资金预算指标，组织贫困村采取竞争入围方式申报项目，初次申报项目比例为年度计划的120%以上。所申报的项目必须贯彻精准扶贫的要求，经扶贫对象认可，实现项目和效益到村到户，不得随意扩大项目受益面。严禁擅自改变扶贫资金的用途和范围。项目初步确定后，应进行公示，无异议后方可评审、报批。

第二十一条　在县政府的统一领导下，由县扶贫移民局牵头，组织县级业务部门、乡（镇）政府及专兼职扶贫专干、村级组织和工程咨询机构进村入户，全面分析致贫因素，结合县域经济发展布局，立足贫困村实际，研究提出产业发展项目和配套建设的基础设施及社会事业项目，认真编写扶贫项目实施方案，并附项目扶持贫困户名单。项目实施方案应重点进行市场分析，阐述工程技术方案、资金使用方案、效益分析和运行机制等。实施方案须经所在村、乡（镇）签署意见方可报批。

第二十二条　项目实施方案在提交县级评审前，县扶贫移民局须报州扶贫移民局进行合规性预审。通过合规性预审的项目方可提交县级评审和政府审批；不符合要求的项目须按程序返回重新选项申报。

第二十三条　县人民政府负责组织对项目实施方案进行评审。项目评审委员会原则上由项目涉及部门和相关行业的管理及技术人员组成，一般为5—7人，其中专业技术人员比例应过半。项目评审时必须邀请项目乡镇、扶贫专干、村两委和村民代表列席。

第二十四条　项目评审通过后，县人民政府下达批复。项目批复后，并进行公示，接受全社会监督。

第二十五条　项目实施单位要严格按项目批复的建设内容组织实施，不得随意变更项目建设地点、建设内容和项目资金。因特殊原因，确需变更项目的，须重新履行上述程序。

第二十六条　县扶贫移民局在项目审批通过后3个工作日内向州扶贫局报备。备案文件包括项目批复文件、评审意见、实施方案文本及附件（扶持的贫困户名单、工程预算、地勘报告、公证书、招投标文书等资料）、备案卡和项目计划表等（纸质两套、电子版一套）。州扶贫部门及时将相关信息告知州财政局。国家和省级审批项目按规定执行报备。

**第五章　项目实施**

第二十七条　扶贫项目实施可采取合作经营、联户经营、承包经营、租赁经营、村企共建、家庭农牧场，以户为单位自主发展等扶贫模式。

第二十八条　由专业合作社或其他经营组织实施的项目，必须符合下列条件：一是专业合作社和专业协会入社的贫困农牧户占入社农牧户30%以上的；必须在贫困地区从事种植业、养殖业和农畜产品加工以及储藏保鲜、产地批发市场等的涉农企业；其他在贫困地区投资农牧业和农畜产品加工、储藏保鲜、产地批发市场建设的经营组织。二是要有经营单位财产抵押的相关资料和法律公证文书，财产抵押物要超过扶贫资金投入额度的20%以上。

第二十九条　精准扶贫项目凡以承包、租赁、股份制、联户经营、专业合作社经营等不同形式进行生产经营的必须由村委会与经营主体签订生产经营和利益分配协议，合同（协议）期限定为3—5年，合同期满后，如双方愿意，继续签定相关合同，如一方不愿意续签合同，县扶贫移民局和乡镇政府收回投入的扶贫资金，由村民大会另选扶贫项目，但不能以任何理由和方式将资金直接或变相发放到户。

第三十条　所有扶贫项目以入股形式参与到龙头企业或专业合作社进行分红的，县扶贫移民局要统一印制明白卡、股权证，确定双方的责、权、利、扶贫资金的投入、贫困户的分红比例等，内容要详细。明白卡和股权证由扶持对象管理。

第三十一条　扶贫项目竣工验收后，必须明确产权归属，形成的固定资产，产权归扶贫对象所有；以村为单位或多村集中建设形成的固定资产，产权归扶持的扶贫对象共同所有，一般由村委会代管，也可由全体项目户共同选出管理小组进行管理。县扶贫部门要统一负责办理产权手续，同时对项目的所有权、使用权、经营权等要有明确的界定，形成文件。

第三十二条　以入股分红形式实施的项目，严格按协议规定的时间内分红。在分红时，由县扶贫部门和财政部门及乡镇扶贫专干监督，村委会和经营单位统一将资金拨付到乡（镇）财政所，财政所按项目扶持对象名单将资金拨付到农牧户一卡通，严禁分红资金按全村人口平均分配、截留、挪用或代缴其他费用。

第三十三条　精准扶贫项目的组织实施实行目标责任制，县级人民政府县长为第一责任人，县、乡、村必须层层签订目标责任书。

第三十四条　扶贫项目实行合同管理制。各有关扶贫项目行业部门要按照公开、公正、公平的原则与扶贫项目实施单位依法订立合同，合同要有明确的质量要求、履约责任和违约处罚等条款。

第三十五条　精准扶贫项目必须按《招投标法》的规定，实行公开招投标制或政府采购，特殊情况下可实行竞争性谈判。项目建设实行终身负责制。

第三十六条　扶贫项目建设期严格按批复要求完成，并达到省、州规定的建设标准。

第三十七条　建立扶贫项目、扶贫对象公示制。当年实施扶贫项目的贫困村和贫困户名单、项目名称、建设地点、实施单位、项目类型、建设内容和规模、项目投资、建设期限等情况应通过广播、电视台、公示栏等形式在县、乡、村进行公示并存档备查，自觉接受群众和社会监督。

第三十八条　建立扶贫信息披露制。对扶贫项目、扶贫对象，县政府负责每年进行公示公告。

## 第六章　项目验收及考核

第三十九条　县扶贫移民局具体指导精准扶贫项目的组织实施，以月报、季报的形式定期向州、县有关部门报告项目实施进展及资金使用情况。

第四十条　精准扶贫项目竣工后，由扶贫移民局申请审计局对项目进行审计，并出具审计意见书，县政府负责组织验收，编制竣工验收报告并报上级扶贫主管部门备案。

第四十一条　建立扶贫项目年审制。县审计局依据法律法规，对完工并验收合格的扶贫项目资金使用和管理情况进行跟踪督查和年度审计，并出具年度审计报告。

第四十二条　县政府根据制定的县精准扶贫工作考核细则，负责各乡镇精准扶贫工作的考核，以脱贫攻坚领导小组名义通报，并将精准扶贫工作纳入年度目标考核范围，考核评价结果作为评先选优的条件之一。

## 第七章　项目的监管

第四十三条　项目的监督检查。县脱贫攻坚领导小组抽调相关单位人员组成检查组对精准扶贫项目进行专项督查检查；县扶贫移民局、财政局经常性深入各乡镇进行扶贫资金使用和项目实施情况的监督检查，配合审计局、纪检监察局和督查部门做好项目的专项监督检查，配合省、州扶贫移民局对县进行监督检查；邀请县人大代表和政协委员视察指导；建立扶贫项目资金年审制，审计局对扶贫项目进行项目建设中期和项目完工后的审计，并出具审计意见书和年度审计报告书。

第四十四条　县人民政府是审批、实施精准扶贫项目的主体。同时，负责项目的督促检查，组织纪检监察、督查、审计等部门对项目实施情况进行经常性检查。制定详细的精准扶贫项目管理办法。

第四十五条　乡镇政府应加强项目运行和项目建设形成资产的监督分红，充分发挥扶贫专干的作用，积极参与扶贫项目的管理，加强对项目、资金的运转、监察，发现问题及时制止并报县扶贫移民局和财政局。

第四十六条　项目监督检查的内容包括项目前期工作检查、项目实施程序检查、项目实施内容检查、项目招投标及合同检查、项目竣工验收检查、项目运行情况检查、项目实施单位及项目户受益情况检查，项目带动贫困户参与产业发展能力的检查等。

第四十七条　县脱贫攻坚领导小组办公室要结合贫困户监测系统和重点县片区县扶贫统计监测信息系统加强扶贫项目档案管理。县脱贫攻坚领导小组办公室和项目建设单位应当加强项目档案管理，档案管理的主要内容包括：实施方案、项目论证审查意见、批复文件、公示公告资料、合同书、监理报告、资金拨付文件、会计账簿、审计验收报告等。

**第八章　奖罚措施**

第四十八条　对扶贫项目管理规范，建设按期完成，建设质量好，效益明显的乡镇，按照《财政扶贫资金绩效考评办法》《精准扶贫工作考核办法》等实行奖励。

第四十九条　扶贫项目管理不规范、存在问题较多、建设质量较差、建设任务没有按期完成、效益不明显的乡镇报县脱贫攻坚领导小组核减下年度扶贫资金。

第五十条　对在项目实施过程中发生的扶贫项目建设质量差、效益不显著、扶贫资金挤占、挪用、截留、贪污等各类违法违纪行为，将依照相关法律法规追究责任人的责任。

**第九章　附则**

第五十一条　本办法由县脱贫攻坚领导小组办公室负责解释。

第五十二条　本办法从发布之日施行。

# 重要文件

## 一、县委文件

表 2

| 文件名 | 文号 | 发文时间 |
|---|---|---|
| 中共昭觉县委、昭觉县人民政府关于表彰 2016 年度昭觉县“优秀共青团员”“优秀共青团干部”“五四红旗团委（团支部）”“优秀青年志愿者”“优秀青年驻村第一书记”的决定 | 昭委发〔2017〕2 号 | 2017 年 5 月 3 日 |
| 中共昭觉县委、昭觉县人民政府关于 2017 年党风廉政建设和反腐败工作的意见 | 昭委发〔2017〕3 号 | 2017 年 5 月 15 日 |
| 中共昭觉县委、昭觉县人民政府关于明确 2016 年度综合目标管理考核中涪城区对口帮扶昭觉县前线指挥部考核结果运用的通知 | 昭委发〔2017〕4 号 | 2017 年 5 月 4 日 |
| 中共昭觉县委、昭觉县人民政府关于印发《昭觉县法治宣传教育第七个五年规划（2016—2020 年）》的通知 | 昭委发〔2017〕5 号 | 2017 年 5 月 6 日 |
| 中共昭觉县委、昭觉县人民政府关于印发《昭觉县河湖管理全面推行河长制工作的实施方案》的通知 | 昭委发〔2017〕7 号 | 2017 年 5 月 3 日 |
| 中共昭觉县委、昭觉县人民政府关于表彰 2016—2017 学年度“尊师重教先进单位”“先进教育工作者”等先进集体和个人的决定 | 昭委发〔2017〕8 号 | 2017 年 9 月 5 日 |

续表 2

| 文件名 | 文号 | 发文时间 |
|---|---|---|
| 中共昭觉县委、昭觉县人民政府关于表彰 2011—2015 年全县法治宣传教育先进集体和先进个人的通报 | 昭委发〔2017〕9 号 | 2017 年 5 月 10 日 |
| 中共昭觉县委、昭觉县人民政府关于印发《昭觉县国有林场改革实施方案》的通知 | 昭委发〔2017〕10 号 | 2017 年 9 月 25 日 |
| 中共昭觉县委、昭觉县人民政府关于印发《昭觉县 2017 年度乡（镇）综合目标管理督查考核办法》的通知 | 昭委发〔2017〕11 号 | 2017 年 11 月 1 日 |
| 中共昭觉县委、昭觉县人民政府关于印发《昭觉县 2017 年度县级机关综合目标管理督查考核办法》的通知 | 昭委发〔2017〕12 号 | 2017 年 11 月 1 日 |
| 中共昭觉县委、昭觉县人民政府关于印发《昭觉县县级领导综合目标管理督查考核办法》的通知 | 昭委发〔2017〕13 号 | 2017 年 12 月 15 日 |
| 中共昭觉县委关于学习宣讲党的十九大精神开展走基层“暖冬行动”实施意见 | 昭委发〔2017〕14 号 | 2017 年 11 月 13 日 |
| 中共昭觉县委、昭觉县人民政府关于印发《昭觉县艾滋病防治和健康扶贫攻坚第一阶段行动实施方案（2017—2020 年）》的通知 | 昭委发〔2017〕15 号 | 2017 年 11 月 27 日 |
| 中共昭觉县委、昭觉县人民政府关于表彰 2016 年度全县禁毒工作先进集体及先进个人的决定 | 昭委发〔2017〕50 号 | 2017 年 2 月 28 日 |
| 中共昭觉县委办公室关于调整县委机构编制委员会成员的通知 | 昭委办发〔2017〕4 号 | 2017 年 2 月 9 日 |
| 中共昭觉县委办公室、昭觉县人民政府办公室关于印发《昭觉县生育秩序整治行动实施方案》的通知 | 昭委办发〔2017〕6 号 | 2017 年 2 月 14 日 |
| 中共昭觉县委办公室、昭觉县人民政府办公室关于转发《四川省交通建设扶贫专项 2017 年实施方案》等 22 个扶贫专项 2017 年实施方案的通知 | 昭委办发〔2017〕9 号 | 2017 年 3 月 13 日 |
| 中共昭觉县委办公室、昭觉县人民政府办公室关于开展涉农资金专项清理检查的通知 | 昭委办发〔2017〕10 号 | 2017 年 2 月 24 日 |
| 中共昭觉县委办公室、昭觉县人民政府办公室关于昭觉县乡镇干部“安心工程”的实施方案 | 昭委办发〔2017〕11 号 | 2017 年 3 月 1 日 |
| 中共昭觉县委办公室、昭觉县人民政府办公室关于印发《集中开展“四乱”专项整治　进一步深化作风建设的实施方案》的通知 | 昭委办发〔2017〕12 号 | 2017 年 3 月 25 日 |
| 中共昭觉县委办公室、昭觉县人民政府办公室关于印发《昭觉县机关事务管理局主要职责内设机构和人员编制规定》的通知 | 昭委办发〔2017〕16 号 | 2017 年 5 月 27 日 |
| 中共昭觉县委办公室、昭觉县人民政府办公室关于印发《昭觉县民族团结进步示范县（试点）创建活动 2017 年度工作推进方案》的通知 | 昭委办发〔2017〕18 号 | 2017 年 6 月 1 日 |
| 中共昭觉县委办公室、昭觉县人民政府办公室关于印发《昭觉县严禁国家公职人员违规操办婚丧喜庆等事宜的规定》的通知 | 昭委办发〔2017〕21 号 | 2017 年 5 月 20 日 |
| 中共昭觉县委办公室、昭觉县人民政府办公室关于在全县建档立卡贫困户中开展新型农民素质提升工程的实施方案 | 昭委办发〔2017〕28 号 | 2017 年 7 月 16 日 |
| 中共昭觉县委办公室印发《关于推进“两学一做”学习教育常态化制度化的实施方案》的通知 | 昭委办发〔2017〕29 号 | 2017 年 7 月 8 日 |
| 中共昭觉县委办公室关于印发《昭觉县基层党建工作考评办法》的通知 | 昭委办发〔2017〕32 号 | 2017 年 7 月 25 日 |
| 中共昭觉县委办公室、昭觉县人民政府办公室关于印发《昭觉县医疗废物集中处置中心建设实施方案》的通知 | 昭委办发〔2017〕34 号 | 2017 年 8 月 2 日 |
| 中共昭觉县委办公室、昭觉县人民政府办公室关于印发《昭觉县“清河行动”实施方案（2017—2018 年）》的通知 | 昭委办发〔2017〕33 号 | 2017 年 5 月 25 日 |
| 中共昭觉县委办公室、昭觉县人民政府办公室关于印发《昭觉县集中式饮用水水源地保护工作实施方案》的通知 | 昭委办发〔2017〕36 号 | 2017 年 8 月 2 日 |

续表 2

| 文件名 | 文号 | 发文时间 |
|---|---|---|
| 中共昭觉县委办公室、昭觉县人民政府办公室关于印发《昭觉县环境污染防治“三大战役”实施方案》的通知 | 昭委办发〔2017〕38 号 | 2017 年 7 月 17 日 |
| 中共昭觉县委办公室、昭觉县人民政府办公室关于印发《昭觉县生态环境保护重要部署责任清单》的通知 | 昭委办发〔2017〕39 号 | 2017 年 8 月 11 日 |
| 中共昭觉县委办公室关于印发《关于进一步加强妇联基层组织建设的实施意见》的通知 | 昭委办发〔2017〕41 号 | 2017 年 8 月 14 日 |
| 中共昭觉县委办公室、昭觉县人民政府办公室关于印发《昭觉县“以购代捐”精准扶贫实施方案》的通知 | 昭委办发〔2017〕43 号 | 2017 年 9 月 20 日 |
| 中共昭觉县委办公室、昭觉县人民政府办公室关于转发《涪城区对口帮扶昭觉县健康促进项目实施方案（2017—2020 年）》的通知 | 昭委办发〔2017〕44 号 | 2017 年 9 月 19 日 |
| 中共昭觉县委办公室关于印发《学习贯彻党的十九大精神宣讲工作方案》的通知 | 昭委办发〔2017〕50 号 | 2017 年 12 月 6 日 |
| 中共昭觉县委办公室、昭觉县人民政府办公室关于印发《昭觉县保障困难群众安全温暖过冬工作方案》的通知 | 昭委办发〔2017〕52 号 | 2017 年 12 月 21 日 |
| 中共昭觉县委办公室、昭觉县人民政府办公室关于印发《昭觉县全人群健康体检建档签约服务实施方案》的通知 | 昭委办发〔2017〕55 号 | 2017 年 12 月 6 日 |

## 二、人大文件

表 3

| 文件名 | 文号 | 发文时间 |
|---|---|---|
| 昭觉县人大常委会关于李琳等四位同志职务任免的通知 | 昭人发〔2017〕6 号 | 2017 年 6 月 19 日 |
| 昭觉县人大常委会关于沈伟古等二十二位同志任职的通知 | 昭人发〔2017〕7 号 | 2017 年 6 月 19 日 |
| 昭觉县人大常委会关于罗边伍呷、欧阳阿丽二位同志任职的通知 | 昭人发〔2017〕8 号 | 2017 年 6 月 19 日 |
| 昭觉县人大常委会关于张翼同志职务任免的通知 | 昭人发〔2017〕12 号 | 2017 年 8 月 30 日 |
| 昭觉县人大常委会关于罗顺馨同志职务任免的通知 | 昭人发〔2017〕13 号 | 2017 年 8 月 30 日 |
| 昭觉县人大常委会关于杨强、陆建荣二位同志职务任免的通知 | 昭人发〔2017〕16 号 | 2017 年 12 月 20 日 |
| 昭觉县人大常委会关于接受雷莽同志辞去县十三届人民代表大会代表职务的通知 | 昭人发〔2017〕17 号 | 2017 年 12 月 20 日 |
| 昭觉县人大常委会关于接受某色曲体同志辞去县十三届人民代表大会代表职务的通知 | 昭人发〔2017〕18 号 | 2017 年 12 月 20 日 |
| 昭觉县人大常委会关于常委会组成人员分组联系片区代表活动小组和乡镇人大主席团的通知 | 昭人办发〔2017〕19 号 | 2017 年 10 月 31 日 |
| 昭觉县人大常委会办公室关于印发《昭觉县人大常委会关于进一步加强法制宣传教育的决议》的通知 | 昭人办发〔2017〕21 号 | 2017 年 11 月 14 日 |
| 昭觉县人大常委会关于听取《〈农村扶贫开发条例〉贯彻执行情况报告》的审议意见 | 昭人议〔2017〕1 号 | 2017 年 4 月 18 日 |
| 昭觉县人大常委会关于听取《2017 年上半年国民经济和社会发展计划执行情况报告》的审议意见 | 昭人议〔2017〕2 号 | 2017 年 9 月 8 日 |
| 昭觉县人大常委会关于听取《2017 年上半年财政预算执行情况报告》的审议意见 | 昭人议〔2017〕3 号 | 2017 年 9 月 8 日 |
| 昭觉县人大常委会关于听取《2016 年财政预算执行及其他财政收支情况的审计工作报告》的审议意见 | 昭人议〔2017〕4 号 | 2017 年 9 月 8 日 |

## 三、政府文件

表 4

| 文件名 | 文号 | 发文时间 |
| --- | --- | --- |
| 昭觉县人民政府关于加快推进残疾人小康进程的实施意见 | 昭府发〔2017〕46 号 | 2017 年 6 月 7 日 |
| 昭觉县人民政府关于收回西昌市东方航天旅游（集团）公司原昭觉县松涛森林公园国有土地使用权的决定 | 昭府发〔2017〕56 号 | 2017 年 7 月 13 日 |
| 昭觉县人民政府关于委托昭觉县国有资产经营管理有限责任公司收回西昌市东方航天旅游（集团）公司原昭觉县松涛森林公园国有土地使用权的通知 | 昭府发〔2017〕57 号 | 2017 年 7 月 13 日 |
| 昭觉县人民政府关于同意划拨昭觉县新城镇棚户区改造建设项目国有土地使用权的决定 | 昭府发〔2017〕59 号 | 2017 年 7 月 28 日 |
| 昭觉县人民政府关于印发《昭觉县畜禽养殖禁养区划定方案》的通知 | 昭府发〔2017〕64 号 | 2017 年 8 月 17 日 |
| 昭觉县人民政府关于昭觉县民族中学玛增依乌分校建设项目有关事宜的通知 | 昭府发〔2017〕160 号 | 2017 年 10 月 27 日 |
| 昭觉县人民政府关于关闭取缔昭觉县环保违法违规建设项目的通知 | 昭府发〔2017〕208 号 | 2017 年 12 月 29 日 |
| 昭觉县人民政府关于加强政府性债务管理的意见 | 昭府发〔2017〕209 号 | 2017 年 11 月 15 日 |
| 昭觉县人民政府关于俄木呷且等十四名同志职务任免的通知 | 昭府人〔2017〕1 号 | 2017 年 6 月 1 |
| 昭觉县人民政府关于古次九古等 2 名同志职务任免的通知 | 昭府人〔2017〕2 号 | 2017 年 6 月 16 日 |
| 昭觉县人民政府关于胡忠华等 9 名同志任职的通知 | 昭府人〔2017〕3 号 | 2017 年 7 月 28 日 |
| 昭觉县人民政府关于给予张杰开除公职处分的决定 | 昭府人〔2017〕4 号 | 2017 年 8 月 1[illegible] 日 |
| 昭觉县人民政府关于给予申子日呷开除公职处分的决定 | 昭府人〔2017〕5 号 | 2017 年 8 月 11 日 |
| 昭觉县人民政府关于张炜等 16 名同志职务任免的通知 | 昭府人〔2017〕6 号 | 2017 年 10 月 23 日 |
| 昭觉县人民政府关于周脉军同志职务任免的通知 | 昭府人〔2017〕7 号 | 2017 年 12 月 25 日 |
| 昭觉县人民政府办公室关于印发《昭觉县饮用水水源地环境污染事故应急预案》的通知 | 昭府办发〔2017〕4 号 | 2017 年 2 月 14 日 |
| 昭觉县人民政府办公室关于印发《昭觉县城乡医疗救助实施办法》的通知 | 昭府办发〔2017〕10 号 | 2017 年 3 月 27 日 |
| 昭觉县人民政府办公室关于加快昭觉县土地利用总体规划调整完善资料收集工作的通知 | 昭府办发〔2017〕9 号 | 2017 年 3 月 14 日 |
| 昭觉县人民政府办公室关于建立昭觉县困难群众基本生活保障工作协调机制的通知 | 昭府办发〔2017〕11 号 | 2017 年 3 月 27 日 |
| 昭觉县人民政府办公室关于实施公务卡结算目录制度的补充通知 | 昭府办发〔2017〕14 号 | 2017 年 4 月 17 日 |
| 昭觉县人民政府办公室关于印发《昭觉县四川科技扶贫在线平台实施方案》的通知 | 昭府办发〔2017〕15 号 | 2017 年 4 月 12 日 |
| 昭觉县人民政府办公室关于印发《昭觉县开展重点道路交通违法行为集中整治行动预防重特大道路交通事故方案》的通知 | 昭府办发〔2017〕22 号 | 2017 年 4 月 12 日 |
| 昭觉县人民政府办公室关于表彰 2016 年度消防工作先进单位和先进个人的通知 | 昭府办发〔2017〕26 号 | 2017 年 6 月 5 日 |
| 昭觉县人民政府办公室关于印发《昭觉县教育扶贫救助基金管理实施细则》的通知 | 昭府办发〔2017〕27 号 | 2017 年 6 月 5 日 |
| 昭觉县人民政府办公室关于印发《昭觉县卫生扶贫救助基金管理实施办法》的通知 | 昭府办发〔2017〕28 号 | 2017 年 6 月 5 日 |
| 昭觉县人民政府办公室关于印发《昭觉县产业扶持基金使用管理实施细则》的通知 | 昭府办发〔2017〕29 号 | 2017 年 6 月 5 日 |
| 昭觉县人民政府办公室关于印发《昭觉县扶贫小额信贷分险基金实施细则》的通知 | 昭府办发〔2017〕30 号 | 2017 年 6 月 5 日 |

续表 4

| 文件名 | 文号 | 发文时间 |
| --- | --- | --- |
| 昭觉县人民政府办公室关于签订《昭觉县 2017 年度公共机构能源资源消费统计工作责任书》的通知 | 昭府办发〔2017〕31 号 | 2017 年 5 月 10 日 |
| 昭觉县人民政府办公室关于印发《昭觉县变型拖拉机专项整治工作实施方案》的通知 | 昭府办发〔2017〕35 号 | 2017 年 6 月 23 日 |
| 昭觉县人民政府关于印发《昭觉县小型农田水利重点县项目建设管理办法》的通知 | 昭府办发〔2017〕37 号 | 2017 年 6 月 21 日 |
| 昭觉县人民政府办公室关于加强“信用昭觉”建设的实施意见 | 昭府办发〔2017〕42 号 | 2017 年 5 月 4 日 |
| 昭觉县人民政府办公室关于授予特口甲谷乡特口甲谷村等 12 个村为“昭觉县 2015—2016 年度信用村”称号的通知 | 昭府办发〔2017〕43 号 | 2017 年 7 月 4 日 |
| 昭觉县人民政府办公室关于在县城内启用移动式垃圾箱的通知 | 昭府办发〔2017〕45 号 | 2017 年 7 月 5 日 |
| 昭觉县人民政府办公室关于印发《昭觉县农村最低生活保障制度与扶贫开发政策有效衔接的实施方案》的通知 | 昭府办发〔2017〕47 号 | 2017 年 7 月 13 日 |
| 昭觉县人民政府办公室关于印发《昭觉县解决中小学已辞退民办教师问题实施方案》的通知 | 昭府办发〔2017〕55 号 | 2017 年 6 月 20 日 |
| 昭觉县人民政府办公室关于印发《四川省昭觉县光伏扶贫项目专项资金监管办法》的通知 | 昭府办发〔2017〕61 号 | 2017 年 8 月 20 日 |
| 昭觉县人民政府办公室关于印发《昭觉县光伏扶贫项目建设工程监理规定》的通知 | 昭府办发〔2017〕62 号 | 2017 年 8 月 20 日 |
| 昭觉县人民政府办公室关于对“中国光彩事业凉山行”活动签约项目进行重点督办的通知 | 昭府办发〔2017〕63 号 | 2017 年 8 月 28 日 |
| 昭觉县人民政府办公室关于印发《昭觉县国有资产专项清理工作实施方案》的通知 | 昭府办发〔2017〕69 号 | 2017 年 8 月 28 日 |
| 昭觉县人民政府办公室关于印发《昭觉县城区标准地址二维码管理和门楼牌换发工作实施方案》的通知 | 昭府办发〔2017〕75 号 | 2017 年 9 月 12 日 |
| 昭觉县人民政府办公室关于印发《全县高层建筑消防安全综合治理实施方案》的通知 | 昭府办发〔2017〕76 号 | 2017 年 8 月 31 日 |
| 昭觉县人民政府办公室关于印发《昭觉县财政支出绩效评价问责办法》的通知 | 昭府办发〔2017〕77 号 | 2017 年 9 月 14 日 |
| 昭觉县人民政府办公室关于印发《昭觉县农村土地承包经营权确权登记工作实施方案》的通知 | 昭府办发〔2017〕79 号 | 2017 年 10 月 12 日 |
| 昭觉县人民政府办公室关于印发《昭觉县精准扶贫项目管理办法（试行）》的通知 | 昭府办发〔2017〕86 号 | 2017 年 7 月 19 日 |
| 昭觉县人民政府关于印发《昭觉县地莫乡地莫村和巴尔村城乡建设用地增减挂钩试点项目实施方案》的通知 | 昭府办发〔2017〕87 号 | 2017 年 11 月 8 日 |
| 昭觉县人民政府办公室关于 2017 年财政支出绩效评价结果的通报 | 昭府办发〔2017〕90 号 | 2017 年 12 月 13 日 |
| 昭觉县人民政府办公室关于印发《昭觉县城乡医疗救助实施办法》的通知 | 昭府办发〔2017〕91 号 | 2017 年 10 月 25 日 |
| 昭觉县人民政府办公室关于印发《昭觉县城乡特困人员供养标准》的通知 | 昭府办发〔2017〕92 号 | 2017 年 12 月 1 日 |
| 昭觉县人民政府办公室关于印发《公共机构节能管理制度》的通知 | 昭府办发〔2017〕93 号 | 2017 年 12 月 18 日 |
| 昭觉县人民政府办公室关于印发《昭觉县党政机关国内公务接待管理实施办法（试行）》的通知 | 昭府办发〔2017〕95 号 | 2017 年 12 月 18 日 |

## 四、政协文件

表 5

| 文件名 | 文号 | 发文时间 |
|---|---|---|
| 县政协 2017 年十大重点工作 | 昭政协发〔2017〕3 号 | 2017 年 4 月 5 日 |
| 政协昭觉县委员会关于汉呷拉一等七位同志职务任免的通知 | 昭政协发〔2017〕5 号 | 2017 年 6 月 16 日 |
| 政协昭觉县委员会关于任命朱正华等十六位同志为县政协各专门委员会委员的通知 | 昭政协发〔2017〕6 号 | 2017 年 8 月 14 日 |
| 政协昭觉县委员会关于任命麻卡拉日等十五位同志为县政协杂志编辑部成员的通知 | 昭政协发〔2017〕7 号 | 2017 年 8 月 14 日 |
| 政协昭觉县委员会关于罗明等二位同志职务任免的通知 | 昭政协发〔2017〕8 号 | 2017 年 9 月 27 日 |
| 政协昭觉县委员会办公室关于印发《昭觉县政协委员管理办法》的通知 | 昭政协办发〔2017〕1 号 | 2017 年 6 月 16 日 |
| 政协昭觉县委员会办公室关于印发《关于持续深入开展“我为脱贫攻坚做件事”活动的实施意见》的通知 | 昭政协办发〔2017〕2 号 | 2017 年 6 月 16 日 |
| 政协昭觉县委员会办公室关于在政协委员中开展“移风易俗”建言献策活动的实施方案 | 昭政协办发〔2017〕6 号 | 2017 年 8 月 14 日 |

# 昭觉县 2016 年国民经济和社会发展统计公报

（2017 年 4 月 25 日）

昭觉县统计局

2016 年，面对复杂严峻的宏观经济形势，县委、县政府牢牢把握“稳中求进”的经济工作总基调，在促进工业回升、增强投资拉动、加快建筑业发展、推进服务提速等方面采取了一系列针对性措施，着力破解发展难题，厚植发展优势，取得明显成效，全县经济呈现总体平稳、稳步提升的运行态势。

**一、综合**

国民经济实现平稳增长。2016 年全县 GDP 完成 27.48 亿元，增速达到 7.9%。其中，第一产业增加值完成 10.21 亿元，增速达到 4.1%，对 GDP 的贡献率是 20.2%，拉动经济增长 1.6 个百分点；第二产业增加值完成 7.78 亿元，增速达到 10.0%，对 GDP 的贡献率是 35.8%，拉动经济增长 2.8 个百分点；第三产业增加值完成 9.49 亿元，增速达到 10.5%，对 GDP 的贡献率是 44.0%，拉动经济增长 3.5 个百分点。三次产业比重由 2015 年的 39.0 : 28.1 : 32.9 调整为 37.2 : 28.3 : 34.5。人均 GPD 为 10667 元。

非公经济稳步发展。全年非公经济实现增加值 13.98 亿元，增长 6.2%。其中，一产业增加值 4.95 亿元，增长 4.2%；二产业增加值 5.67 亿元，增长 8.4%；三产业增加值 3.36 亿元，增长 5.5%。非公经济增加值占地区生产总值的比重为 50.9%，比上年下降 1.3 个百分点。

**二、农业**

加快推进农业产业化进程，农业综合生产能力进一步提高。全年实现农林牧渔业总产值 165416.4 万元，增长 4.32%。

粮食生产再创新高，经济作物增产增效。全年粮食作物播种面积 288765 亩，占农作物总播种面积的比重为 49.8%；全年粮食总产量达到 10.6 万吨，增长 2.91%。

畜牧业持续发展，渔业生产稳步增长。全年

出栏肉猪24.31万头；肉用羊出栏26.73万只；肉用牛出栏1.95万头；全年肉类总产量达2.24万吨，增长0.28%，其中猪肉产量1.48万吨；羊肉产量0.52万吨；牛肉产量0.19万吨。

农田水利建设成效显著，生产条件进一步改善。年末累计农田有效灌溉面积保持在3810公顷；全年农用化肥施用量（折纯）1.12万吨；年末农业机械总动力15.24万千瓦。

## 三、工业和建筑业

主动适应新常态、重视创新和质量效益，优化结构，增强全县工业经济发展动力。全部工业实现增加值3.68亿元，增长5.1%。年末规模以上工业企业达到10个，与上年持平；规模以上工业增加值增长8.0%，销售产值增长3.1%。

规模以上工业主要产品产量中，铜金属产量0.21万吨，增长0.12%；水泥产量54.2万吨，增长31.3%；发电量8.722亿千瓦时，增长28.66%。

规模以上工业企业实现主营业务收入10.21亿元，下降11.67%；盈亏相抵后的利润总额为860万元；利税总额为18832万元；流动资产年平均余额5.7亿元，固定资产净值年均余额6.2亿元；产销率100%。

建筑业稳步增长。全社会建筑业实现增加值4.10亿元，增长14.9%。

## 四、固定资产投资

大力推进项目建设，以重大产业、重大基础设施和民生设施项目为重点，增强投资拉动。年末全县施工项目74个，比上年增加30个。完成固定资产投资额30.38亿元，比上年增长24.5%。

## 五、国内贸易和旅游

消费市场。在国家扩大内需、提升消费的政策效应下，消费品市场繁荣活跃。全年社会消费品零售总额73579万元，比上年增长11.6%。其中，批发业88.3万元，零售业46762.6万元，住宿业5410.3万元，餐饮业21497.8万元。

## 六、交通、运输、邮电

交通运输稳步发展。年末全县公路旅客周转量9304万人千米，货物周转量10255万吨千米。

邮电通信业快速增长。全县邮电主营业务收入7162.22万元，增长10.0%。

## 七、财政、金融

地方财政收支持续增长。地方公共财政收入完成1.70亿元，增长17.24%。公共财政支出23.33亿元，增长16.1%。

金融业稳步发展。年末全社会金融机构各项存款余额40.53亿元，增长12.1%；年末金融机构各项贷款余额7.35亿元，增长39.4%。

## 八、教育和科学技术

教育事业积极推进。全面落实义务教育基本国策，吹响义务教育均衡发展冲锋号，营造“人人知晓均衡发展、人人关注均衡发展、人人支持均衡发展”的良好舆论氛围和社会环境，多维深化现代教育改革，推动全县教育向前大迈步。年末全县有各级各类学校75所，在校学生数50409人，比上年增加3036人。

义务教育成效显著。年末全县小学学校数62所，专任教师1588人，在校学生38989人。普通中学12所，专任教师470人，在校学生11420人。

## 九、文化、卫生和体育

文化艺术事业不断发展。年末拥有公共图书馆1个，藏书量2.6万册，剧场、影剧院1个，体育场馆1个。

卫生事业不断进步。医疗服务体系、疾病预防控制体系和突发公共卫生医疗救治体系进一步完善。年末全县有卫生机构65个，医疗卫生机构病床位975张，拥有卫生技术人员488人，其中执业医师206人。

## 十、人口

据公安局人口统计，全县年末户籍人口32.03万人，增长2.3%。其中，少数民族人口为

31.48万人，下降2.30%，占总人口的98.2%；彝族人口为31.46万人，增长2.30%，占总人口的98.18%。全年出生人口7854人，死亡人口610人，男性出生人口4120人，女性出生人口3734人。本年度迁入752人，迁出1392人。男性人口163767人，女性人口156510人。60岁以上人口为29399人，占总人口的9.1%。

## 十一、人民生活和社会保障

城乡居民收入稳步增加。城镇居民人均可支配收入271714元，增长7.57%，人均消费支出16494元。农村居民人均可支配收入7387元，增长10.66%。

## 十二、资源与环境

资源与环境保护成效显著，单位GDP能耗0.22吨标准煤，单位GDP能耗降低率9.08%；单位工业增加值能耗0.17吨标准煤，单位工业增加值能耗降低率21.18%。

注：1. 公报中各项数据为初步统计数，正式数据以《昭觉县统计年鉴》为准。

2. 公报中生产总值及产值指标的绝对数按当年价计算，增长速度按可比价计算。

昭觉县2017年脱贫攻坚工作成效统计表

表6　　　　单位：户、人、个

| 乡（镇）名称 | 年内建档立卡贫困户 | 年内建档立卡贫困人口 | 摘帽贫困村 |
|---|---|---|---|
| 合计 | 1080 | 4253 | 26 |
| 齿可波西乡 | 76 | 339 | 2 |
| 达洛乡 | 60 | 207 | 1 |
| 大坝乡 | 66 | 227 | 1 |
| 甘多洛古乡 | 33 | 127 | 1 |
| 谷曲乡 | 45 | 212 | 1 |
| 金曲乡 | 37 | 145 | 1 |
| 久铁洛古乡 | 33 | 149 | 1 |
| 柳且乡 | 107 | 315 | 2 |
| 龙沟乡 | 39 | 131 | 1 |
| 且莫乡 | 59 | 240 | 2 |
| 日哈乡 | 44 | 183 | 1 |
| 三岔河乡 | 38 | 178 | 1 |
| 三岗乡 | 31 | 97 | 1 |
| 四开乡 | 90 | 344 | 2 |
| 特布洛乡 | 37 | 179 | 2 |
| 碗厂乡 | 23 | 88 | 1 |
| 永乐乡 | 35 | 165 | 1 |
| 竹核乡 | 227 | 927 | 4 |